NOVO CURSO DE DIREITO CIVIL 2

OBRIGAÇÕES

NOVO CURSO DE DIREITO CIVIL — V. 2

Pablo Stolze Gagliano
Rodolfo Pamplona Filho

1.ª edição — out. 2002
2.ª edição — abr. 2003
3.ª edição — ago. 2003
4.ª edição — fev. 2004
4.ª edição, 2.ª tiragem — abr. 2005
5.ª edição — set. 2005
5.ª edição, 2.ª tiragem — dez. 2005
6.ª edição — mar. 2006
7.ª edição — jun. 2006
8.ª edição — jul. 2007
9.ª edição — dez. 2007
10.ª edição — dez. 2008
10.ª edição, 2.ª tiragem — jul. 2009
11.ª edição — jan. 2010
12.ª edição — jan. 2011
13.ª edição — jan. 2012
13.ª edição, 2.ª tiragem — ago. 2012
14.ª edição — jan. 2013
15.ª edição — jan. 2014
15.ª edição, 2.ª tiragem — jun. 2014
15.ª edição, 3.ª tiragem — out. 2014
16.ª edição — jan. 2015
16.ª edição, 2.ª tiragem — maio 2015
17.ª edição — fev. 2016
18.ª edição — jan. 2017
18.ª edição, 2.ª tiragem — set. 2017
19.ª edição — jan. 2018
19.ª edição, 2.ª tiragem — jun. 2018
20.ª edição — jan. 2019
21.ª edição — jan. 2020
22.ª edição — jan. 2021

PABLO STOLZE GAGLIANO

Juiz de Direito. Professor de Direito Civil da Universidade Federal da Bahia. Mestre em Direito Civil pela Pontifícia Universidade Católica de São Paulo — PUC-SP. Especialista em Direito Civil pela Fundação Faculdade de Direito da Bahia. Já ministrou palestras e cursos em diversas instituições brasileiras, inclusive no Supremo Tribunal Federal. Membro da Academia de Letras Jurídicas da Bahia, do Instituto Brasileiro de Direito Contratual e da Academia Brasileira de Direito Civil.

RODOLFO PAMPLONA FILHO

Juiz Titular da 32ª Vara do Trabalho de Salvador-BA. Professor Titular de Direito Civil e Direito Processual do Trabalho da Universidade Salvador — UNIFACS. Coordenador dos Cursos de Especialização em Direito e Processo do Trabalho da Faculdade Baiana de Direito e dos Cursos de Especialização *on-line* em Direito Contratual e em Direito e Processo do Trabalho do CERS Cursos *on-line*. Professor Associado III da graduação e pós-graduação (Mestrado e Doutorado) em Direito da Universidade Federal da Bahia — UFBA. Mestre e Doutor em Direito das Relações Sociais pela Pontifícia Universidade Católica de São Paulo — PUC-SP. Máster em *Estudios en Derechos Sociales* para *Magistrados de Trabajo de Brasil* pela Universidad de Castilla-La Mancha/Espanha — UCLM. Especialista em Direito Civil pela Fundação Faculdade de Direito da Bahia. Membro e Presidente Honorário da Academia Brasileira de Direito do Trabalho. Membro e Presidente da Academia de Letras Jurídicas da Bahia. Membro (e ex-Presidente) do Instituto Baiano de Direito do Trabalho. Membro da Academia Brasileira de Direito Civil — ABDC, do Instituto Brasileiro de Direito Civil — IBDCivil e do Instituto Brasileiro de Direito de Família — IBDFAM.

NOVO CURSO DE DIREITO CIVIL 2

OBRIGAÇÕES

22ª edição

revista e atualizada

2021

saraiva jur

ISBN 978-85-536-0771-6 obra completa

DADOS INTERNACIONAIS DE CATALOGAÇÃO NA PUBLICAÇÃO (CIP)
ANGÉLICA ILACQUA CRB-8/7057

Gagliano, Pablo Stolze ; Pamplona Filho, Rodolfo

Novo curso de direito civil – Obrigações – vol. 2 / Pablo Stolze Gagliano, Rodolfo Pamplona Filho. – 22. ed. – São Paulo: Saraiva Educação, 2021.
416 p.

Bibliografia
ISBN 978-65-5559-460-7 (impresso)

1. Direito civil – Brasil. I. Título.

20-0763 CDD 340
CDU 347(81)

Índice para catálogo sistemático:

1. Brasil : Direito civil

saraiva EDUCAÇÃO | saraiva jur

Av. Paulista, 901, 3º andar
Bela Vista – São Paulo – SP – CEP: 01311-100

SAC | sac.sets@somoseducacao.com.br

Diretoria executiva Flávia Alves Bravin
Diretoria editorial Renata Pascual Müller
Gerência de projetos e produção editorial Fernando Penteado

Planejamento Josiane de Araujo Rodrigues

Novos projetos Sérgio Lopes de Carvalho
Dalila Costa de Oliveira

Edição Clarissa Boraschi Maria (coord.)
Aline Darcy Flôr de Souza

Produção editorial Daniele Debora de Souza (coord.)
Rosana Peroni Fazolari

Arte e digital Mônica Landi (coord.)
Camilla Felix Cianelli Chaves
Claudirene de Moura Santos Silva
Deborah Mattos
Guilherme H. M. Salvador
Tiago Dela Rosa

Projetos e serviços editoriais Daniela Maria Chaves Carvalho
Kelli Priscila Pinto
Laura Paraíso Buldrini Filogônio
Marília Cordeiro
Nicoly Wasconcelos Razuk

Diagramação Edson Colobone
Revisão Carolina Massanhi
Capa Paulo Caetano
Produção gráfica Marli Rampim
Sergio Luiz Pereira Lopes
Impressão e acabamento Gráfica Paym

Data de fechamento da edição: 6-1-2021

Dúvidas? Acesse www.editorasaraiva.com.br/direito

CL 606799 CAE 750802

Dedicamos esta obra

A **Jesus Cristo**, Mestre dos Mestres, Senhor dos Senhores;

a **Rodolfo Mário Veiga Pamplona** (*in memoriam*), por tudo;

ao saudoso Mestre **Josaphat Marinho**, que sempre estará presente em nossa memória e em nossos corações, como um talismã a iluminar nossos caminhos;

ao Prof. **João de Matos Antunes Varela**, Professor Aposentado da Faculdade de Direito de Coimbra e Honorário da Faculdade de Direito da UFBA, o mais baiano dos juristas portugueses, símbolo de uma vida dedicada ao estudo do Direito;

e aos **concursandos**, para que tenham a certeza de que com fé, perseverança e paciência todos os seus sonhos serão realizados, no momento certo, na hora exata.

Agradecimentos

Nosso Senhor Jesus Cristo nos ensinou a importância da gratidão e de render graças ao Pai pelas bênçãos concedidas, e, bem assim, a importância da fé, que nos permite levantar e continuar andando (*Lucas, 17, 11-19*).

Assim, reiterando a amizade a todos os destinatários de encômios no primeiro volume, registramos nosso agradecimento a todos os professores que adotaram e divulgaram o livro, permitindo o esgotamento de sua primeira edição em poucos meses.

Além deles, registramos, em especial para o desenvolvimento deste segundo volume, o carinho e apoio de Sílvio de Salvo Venosa (querido mestre e amigo do coração), José Manoel Arruda Alvim (que nos brindou com suas palavras sempre sábias), Thereza Alvim (a mais dinâmica processualista do Brasil), Sylvio Capanema de Souza (por seu constante incentivo), Fredie Didier Junior (o genial e bacana professor baiano), Luiz Flávio Gomes (por toda a sua confiança em nosso trabalho), Antonio Carlos Mathias Coltro (PUCSP), Newton de Lucca (USP), à equipe do Curso JusPodivm, nas pessoas dos seus diretores Francisco Fontenele, Guilherme Bellintani, Francisco Salles ("Chiquinho"), ao parceiro Antonio Luiz de Toledo Pinto, da Editora Saraiva, Roxana Cardoso Brasileiro Borges, Daniela Marques, Paulo Roberto Bastos Furtado (eterno professor e exemplo de magistrado), Carlos Alberto Dultra Cintra (DD. Presidente do TJBA, por todo o seu apoio), Justino Pontes Telles (por suas lições de vida), Dolores Correia Vieira (DD. Presidente do TRT/BA), João Monteiro, Adroaldo Leão, Sérgio Novais Dias, Otávio Augusto Reis de Sousa (SE), Thiago Bomfim (AL), Camila Stolze Gagliano (Gordila), Daniela Rosário, Carolzinha, Bomfim (Guerreiro), Mauricio Salles Brasil, Joselito Rodrigues de Miranda Jr., Sérgio Teles Matos (SE), Isolda e Cacá (pela hospitalidade, amizade e carinho em Fortaleza/CE), Francisco Raulino Neto (PI), Célia e Clodoaldo Júnior (SE), Rodrigo Moraes, Cristiana Mello (DF), Marília Sacramento, Luiz Viana Queiroz, Luciano Dórea Martinez Carreiro, Edilton Meireles, Geraldo Vilaça (*Padawan* companheiro de luta), Josaphat Marinho Mendonça (*Jedi* Josaphorte), Gilber Santos de Oliveira, Andreza Lima, Tiago Alves Pacheco, Juliana Martins, Sérgio Humberto de Q. Sampaio, Orlando Ribeiro, José Augusto Rodrigues Pinto, Antônio Lago Júnior, Tatiana (ESUD — Campo Grande/MS), Cristiane Eiko Maekawa, Vania Pinto de Barros, Deisimeri Souza Guimarães, Roberta Rezende (nossa querida amiga), Luzivaldo (Juiz do Trabalho do TRT da 9.ª Região/Paraná), Maurício Amaral, Hélio Lopes, Paulo Emílio Nadier Lisbôa, Saló Viana, Nina, Roberto Paim e Leila Barreto, Cabeção/Vicente (Vinícius) e Miuki (Kellen), Sebastian Mello, Rômulo Moreira, Maurício de Lima, Fábio Periandro de Almeida Hirsch, Klycia Menezes, Marlisson Marcel, Juan Marcello Capobianco

(RJ), o carinhoso trio civilista de São Luís/Maranhão (Amanda Madureira, Carol Prazeres e Jailton Fonseca), Gustavo Couto (RJ), aos amigos (Lica, Amanda, Fernando, Úrsula e Iuri) que, carinhosamente, mantêm comunidades no ORKUT sobre nós, Itaner Bertin de Lima, Úrsula Matos e Aline Queiroz (FTC/Itabuna), Marcos Souza Filho, Fábio Azevedo (Cândido Mendes), Nereu Pinto Vianna, Jully Moraes, Mirian Guimarães Santos, Fernando Ribeiro Ramos, Roberto Pessoa, os servidores das comarcas de Amélia Rodrigues, Teixeira de Freitas, Eunápolis, Ilhéus e Salvador, Danilo Raposo Lirio (Vila Velha/ES), Marina Ximenes, Lueli Santos, Nilo Virgílio dos Guimarães Alvim, Cláudio Rocha, Luiz Carlos de Assis Jr., Marcos Avallone (MT), Cleber Odorizzi (SC), Miquéias José Teles Figueiredo, "Salominho" Resedá, Talita da Costa Moreira Lima, Ana Paula Didier, Leonardo Grizagoridis da Silva, Lislaine Irineu (Uberaba/MG), Carlos Brandão Ildefonso Silva (Belo Horizonte/MG), Albano Vanderley Borba, Ronaldo Silva, Jaime Bomfim Bettega, Roberto Kennedy, Camila Azi, Leonardo Vieira, Felipe Jacques Silva, Maurício Requião, Marina Chagas, Ana Letícia Leonel, Fernando André Pinto de Oliveira Filho, Vinícius Ferreira, Marcos Saraiva Filho, Fabricio Barretto, Fernanda Barretto, Orlando Brito, Mateus "Tevez" Conceição, Leiliane Ribeiro Aguiar ("Leila"), Paula Cabral Freitas, Edson Saldanha, Priscilla Mariz Just Costa, Aline Darcy Flor de Souza, Martinha Araújo (o "anjo da guarda" de Rodolfo), a família "Crooners in Concert", Julia Pringsheim Garcia, Edilberto Silva Ramos, Teresa Rodrigues, Carolina Carvalho, Natália Cavalcante, Gilberto Rodrigues Martins, Geórgia Fernandes Lima, Rosângela Lacerda, Silvia Isabelle Teixeira, Murilo Sampaio, Guilherme Ludwig, Andrea Mariani Ludwig, Renato Dantas, Marcela Freitas, Alisson Carmelo, Bruno Rodrigues, Abda Gulart (FDV) e todos aqueles que nos procuraram, principalmente os alunos e concursandos dos diversos cursos em que ministramos aulas, na Bahia e em outros Estados da Federação, pessoalmente ou por *e-mail*, para elogiar, criticar ou fazer sugestões para o aperfeiçoamento da obra. A todos, um sincero abraço.

Índice

Agradecimentos 7
O muito obrigado de quem, ensinando, só faz aprender 19
Prefácio à Primeira Edição 21
Apresentação da Primeira Edição 23
Nota dos Autores 25

Capítulo I
Introdução ao Direito das Obrigações

1. Considerações iniciais 27
2. Conceito e importância do Direito das Obrigações 27
3. Evolução histórica do Direito das Obrigações 28
4. Âmbito do Direito das Obrigações 29
5. Distinções fundamentais entre Direitos Pessoais e Reais 31
   5.1. Figuras híbridas entre Direitos Pessoais e Reais 34
6. Considerações terminológicas 35
   6.1. Conceitos correlatos 36
7. O Direito das Obrigações no Código Civil de 1916 37
8. O Direito das Obrigações no Código Civil de 2002 38

Capítulo II
Estrutura da Obrigação

1. Noções gerais 41
2. Elemento subjetivo: sujeitos da relação obrigacional 42
3. Elemento objetivo: a prestação 43
4. Elemento ideal: o vínculo jurídico entre credor e devedor 45

Capítulo III
Fontes das Obrigações

1. Introdução 47

2. As fontes das obrigações no Direito Romano 48
3. Classificação moderna das fontes das obrigações 49
4. As fontes das obrigações no Código Civil de 1916 e no Novo Código Civil 52

Capítulo IV
Objeto da Obrigação — A Prestação

1. Considerações iniciais 53
2. Características fundamentais da prestação 55
   2.1. Licitude 57
   2.2. Possibilidade 57
   2.3. Determinabilidade 58
3. Principais modalidades de prestações 59

Capítulo V
Classificação Básica das Obrigações

1. Introdução 63
2. Classificação básica 63
   2.1. Obrigações de dar 64
      2.1.1. Obrigações de dar coisa certa 64
      2.1.2. Obrigações de dar coisa incerta 68
      2.1.3. Obrigações de dar dinheiro (obrigações pecuniárias) 71
   2.2. Obrigações de fazer 75
      2.2.1. Descumprimento culposo das obrigações de fazer: a sua tutela jurídica 77
   2.3. Obrigações de não fazer 85
      2.3.1. Descumprimento culposo das obrigações de não fazer: a sua tutela jurídica 86

Capítulo VI
Classificação Especial das Obrigações

1. Outros critérios metodológicos adotados para a classificação das obrigações 89
2. Classificação especial das obrigações 90
3. Classificação especial quanto ao elemento subjetivo (sujeitos) 91
   3.1. Obrigações fracionárias 91

3.2. Obrigações conjuntas 92
3.3. Obrigações disjuntivas 93
3.4. Obrigações solidárias 94
3.4.1. A solidariedade 94
3.4.1.1. Solidariedade ativa 96
3.4.1.2. Solidariedade passiva 101
3.4.2. Subsidiariedade 106
4. Classificação especial quanto ao elemento objetivo (prestação) 109
4.1. Obrigações alternativas 109
4.2. Obrigações facultativas 112
4.3. Obrigações cumulativas 113
4.4. Obrigações divisíveis e indivisíveis 113
4.5. Obrigações líquidas e ilíquidas 117
4.5.1. Conceito de liquidação 118
4.5.2. Modalidades de liquidação 119
5. Classificação especial quanto ao elemento acidental 124
5.1. Obrigações condicionais 124
5.2. Obrigações a termo 125
5.3. Obrigações modais 125
6. Classificação especial quanto ao conteúdo 126
6.1. Obrigações de meio 126
6.2. Obrigações de resultado 126
6.3. Obrigações de garantia 127

Capítulo VII
Obrigação Natural

1. Noções conceituais 129
2. Uma rápida visão das obrigações naturais no Direito Romano 129
3. Fundamentos e natureza jurídica da obrigação natural 131
4. Classificação das obrigações naturais 133
5. Disciplina das obrigações naturais no Direito brasileiro 134

Capítulo VIII
Teoria do Pagamento — Condições Subjetivas e Objetivas

1. Sentido da expressão “pagamento” e seus elementos fundamentais 137
2. Natureza jurídica do pagamento 139
3. Condições subjetivas do pagamento 140
3.1. De quem deve pagar 140

3.2. Daqueles a quem se deve pagar ... 145
4. Condições objetivas do pagamento ... 151
4.1. Do objeto do pagamento e sua prova ... 151
4.2. Do lugar do pagamento ... 156
4.3. Do tempo do pagamento ... 159
5. Teoria do adimplemento substancial (*substantial performance*) ... 160

Capítulo IX
Formas Especiais de Pagamento

1. Considerações gerais sobre formas de extinção das obrigações ... 167
2. Enumerando as formas especiais de pagamento ... 167

Capítulo X
Consignação em Pagamento

1. Noções gerais e conceituais ... 169
2. Natureza jurídica do pagamento em consignação ... 170
3. Hipóteses de ocorrência ... 171
4. Requisitos de validade ... 174
5. Possibilidade de levantamento do depósito pelo devedor ... 175
6. Consignação de coisa certa e de coisa incerta ... 176
7. Despesas processuais ... 178
8. Prestações periódicas ... 178
9. Regras procedimentais para a consignação em pagamento ... 179
9.1. Consignação extrajudicial ... 179
9.2. Aplicabilidade da consignação extrajudicial nas relações trabalhistas ... 184
9.3. Consignação judicial em pagamento ... 185
9.4. O procedimento judicial trabalhista da ação de consignação em pagamento ... 189

Capítulo XI
Pagamento com Sub-rogação

1. Compreensão da palavra "sub-rogação" ... 195
2. Conceito e espécies ... 196

2.1. Pagamento com sub-rogação legal 197
2.2. Pagamento com sub-rogação convencional 200
3. Efeitos jurídicos da sub-rogação 201

Capítulo XII
Imputação do Pagamento

1. Noções introdutórias 205
2. Conceito e requisitos 205
3. Imputação do credor e imputação legal 206

Capítulo XIII
Dação em Pagamento

1. Conceito 209
2. Requisitos da dação em pagamento 210
3. Evicção da coisa dada em pagamento 211
4. Dação *pro solvendo* 212

Capítulo XIV
Novação

1. Introdução 215
2. Conceito 215
3. Requisitos 216
4. Espécies 221
4.1. Novação objetiva 221
4.2. Novação subjetiva (ativa, passiva ou mista) 221
4.3. Novação mista 224
5. Efeitos 225

Capítulo XV
Compensação

1. Introdução 227
2. Conceito e espécies 227
3. Requisitos da compensação legal 229

4. Hipóteses de impossibilidade de compensação 231
5. Compensação de dívidas fiscais 232
6. Aplicabilidade supletiva das regras da imputação do pagamento 234

Capítulo XVI
Transação

1. Noções conceituais 237
2. Elementos constitutivos 237
3. Natureza jurídica 238
4. Espécies 240
5. Forma 240
6. Objeto 241
7. Características principais 241
8. Efeitos 243

Capítulo XVII
Compromisso (Arbitragem)

1. Noções introdutórias 247
2. Conceito de arbitragem 248
3. Esclarecimentos terminológicos 249
4. Classificação da arbitragem no sistema de mecanismos de solução de conflitos 250
5. Breve relato da experiência histórica brasileira do uso de arbitragem 251
6. Características gerais positivas da arbitragem 252
   6.1. Celeridade 252
   6.2. Informalidade do procedimento 253
   6.3. Confiabilidade 254
   6.4. Especialidade 254
   6.5. Confidencialidade ou sigilo 254
   6.6. Flexibilidade 255
7. Natureza jurídica do compromisso e da arbitragem 255
8. Espécies de arbitragem 256
   8.1. Quanto ao modo 257

8.2. Quanto ao espaço 257
8.3. Quanto à forma de surgimento 258
8.4. Quanto aos fundamentos da decisão 258
8.5. Quanto à liberdade de decisão do árbitro 258
9. Arbitragem × Poder Judiciário 259
10. A Lei de Arbitragem (Lei n. 9.307/96 — "Lei Marco Maciel") 265
11. Procedimento da arbitragem 265
12. Incidência da arbitragem na legislação trabalhista brasileira 268
13. Considerações críticas sobre a utilização da arbitragem na sociedade brasileira 270

Capítulo XVIII
Confusão

1. Conceito 273
2. Espécies 273
3. Efeitos e restabelecimento da obrigação 274

Capítulo XIX
Remissão

1. Noções introdutórias e conceituais 275
2. Esclarecimentos terminológicos 276
3. Requisitos da remissão da dívida 277
4. Espécies de remissão 279
5. Remissão a codevedor 280

Capítulo XX
Transmissão das Obrigações: Cessão de Crédito, Cessão de Débito (Assunção de Dívida) e Cessão de Contrato

1. Introdução 281
2. Cessão de crédito 282
2.1. Conceito e espécies 282
2.2. Institutos análogos 283

2.3. Exemplificação e disciplina legal 283
2.4. Notificação do devedor e responsabilidade do cedente 286
3. Cessão de débito (assunção de dívida) 288
4. Cessão de contrato 291
4.1. Cessão do contrato de trabalho 293

Capítulo XXI
Inadimplemento Absoluto das Obrigações

1. Noções introdutórias: o ciclo vital da obrigação 301
2. O inadimplemento culposo da obrigação 302
3. Inadimplemento fortuito da obrigação 305

Capítulo XXII
Inadimplemento Relativo das Obrigações — A Mora

1. Introdução 309
2. Mora do devedor (*solvendi* ou *debendi*) 310
3. Mora do credor (*accipiendi* ou *credendi*) 315
4. Purgação e cessação da mora 318

Capítulo XXIII
Perdas e Danos

1. Consequências do inadimplemento culposo da obrigação 321
2. Perdas e danos 322
3. O dever de mitigar o próprio prejuízo (*duty to mitigate the loss*)... 330
4. Juros 335
4.1. Conceito e espécies 335
4.2. Juros no processo do trabalho 340
4.3. Juros e atividade bancária 341

Capítulo XXIV
Prisão Civil

1. Introdução 347
2. Breve histórico da prisão civil 347

3. Conceito e o tratamento da prisão civil no Direito brasileiro......... 348
   3.1. Da prisão civil decorrente de inadimplemento de obrigação alimentar........ 349
   3.2. Da prisão civil decorrente da condição de depositário infiel... 356
      3.2.1. Da caracterização da condição de depositário infiel...... 357
      3.2.2. A saga da prisão civil do depositário infiel — da previsão constitucional à ilicitude........ 359
      3.2.3. Da consequência jurídica da caracterização como depositário infiel, ante a impossibilidade de decretação da prisão civil........ 361
      3.2.4. Breves considerações críticas sobre a prisão civil do devedor na alienação fiduciária........ 361

Capítulo XXV
Cláusula Penal

1. Conceito e espécies........ 367
2. Cláusula penal compensatória e cláusula penal moratória no direito positivo brasileiro........ 369
3. A nulidade da obrigação principal e a cláusula penal........ 375
4. Cláusula penal e institutos jurídicos semelhantes........ 376

Capítulo XXVI
Arras Confirmatórias e Arras Penitenciais

1. Disciplina normativa das arras no Código Civil de 1916 e no de 2002 379
2. Conceito de arras........ 379
3. Modalidades de arras ou sinal........ 380
   3.1. Arras confirmatórias........ 380
   3.2. Arras penitenciais........ 382
4. Arras e cláusula penal........ 384

Capítulo XXVII
Atos Unilaterais

1. Noções introdutórias........ 385
2. Promessa de recompensa........ 385
   2.1. Pressupostos de validade........ 386

2.2. Possibilidade de revogação 387
2.3. Concorrência de interessados 387
2.4. Concursos com promessa pública de recompensa 387
3. Gestão de negócios 388
3.1. Obrigações do gestor e do dono do negócio 389

Capítulo XXVIII
Enriquecimento sem Causa e Pagamento Indevido

1. Noções introdutórias 391
2. Enriquecimento sem causa 391
3. Pagamento indevido 393
3.1. Espécies de pagamento indevido 394
3.2. Pagamento indevido e boa-fé 395
3.3. Ação de *in rem verso* 397

Capítulo XXIX
Preferências e Privilégios Creditórios

1. Noções introdutórias 401
2. Esclarecimentos terminológicos 402
3. Concurso de credores 402
4. Categorias das preferências no Código Civil brasileiro 403
5. Ordem preferencial no Direito brasileiro 405

Referências 407

O muito obrigado de quem, ensinando, só faz aprender

Tenho o hábito de dizer que só sabemos aquilo que nossa reflexão criadora produziu. E explico essa afirmativa aparentemente insensata e pretensiosa. É que há duas formas de interagirmos com tudo quanto nos cerca, seja ele constituído por objetos materiais postos para nosso conhecimento ou significações desafiando nossa compreensão. Uma delas é meramente nos informarmos a respeito de nosso em torno. A outra, é nos esforçarmos por conhecê-lo.

A informação é como a roupa que se veste e se despe. Aparência que pode enganar, mas não perdura. O conhecimento é algo diverso, que nos modela o espírito como a ginástica modela o nosso corpo. Faz-se parte integrante do que somos. A informação nos é dada e nos atinge modelando nossa precompreensão, que é a tela já concluída e oferecida para nossos olhos. Se não fizermos dessa tela uma lousa em que se pode colocar um toque pessoal, sem deformar o quanto nela foi antes consignado, se não transformarmos em conhecimento a informação, seremos apenas transeuntes no nosso tempo, nunca partícipes dele.

Só se atinge o âmago do que já foi pensado, repensando-se criticamente quanto já foi pensado. Isso é o nosso "reescrever" o que já estava escrito com uma caligrafia nova ou usando novos sinônimos ou até mesmo, se tanto nos for dado, intercalando palavras ou frases em quanto já consignado. Daí talvez ter dito Radbruch ser tarefa de cada geração repensar a ciência jurídica para o seu tempo, acentuando a marcante historicidade de nosso saber.

Porque é assim, no meu meio século de magistério, nada foi mais estimulante que ver os que chegam assumir essa responsabilidade. Mas, por igual, nada é mais inquietador que ver os que abdicam desta tarefa e simplesmente reescrevem ou rasuram o quanto já registrado. Quando se edita uma nova lei, há os que se fatigam na descoberta da leitura nova que ela enseja, e há os que apenas se propõem a lê-la com os antigos olhos. Precisamos esquecê-los e louvar os que pretendem apenas apagar no antigo desenho o que se fez velho, conservando a dignidade e beleza do que é antigo. São como os restauradores, que fazem vivo o que o tempo havia amortecido. Tornam visível e atual a obra de arte que vem sendo escrita pelo homem há alguns milhares de anos.

Pablo Stolze Gagliano e **Rodolfo Pamplona Filho**, para nosso orgulho, têm sensibilidade e talento para essa tarefa e é o que tentam fazer com o nosso novo Código Civil, que chega com pretensões de durar num momento em que a duração se contrai até quase parecer mera fulguração. Que sejam vitoriosos nessa sua redescoberta. Muito obrigado de quem, ensinando, só faz aprender.

J. J. Calmon de Passos

Professor Emérito da Faculdade de Direito da UFBA.

Coordenador e Professor do Curso de Especialização em Processo da UNIFACS — Universidade Salvador.

Membro da Academia de Letras Jurídicas da Bahia. Procurador da Justiça do Estado da Bahia (aposentado).

Prefácio à Primeira Edição

Recebi com imensa satisfação a oportunidade de escrever um prefácio à obra que escreveram, sobre a *Parte Geral do Direito das Obrigações*, dois jovens e talentosos juristas, que se têm dedicado intensamente e de forma muito bem-sucedida ao estudo do Direito Civil, **Pablo Stolze Gagliano** e **Rodolfo Pamplona Filho.**

Já escreveram, inaugurando esta mesma coleção, o volume primeiro da obra, intitulado *Novo Curso de Direito Civil — Parte Geral*, editada neste ano de 2002, pela Saraiva, cuja primeira edição se esgotou em poucos meses, já estando no prelo a segunda.

Com a obra em que versam a *Parte Geral do Direito das Obrigações*, seguem o mesmo útil critério, procurando comparar o sistema do Código Civil de 1916 com o Novo Código Civil.

Este é o caminho adequado para tratar o Direito Civil, neste momento histórico, em que se tem um Novo Código, que haverá, em parte muito apreciável, de ser compreendido também à luz do passado, procurando-se relacionar o sistema ainda vigente com aquele que deverá vir a viger. E essa comparação é tanto mais útil tratando-se da *Parte Geral das Obrigações*, em que as modificações não foram tão expressivas como em outros livros do Novo Código Civil.

Os dois autores são estudiosos do mais alto nível do Direito, e em particular do Direito Civil.

Granjearam o respeito da comunidade jurídica brasileira como autores altamente competentes e constantemente procuram aprimorar seus conhecimentos.

São ex-alunos e hoje professores de Cursos de Pós-Graduação, sendo **Pablo Stolze Gagliano** da Universidade Federal da Bahia — UFBA, de onde é professor concursado, aprovado em 1.º lugar para a cadeira de Direito Civil, e **Rodolfo Pamplona Filho**, mestre e doutor em Direito pela Pontifícia Universidade Católica de São Paulo, titular na Universidade Salvador — UNIFACS. E, ainda, são magistrados, **Pablo Stolze Gagliano**, na Justiça Estadual da Bahia, e **Rodolfo Pamplona Filho**, na Justiça do Trabalho, sediada na Bahia (Quinta Região). Ambos são especializados em Direito Civil pela Fundação Faculdade de Direito da Bahia.

Tratam neste volume, com mãos de mestre, da *Parte Geral do Direito das Obrigações*. É obra forrada na melhor doutrina e escrita com a maior clareza e elegância. Procedem, ao longo da obra, às comparações entre os dois sistemas, o ainda atual e o do Novo Código Civil, cuja vigência apresenta-se como próxima, para o limiar do ano entrante.

Demonstram os autores bagagem cultural, zelo e cuidado na feitura do trabalho, e, igualmente, coragem. Referimo-nos à coragem, dado não ser fácil enfrentar, praticamente em primeira mão, o entendimento de um novo sistema, altamente complexo como é o do Direito Civil. E não só ostentaram coragem como paralelamente demonstraram ter grande fôlego, diante do que já produziram e do que prometem produzir, para que nos circunscrevamos, apenas, a esta coleção.

Tanto os autores desta obra quanto a editora e, especialmente, o público leitor encontram-se de parabéns, dado que este volume, semelhantemente ao que ocorreu com o precedente, proporcionará elementos indispensáveis para o conhecimento do Novo Código Civil.

Ambos os juristas são extremamente jovens, e por isso poder-se-á com segurança dizer que deles muito se espera como doutrinadores, mas injusto seria dizer que são *apenas* promissores, diante das obras que já têm apresentado ao público brasileiro.

Arruda Alvim

Professor Titular da PUCSP e Desembargador aposentado do Tribunal de Justiça de São Paulo

Apresentação da Primeira Edição

No estimulante momento em que vivemos, de verdadeira ebulição intelectual, com o advento do novo Código Civil, é com prazer e renovada esperança que apresento à comunidade jurídica de meu país o volume II do *Novo Curso de Direito Civil*, versando sobre a Teoria Geral das Obrigações, e de autoria de dois jovens e já consagrados juristas, os Professores **Pablo Stolze Gagliano** e **Rodolfo Pamplona Filho**.

A leitura deste novo livro, tão esperado por mim, confirma a magnífica impressão que já me deixara o primeiro volume, e a certeza de que a obra irá contribuir, e muito, para a formação profissional das futuras gerações de advogados.

Os autores conseguiram, com elogiável poder de síntese, mas sem prejuízo da profundidade dogmática, enfrentar os desafios do estudo das Obrigações, tanto à luz do Código de 1916 quanto do novo, interpretando, com sensibilidade, as transformações éticas trazidas pelo novo diploma.

A socialidade e a eticidade, que, no dizer dos autores do projeto, caracterizam o novo Código, estão ressaltadas pelos Professores **Pablo Gagliano** e **Rodolfo Pamplona Filho**, que nos apresentam um novo tempo, de resgate ético da sociedade brasileira.

Os leitores serão conduzidos por mãos seguras, no campo das relações obrigacionais, desde a sua classificação, feita com notável rigor técnico, até o pagamento, em suas diversas modalidades, e as consequências do seu inadimplemento.

A linguagem é ágil, moderna, transformando o livro em leitura agradável, e em poderoso instrumento de trabalho para todos os profissionais do Direito, que certamente terão nele uma permanente e segura fonte de consulta e citação.

Tive o prazer de conhecer os autores, quando participei, recentemente, de um congresso jurídico realizado em Salvador, e logo percebi, com a experiência de meus teimosos 38 anos de magistério, que representavam eles a certeza da renovação doutrinária e da continuação da tradição baiana de nos doar notáveis civilistas.

Percebe-se, nitidamente, que este *Novo Curso de Direito Civil* está sendo escrito com a tinta dos sonhos de seus jovens autores, e nós o recebemos com esperança e entusiasmo.

Tenho a exata sensação de estar praticando um ato de elementar justiça e de grande interesse social ao recomendar a leitura deste novo volume da obra dos Professores **Pablo Stolze Gagliano** e **Rodolfo Pamplona Filho**, que tanto enriquecerá as letras jurídicas brasileiras.

Resta-nos, agora, a seus leitores, entre os quais me incluo, aguardar, ansiosos, a complementação da obra, que irá consagrar os autores entre os juristas do novo tempo.

Sylvio Capanema de Souza
Desembargador do Tribunal de
Justiça do Rio de Janeiro

Nota dos Autores

Neste ano que se inicia, completaremos 19 (dezenove) anos de uma profícua parceria.

Com efeito, ao lançarmos oficialmente o primeiro volume da nossa coleção, na distante data de 3 de abril de 2002, não imaginávamos chegar tão longe.

Mesmo sempre repletos de compromissos, notadamente com nossas atividades na magistratura, conseguimos produzir uma extensa obra, composta, originalmente, dos volumes de *Parte Geral, Obrigações, Responsabilidade Civil, Teoria Geral dos Contratos, Contratos em Espécie, Direito de Família* e *Sucessões*. Posteriormente, decidimos fundir os dois tomos sobre *Contratos* em um volume único, além da chegada do nosso último "filho", *Direitos Reais*.

Como se não bastasse, lançamos uma obra apartada, *O Novo Divórcio* (depois renomeada para *O Divórcio na Atualidade*), publicada quando da promulgação da Emenda Constitucional n. 66; e, alguns anos depois, o nosso robusto *Manual de Direito Civil*, com o curso completo da disciplina, que alcançou grande sucesso.

São várias obras, portanto, que levam a nossa assinatura conjunta, o que muito nos orgulha e eleva a nossa responsabilidade e compromisso com o nosso público leitor.

Mas o ano de 2021 traz ainda mais e novos desafios.

Com efeito, vivemos, em 2020, momentos absolutamente inéditos.

A pandemia e o isolamento presencial fizeram com que repensássemos muito diversos aspectos da vida e também do Direito Civil.

A sociedade brasileira assistiu, estupefacta, a uma guerra contra um inimigo invisível, silencioso e mortal.

Todavia, o único direito absolutamente irrenunciável é o de ter esperança!

E é com o coração inundado de bons sentimentos que atualizamos a nossa obra, incorporando novas ideias, bem como trazendo as novidades do período pandêmico e da jurisprudência nacional.

Nessa toada, desejamos continuar divulgando nosso pensamento, ansiando por voltar a atravessar este país continental, sempre dispostos a compartilhar o conhecimento e aprender com nossos interlocutores, na busca por compreender o novíssimo Direito Civil brasileiro com profundidade, objetividade e leveza.

Por isso, agradecemos, desde já, cada palavra amiga que recebemos no período de falta de contato presencial, reiterando nossa disposição de retribuí-

-las, seja, como já fizemos, nas centenas de *lives* e webinares de que participamos, seja no "novo normal", quando pudermos estar juntos fisicamente, em "aglomerações" de carinho e vontade de crescimento recíproco.

Por fim, como sempre fizemos, divulgamos nossos *e-mails* pessoais para que possamos continuar a interagir com o querido público leitor, por toda a vida que o destino nos proporcionar.

Muito obrigado por tudo!

Com Deus, sempre!

Pablo Stolze Gagliano
pablostolze@gmail.com
Instagram: @pablostolze
Visite: www.pablostolze.com.br

Rodolfo Pamplona Filho
rpf@rodolfopamplonafilho.com.br
Instagram: @rpamplonafilho
Visite: www.rodolfopamplonafilho.com.br

Capítulo I
Introdução ao Direito das Obrigações

Sumário: 1. Considerações iniciais. 2. Conceito e importância do Direito das Obrigações. 3. Evolução histórica do Direito das Obrigações. 4. Âmbito do Direito das Obrigações. 5. Distinções fundamentais entre Direitos Pessoais e Reais. 5.1. Figuras híbridas entre Direitos Pessoais e Reais. 6. Considerações terminológicas. 6.1. Conceitos correlatos. 7. O Direito das Obrigações no Código Civil de 1916. 8. O Direito das Obrigações no Código Civil de 2002.

1. CONSIDERAÇÕES INICIAIS

O estudo do Direito Civil envolve uma gama extremamente extensa de conhecimentos especializados, abrangendo todas as relações e situações jurídicas realizadas antes mesmo do surgimento da pessoa (seja na tutela dos direitos do nascituro, seja, no que diz respeito à pessoa jurídica, a disciplina para sua própria criação) até depois de seu perecimento (normas regentes das sucessões).

Por isso, as codificações da modernidade têm apresentado uma divisão didática das matérias, estabelecendo uma *parte geral* (com a regulação genérica das pessoas, bens e negócios jurídicos) e *partes especiais*, que agrupam regras particulares, sistematizadas em função da natureza peculiar das relações jurídicas a que se destinam.

O tema abordado no presente livro é justamente uma dessas partes especiais, a saber, o Direito das Obrigações, cuja visão introdutória é a proposta deste capítulo.

2. CONCEITO E IMPORTÂNCIA DO DIREITO DAS OBRIGAÇÕES

O Direito das Obrigações, o mais lógico de todos os ramos do Direito Civil, é também o mais refratário a mudanças. Vale dizer, embora não seja imutável, sofre bem menos a interferência da alteração de valores e hábitos sociais, se comparado, por exemplo, com o Direito de Família, *mais sensível às mutações sociais, pela sua evidente ligação a fatos comuns do cotidiano.*

Em objetiva definição, trata-se do *conjunto de normas (regras e princípios jurídicos) reguladoras das relações patrimoniais entre um credor (sujeito ativo) e um devedor (sujeito passivo) a quem incumbe o dever de cumprir, espontânea ou coativamente, uma prestação de dar, fazer ou não fazer.*

O desenvolvimento desse instituto jurídico liga-se mais proximamente às relações econômicas, não sofrendo, normalmente, influências locais, valendo destacar que é por meio das "relações obrigacionais que se estrutura o regime econômico, sob formas definidas de atividade produtiva e permuta de bens", como já salientou ORLANDO GOMES[1].

Justamente por tal circunstância, é o ramo *mais propício à uniformização do Direito Privado*, com a *unificação* do Direito Civil e Comercial (já efetivada na Suíça e Itália), tentada tantas vezes no Brasil, mas somente realizada, de forma parcial, com o Novo Código Civil de 2002.

3. EVOLUÇÃO HISTÓRICA DO DIREITO DAS OBRIGAÇÕES

Na Grécia antiga, não havia, propriamente, uma definição de "obrigação", embora já houvesse uma certa noção dessa figura jurídica.

Aristóteles dividiu as *relações obrigatórias* em dois tipos, a saber, as voluntárias (decorrentes de um acordo entre as partes) e as involuntárias (resultantes de um fato do qual nasce uma obrigação), subdividindo essas últimas em dois outros subtipos, tomando-se como parâmetro se o ato ilícito era cometido às escondidas ou se era praticado com violência[2].

No Direito Romano, por sua vez, também não se conhecia a expressão *obrigação*, mas o seu equivalente histórico teria sido a figura do *nexum* (espécie de empréstimo)[3], que conferia ao credor o poder de exigir do devedor o cumprimento de determinada prestação, sob pena de responder com seu próprio corpo, podendo ser reduzido, inclusive, à condição de escravo, o que se realizava por meio da *actio per manus iniectionem* (ação pela qual o credor podia vender o devedor como escravo, além do Rio Tibre).

Como preleciona SÍLVIO DE SALVO VENOSA, com seu habitual brilhantismo,

> "no tocante à execução das obrigações, como o vínculo incidia sobre a pessoa do devedor, a substituição para fazer recair a execução sobre os bens parece ter sido lenta e ditada pelas necessidades da evolução da própria sociedade romana. A princípio, a sanção do *nexum*, velho contrato do direito quiritário, era a *manus iniectio*, que, pela falta de adimplemento, outorgava ao *tradens* o direito de lançar mão do devedor. A lei *Papiria*

[1] Orlando Gomes, *Direito das Obrigações*, Rio de Janeiro: Forense, 2000, p. 3.

[2] Cf. Álvaro Villaça Azevedo, *Teoria Geral das Obrigações*, São Paulo: Revista dos Tribunais, 2001, p. 27-8.

[3] Do verbo latino *nectere*, que significa ligar, prender, unir, atar.

Poetelia do século IV a.C. suprimiu essa forma de execução, a qual, tudo indica, já estava em desuso na época"[4].

Dessa forma, podemos concluir que, do ponto de vista formal, o grande diferencial do conceito moderno de obrigação para seus antecedentes históricos está no seu conteúdo econômico, deslocando-se a sua garantia da pessoa do devedor para o seu patrimônio. Tal modificação valoriza a dignidade humana ao mesmo tempo em que retira a importância central da obrigação do indivíduo no polo passivo, o que possibilitou, inclusive, a transmissibilidade das obrigações, não admitida entre os romanos.

O Código de Napoleão, de 1804 — que, até hoje, é o Código Civil francês — consagrou expressamente tal conquista do Direito Romano, prevendo, em seu art. 2.093, dentre outras disposições, que *os bens do devedor são a garantia comum de seus credores* ("*les biens du débiteur sont le gage commun de ses creanciers*"), regra fundamental não somente para aquele direito positivado, mas para toda a construção teórica moderna do Direito das Obrigações, inclusive o brasileiro.

Mas quais são, afinal de contas, os direitos subjetivos que podem ser objeto de uma relação jurídica obrigacional?

É o que veremos no próximo tópico.

4. ÂMBITO DO DIREITO DAS OBRIGAÇÕES

A relação jurídica obrigacional não é integrada por qualquer espécie de direito subjetivo. Somente aqueles de conteúdo econômico (direitos de crédito), passíveis de circulação jurídica, poderão participar de *relações obrigacionais*, o que descarta, de plano, os *direitos da personalidade*[5].

---

[4] Sílvio de Salvo Venosa, *Direito Civil — Teoria Geral das Obrigações e Teoria Geral dos Contratos*, São Paulo: Atlas, 2001, v. 2, p. 30. No mesmo sentido, Álvaro Villaça Azevedo: "Assim, antes dessa Lei, a obrigação era vínculo meramente pessoal, sem qualquer sujeição ao patrimônio do devedor, sendo que, estando o devedor vinculado à obrigação com seu próprio corpo, o credor tinha direito sobre seu cadáver. Daí não admitir o Direito romano, nessa época, a cessão e transferência de obrigação de qualquer espécie, fosse realizada pelo credor ou fosse pelo devedor, pois a obrigação se apresentava com esse caráter pessoal, a vincular pessoas determinadas" (ob. cit., p. 29).

[5] Sobre os direitos da personalidade, em que pese a sua marcante característica de extrapatrimonialidade, nada impede que as manifestações pecuniárias de algumas espécies de direitos possam ingressar no comércio jurídico. "O exemplo mais evidente desta possibilidade é em relação aos direitos autorais, que se dividem em direitos morais (estes sim, direitos próprios da personalidade) e patrimoniais (direito de utilizar, fruir e dispor da obra literária, artística ou científica, perfeitamente avaliável em dinheiro) do autor" (Pablo Stolze Gagliano e Rodolfo Pamplona Filho, *Novo Curso de Direito Civil — Parte Geral*, 22. ed., São Paulo: Saraiva, 2020, v. 1, p. 194).

É bom que se diga, nesse ponto, que o direito de crédito, a que corresponde o *dever de prestar*, é de natureza essencialmente pessoal, não se confundindo, portanto, com os direitos reais em geral.

Assim, se dois sujeitos celebram um contrato, por força do qual um dos contraentes passa a ser credor do outro, deve-se salientar que, em verdade, o contraente credor passou a ser, em virtude do negócio jurídico, *titular de um direito pessoal exercitável contra o devedor, a quem se impõe o dever de prestar (dar, fazer ou não fazer)*. Não existe, pois, uma pretensão de natureza real no crédito formado. O credor não tem *poderes de proprietário em relação à coisa ou à atividade objeto da prestação*. Não exerce, pois, poder real sobre a atividade do devedor, nem, muito menos, sobre a sua pessoa. Trata-se, portanto, de um direito eminentemente pessoal, cuja correlata obrigação (dever de prestar) é a própria atividade do devedor de *dar, fazer ou não fazer*.

De tal forma, quando por força de um contrato de prestação de serviços, o sujeito realiza a atividade contratada, tornando-se credor da quantia de 100, esse direito não traduz um poder real incidente sobre a quantia em si (100), mas, sim, a pretensão, juridicamente tutelada, de se exigir, inclusive pela via judicial, *o cumprimento da prestação devida pelo devedor*.

Em precisa síntese, o genial JOÃO DE MATOS ANTUNES VARELA ressalta o aspecto pessoal das obrigações, quando observa:

> "O fim natural da obrigação, seja qual for a modalidade que a prestação revista, é o *cumprimento*, que representa o meio normal de satisfação do interesse do titular ativo da relação. Quando o tribunal condena o autor da agressão a pagar certa indenização à vítima, o sentido natural da imposição deste dever é que o réu entregue (quanto antes) o dinheiro ao lesado; da mesma forma, se A comprar a B certa coisa, o alcance normal do acordo celebrado entre as partes é que B entregue a coisa (cumprindo a sua obrigação de vendedor: art. 879, al. b.), e que A faça entrega do preço (cumprindo a obrigação correlativa da primeira: art. 879, al. c.)"[6].

De acordo com a linha de intelecção do grande Mestre, conclui-se que o *cumprimento da prestação* (atividade do devedor), e não a coisa em si (o dinheiro, o imóvel etc.), constitui o objeto imediato da obrigação, e, por conseguinte, do próprio direito de crédito.

Nessa linha de raciocínio, é correto dizer que, enquanto os *direitos reais são tratados pelo Direito das Coisas*, os *direitos de crédito (pessoais) integram o estudo do Direito das Obrigações*, objeto do presente tomo.

---

[6] João de Matos Varela, *Das Obrigações em Geral*, 9. ed., Coimbra: Almedina, 1996, v. 1, p. 18.

E para que não pairem dúvidas, cuidaremos de explicitar, no próximo tópico, as diferenças entre os direitos pessoais e os direitos reais.

5. DISTINÇÕES FUNDAMENTAIS ENTRE DIREITOS PESSOAIS E REAIS

LAFAYETTE RODRIGUES PEREIRA, em difundida lição, adverte que o "direito real é aquele que afeta a coisa direta e imediatamente, sob todos ou sob certos respeitos, e a segue em poder de quem quer que a detenha. O direito pessoal é o direito contra determinada pessoa"[7].

Observa-se, portanto, que *real* é o direito que traduz o poder jurídico direto de uma pessoa sobre uma coisa, submetendo-a em todos (propriedade) ou em alguns de seus aspectos (usufruto, servidão, superfície etc.). Para o seu exercício, portanto, prescinde-se de outro sujeito.

A esta corrente, denominada *realista*, opuseram-se doutrinadores do quilate intelectual de MARCEL PLANIOL, defensores da *doutrina personalista*, segundo a qual *não se poderia reconhecer a existência jurídica de uma relação travada entre um homem e uma coisa*[8]. Toda relação jurídica, obtemperavam os seus adeptos, exigiria a convergência de, no mínimo, duas pessoas, de maneira que até mesmo para os direitos reais haveria que corresponder uma *obrigação passiva universal* imposta a todas as pessoas de se absterem de qualquer ato lesivo ao titular do direito.

Não concordamos, todavia, com esse raciocínio.

A despeito de considerarmos o direito como um fenômeno essencialmente humano, o fato é que, em meio a tão variados matizes de relações jurídicas, algumas há em que a figura do sujeito passivo é despicienda: *eu exerço as faculdades ínsitas ao direito de propriedade sobre o meu imóvel, independentemente da interferência de quem quer que seja.*

"A obrigação que se pode considerar como correspondente aos direitos reais", assevera o magistral TEIXEIRA DE FREITAS, "geral e negativa, não é o objeto imediato desses direitos, cuja existência é independente de qualquer obrigação"[9].

Aliás, sustentar a existência de "um sujeito passivo universal" apenas para não prejudicar *a pessoalidade* comum, mas não absoluta, das relações jurídicas e direitos em geral, é, em nosso ponto de vista, um raciocínio equivocado.

---

[7] Lafayette Rodrigues Pereira, apud Orlando Gomes, *Introdução ao Direito Civil*, 10. ed., Rio de Janeiro: Forense, 1993, p. 120.

[8] Apud Orlando Gomes, ob. cit., p. 120-1.

[9] Augusto Teixeira de Freitas, *Código Civil — Esboço*, comentário ao art. 868, Brasília: MJ — Departamento de Imprensa Nacional e UNB, 1983 (edição conjunta), v. 1, p. 205.

A *ideia do "dever geral de abstenção"*, que caracterizaria a obrigação passiva universal nas relações jurídicas reais é desprovida de maior significado jurídico, considerando-se que este *dever geral de respeito* deve ser observado sempre, em toda e qualquer relação jurídica, real ou pessoal, indistintamente. Aliás, consoante preleciona ORLANDO GOMES, "a existência de obrigação passiva universal não basta para caracterizar o direito real, porque outros direitos radicalmente distintos, como os personalíssimos, podem ser identificados pela mesma obrigação negativa e universal"[10].

Para os direitos reais, o sujeito passivo e a sua correspondente obrigação somente surgem quando houver a efetiva violação ou ameaça concreta de lesão (ex.: o esbulho de minha propriedade, a séria ameaça de invasão). Nesses casos, surge para o infrator o dever de restabelecer o *status quo ante*, ou, não tendo havido efetiva lesão, abster-se da prática de qualquer ato danoso, sob pena de ser civilmente responsabilizado.

Assim, a par de reconhecermos a eficácia *erga omnes* dos direitos reais (que devem ser respeitados por qualquer pessoa), entendemos que, no aspecto interno (da relação jurídica em si), o poder jurídico que contém é exercitável *diretamente contra os bens e coisas em geral, independentemente da participação de um sujeito passivo.*

Nesse diapasão, com fundamento na doutrina do genial ARRUDA ALVIM, poderíamos enumerar as seguintes características dos direitos reais, para distingui-los dos direitos de natureza pessoal[11]:

a) legalidade ou tipicidade — os direitos reais somente existem se a respectiva figura estiver prevista em lei (art. 1.225 do CC/2002).

b) taxatividade — a enumeração legal dos direitos reais é taxativa (*numerus clausus*), ou seja, não admite ampliação pela simples vontade das partes;

c) publicidade — primordialmente para os *bens imóveis*, por se submeterem a um sistema formal de registro, que lhes imprime essa característica;

d) eficácia *erga omnes* — os direitos reais são oponíveis a todas as pessoas, indistintamente. Consoante vimos acima, essa característica não impede, em uma perspectiva mais imediata, o reconhecimento da relação jurídica real entre um homem e uma coisa. Ressalte-se, outrossim, que essa eficácia *erga omnes* deve ser entendida com ressalva, apenas no aspecto de sua oponibilidade, uma

[10] Orlando Gomes, ob. cit., p. 121.

[11] Arruda Alvim, Confronto entre Situação de Direito Real e de Direito Obrigacional. Prevalência da Primeira, Prévia e Legitimamente Constituída — Salvo Lei Expressa em Contrário, parecer publicado na *Revista de Direito Privado*, São Paulo: Revista dos Tribunais, jan./mar. 2000, v. 1, p. 103-6.

vez que o exercício do direito real — até mesmo o de propriedade, mais abrangente de todos — deverá ser sempre condicionado (relativizado) pela ordem jurídica positiva e pelo interesse social, pois não vivemos mais a era da *ditadura dos direitos*[12];

e) inerência ou aderência — o direito real adere à coisa, acompanhando-a em todas as suas mutações. Essa característica é nítida nos direitos reais em garantia (penhor, anticrese, hipoteca), uma vez que o credor (pignoratício, anticrético, hipotecário), gozando de um direito real vinculado (aderido) à coisa, prefere outros credores desprovidos dessa prerrogativa;

f) sequela — como consequência da característica anterior, o titular de um direito real poderá perseguir a coisa afetada, para buscá-la onde se encontre, e em mãos de quem quer que seja. É *aspecto privativo dos direitos reais, não tendo o direito de sequela o titular de direitos pessoais ou obrigacionais.*

Por tudo isso, o poder atribuído ao titular de um direito real é juridicamente muito mais expressivo do que aquele conferido ao titular de um direito de natureza pessoal ou obrigacional.

Os direitos pessoais, por sua vez, identificados com os *direitos de crédito (de conteúdo patrimonial)*, têm por objeto a *atividade do devedor*, contra o qual são exercidos. Assim, ao transferir a propriedade da coisa vendida, o *vendedor passa a ter um direito pessoal de crédito contra o comprador (devedor), a quem incumbe cumprir a prestação de dar a quantia pactuada (dinheiro).* Note-se, outrossim, que o objeto do crédito (ou, sob o aspecto passivo, da obrigação) é a própria *atividade do devedor.*

Nesse contexto, fica fácil notar que ao Direito das Obrigações interessa apenas o estudo das *relações jurídicas obrigacionais (pessoais) entre um credor (titular do direito de crédito) e um devedor (incumbido do dever de prestar)*, deixando-se para o Direito das Coisas as relações e direitos de natureza real.

Relação Jurídica Obrigacional:

Sujeito Ativo (credor) — **relação jurídica obrigacional** — Sujeito Passivo (devedor)

(**crédito**) (**débito**)

Relação Jurídica Real:

Titular do Direito Real — **relação jurídica real** — Bem/Coisa

[12] Nesse sentido, já advertia Duguit: "A propriedade não é mais o direito subjetivo do proprietário; é a função social do detentor da riqueza" (Leon Duguit, *Las Transformaciones Generales del Derecho Privado*, Madrid: Ed. Posada, 1931, p. 37).

Há, todavia, algumas figuras jurídicas que se situam em uma zona cinzenta entre os direitos pessoais e os reais. Dessas figuras híbridas, trataremos no próximo tópico.

5.1. Figuras híbridas entre Direitos Pessoais e Reais

Embora o tópico possa parecer mais adequado à classificação das obrigações, a distinção entre direitos pessoais e reais traz sempre à lembrança figuras jurídicas situadas em uma área intermediária.

De fato, existem obrigações, em sentido estrito, que decorrem de um direito real sobre determinada coisa, aderindo a essa e, por isso, acompanhando-a nas modificações do seu titular. São as chamadas obrigações *in rem*, *ob rem* ou *propter rem*, também conhecidas como obrigações reais ou mistas.

Ao contrário das obrigações em geral, que se referem ao indivíduo que as contraiu, as obrigações *propter rem* se transmitem automaticamente para o novo titular da coisa a que se relacionam.

É o caso, por exemplo, da obrigação do condômino de contribuir para a conservação da coisa comum (art. 1.315 do CC/2002) ou a dos vizinhos de proceder à demarcação das divisas de seus prédios (art. 1.297 do CC/2002), em que a obrigação decorre do direito real, transmitindo-se com a transferência da titularidade do bem. Também era a hipótese, prevista no art. 678 do CC/1916 (sem correspondência no CC/2002), da obrigação do enfiteuta de pagar o foro.

Por outro lado, muitas vezes confundido com tais obrigações mistas é o instituto da *renda constituída sobre imóvel*, que, como direito real na coisa alheia previsto somente no CC/1916 (arts. 749 a 754), é, em verdade, uma limitação da fruição e disposição da propriedade, com oponibilidade *erga omnes*.

Por fim, distinga-se a obrigação *propter rem* das *obrigações com eficácia real*. Nestas, sem perder seu caráter de direito a uma prestação, há a possibilidade de oponibilidade a terceiros, quando houver anotação preventiva no registro imobiliário, como, por exemplo, nos casos de locação e compromisso de venda, como dispõe o art. 8.º da Lei n. 8.245/91[13].

---

[13] "Art. 8.º Se o imóvel for alienado durante a locação, o adquirente poderá denunciar o contrato, com o prazo de noventa dias para a desocupação, salvo se a locação for por tempo determinado e o contrato contiver cláusula de vigência em caso de alienação e estiver averbado junto à matrícula do imóvel.

§ 1.º Idêntico direito terá o promissário comprador e o promissário cessionário, em caráter irrevogável, com imissão na posse do imóvel e título registrado junto à matrícula do mesmo.

§ 2.º A denúncia deverá ser exercitada no prazo de noventa dias contados do registro da venda ou do compromisso, presumindo-se, após esse prazo, a concordância na manutenção da locação."

6. CONSIDERAÇÕES TERMINOLÓGICAS

Nos Códigos do mundo em geral, e no nosso em particular, consagrou-se a denominação *Direito das Obrigações*, dando-se destaque ao aspecto passivo (a obrigação), e não ao ativo (o crédito) da relação jurídica obrigacional.

Assim foi no Código Beviláqua (1916), que reserva todo o seu Livro III, Títulos I a IX, para o Direito das Obrigações, e também no Novo Código Civil (2002) que, mantendo a mesma terminologia, consagra-o em seu Livro I, Títulos I a X, incluindo-se nessa parte o Direito Contratual, os Títulos de Crédito e as Regras de Responsabilidade Civil.

Entretanto, para que não existam impropriedades terminológicas prejudiciais à compreensão de nossa matéria, qual seria o alcance e significado da palavra *obrigação*?

Obrigação, segundo difundida definição, significa a própria *relação jurídica pessoal que vincula duas pessoas, credor e devedor, em razão da qual uma fica "obrigada" a cumprir uma prestação patrimonial de interesse da outra.*

Nesse sentido é o pensamento de WASHINGTON DE BARROS MONTEIRO: "A obrigação é a *relação jurídica*, de caráter transitório, estabelecida entre devedor e credor, e cujo objeto consiste numa prestação pessoal econômica, positiva ou negativa, devida pelo primeiro ao segundo, garantindo-lhe o adimplemento através de seu patrimônio"[14].

Nessa fase de criação de um conceito mais técnico de obrigação, não podemos esquecer do seu caráter transitório (repudia ao Direito moderno a ideia de uma obrigação perpétua, pois isso corresponderia à ideia de servidão humana), bem como do seu conteúdo econômico, esclarecendo-se que a menção à prestação positiva ou negativa se refere à modalidade de prestação (fazer/dar ou não fazer), o que veremos em capítulo próprio[15].

JOÃO DE MATOS ANTUNES VARELA, um dos maiores estudiosos da disciplina, amparado na doutrina alemã, amplia ainda mais o conceito analítico de obrigação, para considerá-la, mais do que uma *relação jurídica obrigacional*, um verdadeiro *processo conducente à satisfação do interesse do credor:*

> "A obrigação, com todos poderes e deveres que se enxertam no seu tronco, pode mesmo considerar-se como um processo (conjunto de actos logicamente encadeados entre si e subordinado a determinado fim), conducente ao cumprimento"[16].

---

[14] Washington de Barros Monteiro, *Curso de Direito Civil — Direito das Obrigações*, 30. ed., São Paulo: Saraiva, 1999, v. 4, p. 8.

[15] *Vide* Capítulo V, "Classificação Básica das Obrigações".

[16] João de Matos Varela, ob. cit., p. 18.

Em perspectiva mais restrita, por outro lado, a palavra *obrigação significaria o próprio dever de prestação imposto ao devedor*. Todavia, não raramente a expressão *dever jurídico* transcende os limites do direito, invadindo a esfera da moral (fala-se, nesse caso, em dever ou obrigação religiosa, sentimental etc.).

Em nosso entendimento, é mais adequado empregarmos a expressão *obrigação* para referirmos à própria *relação jurídica obrigacional vinculativa do credor e do devedor*, sem que se possa apontar atecnia na adoção da palavra para significar apenas o *dever de prestar*, por se tratar de expressão plurissignificativa.

6.1. Conceitos correlatos

Não se deve confundir, ainda, *obrigação (debitum) e responsabilidade (obligatio)*[17], por somente se configurar esta última quando a prestação pactuada não é adimplida pelo devedor. A primeira corresponde, em sentido estrito, ao dever do sujeito passivo de satisfazer a prestação positiva ou negativa em benefício do credor, enquanto a outra se refere à autorização, dada pela lei, ao credor que não foi satisfeito, de acionar o devedor, alcançando seu patrimônio, que responderá pela prestação.

Em geral, toda obrigação descumprida permite a responsabilização patrimonial do devedor, não obstante existam obrigações sem responsabilidade (obrigações naturais — *debitum* sem *obligatio*), como as dívidas de jogo e as pretensões prescritas. Por outro lado, poderá haver responsabilidade sem obri-

---

17 Outras duas expressões que merecem referência, oriundas do Direito Alemão, são "*Schuld*" e "*Haftung*", a primeira significando "dever" e a segunda correspondendo à "responsabilidade". Em geral, o próprio devedor tem, simultaneamente, o dever (*Schuld*) e a responsabilidade patrimonial (*Haftung*). Mas o fiador, por exemplo, tem responsabilidade (*Haftung*), embora o dever (*Schuld*) seja do afiançado. Por essa razão, entendemos que o Direito Civil brasileiro adotou, em contraposição à teoria monista, a teoria dualista, segundo a qual a relação obrigacional decompõe-se em *Schuld* e *Haftung*. Ver José Fernando Simão, A teoria dualista do vínculo obrigacional e sua aplicação ao Direito Civil brasileiro. Disponível em: <www.esmp.sp.gov.br>. Acesso em: 11 de agosto de 2017.

Demonstrando a importância da distinção, confira-se o seguinte acórdão: "AGRAVO REGIMENTAL. RECURSO ESPECIAL. CIVIL E PROCESSUAL CIVIL. IMÓVEL NOVO ADQUIRIDO DE CONSTRUTORA. DÉBITOS CONDOMINIAIS ANTERIORES À IMISSÃO NA POSSE. RESPONSABILIDADE DO ADQUIRENTE. CARÁTER 'PROPTER REM' DA OBRIGAÇÃO. 1. Caráter 'propter rem' da obrigação de pagar cotas condominiais. 2. Distinção entre débito e responsabilidade à luz da teoria da dualidade do vínculo obrigacional. 3. Responsabilidade do atual proprietário pelo pagamento das cotas condominiais, ainda que anteriores à alienação. Precedentes do STJ. 4. Imputação ao anterior proprietário dos débitos surgidos até à alienação. 5. AGRAVO REGIMENTAL DESPROVIDO" (AgRg no REsp 1.370.088/DF, Rel. Min. PAULO DE TARSO SANSEVERINO, TERCEIRA TURMA, j. 23-6-2015, *DJe* 26-6-2015).

gação (*obligatio* sem *debitum*), a exemplo do que ocorre com o fiador, que poderá ser responsabilizado pelo inadimplemento de devedor, sem que a obrigação seja sua.

Interessa, ainda, em respeito à técnica, a fixação de dois outros importantes conceitos correlatos ao de obrigação: *o estado de sujeição e o ônus jurídico*[18].

O *estado de sujeição* consiste na *situação da pessoa que tem de suportar, sem que nada possa fazer, na sua própria esfera jurídica, o poder jurídico conferido a uma outra pessoa.* Ao exercício de um *direito potestativo* corresponde o *estado de sujeição da pessoa*, que deverá suportá-lo resignadamente (ex.: o locador, no contrato por tempo indeterminado, denuncia o negócio jurídico, resilindo-o, sem que o locatário nada possa fazer). Esse estado de sujeição, por tudo que se disse, não traduz uma relação jurídica obrigacional, por ser inexistente o *dever de prestar.*

O *ônus jurídico*, por sua vez, caracteriza-se pelo comportamento que a pessoa deve observar, com o propósito de obter um benefício maior. O onerado, pois, suporta um prejuízo em troca de uma vantagem. É o caso do donatário, beneficiado por uma fazenda, a quem se impõe, por exemplo, o pagamento de uma pensão mensal vitalícia à tia idosa do doador (doação com encargo). Não se trata, pois, de um dever de prestar, correlato à satisfação de um crédito, mas, sim, de um encargo que deve ser cumprido em prol de uma vantagem consideravelmente maior. O ônus não é imposto por lei, e só se torna exigível se o onerado aceita a estipulação contratual.

7. O DIREITO DAS OBRIGAÇÕES NO CÓDIGO CIVIL DE 1916

O Código Civil de 1916, elaborado no final do século XIX (1899), refletia uma sociedade estável, agrária e conservadora, recém-saída de um regime de escravidão. Por isso, as regras componentes do seu Livro das Obrigações (Livro III da Parte Especial), colocado após o Direito de Família e o Direito das Coisas, não contemplam fundamentais aspectos da economia neocapitalista, a exemplo da correção monetária, indenizações por danos morais, cláusulas de escala variável ou indexadores, além de tratar insuficientemente dos juros compensatórios e moratórios.

Além disso, sua disposição topológica, após a disciplina das supramencionadas partes especiais, refletia ideologicamente a importância que se dava ao "pai de família" e ao "proprietário", situações jurídicas consolidadas estaticamente, em detrimento do caráter dinâmico das obrigações no comércio jurídico.

O seu Livro III, composto por nove títulos, compreendia, até o art. 1.078 (Título III), a *teoria geral das obrigações*, reservando a sua segunda parte (Títulos IV a IX), a partir do art. 1.079, *para a teoria geral dos contratos.*

---

[18] Conceitos consagrados e difundidos por Antunes Varela, ob. cit., p. 55-61.

Decompondo-se, pois, apenas a teoria geral das obrigações, teríamos o seguinte quadro esquemático:

LIVRO III

DO DIREITO DAS OBRIGAÇÕES

TÍTULO I

Das Modalidades das Obrigações (arts. 863 a 927)

TÍTULO II

Dos Efeitos das Obrigações (arts. 928 a 1.064)

TÍTULO III

Da Cessão de Crédito (arts. 1.065 a 1.078)

8. O DIREITO DAS OBRIGAÇÕES NO CÓDIGO CIVIL DE 2002

O Novo Código Civil (Lei n. 10.406, de 10-1-2002), por sua vez, alterou alguns aspectos do Livro das Obrigações, sistematizado pelo culto AGOSTINHO ALVIM.

Primeiramente, colocou-o logo após a Parte Geral, abrindo, portanto, a sua Parte Especial. Tal modificação atende a um reclamo da doutrina, no estabelecimento de um critério eminentemente lógico. De fato, o estudo de diversos institutos das outras partes do Direito Civil depende, necessariamente, do prévio conhecimento de conceitos do Direito das Obrigações, notadamente pelo fato de que ele contém, em sua parte genérica, regras aplicáveis a outros departamentos do Direito Privado.

A despeito de não ter havido mudanças substanciais na teoria geral das obrigações, alguns institutos ganharam assento em título específico, a exemplo da *cessão de crédito e assunção de dívida* (Título II), devendo-se salientar ainda que o Código reconheceu, em diversos pontos, a correção monetária como efeito da desvalorização da moeda.

No que tange especificamente ao Direito das Obrigações no Código Civil de 2002, poderíamos apontar algumas características relevantes[19]:

a) conservação da sistemática tradicional das modalidades de obrigações, deixando-se de referir, por ser labor da doutrina, o problema das fontes das obrigações;

b) aceitação da revalorização da moeda nas dívidas de valor;

---

[19] Miguel Reale, *O Projeto do Novo Código Civil*, 2. ed., São Paulo: Saraiva, 1999, p. 71-5.

c) no campo da responsabilidade civil, matéria que mereceu tratamento em título próprio (Título IX), consagrou-se a responsabilidade objetiva, além do expresso reconhecimento do dano moral;

d) alteração da medida determinativa da indenização, relativizando-se o critério da *extensão do dano*, ao se permitir a *redução do "quantum" indenizatório, a critério do juiz, e por equidade, se houver excessiva desproporção entre a gravidade da culpa e o dano* (art. 944, parágrafo único).

Vale referir, ainda, que, seguindo diretriz do Código Civil suíço, a teoria geral das obrigações no Novo Código Civil contém normas de Direito Civil e Comercial, tendo-se optado por uma unificação parcial do Direito Privado, com a absorção, inclusive, de regras gerais de Direito Cambiário, em seu Título VIII — Dos Títulos de Crédito[20].

Em conclusão, poderíamos apresentar o seguinte quadro normativo esquemático da teoria geral das obrigações no Novo Código Civil (com a exclusão apenas da teoria geral dos contratos e das espécies contratuais, mas estudadas em momentos próprios, por sugestão didática):

PARTE ESPECIAL

LIVRO I

DO DIREITO DAS OBRIGAÇÕES

TÍTULO I

Das Modalidades das Obrigações

TÍTULO II

Da Transmissão das Obrigações

TÍTULO III

Do Adimplemento e da Extinção das Obrigações

TÍTULO IV

Do Inadimplemento das Obrigações

[20] Por imperativo metodológico, e considerando a natureza essencialmente mercantil da matéria cambiária, trataremos desse tema e do Direito de Empresa, também vinculado ao Direito Comercial, em um único tomo (*Novo Curso de Direito Civil*, v. 5). Da mesma forma, a *responsabilidade civil* e os *contratos (Teoria Geral e Espécies)*, dadas as suas peculiaridades, também merecerão desenvolvimento próprio, respectivamente, nos tomos III e IV desta obra.

(...)

TÍTULO VII

Dos Atos Unilaterais

TÍTULO VIII

Dos Títulos de Crédito

TÍTULO IX

Da Responsabilidade Civil

TÍTULO X

Das Preferências e Privilégios Creditórios

Capítulo II
Estrutura da Obrigação

Sumário: 1. Noções gerais. 2. Elemento subjetivo: sujeitos da relação obrigacional. 3. Elemento objetivo: a prestação. 4. Elemento ideal: o vínculo jurídico entre credor e devedor.

1. NOÇÕES GERAIS

Entendida a obrigação, em sentido mais abrangente, como a *relação jurídica pessoal por meio da qual uma parte (devedora) fica obrigada a cumprir, espontânea ou coativamente, uma prestação patrimonial em proveito da outra (credora)*, faz-se necessário analisar a sua constituição estrutural.

Em outras palavras: *que elementos compõem a relação jurídica obrigacional?*

Antes de aprofundarmos o tema, é bom frisar que a análise dos elementos constitutivos da obrigação não deve ser confundida com o estudo de suas fontes.

Com efeito, a fonte da obrigação, assunto versado no próximo capítulo, traduz a sua causa genética, ou seja, o fato ou ato jurídico criador da própria relação jurídica obrigacional. Assim, o contrato ou o ato ilícito, fatos deflagradores de efeitos na órbita jurídica, não podem ser confundidos com a obrigação em si (vínculo pessoal entre credor e devedor).

Posto isso, entendemos que a *relação obrigacional* é composta por três elementos fundamentais:

a) subjetivo ou pessoal:

— sujeito ativo (credor)

— sujeito passivo (devedor)

b) objetivo ou material: a prestação

c) ideal, imaterial ou espiritual: o vínculo jurídico

Assim, nas relações obrigacionais mais simplificadas, o sujeito passivo (devedor) *obriga-se* a cumprir uma prestação patrimonial de dar, fazer ou não fazer (objeto da obrigação), em benefício do sujeito ativo (credor).

Note-se, outrossim, a existência de relações jurídicas complexas, nas quais cada parte é, simultaneamente, credora e devedora uma da outra. É o caso da obrigação decorrente do contrato de compra e venda: *o vendedor é credor do preço e devedor da coisa; ao passo que o comprador é credor da coisa e devedor do preço.*

Analisemos, agora, cada um desses elementos fundamentais.

2. ELEMENTO SUBJETIVO: SUJEITOS DA RELAÇÃO OBRIGACIONAL

O credor, sujeito ativo da relação obrigacional, é o titular do direito de crédito, ou seja, é o detentor do poder de exigir, em caso de inadimplemento, o cumprimento coercitivo (judicial) da prestação pactuada.

O devedor, por sua vez, sujeito passivo da relação jurídica obrigacional, é a parte a quem incumbe o dever de efetuar a prestação.

Para que se possa reconhecer a existência jurídica da obrigação, os sujeitos da relação — credor e devedor —, que tanto podem ser pessoas físicas como jurídicas, devem ser *determinados*, ou, ao menos, *determináveis*.

Se Caio, por meio de um contrato, torna-se credor de Tício, tendo sido ambos devidamente identificados no título negocial, os sujeitos são *determinados*.

Entretanto, poderá haver *indeterminação subjetiva na relação obrigacional* quando, por exemplo, *um devedor assina um cheque ao portador, não sabendo quem irá recebê-lo no banco, pois a cambial pode circular na praça, restando, momentaneamente, indeterminado o sujeito ativo, credor do valor nele consignado*[1]. É também o caso da promessa de recompensa feita ao público (art. 854 do CC/2002). Trata-se de hipóteses em que há *indeterminabilidade subjetiva ativa* da obrigação.

Também poderá ocorrer a *indeterminabilidade subjetiva passiva* da relação obrigacional. Neste caso, não se pode, de antemão, especificar quem é o devedor da obrigação. É o que acontece com as obrigações *propter rem*, prestações de natureza pessoal que acedem a um direito real, acompanhando-o em todas as suas mutações[2]. Por exemplo: a taxa condominial ou o Imposto Predial Territorial Urbano são prestações compulsórias, vinculadas à propriedade do imóvel residencial ou comercial, pouco importando quem seja, efetivamente, o seu titular. A obrigação, portanto, não possui sujeito determinado, sendo certo apenas que a pessoa que adquirir o imóvel ficará sujeita ao seu cumprimento.

Sempre que a indeterminabilidade do credor ou do devedor *participar do destino natural dos direitos oriundos da relação*[3], ou seja, for da própria essência da obrigação examinada — a exemplo da decorrente de título ao portador ou

---

[1] Álvaro Villaça Azevedo, *Teoria Geral das Obrigações*, 8. ed., São Paulo: Revista dos Tribunais, 2000, p. 34.

[2] Sobre as obrigações *propter rem* ou *ob rem*, cf. o Capítulo I ("Introdução ao Direito das Obrigações"), item 5.1 ("Figuras Híbridas entre Direitos Pessoais e Reais").

[3] Orlando Gomes, *Obrigações*, 8. ed., Rio de Janeiro: Forense, 1992, p. 19.

da obrigação *propter rem*, estaremos diante do que se convencionou chamar de *obrigação ambulatória*.

Cumpre-nos referir, ainda, que se as qualidades de credor e devedor fundirem-se, operar-se-á a extinção da obrigação por meio da *confusão* (art. 381 do CC/2002)[4].

Finalmente, deve ser salientado, para a exata compreensão da matéria, que, na relação obrigacional, podem concorrer figuras secundárias ou coadjuvantes, como os *representantes* e os *núncios*.

Os *representantes*, legais (pais, tutores, curadores) ou voluntários (mandatários), agem em nome e no interesse de qualquer dos sujeitos da relação obrigacional (credor ou devedor). Manifestam, portanto, declaração de vontade por conta do representado, vinculando-os, na forma da legislação em vigor.

Os *núncios*, por sua vez, são meros transmissores da vontade do declarante. Atuam como simples mensageiros da vontade de outrem, sem interferirem efetivamente na relação jurídica. Esta singular figura jurídica, todavia, não é exclusiva do Direito das Obrigações. No Direito de Família, por exemplo, admite-se que o casamento seja contraído por meio de procurador dotado de poderes especiais[5], consignados em instrumento público. Neste caso, a despeito de a lei referir o termo "mandatário", o que sugere a existência de representação convencional ou voluntária, a doutrina reconhece haver apenas a colaboração de um *núncio ou mensageiro*, transmissor da vontade do nubente ausente.

3. ELEMENTO OBJETIVO: A PRESTAÇÃO

Neste ponto, chegamos ao *coração* da relação obrigacional.

Em princípio, deve-se salientar que a obrigação possui dois tipos de objeto:

a) objeto direto ou imediato;

b) objeto indireto ou mediato.

O objeto imediato da obrigação (e, por consequência, do direito de crédito) é a própria *atividade positiva (ação) ou negativa (omissão) do devedor, satisfativa do interesse do credor*.

Tecnicamente, esta atividade denomina-se *prestação*, que terá sempre conteúdo patrimonial[6].

---

[4] Sobre tal forma de extinção de obrigações, confira-se o Capítulo XVIII, inteiramente dedicado ao instituto.

[5] Casamento por procuração: art. 1.542 do CC/2002.

[6] Cf. o Capítulo IV ("Objeto da Obrigação — A Prestação").

Sobre o tema, conclusivas são as palavras de ANTUNES VARELA:

"A prestação consiste, em regra, numa atividade, ou numa ação do devedor (entregar uma coisa, realizar uma obra, dar uma consulta, patrocinar alguém numa causa, transportar alguns móveis, transmitir um crédito, dar certos números de lições etc.). Mas também pode consistir numa abstenção, permissão ou omissão (obrigação de não abrir estabelecimentos de certo ramo de comércio na mesma rua ou na mesma localidade; obrigação de não usar a coisa recebida em depósito; obrigações de não fazer escavações que provoquem o desmoronamento do prédio vizinho)"[7].

Posto isso, já se pode observar que as prestações, que constituem o *objeto direto* da obrigação, poderão ser:

a) positivas:
- de dar
  - → coisa certa
  - → coisa incerta
- de fazer

b) negativas: → de não fazer

Dentre as prestações de dar coisa certa, poderíamos referir aquela pactuada para a entrega de determinado veículo (um caminhão, por exemplo), por força de um contrato de compra e venda. Já a prestação de dar coisa incerta, por sua vez, existirá quando o sujeito se obriga a alienar determinada quantidade de café, sem especificar a sua qualidade. Quando do cumprimento da obrigação, por óbvio, esta prestação, por meio de uma operação determinada *concentração do débito* — que consistirá na escolha da qualidade do produto —, converter-se-á em *prestação de dar coisa certa*, viabilizando o seu adimplemento.

A prestação de fazer, por sua vez, se refere a uma prestação de conduta comissiva, como, por exemplo, pintar um quadro ou cantar uma ária italiana em apresentação pública.

Finalmente, temos, ainda, as *prestações de não fazer* que consistem, sinteticamente, em *abstenções juridicamente relevantes*. Assim, quando, por força de um contrato, uma parte se obriga perante o seu vizinho a não realizar determinada obra em seu quintal ou um ex-empregado se obriga a não manter vínculo empregatício com outra empresa concorrente da ex-empregadora (cláusula de não concorrência), estaremos diante de uma *prestação de fato negativa*.

[7] João de Matos Antunes Varela, *Das Obrigações em Geral*, 9. ed., Coimbra: Almedina, 1996, v. 1, p. 80.

Vale mencionar, ainda, que a prestação, consoante veremos em momento oportuno, para ser validamente considerada objeto direto da obrigação, deverá ser: *lícita, possível e determinada (ou determinável).*

Fixadas tais premissas, fica fácil a compreensão do *objeto indireto ou mediato* da obrigação.

Trata-se, no caso, do *objeto da própria prestação de dar, fazer ou não fazer,* ou seja, do próprio *bem da vida posto em circulação jurídica.* Cuida-se, em outras palavras, da coisa, em si considerada, de interesse do credor. Assim, tomando os dois primeiros exemplos acima apresentados, poderíamos afirmar que o *caminhão* e o *café do tipo escolhido* são os objetos indiretos da obrigação.

Note-se, entretanto, que a *distinção entre os objetos direto (prestação) e indireto (bem da vida) da obrigação, nas prestações de fazer, é menos nítida,* considerando que a própria atividade do devedor, em si mesma considerada, já materializa o interesse do credor.

Em conclusão, interessa observar, com fundamento na doutrina de ORLANDO GOMES, que o objeto da obrigação não deve ser confundido com o seu conteúdo. Enquanto aquele diz respeito à *atividade do próprio devedor (prestação de dar, fazer ou não fazer),* este último consiste no "poder do credor de exigir a prestação e a necessidade jurídica do devedor de cumpri-la"[8]. Este *poder do credor* e esta *necessidade do devedor,* portanto, integram o conteúdo, e não o objeto da obrigação.

4. ELEMENTO IDEAL: O VÍNCULO JURÍDICO ENTRE CREDOR E DEVEDOR

Cuida-se do elemento espiritual ou abstrato da obrigação, consistente no vínculo jurídico que une o credor ao devedor.

Consoante já se disse, a obrigação só poderá ser compreendida, em todos os seus aspectos, se a considerarmos como uma verdadeira *relação pessoal* — originada de um fato jurídico (fonte) —, por meio da qual fica o devedor obrigado (vinculado) a cumprir uma prestação patrimonial de interesse do credor.

O fato jurídico, fonte da obrigação, por sua vez, não deverá integrar este elemento ideal, uma vez que, por imperativo de precedência lógica, é anterior à relação jurídica obrigacional. Aliás, a obrigação é a própria consequência jurídica do fato, com ele não se confundindo. Assim, o *contrato de compra e venda,* por exemplo, *é o fato jurídico determinante do vínculo obrigacional existente entre credor e devedor.* É, portanto, a *causa genética da obrigação em si.*

No próximo capítulo, cuidaremos precisamente das *fontes das obrigações.*

---

[8] Orlando Gomes, ob. cit., p. 21.

Capítulo III
Fontes das Obrigações

Sumário: 1. Introdução. 2. As fontes das obrigações no Direito Romano. 3. Classificação moderna das fontes das obrigações. 4. As fontes das obrigações no Código Civil de 1916 e no Novo Código Civil.

1. INTRODUÇÃO

A palavra “fonte”, para os léxicos, é plurissignificativa:

“FONTE, *s.f.* nascente de água. || Chafariz, bica por onde corre a água ou tudo que se lhe assemelha: Os meus olhos tornar-se-iam duas *fontes* (R. da Silva). || Princípio, causa donde provêm efeitos tanto físicos como morais: Eles queriam a eleição, como *fonte* do poder legislativo (Lat. Coelho); Doirada *fonte* de encantos, *fonte* da minha poesia (Gonç. Dias). || O texto original de uma obra. || (Tecn.) Todo o sistema hidráulico que tem por fim o provimento de água necessária para satisfazer as necessidades de uma população. || Cada um dos lados da cabeça que formam a região temporal. || Sedenho, fontanela (chaga aberta com cautério). || *Fonte limpa,* a causa primária de algum fato, a sua verdadeira origem; tudo o que nos dá ou pode dar conhecimento de uma coisa: autoridade competente e insuspeita. || *Ir à fonte limpa* (pleb.), ir à fava, à tábua. || (Minho) Prato grande e redondo. || (Bras.) *Estar na fonte,* estar lavando roupa. || F. Lat. *Fons, fontis*”[1].

No contexto jurídico, as *fontes do direito* são os meios pelos quais se formam ou se estabelecem as normas jurídicas. Trata-se, em outras palavras, de *instâncias de manifestação normativa*: a lei, o costume (fontes diretas), a analogia, a jurisprudência, os princípios gerais do direito, a doutrina e a equidade (fontes indiretas)[2].

Ora, o objeto deste capítulo é, precisamente, o estudo dos fatos jurídicos que dão origem, não às *normas jurídicas,* mas sim às relações obrigacionais.

Estudaremos, portanto, as *fontes das obrigações*[3].

---

[1] Caldas Aulete, *Dicionário Contemporâneo da Língua Portuguesa*, Rio de Janeiro: Delta, 1958, v. 3, p. 2277.

[2] Cf. Capítulo 1 do *Novo Curso de Direito Civil*, Pablo Stolze Gagliano e Rodolfo Pamplona Filho, 21. ed., São Paulo: Saraiva, 2019, v. 1, p. 57-89.

[3] A título de curiosidade, vale registrar que René Demogue consagrou os *cinco primeiros volumes* de seu magistral *Tratado* (*Traité des obligations*) ao estudo das fontes (Clóvis

A doutrina costuma referir que a lei é a *fonte primária das obrigações em geral*.

Entretanto, sempre entre a lei e os seus efeitos obrigacionais (os direitos e obrigações decorrentes) existirá um *fato jurídico* (o contrato, o ato ilícito etc.), que *concretize o suposto normativo*. Vale dizer, entre a norma e o vínculo obrigacional instaurado entre credor e devedor, concorrerá um acontecimento — natural ou humano — que se consubstancia como *condição determinante* da obrigação.

Nesse contexto, precisas são as palavras de ORLANDO GOMES:

> "Quando se indaga a fonte de uma obrigação, procura-se conhecer o fato jurídico ao qual a lei atribui o efeito de suscitá-la. É que, entre a lei, esquema geral e abstrato, e a obrigação, relação singular entre pessoas, medeia sempre um fato, ou se configura uma situação, considerado idôneo pelo ordenamento jurídico para determinar o dever de prestar. A esse fato, ou a essa situação, denomina-se fonte ou causa geradora da obrigação"[4].

No estudo das fontes, portanto, sem menosprezarmos a importância da lei — causa primária das obrigações —, cuidaremos de desenvolver também a classificação das suas fontes mediatas, ou seja, daqueles fatos jurídicos que concretizam o preceito insculpido na norma legal.

2. AS FONTES DAS OBRIGAÇÕES NO DIREITO ROMANO

Para uma compreensão sistemática da matéria, vale a pena fazer uma breve incursão no Direito Romano, onde se pode coletar importantes subsídios históricos a respeito do tema sob análise.

Deve-se ao jurisconsulto GAIO o trabalho de sistematização das fontes das obrigações, desenvolvidas posteriormente nas Institutas de Justiniano, que seriam distribuídas em quatro categorias de causas eficientes:

a) o contrato — compreendendo as convenções, as avenças firmadas entre duas partes;

b) o quase contrato — tratava-se de situações jurídicas assemelhadas aos contratos, atos humanos lícitos equiparáveis aos contratos, como a gestão de negócios;

c) o delito — consistente no ilícito dolosamente cometido, causador de prejuízo para outrem;

d) o quase delito — consistente nos ilícitos em que o agente atuou culposamente, por meio de comportamento carregado de negligência, imprudência ou imperícia.

Beviláqua, *Direito das Obrigações*, Campinas: RED Livros, 2000, p. 26). Isso demonstra como a matéria causou perplexidade na doutrina civilista.

[4] Orlando Gomes, ob. cit., p. 31-2.

Bastante elucidativa, neste ponto, é a síntese apresentada por SÍLVIO VENOSA:

> "Os critérios de distinção resumem-se na existência ou não da vontade. A vontade caracteriza o contrato, enquanto toda a atividade lícita, sem consenso prévio, implica o surgimento de um quase contrato. Já o dano intencionalmente causado é um delito, enquanto o dano involuntariamente causado é um quase delito"[5].

O Código Civil francês adotou a classificação romana, inserindo, todavia, por força do pensamento de Pothier, uma quinta causa: a lei. Também o Código Civil italiano sofreu a influência romanista.

Em verdade, a despeito de não se poder deixar de reconhecer o fecundo esforço dos juristas romanos, o fato é que esta classificação quadripartida é lacunosa e não atende à complexa e multifária cadeia de relações obrigacionais das sociedades contemporâneas.

Ademais, a noção de "quase contrato" é de difícil percepção, não explicando bem determinadas situações em que concorre apenas uma declaração de vontade para formar a obrigação.

Por tudo isso, a classificação romana já não agrada tanto aos juristas contemporâneos.

Vejamos, portanto, como se classificam as obrigações na modernidade.

3. CLASSIFICAÇÃO MODERNA DAS FONTES DAS OBRIGAÇÕES

Hodiernamente, a classificação das fontes das obrigações varia, ao sabor das mais diferentes correntes doutrinárias.

Há Códigos, como o italiano, que "reconhecendo a impossibilidade de reduzir a algumas categorias gerais as diversas fontes das obrigações, reporta-se às fundamentais, que são o contrato e o ato ilícito, englobando as outras em um grupo heterogêneo, as que consistem nos fatos idôneos a produzi-las, segundo o ordenamento jurídico"[6]. Consagra-se, portanto, um terceiro grupo, "em branco", contendo elementos genéricos, mais abrangentes.

Parte respeitável da doutrina entende que, nos sistemas positivos modernos, a lei é a *fonte primária das obrigações*. Nesse sentido, pontifica ÁLVARO VILLAÇA AZEVEDO:

> "É a vontade do Estado. É a lei, o ordenamento jurídico positivo, que, fazendo surgir certas obrigações, como vimos, acaba por regular todas as outras.

[5] Sílvio de Salvo Venosa, *Direito Civil — Teoria Geral das Obrigações e dos Contratos*, São Paulo: Atlas, 2002, p. 68.

[6] Orlando Gomes, *Introdução ao Direito Civil*, 8. ed., Rio de Janeiro: Forense, 1992, p. 35.

Devemos, dessa forma, colocá-la em primeiro lugar, por ser um ato do Estado, um ato de império; depois as outras fontes, que são o agir dos homens, vivendo em sociedade".

Também este é o pensamento de SILVIO RODRIGUES, para quem a *lei* constitui fonte primordial das obrigações, ao lado da *vontade humana* e do *ato ilícito*[7].

Em prol da inserção da lei na categoria de *fonte das obrigações* argumenta-se que há obrigações nascidas diretamente da lei (*ex lege*), a exemplo da prestação alimentar devida pelo pai ao filho, por força da norma prevista no art. 1.696 do CC/2002.

Todavia, a despeito de não desconhecermos que a lei é a causa primeira de toda e qualquer obrigação (fonte imediata), sustentamos que haverá sempre entre o comando legal e os efeitos obrigacionais deflagrados *in concreto* uma situação de fato (fonte mediata), uma causa próxima determinante da obrigação. No caso da prestação alimentar, por exemplo, esta causa é o próprio vínculo de parentesco existente entre pai e filho.

Este é o pensamento de SÍLVIO DE SALVO VENOSA, com quem concordamos inteiramente:

> "Quer-nos parecer, contudo, sem que haja total discrepância com o que já foi dito, que a lei é sempre fonte imediata das obrigações. Não pode existir obrigação sem que a lei, ou, em síntese, o ordenamento jurídico, a ampare. Todas as demais 'várias figuras' que podem dar nascimento a uma obrigação são fontes mediatas. São, na realidade, fatos, atos e negócios jurídicos que dão margem ao surgimento de obrigações. É, assim, em linhas gerais, que se posiciona Orlando Gomes"[8].

Posto isso, classificamos as *fontes mediatas das obrigações* da seguinte forma:

a) os atos jurídicos negociais (o contrato, o testamento, as declarações unilaterais de vontade);

b) os atos jurídicos não negociais (o ato jurídico *stricto sensu*, os fatos materiais — como a situação fática de vizinhança etc.);

c) os atos ilícitos (no que se incluem o abuso de direito e o enriquecimento ilícito).

Esta enumeração, pela generalidade de seus elementos, não pretende ser exaustiva, e será desenvolvida ao longo de toda esta obra, especialmente o enriquecimento ilícito, que merecerá desenvolvimento em capítulo próprio.

---

[7] Silvio Rodrigues, *Direito Civil — Parte Geral das Obrigações*, São Paulo, v. 2.

[8] Sílvio de Salvo Venosa, ob. cit., p. 65.

Dentre as fontes mediatas, merece especial referência, pela considerável importância e larga aplicação prática, o contrato — fonte negocial mais relevante para o Direito das Obrigações.

De fato, desde quando o homem abandonou o seu estado mais primitivo, o contrato, filho dileto da autonomia privada, passou a ser o mais relevante instrumento jurídico de circulação de riquezas econômicas.

Manifestação primordial da propriedade, marcou o desenvolvimento político dos povos.

Por meio dele, substitui-se a força bruta pelo consenso, de modo a permitir que um grupo pudesse adquirir — inicialmente pela simples troca, mais tarde pelo dinheiro — bens de outro.

Claro está que esta manifestação primitiva do fenômeno contratual, a despeito de carecer de sistematização dogmática — ulteriormente desenvolvida pelo Direito Romano — já se transformava em importante fonte de obrigações.

Mas note-se que o contrato é apenas uma espécie de negócio jurídico, não exaurindo esta categoria.

Há também os negócios de natureza unilateral (formados por manifestação de uma só vontade), como o testamento e a promessa de recompensa (declaração unilateral de vontade), que também são fonte de obrigações.

No que diz respeito aos atos jurídicos não negociais, sejam atos materiais ou participações, o simples comportamento humano produz efeitos na órbita do direito, sendo capaz de gerar obrigações perante terceiros, com características singulares.

Finalmente, temos o ato ilícito, cujo conceito já tivemos oportunidade de desenvolver: "Neste último caso, estaremos diante de uma categoria própria, denominada ato ilícito, conceito difundido pelo Código Civil alemão, *consistente no comportamento humano voluntário, contrário ao direito, e causador de prejuízo de ordem material ou moral*"[9].

Assim, quando o sujeito, guiando o seu veículo, excede o limite de velocidade e atropela alguém, concretiza o comando normativo previsto no art. 186 do CC/2002 — "Aquele que, por ação ou omissão voluntária, negligência ou imprudência, violar direito e causar dano a outrem, ainda que exclusivamente moral, comete ato ilícito" — de forma que o agente (devedor) ficará pessoalmente vinculado à vítima (credor), até que cumpra a sua obrigação de indenizar.

No estudo do ato ilícito, destaca-se o abuso de direito, considerado também fonte de obrigações, e que mereceu especial referência no Código Civil de 2002,

---

[9] Pablo Stolze Gagliano e Rodolfo Pamplona Filho, *Novo Curso de Direito Civil — Parte Geral*, 22. ed., São Paulo: Saraiva, 2020, v. 1, p. 521.

consoante se depreende da leitura de seu art. 187: "Também comete ato ilícito o titular de um direito que, ao exercê-lo, excede manifestamente os limites impostos pelo seu fim econômico ou social, pela boa-fé ou pelos bons costumes".

Analisando este artigo, conclui-se não ser imprescindível, para o reconhecimento da *teoria do abuso de direito, que o agente tenha a intenção de prejudicar terceiro,* bastando, segundo a dicção legal, *que exceda manifestamente os limites impostos pela finalidade econômica ou social, pela boa-fé ou pelos bons costumes.* Assim, desde que haja o abuso, o agente ficará obrigado a indenizar a pessoa prejudicada. Muitos exemplos poderiam ser apontados, a exemplo da negativa injustificada de contratar, após o aceitante efetuar gastos nesse sentido; no Direito das Coisas, o abuso do direito de propriedade causando danos a vizinhos etc.[10]. Todos esses fatos traduzem abuso de direito e determinarão a obrigação de o causador do dano (devedor) indenizar o prejudicado (credor). Por isso, é fonte de obrigações.

4. AS FONTES DAS OBRIGAÇÕES NO CÓDIGO CIVIL DE 1916 E NO NOVO CÓDIGO CIVIL

O Código Civil de 1916 não continha dispositivo específico acerca da matéria, afastando-se, nesse particular, da orientação traçada pelo Código Civil italiano.

De qualquer forma, da análise de suas normas, distribuídas ao longo de seus Livros, poderíamos concluir que reconhecia, expressamente, três fontes de obrigações:

a) o contrato;

b) a declaração unilateral de vontade;

c) o ato ilícito.

O Novo Código Civil mantém a mesma orientação do Código antigo, reconhecendo estas causas sem dispensar-lhes capítulo próprio.

Quanto a inexistência de capítulo ou dispositivo específico para as fontes das obrigações, entendemos que andou bem o legislador, considerando-se, sobretudo, que esta matéria, dada a sua riqueza de tons e matizes jurídicos, deve ser reservada à doutrina e à jurisprudência[11], e não ao legislador.

[10] Idem, p. 550.

[11] No mesmo sentido, Sílvio de Salvo Venosa, ob. cit., p. 66.

Capítulo IV
Objeto da Obrigação — A Prestação

Sumário: 1. Considerações iniciais. 2. Características fundamentais da prestação. 2.1. Licitude. 2.2. Possibilidade. 2.3. Determinabilidade. 3. Principais modalidades de prestações.

1. CONSIDERAÇÕES INICIAIS

No Capítulo II, tivemos a oportunidade de estudar a estrutura da obrigação, que, como vimos, decompõe-se em três ordens de elementos:

a) subjetivo ou pessoal:

— sujeito ativo (credor)

— sujeito passivo (devedor)

b) objetivo ou material: a prestação

c) ideal, imaterial ou espiritual: o vínculo jurídico

Neste, cuidaremos de analisar, com minúcias, o objeto imediato da obrigação — a prestação —, apontando as suas características fundamentais, e, principalmente, os seus requisitos de validade.

Fundamentalmente, a prestação — entendida como *a atividade do devedor direcionada à satisfação do crédito* — poderá ser positiva (dar, fazer) ou negativa (não fazer). Por esta mesma razão, as *obrigações* também são subdivididas em positivas e negativas.

Antes, todavia, de iniciarmos a análise mais minuciosa dos requisitos da prestação, uma importante questão merece ser destacada: a *patrimonialidade* é indispensável para a sua caracterização?

Segundo ORLANDO GOMES, "a patrimonialidade da prestação, objetivamente considerada, é imprescindível à sua caracterização, pois, do contrário, e segundo Colagrosso, não seria possível atuar a coação jurídica, predisposta na lei, para o caso de inadimplemento"[1].

Seguindo a mesma vertente, MARIA HELENA DINIZ pontifica que a prestação deverá ser

> "patrimonial, pois é imprescindível que seja suscetível de estimação econômica, sob pena de não constituir uma obrigação jurídica, uma vez que,

[1] Orlando Gomes, ob. cit., p. 21.

se for despida de valor pecuniário, inexiste possibilidade de avaliação dos danos"[2].

De fato, *em regra*, o direito obrigacional está calcado na ideia de patrimonialidade, uma vez que os bens e direitos indisponíveis — a exemplo dos direitos da personalidade em geral (honra, imagem, segredo, vida privada, liberdade etc.) — escapam de seu âmbito de atuação normativa. Aliás, é bom que se diga que o *dever geral de respeito* a esses direitos não traduzem uma prestação patrimonial devida a um credor.

Assim, não se pode reconhecer como válidas as relações obrigacionais que tenham por objeto tais direitos personalíssimos.

Ninguém imagina, por exemplo, que uma parte, por meio de um contrato de cessão, pretenda alienar a sua honra, ficando o devedor pessoalmente vinculado a cumprir esta prestação. Para além da própria impossibilidade jurídica do objeto da obrigação (porque está fora do comércio jurídico), a *ausência de economicidade (patrimonialidade) da honra* já prejudicaria o reconhecimento da existência e validade jurídica da relação obrigacional (e da própria prestação) travada entre o seu titular e um eventual interessado em sua aquisição.

Tal observação, à luz do Novo Código Civil, merece ser destacada, considerando-se que este novo diploma reconhece, ao lado dos direitos pessoais e reais em geral — passíveis de apreciação patrimonial —, direitos outros de natureza personalíssima e inestimáveis (desprovidos de economicidade). Estes últimos, portanto, insusceptíveis de disposição (ao menos na sua essência), não poderão inserir-se nas relações obrigacionais em geral[3].

Fora do campo desses direitos da personalidade, prestações há, entretanto, que não são *economicamente mensuráveis*, embora constituam, inequivocamente, objeto de uma obrigação. É o caso, por exemplo, de alguém se obrigar, por meio de um contrato, a não ligar o seu aparelho de som, para não prejudicar o seu vizinho. A prestação, no caso, não é marcada pela economicidade, e, nem por isso, se nega a existência de uma relação obrigacional. Claro que a prestação, de per si, não tem um conteúdo econômico, mas a disciplina, no

[2] Maria Helena Diniz, *Curso de Direito Civil Brasileiro — Teoria Geral das Obrigações*, 35. ed., São Paulo: Saraiva, 2020, v. 2, p. 51.

[3] Tal observação não quer dizer que, em caso de violação aos direitos da personalidade, o dano não seja indenizável. Havendo lesão, o direito, por falta de instrumento mais eficaz, autoriza ao prejudicado a responsabilizar civilmente o infrator, impondo-se-lhe o dever de indenizar, sem prejuízo de outras sanções. Todavia, deve-se observar que a incidência das regras referentes à responsabilidade civil (obrigacionais) e o próprio vínculo jurídico entre o credor e o devedor da indenização só surgem *após o dano*. A patrimonialidade, portanto, é do prejuízo causado à vítima, e não do seu direito personalíssimo em si, que é inestimável (sobre os "direitos da personalidade", cf. o nosso *Novo Curso de Direito Civil — Parte Geral*, v. 1, capítulo 5).

caso do inadimplemento, deverá tê-lo, seja na tutela específica, seja na eventual apuração das perdas e danos.

Assim, fixemos a premissa de que, *em geral*, as prestações devem ser patrimonialmente apreciáveis, embora, em algumas situações, esta característica possa não existir.

Nesse sentido, lúcido é o pensamento do culto SÍLVIO DE SALVO VENOSA:

> "Embora a maioria das obrigações possua conteúdo imediatamente patrimonial, como comprar e vender, alugar, doar etc., há prestações em que esse conteúdo não é facilmente perceptível ou mesmo não existe"[4].

Outro não é o entendimento do douto PAULO LÔBO, que, com propriedade, invocando o pensamento de PONTES DE MIRANDA, pontifica:

> "... Pontes de Miranda entende que se a prestação é lícita, não se pode dizer que não há obrigação se não é suscetível de valorização econômica, como na hipótese de se enterrar o morto segundo o que ele, em vida, estabelecera, ou estipularam os descendentes ou amigos. Do mesmo modo, estabelece o art. 398 do Código Civil português que a prestação não necessita de ter valor pecuniário; mas deve corresponder a um interesse do credor, digno de proteção legal"[5].

2. CARACTERÍSTICAS FUNDAMENTAIS DA PRESTAÇÃO

A prestação — objeto direto ou imediato da relação obrigacional — compreende o conjunto de ações, comissivas (positivas) ou omissivas (negativas), empreendidas pelo devedor para a satisfação do crédito. Assim, quando *dá ao credor a quantia devida, ou realiza a obra prometida,* o devedor está cumprindo a sua prestação, ou, em outras palavras, adimplindo a obrigação pactuada.

Mas note que a prestação poderá também ser negativa.

Neste caso, o devedor obriga-se a não realizar determinada atividade, sob pena de se tornar inadimplente. Dessa forma, a sua prestação consiste em uma *abstenção juridicamente relevante,* um *não fazer em benefício do credor.* Tal ocorre no caso de alguém se obrigar, contratualmente, a não construir acima de determinada altura, impedindo a visão panorâmica de seu vizinho. Independentemente de este contrato estar registrado e constituir um *direito real de servidão,* o fato é que o sujeito assume uma obrigação (prestação) negativa, de não realizar determinada atividade. Neste caso, o devedor descumpre a prestação ao realizar a atividade que se obrigara a não fazer.

---

4 Sílvio de Salvo Venosa, ob. cit., p. 39.

5 Paulo Luiz Netto Lôbo. *Direito das Obrigações,* São Paulo: Brasília Jurídica, 1999, p. 16-7.

De tal forma, poderíamos apresentar o seguinte quadro esquemático de classificação das prestações, considerando-se o modo de atuação do devedor:

PRESTAÇÃO
- → POSITIVA:
  - a. DAR
    - COISA CERTA
    - COISA INCERTA
  - b. FAZER
- → NEGATIVA: NÃO FAZER

Reitere-se que é preciso não confundir, outrossim, o *objeto direto ou imediato* da obrigação (a prestação), com o seu *objeto indireto ou mediato.*

Nesse sentido, já advertia o grande ANTUNES VARELA:

> "tendo principalmente em vista as obrigações com prestação de coisas, os autores costumam distinguir entre o *objeto imediato* e o *objeto mediato* da obrigação. O primeiro consiste na atividade devida (na entrega da coisa, na cedência dela, na sua restituição etc.); o segundo, na própria coisa, em si mesma considerada, ou seja, no *objeto da prestação*"[6].

Conforme já mencionamos, o *objeto indireto ou mediato da obrigação é o* próprio *bem da vida posto em circulação jurídica.* Cuida-se, em outras palavras, da coisa, em si considerada, de interesse do credor. Assim, no caso da obrigação imposta ao mutuário (aquele que tomou um empréstimo), o seu objeto direto ou imediato é a prestação (a sua atividade de dar); ao passo que o objeto indireto ou mediato da obrigação pactuada é o próprio bem da vida que se pretende obter, a utilidade material que se vai transferir (o dinheiro).

Sinteticamente, teríamos:

OBRIGAÇÃO
- → OBJETO DIRETO OU IMEDIATO: A PRESTAÇÃO
- → OBJETO INDIRETO OU MEDIATO: O BEM DA VIDA (UTILIDADE MATERIAL)

Em conclusão, cumpre-nos transcrever a lúcida preleção de RUGGIERO a respeito do tema: "Nos limites em que as leis da natureza e as do direito consentem que uma pessoa se obrigue para com a outra a dar, fazer ou não fazer alguma coisa, qualquer forma da atividade humana pode constituir objeto de obrigação". E arremata: "Resulta, pois, dos citados limites, e ao mesmo tempo da natureza intrínseca do vínculo obrigatório e da *necessitas* que lhe é

[6] João de Matos Antunes Varela, ob. cit., p. 81.

inerente, que a prestação deve revestir determinados caracteres, indispensáveis à existência jurídica da obrigação"[7].

A prestação, portanto, para ser considerada válida, deverá ser *lícita, possível, determinável.*

E são exatamente esses "caracteres", que imprimem validade à prestação, que iremos analisar nos próximos tópicos.

2.1. Licitude

A licitude da prestação implica o respeito aos limites impostos pelo direito e pela moral. Ninguém defenderá, por exemplo, a validade de uma prestação que imponha ao devedor cometer um crime (matar alguém, roubar...) ou realizar favores de ordem sexual.

Tais prestações, ilícitas, repugnariam a consciência jurídica e o padrão de moralidade média observado e exigido pela sociedade.

ORLANDO GOMES, citando TRABUCCHI, visualizou diferença entre a *prestação juridicamente impossível e a prestação ilícita,* nos seguintes termos: a primeira é aquela simplesmente não admitida pela lei; a segunda, por sua vez, além de não ser admitida, constitui ato punível. E exemplifica: *a alienação do Fórum romano* — prestação juridicamente impossível, a *venda de um pacote de notas falsas* — prestação ilícita[8].

A despeito do valor metodológico desta lição, o fato é que a diagnose diferencial traçada é desprovida de maior importância prática, e, juridicamente, se nos afigura desnecessária. Os princípios que informam a ilicitude da prestação são os mesmos que dão a tônica de sua impossibilidade jurídica.

2.2. Possibilidade

A prestação, para que seja considerada viável, deverá ser *física e juridicamente* possível.

A prestação é considerada *fisicamente impossível* quando é irrealizável, segundo as leis da natureza. Imagine a hipótese de o sujeito, por meio de um contrato, obrigar-se a pavimentar o solo da lua. Note-se que a impossibilidade da prestação confunde-se com o próprio objeto do negócio jurídico que deu causa à relação obrigacional (contrato).

A *impossibilidade jurídica,* por sua vez, consoante já noticiamos, é conceito que, quanto aos seus efeitos práticos, confunde-se com a própria ilicitude da

---

7 Roberto de Ruggiero, *Instituições de Direito Civil,* Campinas: Bookseller, 1999, v. 3, p. 61.

8 Orlando Gomes, ob. cit., p. 43.

prestação. A prestação juridicamente impossível é vedada pelo ordenamento jurídico, a exemplo da hipótese em que o devedor se obriga a alienar um bem público de uso comum do povo, ou transferir a herança de pessoa viva.

Vale lembrar que, para se considerar inválida (nula) toda a obrigação, a prestação deverá ser inteiramente irrealizável, por quem quer que seja. Isto é, se a impossibilidade for parcial, o credor poderá (a seu critério) aceitar o cumprimento parcial da obrigação, inclusive por terceiro (se não for personalíssima), a expensas do devedor.

Finalmente, a impossibilidade, a depender do momento de sua ocorrência, poderá ser:

a) originária;

b) superveniente.

A impossibilidade originária ocorre ao tempo da formação da própria relação jurídica obrigacional. Neste caso, como a nulidade macula a própria causa genética da obrigação (em regra, o negócio jurídico), a obrigação não prosperará, devendo ser invalidada.

Ressalve-se, todavia, a hipótese de o negócio jurídico (fonte da obrigação) estar subordinado a uma condição suspensiva e a impossibilidade de a obrigação nascente ser sanada antes do implemento da referida *conditio*[9]. Neste caso, a relação obrigacional subsistirá.

A impossibilidade superveniente, por sua vez, é posterior à formação da relação obrigacional. Nesta hipótese, tanto poderá haver o aproveitamento parcial da prestação (em sua parte não inutilizada) como a obrigação poderá ser integralmente extinta.

2.3. Determinabilidade

Toda prestação, para valer e ser realizável, deverá conter elementos mínimos de identificação e individualização. Afinal, ninguém poderá obrigar-se a "prestar *alguma coisa...*". Por isso, diz-se que a prestação, além de *lícita e possível*, deverá ser *determinada*, ou, ao menos, *determinável*.

A prestação *determinada* é aquela já especificada, certa, individualizada. Exemplo: "obrigo-me a *transferir a propriedade de uma casa, situada na Rua Oliveiras, s/n, cuja área total é de 100 metros quadrados...*". Note-se que, neste caso, houve inteira descrição da prestação que se pretende realizar. Cuida-se, portanto, consoante veremos adiante, de *obrigação de dar coisa certa*.

A prestação *determinável*, por sua vez, é aquela ainda não especificada, mas que contém elementos mínimos de individualização[10].

---

[9] Nesse sentido, Orlando Gomes, ob. cit., p. 42.

[10] No CC/2002, cf. art. 243.

É objeto das chamadas *obrigações genéricas*.

Para que haja o seu cumprimento, no momento de realizá-la, o devedor ou o credor deverá especificar o objeto da obrigação, convertendo-a em prestação certa e determinada.

Assim, quando o sujeito se obriga a dar coisa incerta (obrigação genérica) — duas sacas de café, por exemplo, sem especificar a qualidade (tipo A ou B) —, no momento de cumprir a obrigação, o devedor ou o credor (a depender do contrato ou da própria lei) deverá *especificar a prestação, individualizando-a*. Esta operação de certificação da coisa, por meio da qual se especifica a prestação, convertendo a obrigação genérica em determinada, denomina-se "concentração do débito" ou "concentração da prestação devida".

De tal forma, forçoso convir que a indeterminabilidade será sempre relativa, uma vez que, no momento do pagamento, deverá cessar, sob pena de se frustrar a finalidade da própria obrigação.

3. PRINCIPAIS MODALIDADES DE PRESTAÇÕES

Para o adequado entendimento da matéria, cuidaremos, neste tópico final, de indicar as principais espécies de prestações, advertindo o leitor, desde já, que o tema será adiante desenvolvido quando cuidarmos da *classificação das obrigações*[11].

A prestação, como toda atividade humana, reveste-se dos mais variados tons e matizes, ao sabor das influências socioeconômicas vigentes em dada sociedade. Aliás, como se sabe, o Direito das Obrigações é, dentre os ramos do Direito Civil, o mais intimamente ligado ao fator econômico.

Assim, cuidaremos de apontar as modalidades mais importantes de prestação, facilmente encontráveis na vida social, e de indiscutível importância para o nosso estudo, a saber:

a) prestações de fato (próprio ou de terceiro);

b) prestações de coisa (atual e futura);

c) prestações instantâneas e contínuas.

Consoante já dito, esta enumeração não pretende ser exaustiva, e será ulteriormente retomada e desenvolvida.

As prestações de fato consistem na atividade do próprio devedor, voltada à satisfação do crédito.

Tal modalidade de prestação poderá ser *positiva*, quando o devedor se obriga a realizar uma ação comissiva (a execução de um serviço médico ou de

[11] Confiram-se os Capítulos V ("Classificação Básica das Obrigações") e VI ("Classificação Especial das Obrigações").

advocacia), ou *negativa*, quando o devedor se obriga a não atuar, a abster-se de determinado comportamento (não construir acima de determinada altura).

A própria atividade do devedor (prestação de fato próprio), portanto, integra e preenche o conteúdo do crédito exigível, não obstante, em hipótese mais rara, a prestação possa ser de fato de terceiro: "A, dono de um posto de combustíveis, promete que os futuros (e eventuais) adquirentes do posto manterão o direito de exclusividade concedido à companhia fornecedora; B, casado, obriga-se a vender certo prédio a C, prometendo que a sua mulher dará o consentimento necessário à validade da venda"[12]. Nesses casos, fala-se em *prestação de fato de terceiro*, somente possível se a obrigação não for personalíssima *(intuitu personae)*.

Já as prestações de coisa consistem na atividade de dar (transferindo-se a propriedade da coisa), entregar (transferindo-se a posse ou a detenção da coisa) ou restituir (quando o credor recupera a posse ou a detenção da coisa entregue ao devedor).

Assim, no contrato de mútuo, impõe-se ao mutuante dar a quantia emprestada ao mutuário, para que este possa utilizá-la. Da mesma forma, para se constituir o penhor, além do acordo de vontades, impõe-se a entrega da coisa ao credor, ressalvada a hipótese de haver sido pactuada a cláusula *constituti*[13]. Finalmente, também há prestação de coisa quando o depositário restitui ao depositante a coisa entregue para ser guardada.

No que tange ainda às obrigações de dar, vale lembrar que, diferentemente do direito francês, em que o contrato, de per si, tem o condão de operar a transferência do domínio (negócio jurídico de *efeitos reais*), em nosso direito, seguindo a vetusta tradição do sistema romano, exige-se, além do título (em regra, o contrato), uma solenidade de transferência (modo).

Esta solenidade, pois, traduz-se em uma atividade de dar: é a *tradição*, para os bens móveis; e o *registro*, para os imóveis. Embora neste último caso não se visualize a entrega material da coisa — pela própria impossibilidade de fazê-lo, já que se trata de bem imóvel (uma fazenda, por exemplo) —, o fato é que somente o *registro* consubstancia a transferência da propriedade imobiliária[14].

---

[12] Exemplos elaborados por Antunes Varela, ob. cit., p. 87.

[13] É da essência do penhor (direito real de garantia) que o devedor transfira a posse da coisa móvel ao credor (uma joia, um relógio). Todavia, é possível o estabelecimento da chamada cláusula *constituti*, que traduz a ressalva de permanecer o bem em poder do devedor, em situação excepcional.

[14] Nesse sentido, cumpre-nos transcrever a anotação de Teixeira de Freitas ao art. 901 de seu *Esboço*: "A tradição só dependerá de ato do devedor, quando for de coisas móveis. Quanto a imóveis, a tradição consistirá na inscrição ou transcrição dos respectivos títulos do Registro Conservatório" (*Esboço* 1, Ministério da Justiça, 1983).

Vale lembrar, ainda, a possibilidade de o objeto da obrigação consistir em prestação de coisa futura. Em regra, a prestação é sempre existente e atual. Todavia, nada impede que o devedor obrigue-se a entregar coisa futura, a exemplo do agricultor que se compromete a vender toda a produção de cana da sua próxima colheita.

A distinção entre as prestações de fato e de coisa, todavia, nem sempre é fácil de ser realizada. Na empreitada mista, por exemplo, em que o empreiteiro obriga-se a empregar seus materiais (prestação de dar) e a realizar a obra (prestação de fazer), as duas formas de atividade do devedor encontram-se interpenetradas, não podendo o intérprete reduzir a hipótese a apenas uma das categorias. Se a empreitada, todavia, for unicamente de lavor, participando o empreiteiro apenas com a sua atividade, estar-se-á diante de uma simples prestação de fato.

Finalmente, as prestações poderão ser *instantâneas* e *contínuas*.

As primeiras são as que se realizam em um só ato, como a obrigação de pagar determinado valor à vista. As contínuas, por sua vez, realizam-se ao longo do tempo, a exemplo da obrigação de não construir acima de determinada altura, ou em prestações periódicas, como no pagamento parcelado ou a prazo.

Nada impede, outrossim, que a prestação instantânea tenha a sua exigibilidade protraída para momento futuro, hipótese em que há *prestação diferida*.

Capítulo V
Classificação Básica das Obrigações

Sumário: 1. Introdução. 2. Classificação básica. 2.1. Obrigações de dar. 2.1.1. Obrigações de dar coisa certa. 2.1.2. Obrigações de dar coisa incerta. 2.1.3. Obrigações de dar dinheiro (obrigações pecuniárias). 2.2. Obrigações de fazer. 2.2.1. Descumprimento culposo das obrigações de fazer: a sua tutela jurídica. 2.3. Obrigações de não fazer. 2.3.1. Descumprimento culposo das obrigações de não fazer: a sua tutela jurídica.

1. INTRODUÇÃO

Após analisarmos o objeto da relação obrigacional, passando em revista os elementos que compõem a sua estrutura, cuidaremos, neste capítulo, de suas várias modalidades.

Desde já advertimos que as classificações apresentadas pela doutrina variam de acordo com o critério metodológico tomado por referência, não havendo, por isso, uniformidade de tratamento.

2. CLASSIFICAÇÃO BÁSICA

Consoante já vimos, as obrigações, apreciadas segundo a prestação que as integra, poderão ser:

OBRIGAÇÃO
- → POSITIVA:
  - a) DE DAR
    - COISA CERTA
    - COISA INCERTA
  - b) DE FAZER
- → NEGATIVA: DE NÃO FAZER

Essa é a classificação básica das obrigações, que, inspirada no Direito Romano (*dare, facere, non facere*), foi adotada pela legislação brasileira desde o esboço de Teixeira de Freitas.

Com habitual acuidade, aliás, o renomado civilista SÍLVIO DE SALVO VENOSA observa que:

> "Ambos os Códigos brasileiros ativeram-se, sem dúvida, a essa classificação romana, tendo distribuído as obrigações igualmente em três categorias:

obrigações de dar (coisa certa ou coisa incerta), obrigações de fazer e obrigações de não fazer. Assim, afastou-se o Código somente das obrigações de 'prestar', termo que era ambíguo. Essa estrutura é mantida integralmente no novo Código"[1].

Verifiquemos como se dá tal disciplina em nosso direito positivo.

2.1. Obrigações de dar

As obrigações de dar, que têm por objeto *prestações de coisas*, consistem na atividade de dar (transferindo-se a propriedade da coisa), entregar (transferindo-se a posse ou a detenção da coisa) ou restituir (quando o credor recupera a posse ou a detenção da coisa entregue ao devedor).

Subdividem-se, todavia, em obrigações de dar *coisa certa* (arts. 233 a 242 do CC/2002) e de dar *coisa incerta* (arts. 243 a 246 do CC/2002).

2.1.1. Obrigações de dar coisa certa

Nesta modalidade de obrigação, o devedor obriga-se a *dar, entregar ou restituir* coisa específica, certa, determinada: "um carro marca X, placa 5555, ano 1998, chassis n. ..., proprietário .....", "um animal reprodutor bovino da raça nelore, com o peso de ..... arrobas, número de registro 88888, cujo proprietário é .....". E, se é assim, o credor não está obrigado a receber outra coisa senão aquela descrita no título da obrigação.

Nesse sentido, clara é a dicção do art. 313 do CC/2002: "O credor não é obrigado a receber prestação diversa da que lhe é devida, ainda que mais valiosa".

Aplica-se, também, para as obrigações de dar coisa certa, o princípio jurídico de que *o acessório segue o principal (acessorium sequitur principale)*[2]. Dessa forma, não resultando o contrário do título ou das circunstâncias do caso, o devedor não poderá se negar a dar ao credor aqueles bens que, sem integrar a coisa principal, secundam-na por acessoriedade (art. 233 do CC/2002). Exemplificando: obrigando-se a transferir a propriedade da casa (imóvel por acessão artificial), estarão incluídas as benfeitorias realizadas (acessórias da coisa principal), se o contrário não resultar do contrato ou das próprias circunstâncias.

---

[1] Sílvio de Salvo Venosa, *Direito Civil — Teoria Geral das Obrigações e Teoria Geral dos Contratos*, São Paulo: Atlas, 2002, p. 74-5.

[2] Tal regra, embora não positivada no CC/2002 como no CC/1916 ("Art. 59. Salvo disposição especial em contrário, a coisa acessória segue a principal"), obviamente continua aplicável por se constituir em um princípio geral do Direito.

Quanto ao risco de perecimento ou deterioração do objeto, há que se invocar a milenar regra do *res perit domino suo*[3].

Em caso de *perda ou perecimento* (prejuízo total), duas situações diversas, todavia, podem ocorrer:

a) se a coisa se perder, *sem culpa do devedor*, antes da tradição (da entrega da coisa), ou pendente condição suspensiva (o negócio encontra-se subordinado a um acontecimento futuro e incerto: o casamento do devedor, por exemplo), fica resolvida a obrigação para ambas as partes, suportando o prejuízo o proprietário da coisa que ainda não a havia alienado (art. 234, parte inicial, do CC/2002);

b) se a coisa se perder, *por culpa do devedor*, responderá este pelo equivalente (valor da coisa), mais perdas e danos (art. 234, parte final, do CC/2002). Neste caso, suportará a perda o causador do dano, já que terá de indenizar a outra parte. Imagine a hipótese de o devedor, por culpa ou dolo, haver destruído o bem que devia restituir.

Em caso de *deterioração* (prejuízo parcial), também duas hipóteses são previstas em lei:

a) se a coisa se deteriora *sem culpa do devedor*, poderá o credor, a seu critério, resolver a obrigação, ou aceitar a coisa, abatido de seu preço o valor que perdeu (art. 235 do CC/2002);

b) se a coisa se deteriora *por culpa do devedor*, poderá o credor exigir o equivalente, ou aceitar a coisa no estado em que se acha, com direito a reclamar, em um ou em outro caso, a indenização pelas perdas e danos (art. 236 do CC/2002).

As obrigações de restituir, por sua vez, desde o Código de 1916 mereceram tratamento específico.

Conforme já foi dito, nesta modalidade de obrigação a prestação consiste na *devolução da coisa recebida pelo devedor*, a exemplo daquela imposta ao depositário (devedor), que deve restituir ao depositante (credor) aquilo que recebeu para guardar e conservar. Na mesma situação encontram-se o locatário e o comodatário, que devem restituir ao locador e ao comodante, respectivamente, a coisa recebida. Em todos os casos a coisa já pertencia, antes do nascimento da obrigação, ao próprio credor.

Ora, o Novo Código Civil prevê, em seu art. 238, que, "Se a obrigação for de restituir coisa certa, e esta, sem culpa do devedor, se perder antes da

---

[3] Essa regra, cuja raiz assenta-se no Código de Hamurabi, significa que, em caso de perda ou deterioração da coisa, por caso fortuito ou força maior, suportará o prejuízo o seu proprietário.

tradição[4], sofrerá o credor a perda, e a obrigação se resolverá, ressalvados os seus direitos até o dia da perda".

A norma não prima pelo melhor estilo de redação, por repetir a expressão "perda", no mesmo contexto.

De qualquer forma, subsiste a regra de que a coisa perece para o dono (credor), que suportará o prejuízo, sem direito a indenização, considerando-se a ausência de culpa do devedor.

Finalmente, devemos observar que o legislador, não obstante houvesse imposto as consequências do prejuízo ao credor, ressalvou os seus direitos até o dia da perda. Assim, se a coisa depositada gerou frutos até a sua perda, sem atuação ou despesa do depositário, que inclusive tinha ciência de que as utilidades pertenceriam ao credor, este terá direito sobre elas até o momento da destruição fortuita da coisa principal.

Tudo o que se disse até aqui se aplica à *obrigação de restituir*, cujo objeto se *perdeu* (destruição total) *sem culpa do devedor*. Entretanto, em caso de simples *deterioração*, recebê-la-á o credor, tal qual se ache, sem direito a indenização (art. 240 do CC/2002).

E o que dizer se, nas *obrigações de restituir*, a coisa se perde ou deteriora *por culpa do devedor*?

Por óbvio, se a coisa se perde por culpa do devedor, que não poderá mais restituí-la ao credor, deverá responder pelo equivalente (valor do objeto), mais perdas e danos (art. 239 do CC/2002).

Se, todavia, a coisa restituível apenas se deteriora, a solução da lei é no sentido de se aplicar a mesma regra acima citada (art. 239), ou seja, a imposição ao devedor de responder pelo equivalente (valor do objeto) mais perdas e danos. Nada impede, todavia, a despeito de o Novo Código ser silente a respeito, que o credor de coisa restituível, deteriorada por culpa do devedor, opte por ficar com a coisa, no estado em que se encontra, com direito a reclamar a indenização pelas perdas e danos correspondentes à deterioração. Esta, aliás, era a solução do Código revogado (art. 871, c/c o art. 867)[5].

Por fim, cumpre-nos fazer referência aos *melhoramentos, acréscimos e frutos*[6] experimentados pela coisa, nas *obrigações de restituir*.

---

[4] A palavra "tradição", aqui, significa restituição, entrega, e não, propriamente, *transferência da propriedade*.

[5] Neste sentido, estabelece o Enunciado 15 da I Jornada de Direito Civil da Justiça Federal: "Art. 240. As disposições do art. 236 do novo Código Civil também são aplicáveis à hipótese do art. 240, *in fine*."

[6] A respeito dos frutos e benfeitorias, seus conceitos e tratamento legal, cf. o Cap. VIII, item 4.2.1, do nosso *Novo Curso de Direito Civil — Parte Geral*, 21. ed., São Paulo: Saraiva, 2019, v. 1.

Se tais benefícios se agregaram à coisa principal, *sem concurso de vontade ou despesa para o devedor*, lucrará o credor, desobrigado de indenização (art. 241 do CC/2002).

Se, todavia, tais melhoramentos ou acréscimos *exigiram concurso de vontade ou despesa para o devedor*, o Novo Código, seguindo orientação da Lei Civil anterior, determina que sejam aplicadas as regras atinentes aos *efeitos da posse*, quanto às benfeitorias realizadas (art. 242 do CC/2002).

Assim, se os acréscimos traduzem *benfeitorias necessárias* (a reforma realizada para a conservação do bem — reestruturação de uma viga, p. ex.) ou úteis (o acréscimo efetuado para facilitar a sua utilização — a abertura de uma entrada maior, p. ex.), o devedor de boa-fé terá direito de ser indenizado, podendo, inclusive, reter a coisa restituível, até que lhe seja pago o valor devido (direito de retenção). No que tange às obras *voluptuárias* (acréscimos para simples embelezamento ou aformoseamento — uma estátua no jardim, p. ex.), poderá o devedor levantá-las (retirá-las), se não lhe for pago o valor devido, desde que não haja prejuízo para a coisa principal[7].

Estando de má-fé[8], o devedor só terá direito a reclamar a indenização pelos *acréscimos necessários*, sem possibilidade de retenção da coisa[9].

Finalmente, quanto aos frutos, aplicam-se também as regras previstas pelo legislador, ao tratar dos efeitos da posse, no Livro III ("Do Direito das Coisas").

Consoante já tivemos oportunidade de observar, os

> "frutos podem ser definidos como *utilidades que a coisa principal periodicamente produz, cuja percepção não diminui a sua substância* (ex.: a soja, a maçã, o bezerro, os juros, o aluguel). Se a percepção da utilidade causar a destruição total ou parcial da coisa principal, não há que se falar, tecnicamente, em frutos"[10].

Dessa forma, se, em vez de acréscimos, melhoramentos ou benfeitorias, a coisa restituível gerar *frutos*, deveremos perquirir o elemento anímico do devedor — a sua boa ou má-fé —, para que possamos extrair as consequências jurídicas apropriadas. Assim, enquanto estiver de boa-fé, o devedor tem direito aos frutos percebidos[11]. Exemplo: ao comodatário, a quem se impõe a *obrigação de restituir a coisa emprestada*, fora reconhecido o direito, pelo comodante, de perceber os

---

[7] Art. 1.219 do CC/2002.

[8] Imagine a hipótese de o próprio devedor, dolosamente, dar causa ao acréscimo ou melhoramento, apenas para obter a indenização devida, supervalorizando-a.

[9] Art. 1.220 do CC/2002.

[10] Pablo Stolze Gagliano e Rodolfo Pamplona Filho, *Novo Curso de Direito Civil — Parte Geral*, 22. ed., São Paulo: Saraiva, 2020, v. 1, p. 336.

[11] Art. 1.214 do CC/2002.

frutos das árvores que integram o imóvel, até o final do prazo contratual. Fará jus o comodatário, portanto, aos frutos colhidos, durante todo o tempo em que permaneça licitamente no imóvel, de boa-fé. Os frutos pendentes (ainda não destacados da coisa principal), por sua vez, deverão ser restituídos, ao tempo em que cessar a boa-fé, deduzidas as despesas de produção e custeio[12].

Entretanto, se o devedor estiver de *má-fé*, deverá responder por todos os frutos colhidos e percebidos, bem como pelos que, por culpa sua, deixou de perceber (percipiendos), desde o momento em que se constituiu de má-fé, assistindo-lhe, todavia, direito às despesas de produção e custeio. De tal forma, se não puder restituir ao credor esses frutos, deverá indenizá-lo com o equivalente em pecúnia[13]. Imagine, ainda na hipótese do comodato, que o comodatário, notificado para deixar o imóvel em face do término do prazo estipulado, recalcitre e não se retire, continuando a fruir de suas utilidades. De tal forma, a partir do momento em que tomar ciência do vício que inquina a sua posse, passará a atuar de má-fé, e não mais terá direito às utilidades da coisa.

2.1.2. Obrigações de dar coisa incerta

Ao lado das obrigações de dar coisa certa, figuram as obrigações de *dar coisa incerta*, cuja prestação consiste na entrega de coisa especificada apenas pela espécie[14] e quantidade. É o que ocorre quando o sujeito se obriga a dar duas sacas de café, por exemplo, sem determinar a qualidade (tipo A ou B).

Trata-se das chamadas *obrigações genéricas*.

Nesse sentido, clara é a norma do art. 243 do Código Civil de 2002:

> "Art. 243. A coisa incerta será indicada, ao menos, pelo gênero e pela quantidade".

---

[12] Art. 1.214, parágrafo único, do CC/2002.

[13] Art. 1.216 do CC/2002.

[14] Tradicionalmente, a doutrina costuma caracterizar a obrigação de dar coisa incerta como aquela indicada, ao menos, pelo *gênero* e quantidade. Álvaro Villaça, todavia, pondera que "melhor seria, entretanto, que tivesse dito o legislador: *espécie* e quantidade. Não: gênero e quantidade, pois a palavra gênero tem sentido muito mais amplo. Considerando a terminologia do Código, por exemplo, o cereal é gênero e o feijão é espécie. Se, entretanto, alguém se obrigasse a entregar uma saca de cereal (quantidade: uma saca; gênero: cereal), essa obrigação seria impossível de cumprir-se, pois não se poderia saber qual dos cereais deveria ser o objeto da prestação jurídica" (*Teoria Geral das Obrigações*, 9. ed., São Paulo: Revista dos Tribunais, 2001, p. 66). Com fulcro nesse entendimento, contrário ao clássico entendimento dos doutos, o Projeto de Lei n. 6.960/2002 (depois renumerado para n. 276/2007, mas posteriormente arquivado) pretendia alterar o art. 243, substituindo a expressão "gênero" por "espécie", nos seguintes termos: "*Art. 243. A coisa incerta será indicada, ao menos, pela espécie e pela quantidade*". Todavia, a ordem jurídica vigente ainda segue o pensamento anterior.

Ressalte-se, entretanto, que essa indeterminabilidade do objeto há que ser meramente relativa, uma vez que, se assim não fosse, a finalidade da própria obrigação restaria frustrada. Em outras palavras, a prestação genérica ("dar duas sacas de café") deverá se converter em prestação determinada, quando o devedor ou o credor escolher o tipo de produto a ser entregue, no momento do pagamento ("dar duas sacas de café *do tipo A*").

A esse respeito, pontifica CAIO MÁRIO DA SILVA PEREIRA, com a sua habitual lucidez:

> "O estado de indeterminação é transitório, sob pena de faltar objeto à obrigação. Cessará, pois, com a escolha, a qual se verifica e se reputa consumada, tanto no momento em que o devedor efetiva a entrega real da coisa, como ainda quando diligencia praticar o necessário à prestação"[15].

Na mesma linha do nosso entendimento, CARLOS ROBERTO GONÇALVES preleciona: "Na obrigação de dar coisa INCERTA, ao contrário, o objeto não é considerado em sua individualidade, mas no gênero a que pertence... por exemplo: dez sacas de café, sem especificação da qualidade. Determinou-se, *in casu*, apenas o gênero e a quantidade, faltando determinar a QUALIDADE para que a referida obrigação se convole em obrigação de dar coisa certa e possa ser cumprida (art. 245)"[16].

Assim, vale esclarecer que não é o fato de ser, por exemplo, um cereal sem a qualidade correspondente que torna a coisa indeterminada, mas sim a sua falta de especificação dentro de um gênero que, aí, sim, nunca perece.

Conclui-se, pois, que, se a qualidade do café é especificada e as sacas já foram individualizadas (já foram separadas do gênero e apresentadas ao credor ou, então, são as únicas existentes do gênero), a obrigação é de dar coisa certa. Por outro lado, se, mesmo que se tenha estabelecido a qualidade do café, ainda não tiverem sido individualizadas as sacas, dentro do universo do estoque e/ou produção, a obrigação será de dar coisa incerta.

Essa operação, por meio da qual se especifica a prestação, convertendo a obrigação genérica em determinada, denomina-se "concentração do débito" ou "concentração da prestação devida".

Mas a quem caberia a escolha? Ao credor ou ao devedor?

Por princípio, o Código Civil, em quase todas as suas normas, *prefere o devedor*, quando a vontade das partes não houver estipulado a quem assiste

---

[15] Caio Mário da Silva Pereira, *Instituições de Direito Civil*, 19. ed., Rio de Janeiro: Forense, 2001, v. 2, p. 38.

[16] Carlos Roberto Gonçalves, *Direito Civil Brasileiro — Teoria geral das obrigações*, 17. ed., São Paulo: Saraiva, 2020, v. 2, p. 61.

determinado direito. Essa regra, todavia, consoante veremos no decorrer desta obra, admite temperamentos[17].

Assim, seguindo a regra geral, a concentração do débito efetuar-se-á por atuação do devedor, se o contrário não resultar do título da obrigação.

Essa liberdade de escolha, todavia, não é absoluta, uma vez que o devedor *não poderá dar a coisa pior, nem será obrigado a dar a melhor*. No exemplo supramencionado, o sujeito passivo da relação obrigacional deverá, havendo mais de um tipo de café, optar por aquele de qualidade intermediária, se não tiver havido convenção em sentido contrário.

Da mesma forma, se o devedor se obriga a entregar duas cabeças de gado, deverá especificar a raça dos animais, no ato do cumprimento da obrigação (ex.: nelore, holandês). Não estará obrigado, todavia, a entregar os melhores reprodutores do plantel, nem poderá escolher os piores animais do rebanho.

Em tais hipóteses, ao devedor impõe-se escolher a coisa pela média.

Ressalte-se, todavia, que essa é uma regra legal supletiva, que só poderá ser invocada se nada houver sido estipulado no título da obrigação (em geral, o contrato).

E, para que não pairem dúvidas, leia-se o art. 244 do CC/2002:

> "Art. 244. Nas coisas determinadas pelo gênero e pela quantidade, *a escolha pertence ao devedor*, se o contrário não resultar do título da obrigação; mas não poderá dar a coisa pior, nem será obrigado a prestar a melhor" (grifos nossos).

Por óbvio, se nas *obrigações de dar coisa incerta* a prestação é inicialmente *indeterminada*, não poderá o devedor, *antes de efetuada a sua escolha* — isto é, antes da *concentração do débito* —, alegar perda ou deterioração da coisa, ainda que por força maior ou caso fortuito (art. 246 do CC/2002). O gênero, segundo tradicional entendimento, não perece jamais (*genus nunquam perit*). Nesse particular, o exemplo figurado por SÍLVIO VENOSA é bastante didático:

> "Se alguém se obriga a entregar mil sacas de farinha de trigo, continuará obrigado a tal, ainda que em seu poder não possua referidas sacas, ou que parte ou o total delas se tenha perdido. Já se o devedor se tivesse obrigado a entregar uma tela de pintor famoso, a perda da coisa, sem sua culpa, resolveria a obrigação"[18].

---

[17] Assim, o art. 327 do CC/2002, seguindo diretriz do Código de 1916 (art. 950), *prefere o credor*, quando houverem sido designados dois ou mais lugares para a realização do pagamento. Essa situação, todavia, é excepcional.

[18] Sílvio de Salvo Venosa, ob. cit., p. 97.

A título de curiosidade histórica, vale destacar que o antigo Projeto de Lei n. 6.960/2002 (depois renumerado para 276/2007, mas posteriormente revogado) pretendia relativizar essa regra, nos seguintes termos (art. 246): "Antes de cientificado da escolha o credor, não poderá o devedor alegar perda ou deterioração da coisa, ainda que por força maior ou caso fortuito, *salvo se se tratar de dívida genérica limitada e se extinguir toda a espécie dentro da qual a prestação está compreendida*" (grifos nossos).

Feita a escolha, as regras que passarão a ser aplicadas serão aquelas previstas para as *obrigações de dar coisa certa* (art. 245, c/c os arts. 233 a 242 do CC/2002).

2.1.3. Obrigações de dar dinheiro (obrigações pecuniárias)

Ainda no estudo das obrigações de dar, merecem especial referência as obrigações de dar certa quantia em dinheiro (obrigações pecuniárias[19]).

Segundo ÁLVARO VILLAÇA AZEVEDO,

> "o pagamento em dinheiro consiste, assim, na modalidade de execução obrigacional que importa a entrega de uma quantia de dinheiro pelo devedor ao credor, com liberação daquele. É um modo de pagamento que deve realizar-se, em princípio, em moeda corrente, no lugar do cumprimento da obrigação, onde esta deverá cumprir-se, segundo o art. 947[20] do CC"[21].

Observe-se que a redação original do art. 947 (§ 1.º) do Código de 1916 permitia que o pagamento das obrigações pecuniárias fosse feito em determinada espécie de moeda, nacional ou estrangeira, e, inclusive, por meio de ouro e prata[22].

Tal admissibilidade talvez decorresse do fato de a nossa economia, no início do século XX, ainda estar diretamente atrelada ao capital das metrópoles colonizadoras, não se havendo desenvolvido a indústria e o sistema financeiro nacional. Além do mais, a fraqueza da moeda nacional sempre fez parte de nossa tradição econômica.

---

19 Pecúnia deriva, etimologicamente, de *pecus = gado*, uma vez que, nas sociedades antigas, os animais eram considerados moeda de troca.

20 No CC/2002, art. 315.

21 Álvaro Villaça Azevedo, *Teoria Geral das Obrigações*, 9. ed., São Paulo: Revista dos Tribunais, 2001, p. 132.

22 Na III Jornada de Direito Civil, realizada em novembro de 2004 no Superior Tribunal de Justiça, foi aprovado o Enunciado 160, proposto pela então Juíza Federal Maria Isabel Diniz Gallotti Rodrigues, registrando que a "obrigação de creditar dinheiro em conta vinculada de FGTS é obrigação de dar, obrigação pecuniária, não afetando a natureza da obrigação a circunstância de a disponibilidade do dinheiro depender da ocorrência de uma das hipóteses previstas no art. 20 da Lei 8.036/90".

Ocorre que, em 27 de novembro de 1933, por meio da edição do Decreto n. 23.501, proibiram-se as estipulações de pagamento em ouro, ou qualquer outra moeda estrangeira, em detrimento da moeda nacional. Tal providência, se por um lado refletia o nacionalismo crescente da década de 1930, por outro era resultado da própria inflação e do desequilíbrio cambial.

Posteriormente, o Decreto-Lei n. 857, de 1969, mantendo a obrigatoriedade do pagamento em moeda nacional, passou a admitir, todavia, posto em caráter excepcional, a utilização de moeda estrangeira nos contratos internacionais (importação e exportação, por exemplo).

A esse respeito, com propriedade, pontifica ARNOLDO WALD:

> "O reconhecimento da validade da cláusula de pagamento em moeda estrangeira nos contratos internacionais decorreu de imperativo categórico da economia mundial, pois, como já se salientou na época, 'a admitir que o decreto visasse proibir quaisquer dívidas em moeda estrangeira, ter-se-ia, na realidade, proibido o comércio do Brasil com qualquer outra nação'"[23].

O Plano Real, instituído pela Lei n. 9.069, de 29 de junho de 1995, admitiu que "as operações e contratos de que tratam o Decreto-Lei n. 857, de 11 de setembro de 1969, e o art. 6.º da Lei n. 8.880, de 27 de maio de 1994", não estão sujeitos à obrigatoriedade de serem corrigidos pelo Índice de Preços ao Consumidor — IPCr, o que dá a entender que, nas hipóteses previstas nessas leis, a correção monetária da obrigação poderá ser feita em moeda estrangeira.

De qualquer forma, permanece a regra geral da obrigatoriedade do pagamento em moeda corrente nacional, que tem curso forçado, para as obrigações exequíveis no Brasil, ressalvadas, apenas, as relações contratuais de natureza internacional.

Por princípio, deve-se lembrar ainda que tais obrigações pecuniárias devem observar o valor nominal da moeda.

Nesse sentido, aliás, dispõe o art. 315 do Novo Código Civil: "As dívidas em dinheiro deverão ser pagas no vencimento, em moeda corrente e pelo valor nominal, salvo o disposto nos artigos subsequentes".

Consoante se depreende dessa regra legal, é o *princípio do nominalismo* que regula as denominadas *dívidas de dinheiro.*

Por força dessa regra, assevera CARLOS ROBERTO GONÇALVES, considera-se "como valor da moeda o valor nominal que lhe atribui o Estado, no ato de emissão ou cunhagem". E arremata o culto Desembargador do TJSP:

---

[23] Arnoldo Wald, *O Novo Direito Monetário — Os Planos Econômicos, os Contratos, o FGTS e a Justiça*, 2. ed., São Paulo: Malheiros, 2002, p. 191-2.

> "De acordo com o referido princípio, o devedor de uma quantia em dinheiro libera-se entregando a quantidade de moeda mencionada no contrato ou no título da dívida, e em curso no lugar do pagamento, ainda que desvalorizada pela inflação, ou seja, mesmo que a referida quantidade não seja suficiente para a compra dos mesmos bens que podiam ser adquiridos, quando contraída a obrigação"[24].

Assim, sendo a dívida de dinheiro, e à luz do princípio do nominalismo, se Caio emprestou a Tício 100, para que este devolvesse a quantia em sessenta dias, a mesma quantidade de moeda deverá ser devolvida (100), mesmo que sua expressão econômica não seja mais a mesma, isto é, não seja mais suficiente para a compra dos mesmos bens que podiam ser adquiridos na época da celebração do contrato de empréstimo (mútuo).

Entretanto, ao lado das dívidas de dinheiro, a doutrina, influenciada pela instabilidade de nossa economia, elaborou o conceito das chamadas *dívidas de valor*[25].

Estas não teriam por objeto o dinheiro em si, mas o próprio valor econômico (aquisitivo) expresso pela moeda. Na obrigação de prestar alimentos, por exemplo, o devedor é obrigado a fornecer não determinada soma em dinheiro, mas sim o que for necessário à mantença do alimentando. Observe-se, portanto, que, se o valor nominal da pensão estiver defasado, é possível a sua revisão judicial.

Outro excelente exemplo de dívida de valor é apontado pelo ilustrado ÁLVARO VILLAÇA:

> "Também é, indiscutivelmente, dívida de valor a indenização devida em razão das desapropriações. O Poder Público expropriante, por exigência constitucional (art. 5.º, inc. XXIV), há que pagar ao expropriado prévia e justa indenização, o que quer dizer que o valor do bem expropriado, obtido mediante avaliação, é que se faz devido, e não, meramente, o valor inicial depositado no processo por esse Poder Público. A indenização necessita ser justa. Deve ser paga ao expropriado não uma soma em dinheiro, simplesmente, mas uma importância que corresponda ao valor da coisa desapropriada"[26].

Nessa linha de intelecção, outra importante observação deve ser feita.

Em virtude da galopante inflação que durante décadas assolou o País, e pela própria fragilidade de nossa economia, fez-se necessária, para a correção

---

[24] Carlos Roberto Gonçalves, *Direito das Obrigações — Parte Geral*, 18. ed., São Paulo: Saraiva, 2019, p. 75 (Col. Sinopses Jurídicas, v. 5).

[25] Essa distinção já gozou de maior importância, uma vez que a Lei n. 6.899/81 generalizou a *correção monetária*, para as dívidas de dinheiro em geral, por força da referida lei (nesse sentido: Sílvio de Salvo Venosa, ob. cit., p. 92).

[26] Álvaro Villaça Azevedo, ob. cit., p. 132.

de distorções de valor nas obrigações pecuniárias, a criação de índices de atualização econômica das obrigações pecuniárias, as denominadas *cláusulas de escala móvel*, que *poderiam ser escolhidas pelas próprias partes.*

A Lei n. 6.205, de 29 de abril de 1975, vedou a estipulação do salário mínimo como critério de atualização econômica de dívidas. Em 1977, por meio da Lei n. 6.423, estabeleceu-se como índice a ORTN (Obrigação Reajustável do Tesouro Nacional), posteriormente substituída pela OTN, criada pelo Decreto-Lei n. 2.284/86, apenas para obrigações ajustadas com prazo igual ou superior a doze meses. Três anos mais tarde, a Medida Provisória n. 57/89 criaria o BTN, também disciplinado pela Lei n. 7.777, de 19 de junho de 1989. Tempos depois, a despeito de a diminuição da inflação não justificar mais — ao menos teoricamente — a adoção de índices oficiais de atualização econômica, surgiu a TR (Taxa Referencial), criada pela Lei n. 8.177/91, cuja fixação seria feita pelo Banco Central do Brasil[27].

Tudo isso demonstra o esforço constante — embora nem sempre exitoso — do governo federal em buscar mecanismos de correção da equação econômica dos contratos e das obrigações exequíveis a médio e longo prazo.

Em verdade, essa matéria, de indiscutível fundo econômico, escapa ao âmbito de estudo desta obra, mormente em se considerando a existência — ao lado da TR — de vários outros índices, todos a formarem uma verdadeira "babel", o que nos dá a impressão de que nossa economia não é tão "estável" como se imagina. Se não, vejamos:

a) INPC — calculado pelo IBGE (mede a variação de preços, entre os dias 1.º e 30 de cada mês, de produtos consumidos por famílias com renda entre 1 e 8 salários mínimos);

b) IGP/DM — calculado pela Fundação Getúlio Vargas (mede a variação de preços, entre os dias 21 de um mês e 20 do mês de referência, de produtos consumidos por famílias com renda entre 1 e 33 salários mínimos);

c) IGP/DI — calculado pela Fundação Getúlio Vargas (calculado por meio da ponderação do IPA — 60% —, IPC/RJ — 30% —, INCC — 10%);

d) FIPE — calculada pela própria FIPE (mede a variação de preços, entre 1.º e 30 de cada mês, de produtos consumidos por famílias com renda entre 1 e 30 salários mínimos);

---

27 Álvaro Villaça Azevedo, ob. cit., p. 135-6. Sobre a evolução histórica do tema no Brasil (índices econômicos e critérios de atualização monetária), recomendamos a excelente obra de Villaça, já referida, e a do culto Professor Arnoldo Wald, *Obrigações e Contratos*, 12. ed., São Paulo: Revista dos Tribunais, 1995, cujos subsídios foram indispensáveis para a elaboração deste tópico.

e) DIEESE — calculado pelo próprio DIEESE (mede a variação de preços, entre 1.º e 30 de cada mês, de produtos consumidos por famílias com renda entre 1 e 30 salários mínimos);

f) IPCA — calculado pelo IBGE (mede a variação de preços, entre 1.º e 30 de cada mês, de produtos consumidos por famílias com renda entre 1 e 40 salários mínimos)[28].

Por fim, cumpre-nos advertir que a teoria da imprevisão[29] — tema que será tratado em momento oportuno[30] — não poderá ser confundida com a cláusula de escala móvel. Esta decorre de uma *prévia estipulação das partes contratantes* para corrigir eventuais distorções econômicas em contratos exequíveis a médio ou longo prazo; aquela, por sua vez, derivada da antiga cláusula *rebus sic stantibus*, consiste no reconhecimento de que a *ocorrência de eventos supervenientes, imprevisíveis e não imputáveis às partes, com reflexos sobre a economia do contrato, poderá autorizar a sua revisão ou, até mesmo, o seu desfazimento, por princípio de equidade.*

O Código Civil de 2002 disciplina as obrigações pecuniárias nos arts. 315 e seguintes, sem que haja completa correspondência com o Código de 1916.

Uma das inovações positivadas é a constante do art. 317, que dá poderes ao juiz para corrigir o valor econômico do contrato, se *motivos imprevisíveis, supervenientes, tornarem manifestamente desproporcional o valor da prestação devida, em cotejo com aquele pactuado ao tempo da celebração do negócio.* Trata-se de aplicação específica da teoria da imprevisão, apenas para reconhecer ao juiz poderes para *atualizar monetariamente a prestação contratual*, uma vez que as regras genéricas da imprevisão, autorizadoras da *resolução ou da revisão dos termos da própria avença*, encontram-se consignadas nos arts. 478 a 480 do Código Civil de 2002.

Digna de nota também é a previsão do art. 318 do novo diploma legal, que considera "nulas as convenções de pagamento em ouro ou em moeda estrangeira, bem como para compensar a diferença entre o valor desta e o da moeda nacional", ressalvados os casos previstos em legislação especial, a exemplo dos contratos internacionais de importação e exportação.

2.2. Obrigações de fazer

Nas obrigações de fazer interessa ao credor a própria atividade do devedor.

---

[28] A respeito do tema, cf. Arnoldo Wald, ob. cit., "A legitimidade da TR como indexador", p. 121-30.

[29] No Novo Código Civil, cf. os arts. 478 a 480 ("Da resolução por onerosidade excessiva").

[30] Por se tratar de tema afeto à teoria geral dos contratos, remetemos o leitor ao volume 4, *Contratos*, desta nova Coleção *Novo Curso de Direito Civil*.

Em tais casos, a depender da possibilidade ou não de o serviço ser prestado por terceiro, a prestação do fato poderá ser *fungível* ou *infungível*.

A obrigação de fazer será *fungível* quando não houver restrição negocial no sentido de que o serviço seja realizado por outrem. Assim, não obstante eu contrate a reparação do cano da cozinha com o encanador Caio, nada impede — se as circunstâncias do negócio não apontarem em sentido contrário — que a execução do serviço seja feita pelo seu colega Tício. Em casos como esse, diz-se que a obrigação não foi pactuada em atenção à pessoa do devedor.

Atento a isso, o Novo Código Civil admite a possibilidade de o fato ser executado por terceiro, *havendo recusa ou mora do devedor*, nos termos do seu art. 249:

> "Art. 249. Se o fato puder ser executado por terceiro, será livre ao credor mandá-lo executar à custa do devedor, havendo recusa ou mora deste, sem prejuízo da indenização cabível.
>
> Parágrafo único. Em caso de urgência, pode o credor, independentemente de autorização judicial, executar ou mandar executar o fato, sendo depois ressarcido"[31].

Comentando esse dispositivo, concernente às *obrigações fungíveis*, o ilustrado SÍLVIO VENOSA pontifica:

> "É interessante notar que, no parágrafo único, a novel lei introduz a possibilidade de procedimento de justiça de mão própria, no que andou muito bem. Imagine-se a hipótese de contratação de empresa para fazer a laje de concreto de um prédio, procedimento que requer tempo e época precisos. Caracterizada a recusa e a mora, bem como a urgência, aguardar uma decisão judicial, ainda que liminar, no caso concreto, poderá causar prejuízo de difícil reparação"[32].

Assim, poderá o credor, independentemente de autorização judicial, contratar terceiro para executar a tarefa, pleiteando, depois, a devida indenização, o que, se já era possível ser admitido no sistema anterior por construção doutrinária, agora se torna norma expressa.

Por outro lado, se ficar estipulado que apenas o devedor indicado no título da obrigação possa satisfazê-la, estaremos diante de uma obrigação *in-*

---

[31] No Código Civil de 1916 a regra não era tão abrangente: "Art. 881. Se o fato puder ser executado por terceiro, será livre ao credor mandá-lo executar à custa do devedor, havendo recusa ou mora deste, ou pedir indenização por perdas e danos".

[32] Sílvio de Salvo Venosa, ob. cit., p. 102.

fungível. Trata-se das chamadas *obrigações personalíssimas* (*intuitu personae*), cujo adimplemento não poderá ser realizado por qualquer pessoa, em atenção às qualidades especiais daquele que se contratou. Tal ocorre quando se contrata um renomado artista para pintar um retrato, ou um consagrado cantor para apresentar-se em um baile de formatura. Tais pessoas não poderão, sem prévia anuência do credor, indicar substitutos, sob pena de descumprirem a obrigação personalíssima pactuada.

Finalmente, cumpre-nos analisar quais são as consequências do descumprimento de uma obrigação de fazer.

Se a prestação do fato torna-se impossível *sem culpa do devedor*, resolve-se a obrigação, sem que haja consequente obrigação de indenizar. Assim, se um malabarista foi contratado para animar um aniversário de criança, e, no dia do evento, foi vítima de um sequestro, a obrigação extingue-se por força do evento fortuito.

Entretanto, se a impossibilidade *decorrer de culpa do devedor*, este poderá ser condenado a indenizar a outra parte pelo prejuízo causado. Utilizando o exemplo acima, imagine que o malabarista contratado acidentou-se porque, no dia da festa, dirigia seu veículo alcoolizado e em alta velocidade. Nesse caso, o descumprimento obrigacional decorreu de sua imprudência, razão pela qual deverá ser responsabilizado.

Tendo em vista situações como essas, o Novo Código Civil, em seu art. 248, dispõe que:

> "Art. 248. Se a prestação do fato tornar-se impossível *sem culpa do devedor*, resolver-se-á a obrigação; *se por culpa dele*, responderá por perdas e danos" (grifos nossos).

Estudando essa regra, cumpre-nos advertir que o tratamento dispensado pelo Código Civil ao descumprimento das obrigações de fazer não foi o mais adequado, apresentando-se de forma extremamente lacunosa. Isso porque a consequência do inadimplemento culposo dessa espécie de obrigação não gera apenas o dever de pagar perdas e danos (indenização) como única forma de consequência lógico-jurídica do ilícito praticado.

A moderna doutrina processual nos ensina que, ao lado da pretensão indenizatória, existem outros meios de tutela jurídica colocados à disposição do credor, consoante veremos no próximo tópico.

2.2.1. Descumprimento culposo das obrigações de fazer: a sua tutela jurídica

No presente tópico, analisaremos a tutela jurídica do descumprimento das obrigações de fazer quando tal inadimplemento se dá de forma culposa.

Isso porque, consoante já visto, na hipótese de descumprimento sem culpa do devedor, não há como, em regra, responsabilizá-lo, uma vez que ausente um dos requisitos básicos para a responsabilidade civil no direito positivo brasileiro[33].

Havendo culpa, contudo, outras considerações devem ser feitas.

A visão tradicional do direito das obrigações, pelo seu cunho intrinsecamente patrimonialista, sempre defendeu que seria uma violência à liberdade individual da pessoa a prestação coercitiva de condutas, ainda que decorrentes de disposições legais e contratuais.

Tal concepção de intangibilidade da vontade humana, embora possa identificar-se com vetustas regras romanas, reflete, em verdade, a essência dos princípios liberais que influenciaram a formação e consolidação do Direito Civil, em especial no século XIX, com o advento do *Code Napoléon*. Nesse sentido, o "dogma da intangibilidade da vontade humana, zelosamente guardado nas tradições francesas pandectistas, fazia o mundo aceitar que 'toute obligation de faire, ou de ne pas faire, se resout en dommages et intérêts, en cas d'inexecution de la part du débiteur' (art. 1142 do Código Civil Francês)"[34].

Assim, pela convicção de que a liberdade humana é o valor maior na sociedade, a resolução em perdas e danos seria a única consequência para o descumprimento das obrigações de fazer ou não fazer.

Essa visão, em nosso entendimento, é, todavia, inaceitável na atualidade.

Isso porque o vigente ordenamento jurídico brasileiro há muito vem relativizando o princípio tradicional do *nemo praecise potest cogi ad factum*, reconhecendo que a incoercibilidade da vontade humana não é um dogma inafastável[35], desde que respeitados direitos fundamentais.

---

[33] Para maiores considerações sobre o tema, confira-se o volume 3 ("Responsabilidade Civil") desta coleção.

[34] Cândido Rangel Dinamarco, *A Reforma do Código de Processo Civil*, 4. ed., São Paulo: Malheiros, 1997, p. 152.

[35] Como observa o brilhante Fredie Didier Jr.: "Imaginava-se, de um lado, que toda espécie de obrigação poderia ser convertida em dinheiro, acaso descumprida. A par do manifesto equívoco deste pensamento, que olvidava os hoje inquestionáveis direitos não patrimoniais, como os personalíssimos e os transindividuais (estes últimos de avaliação pecuniária bastante difícil exatamente em razão do caráter difuso dos seus elementos e caracteres), a tese ainda padecia de terrível enfermidade: autorizava, simplesmente, o descumprimento contratual, privilegiando a parte mais rica da relação, apta que estaria a arcar com perdas e danos existentes — se existentes, pois danos não se presumem" (Fredie Didier Jr., Tutela Específica do Adimplemento Contratual, *Revista Jurídica dos Formandos em Direito da UFBA — 2001.2*, Salvador, 2001, p. 322, também acessível na Revista Eletrônica do Curso de Direito da UNIFACS, no *site* <www.unifacs.br/revistajuridica>, edição de julho/2002, seção "Corpo Docente").

Com efeito, um bom exemplo disso é a previsão do Decreto-Lei n. 58/37, com a disciplina do denominado compromisso irretratável de compra e venda, em que se verifica um direito real de aquisição, haja vista que se obrigava o promitente-vendedor a uma prestação de fazer consistente na transferência definitiva da propriedade, uma vez pago totalmente o preço, sob pena de adjudicação compulsória.

Por outro lado, o Código de Defesa do Consumidor (Lei n. 8.078, de 11-9-1990) — certamente a lei mais vanguardista e tecnicamente perfeita do sistema normativo brasileiro — garante, em diversos dispositivos, o direito do consumidor à tutela específica, inclusive do adimplemento contratual, em razão da natureza obrigacional inerente às lides individuais consumeristas. Se não, vejamos:

> "Art. 18. Os fornecedores de produtos de consumo duráveis ou não duráveis respondem solidariamente pelos vícios de qualidade ou quantidade que os tornem impróprios ou inadequados ao consumo a que se destinam ou lhes diminuam o valor, assim como por aqueles decorrentes da disparidade, com as indicações constantes do recipiente, da embalagem, rotulagem ou mensagem publicitária, respeitadas as variações decorrentes de sua natureza, podendo o consumidor exigir a substituição das partes viciadas.
>
> § 1.º Não sendo o vício sanado no prazo máximo de trinta dias, pode o consumidor exigir, alternativamente e à sua escolha:
>
> I — *a substituição do produto por outro da mesma espécie, em perfeitas condições de uso*;
>
> II — a restituição imediata da quantia paga, monetariamente atualizada, sem prejuízo de eventuais perdas e danos;
>
> III — o abatimento proporcional do preço.
>
> (...)
>
> Art. 19. Os fornecedores respondem solidariamente pelos vícios de quantidade do produto sempre que, respeitadas as variações decorrentes de sua natureza, seu conteúdo líquido for inferior às indicações constantes do recipiente, da embalagem, rotulagem ou de mensagem publicitária, podendo o consumidor exigir, alternativamente e à sua escolha:
>
> I — o abatimento proporcional do preço;
>
> II — complementação do peso ou medida;
>
> III — *a substituição do produto por outro da mesma espécie, marca ou modelo, sem os aludidos vícios*;
>
> IV — a restituição imediata da quantia paga, monetariamente atualizada, sem prejuízo de eventuais perdas e danos.
>
> (...)
>
> Art. 35. Se o fornecedor de produtos ou serviços recusar cumprimento à oferta, apresentação ou publicidade, o consumidor poderá, alternativamente e à sua livre escolha:

I — *exigir o cumprimento forçado da obrigação, nos termos da oferta, apresentação ou publicidade*;

II — aceitar outro produto ou prestação de serviço equivalente;

III — rescindir o contrato, com direito à restituição de quantia eventualmente antecipada, monetariamente atualizada, e a perdas e danos.

(...)

Art. 84. Na ação que tenha por objeto o cumprimento da obrigação de fazer ou não fazer, o juiz *concederá a tutela específica da obrigação* ou determinará providências que assegurem o resultado prático equivalente ao do adimplemento" (grifos nossos).

Tão importante inovação, todavia, conforme observa FREDIE DIDIER JR., "estava restrita às lides de consumo: as outras ainda estavam ao desabrigo, havendo de conformar-se com a solução da tutela reparatória em dinheiro, prevalecendo a vontade humana de descumprir o pactuado. A discussão acabou, entretanto, com o advento da Reforma Legislativa de 1994, também chamada de dezembrada, que culminou com a modificação de mais de cem artigos do CPC, implementando a tutela específica das obrigações, contratuais ou legais, de fazer ou não fazer. Ampliou-se a possibilidade da mencionada modalidade de tutela de forma a alcançar o ideal chiovendiano da maior coincidência possível"[36].

De fato, passou o art. 461 do Código de Processo Civil brasileiro de 1973, com o advento das Leis n. 8.952, de 13-12-1994, e 10.444, de 7-5-2002, a ter a seguinte redação:

"Art. 461. Na ação que tenha por objeto o cumprimento de obrigação de fazer ou não fazer, o juiz concederá a tutela específica da obrigação ou, se procedente o pedido, determinará providências que assegurem o resultado prático equivalente ao do adimplemento.

§ 1.º A obrigação somente se converterá em perdas e danos se o autor o requerer ou se impossível a tutela específica ou a obtenção do resultado prático correspondente.

§ 2.º A indenização por perdas e danos dar-se-á sem prejuízo da multa (art. 287).

§ 3.º Sendo relevante o fundamento da demanda e havendo justificado receio de ineficácia do provimento final, é lícito ao juiz conceder a tutela liminarmente ou mediante justificação prévia, citado o réu. A medida liminar poderá ser revogada ou modificada, a qualquer tempo, em decisão fundamentada.

§ 4.º O juiz poderá, na hipótese do parágrafo anterior ou na sentença, impor multa diária ao réu, independentemente de pedido do autor, se for

[36] Fredie Didier Jr., ob. cit., p. 325.

suficiente ou compatível com a obrigação, fixando-lhe prazo razoável para o cumprimento do preceito.

§ 5.º Para a efetivação da tutela específica ou a obtenção do resultado prático equivalente, poderá o juiz, de ofício ou a requerimento, determinar as medidas necessárias, tais como a imposição de multa por tempo de atraso, busca e apreensão, remoção de pessoas e coisas, desfazimento de obras e impedimento de atividade nociva, se necessário com requisição de força policial.

§ 6.º O juiz poderá, de ofício, modificar o valor ou a periodicidade da multa, caso verifique que se tornou insuficiente ou excessiva".

Valendo-nos, novamente, das conclusões do jurista baiano, o "art. 461 do Código de Processo Civil serve à tutela do adimplemento contratual, seja seu conteúdo uma obrigação de fazer ou não fazer, fungível ou infungível"[37].

Daí, não é de se estranhar que o Código de Processo Civil de 2015, que teve no mencionado jurista baiano um de seus principais artífices, contenha um Capítulo específico, dentro do Título referente ao "Cumprimento da Sentença", destinado ao "Cumprimento de Sentença que reconheça a exigibilidade de obrigação de fazer, de não fazer ou de entregar coisa" (Capítulo VI do Título II do Livro I — "Do Processo de Conhecimento e do Cumprimento de Sentença" — da Parte Especial do novo CPC).

Sobre as obrigações de fazer ou não fazer, estabelecem os arts. 536 e 537, *in verbis*:

> "Art. 536. No cumprimento de sentença que reconheça a exigibilidade de obrigação de fazer ou de não fazer, o juiz poderá, de ofício ou a requerimento, para a efetivação da tutela específica ou a obtenção de tutela pelo resultado prático equivalente, determinar as medidas necessárias à satisfação do exequente.
>
> § 1.º Para atender ao disposto no *caput*, o juiz poderá determinar, entre outras medidas, a imposição de multa, a busca e apreensão, a remoção de pessoas e coisas, o desfazimento de obras e o impedimento de atividade nociva, podendo, caso necessário, requisitar o auxílio de força policial.
>
> § 2.º O mandado de busca e apreensão de pessoas e coisas será cumprido por 2 (dois) oficiais de justiça, observando-se o disposto no art. 846, §§ 1.º a 4.º, se houver necessidade de arrombamento.
>
> § 3.º O executado incidirá nas penas de litigância de má-fé quando injustificadamente descumprir a ordem judicial, sem prejuízo de sua responsabilização por crime de desobediência.
>
> § 4.º No cumprimento de sentença que reconheça a exigibilidade de obrigação de fazer ou de não fazer, aplica-se o art. 525, no que couber.
>
> § 5.º O disposto neste artigo aplica-se, no que couber, ao cumprimento de sentença que reconheça deveres de fazer e de não fazer de natureza não obrigacional.

---

[37] Fredie Didier Jr., ob. cit., p. 326.

Art. 537. A multa independe de requerimento da parte e poderá ser aplicada na fase de conhecimento, em tutela provisória ou na sentença, ou na fase de execução, desde que seja suficiente e compatível com a obrigação e que se determine prazo razoável para cumprimento do preceito.

§ 1.º O juiz poderá, de ofício ou a requerimento, modificar o valor ou a periodicidade da multa vincenda ou excluí-la, caso verifique que:

I — se tornou insuficiente ou excessiva;

II — o obrigado demonstrou cumprimento parcial superveniente da obrigação ou justa causa para o descumprimento.

§ 2.º O valor da multa será devido ao exequente.

§ 3.º A decisão que fixa a multa é passível de cumprimento provisório, devendo ser depositada em juízo, permitido o levantamento do valor após o trânsito em julgado da sentença favorável à parte ou na pendência do agravo fundado nos incisos II ou III do art. 1.042.

§ 4.º A multa será devida desde o dia em que se configurar o descumprimento da decisão e incidirá enquanto não for cumprida a decisão que a tiver cominado.

§ 5.º O disposto neste artigo aplica-se, no que couber, ao cumprimento de sentença que reconheça deveres de fazer e de não fazer de natureza não obrigacional".

Dessa forma, faz-se mister propugnar por uma interpretação mais consentânea e lógica do art. 248 do CC/2002, ou seja, tal regra somente pode ser aplicada quando não é mais possível o cumprimento da obrigação ou, não tendo o credor mais interesse na sua realização — ante o inadimplemento do devedor —, o autor da ação assim o pretender.

Se, todavia, ainda é possível cumprir-se a obrigação pactuada, deve a ordem jurídica buscar satisfazer o credor com a efetiva prestação pactuada, proporcionando, na *medida do praticamente possível, que quem tem um direito receba tudo aquilo e precisamente aquilo que tem o direito de obter*, e não impor indenizações equivalentes, haja vista que isso não realiza o bem da vida pretendido.

Na precisa observação de LUIZ GUILHERME MARINONI:

"Note-se que a tutela ressarcitória pelo equivalente permite apenas o sacrifício de um valor em dinheiro e não de valores concretos, como o do bem prometido ao credor. Preservam-se, assim, determinados valores, o que seria fundamental para garantir a liberdade e a propriedade dos sujeitos. A preocupação com a manutenção da liberdade e da propriedade é que inspirou uma forma de tutela que dava ao autor apenas o equivalente em dinheiro, já que a 'abstração dos valores' e, portanto, a 'troca dos equivalentes' era fundamental dentro de uma sociedade preocupada em garantir a liberdade e os valores ligados à propriedade.

O direito liberal era eminentemente patrimonialista e, portanto, supunha que os direitos podiam ser adequadamente tutelados através da via ressarcitória. Na verdade, os direitos que tornaram evidente a insuficiência das sentenças clássicas ainda não estavam consagrados à época do direito liberal, e muito menos falava-se, nessa época, em interesses difusos e coletivos como objeto da possível tutela jurisdicional"[38].

Para a efetivação da tutela específica, poderá o magistrado valer-se, inclusive *ex officio*, da fixação de *astreintes*, que são justamente essas multas diárias pelo eventual não cumprimento da decisão judicial, previstas no art. 537 do CPC/2015 (equivalente ao § 4.º do art. 461 do CPC/1973), bem como quaisquer outras diligências necessárias para a regular satisfação da pretensão, sendo a relação do § 1.º do art. 536 do CPC/2015 (equivalente ao § 5.º do art. 461 do CPC/1973) meramente exemplificativa, na espécie.

Obviamente, a busca da tutela específica não exclui a indenização pelas perdas e danos ocorridos até a data da realização concreta da obrigação de fazer submetida à apreciação judicial.

Por outro lado, a conversão da obrigação de fazer em perdas e danos poderá ocorrer nos termos do art. 499 do Código de Processo Civil de 2015, que preceitua:

> "Art. 499. A obrigação somente será convertida em perdas e danos se o autor o requerer ou se impossível a tutela específica ou a obtenção de tutela pelo resultado prático equivalente".

Dessa forma, podemos visualizar a tutela jurídica das obrigações de fazer da seguinte forma esquemática:

- Descumprimento de Obrigação de Fazer
  - Impossível Cumprimento Posterior
    - Perdas e Danos
  - Possível Cumprimento Posterior
    - — Tutela Específica + Perdas e Danos (até a efetivação da tutela)
    - OU
    - — Perdas e Danos (se o autor não tiver mais interesse na obrigação específica de fazer)

Ressalte-se, ainda, que tais regras são aplicáveis também para a obrigação de entregar coisa, o que não é uma novidade do Código de Processo Civil de 2015.

[38] Luiz Guilherme Marinoni, *Tutela específica*, São Paulo: Revista dos Tribunais, 2000, p. 21-2.

Com efeito, por força da Lei n. 10.444, de 7 de maio de 2002, o Código de Processo Civil de 1973 também adotou a disciplina da tutela específica para as obrigações de dar coisa certa, tendo em vista a redação que foi conferida ao seu art. 461-A:

"Art. 461-A. Na ação que tenha por objeto a entrega de coisa, o juiz, ao conceder a tutela específica, fixará o prazo para o cumprimento da obrigação.

§ 1.º Tratando-se de entrega de coisa determinada pelo gênero e quantidade, o credor a individualizará na petição inicial, se lhe couber a escolha; cabendo ao devedor escolher, este a entregará individualizada, no prazo fixado pelo juiz.

§ 2.º Não cumprida a obrigação no prazo estabelecido, expedir-se-á em favor do credor mandado de busca e apreensão ou de imissão na posse, conforme se tratar de coisa móvel ou imóvel.

§ 3.º Aplica-se à ação prevista neste artigo o disposto nos §§ 1.º a 6.º do art. 461".

Mantendo tal diretriz, estabeleceram os arts. 498 e 538 do CPC/2015:

"Art. 498. Na ação que tenha por objeto a entrega de coisa, o juiz, ao conceder a tutela específica, fixará o prazo para o cumprimento da obrigação.

Parágrafo único. Tratando-se de entrega de coisa determinada pelo gênero e pela quantidade, o autor individualizá-la-á na petição inicial, se lhe couber a escolha, ou, se a escolha couber ao réu, este a entregará individualizada, no prazo fixado pelo juiz".

"Seção II

Do Cumprimento de Sentença que Reconheça a Exigibilidade de Obrigação de Entregar Coisa

Art. 538. Não cumprida a obrigação de entregar coisa no prazo estabelecido na sentença, será expedido mandado de busca e apreensão ou de imissão na posse em favor do credor, conforme se tratar de coisa móvel ou imóvel.

§ 1.º A existência de benfeitorias deve ser alegada na fase de conhecimento, em contestação, de forma discriminada e com atribuição, sempre que possível e justificadamente, do respectivo valor.

§ 2.º O direito de retenção por benfeitorias deve ser exercido na contestação, na fase de conhecimento.

§ 3.º Aplicam-se ao procedimento previsto neste artigo, no que couber, as disposições sobre o cumprimento de obrigação de fazer ou de não fazer."

Saliente-se a afirmação expressa da aplicabilidade, obviamente no que couber, para tal modalidade de obrigações, das disposições referentes ao cumprimento das relações jurídicas obrigacionais de fazer ou de não fazer.

Mas em que consiste, efetivamente, uma obrigação de não fazer?

É o que veremos no próximo subtópico.

2.3. Obrigações de não fazer

A obrigação de não fazer tem por objeto uma prestação negativa, um comportamento omissivo do devedor.

É o que ocorre quando alguém se obriga a não construir acima de determinada altura[39], a não instalar ponto comercial em determinado local, a não divulgar conhecimento técnico para concorrente de seu ex-empregador, a não sublocar a coisa etc. Observe-se que, em todas essas hipóteses, o devedor descumpre a obrigação ao realizar o comportamento que se obrigara a abster.

A despeito de a liberdade negocial imperar especialmente no Direito das Obrigações, deve ser observado que não serão consideradas lícitas as *obrigações de não fazer* que violem princípios de ordem pública e vulnerem garantias fundamentais. Assim, *a priori*, não se devem reputar válidas obrigações negativas como as seguintes: de não casar, de não sair da cidade, de não transitar por determinadas ruas, de não trabalhar etc. Todas elas atingem, em última análise, direitos da personalidade e não são juridicamente admitidas.

Posto isso, quais seriam os efeitos decorrentes do descumprimento das obrigações negativas?

Se o inadimplemento resultou de evento estranho à vontade do devedor, isto é, sem culpa sua, extingue-se a obrigação, sem perdas e danos:

> "Art. 250. Extingue-se a obrigação de não fazer, desde que, sem culpa do devedor, se lhe torne impossível abster-se do ato, que se obrigou a não praticar".

É o caso do sujeito que se obrigou a não construir um muro em seu imóvel, a fim de não prejudicar a vista panorâmica do vizinho, mas, em razão de determinação do Poder Público, que modificou a estrutura urbanística municipal, viu-se forçado a realizar a obra que se comprometera a não realizar.

Trata-se, portanto, de um *descumprimento fortuito (não culposo)* da obrigação de não fazer.

Pode, todavia, acontecer que o descumprimento da obrigação decorra de ato imputável ao próprio devedor, que realizou voluntariamente, sem a interferência coercitiva de fator exógeno, a conduta que se obrigara a não realizar.

Opera-se, então, o *descumprimento culposo* da obrigação de não fazer. Utilizando o exemplo *supra*, imagine-se que, em razão de um desentendimento

---

[39] Essa obrigação poderá adquirir natureza real com o registro do título no Cartório de Registro Imobiliário, passando a constituir, a partir daí, uma servidão.

qualquer, o vizinho, por espírito de vingança, resolva erguer o muro que não deveria levantar.

Tendo em vista situações como essa, dispõe o art. 251 do Código de 2002:

> "Art. 251. Praticado pelo devedor o ato, a cuja abstenção se obrigara, o credor pode exigir dele que o desfaça, sob pena de se desfazer à sua custa, ressarcindo o culpado perdas e danos.
>
> Parágrafo único. Em caso de urgência, poderá o credor desfazer ou mandar desfazer, independentemente de autorização judicial, sem prejuízo do ressarcimento devido".

A análise desse dispositivo legal nos indica que, havendo o inadimplemento culposo, o credor, além das perdas e danos, poderá lançar mão da tutela específica, assim como previsto para as obrigações de fazer, podendo, inclusive, atuar pela própria força, em caso de urgência, independentemente de autorização judicial.

Dada a importância da matéria, com importantes reflexos no processo civil, cuidaremos de desenvolvê-la no próximo tópico, mantendo a correspondência com as obrigações de fazer.

2.3.1. Descumprimento culposo das obrigações de não fazer: a sua tutela jurídica

Conforme já visto, o art. 461 do Código de Processo Civil de 1973, com as modificações inseridas posteriormente, admitiu a tutela específica em face do adimplemento contratual. Nesse sentido, quando "a obrigação, apesar de inadimplida, ainda pode ser cumprida, e o seu cumprimento é de interesse do credor, podemos pensar na tutela do adimplemento da obrigação contratual na forma específica"[40].

De forma aparente, uma situação diferente surgiria quando se trata de uma obrigação de não fazer.

De fato, aqui temos uma situação em que o devedor se obrigou a NÃO praticar determinada conduta, mas, por sua culpa, a realizou no plano concreto.

O fato, depois de realizado, não pode ser apagado da face da Terra, pois as palavras proferidas são como flechas desferidas, que não voltam atrás.

É o caso, por exemplo, da estipulação contratual de uma obrigação de não revelar um segredo. Uma vez tornado público o conteúdo que se queria

---

[40] Luiz Guilherme Marinoni, *Tutela específica*, São Paulo: Revista dos Tribunais, 2000, p. 183.

sigiloso, não há como retirar do conhecimento da comunidade correspondente o domínio de tal saber.

Por isso, alguém poderia imaginar que o tratamento legal da tutela jurídica das obrigações de não fazer deveria ser diferente da disciplina das obrigações de conduta positiva.

Ledo engano, diremos nós, explicando a utilização da expressão "aparente" no início dessa exposição.

De fato, da mesma forma que as obrigações de fazer, o que deve ser levado em consideração é se é possível (ou não) restituir as coisas ao *status quo ante* ou, mesmo assim, se o credor tem interesse em tal situação.

Sendo possível, e havendo interesse do credor, pode este demandar judicialmente o cumprimento da obrigação de não fazer, sem prejuízo das perdas e danos, até o desfazimento do ato que o devedor se obrigou a não fazer, com base no art. 251 do Código Civil de 2002.

E a legislação processual respalda tal afirmação, tanto no já mencionado art. 461 do CPC/1973, quanto no também já transcrito art. 536 do CPC/2015, que dá o mesmo tratamento às obrigações de fazer e de não fazer.

Também neste diapasão, estabelece o art. 497 do Código de Processo Civil de 2015:

> "Art. 497. Na ação que tenha por objeto a prestação de fazer ou de não fazer, o juiz, se procedente o pedido, concederá a tutela específica ou determinará providências que assegurem a obtenção de tutela pelo resultado prático equivalente.
>
> Parágrafo único. Para a concessão da tutela específica destinada a inibir a prática, a reiteração ou a continuação de um ilícito, ou a sua remoção, é irrelevante a demonstração da ocorrência de dano ou da existência de culpa ou dolo".

Assim, adaptando o esquema anteriormente feito, podemos visualizar a tutela específica das obrigações de não fazer da seguinte forma:

Descumprimento de Obrigação de Não Fazer	Impossível Desfazimento Posterior	Perdas e Danos
	Possível Desfazimento Posterior	— Tutela Específica + Perdas e Danos (até a efetivação da tutela) OU — Perdas e Danos (se o autor não tiver mais interesse na obrigação de não fazer)

Tudo o que foi aqui exposto serve para corroborar que é possível, sim, a tutela específica da obrigação de fazer, impondo medidas coercitivas para que o devedor cumpra a prestação a que estava adstrito, seja de fazer, seja de não fazer.

A imediata conversão para indenização de perdas e danos não pode mais ser invocada em qualquer caso de inexecução da obrigação, devendo ser verificado, no caso concreto, apenas se é possível, no campo fático, a realização da prestação objeto da relação obrigacional e se o credor tem efetivo interesse na sua concretização.

Por isso, podemos afirmar peremptoriamente que a velha fórmula das perdas e danos convive, sim, com outras formas de tutela jurídica, na obrigação de fazer. Vale dizer: evoluímos das perdas e danos para as perdas e danos e/ou tutela específica, o que nos permite materializar as constantemente invocadas palavras de CÂNDIDO RANGEL DINAMARCO, refletindo sobre o pensamento de GIUSEPPE CHIOVENDA:

> "Deve-se proporcionar a quem tem direito à situação jurídica final que constitui objeto de uma obrigação específica precisamente aquela situação jurídica final que ele tem o direito de obter"[41].

---

[41] Cândido Rangel Dinamarco, *A Reforma do Código de Processo Civil*, São Paulo: Malheiros, 1995, p. 149.

Capítulo VI
Classificação Especial das Obrigações

Sumário: 1. Outros critérios metodológicos adotados para a classificação das obrigações. 2. Classificação especial das obrigações. 3. Classificação especial quanto ao elemento subjetivo (sujeitos). 3.1. Obrigações fracionárias. 3.2. Obrigações conjuntas. 3.3. Obrigações disjuntivas. 3.4. Obrigações solidárias. 3.4.1. A solidariedade. 3.4.1.1. Solidariedade ativa. 3.4.1.2. Solidariedade passiva. 3.4.2. Subsidiariedade. 4. Classificação especial quanto ao elemento objetivo (prestação). 4.1. Obrigações alternativas. 4.2. Obrigações facultativas. 4.3. Obrigações cumulativas. 4.4. Obrigações divisíveis e indivisíveis. 4.5. Obrigações líquidas e ilíquidas. 4.5.1. Conceito de liquidação. 4.5.2. Modalidades de liquidação. 5. Classificação especial quanto ao elemento acidental. 5.1. Obrigações condicionais. 5.2. Obrigações a termo. 5.3. Obrigações modais. 6. Classificação especial quanto ao conteúdo. 6.1. Obrigações de meio. 6.2. Obrigações de resultado. 6.3. Obrigações de garantia.

1. OUTROS CRITÉRIOS METODOLÓGICOS ADOTADOS PARA A CLASSIFICAÇÃO DAS OBRIGAÇÕES

No capítulo anterior, apresentamos a classificação básica das obrigações, considerando a natureza do objeto (prestação) da relação jurídica obrigacional: *obrigações de dar (coisa certa/coisa incerta), de fazer* e *de não fazer.*

Tais modalidades de obrigações são tidas como básicas justamente porque todas as demais as tomam como premissas, *ainda que possam estar eventualmente relacionadas com a natureza do objeto da obrigação.*

Agora, cuidaremos de analisar o tema sob outras perspectivas, apontando as modalidades mais difundidas de obrigações, valendo-nos, inclusive, do conhecimento daquelas já estudadas.

Para tanto, seguindo respeitável corrente doutrinária, levaremos em conta principalmente os seguintes critérios:

a) subjetivo (os sujeitos da relação obrigacional);

b) objetivo (o objeto da relação obrigacional — a prestação).

Registre-se, de logo, que o elenco de modalidades apresentado não pretende esgotar a matéria, considerando que as formas de classificação modificam-se ao sabor do pensamento dos doutos.

2. CLASSIFICAÇÃO ESPECIAL DAS OBRIGAÇÕES

Considerando o *elemento subjetivo* (os sujeitos), as obrigações poderão ser:

a) fracionárias;

b) conjuntas;

c) disjuntivas;

d) solidárias.

Considerando o *elemento objetivo* (a prestação) — além da classificação básica, que também utiliza esse critério (prestações de dar, fazer e não fazer) —, podemos apontar a existência de modalidades especiais de obrigações, a saber:

a) alternativas;

b) facultativas;

c) cumulativas;

d) divisíveis e indivisíveis;

e) líquidas e ilíquidas.

E, para que nosso esquema seja completo, devemos também estudar as obrigações segundo critérios metodológicos menos abrangentes:

Assim, quanto ao *elemento acidental*, encontramos:

a) obrigação condicional;

b) obrigação a termo;

c) obrigação modal.

Finalmente, quanto ao *conteúdo*, classificam-se as obrigações em:

a) obrigações de meio;

b) obrigações de resultado;

c) obrigações de garantia.

As obrigações *propter rem* ou *ob rem*, pela sua peculiar natureza híbrida (de direito real e de direito pessoal), mereceram tratamento em separado, em tópico próprio[1].

Antes, porém, de iniciarmos a análise do tema, é preciso que se tenha firme a ideia de que, em Direito, nem sempre uma classificação especial exclui a outra, de forma que se poderá ter, por exemplo, uma obrigação *de dar, solidária, divisível e a termo;* uma obrigação de *fazer, conjunta e de resultado* etc.

No mesmo sentido, algumas classificações especiais podem se constituir, por vezes, em desdobramentos umas das outras, principalmente se levarmos

[1] Cf. Capítulo I ("Introdução ao Direito das Obrigações"), tópico 5.1 ("Figuras Híbridas entre Direitos Pessoais e Reais").

em consideração os diversos critérios classificatórios aqui estudados. Como exemplo, veremos que *as obrigações fracionárias (classificação quanto ao sujeito) pressupõem a divisibilidade das obrigações (classificação quanto ao objeto)* etc.

Dessa forma, o único enquadramento que não se pode, *a priori*, conceber é a existência de obrigações contraditórias em seus próprios termos (divisível e indivisível, líquidas e ilíquidas etc.).

3. CLASSIFICAÇÃO ESPECIAL QUANTO AO ELEMENTO SUBJETIVO (SUJEITOS)

3.1. Obrigações fracionárias

Nas obrigações fracionárias, concorre uma pluralidade de devedores ou credores, de forma que cada um deles responde apenas por parte da dívida ou tem direito apenas a uma proporcionalidade do crédito.

As obrigações fracionárias ou parciais, em verdade, podem ser, do ponto de vista ideal, decompostas em tantas obrigações quantos os credores ou devedores, pois, encaradas sob a ótica ativa, não formam um crédito coletivo, e, sob o prisma passivo, coligam-se tantas obrigações distintas quanto os devedores, dividindo-se o cumprimento da prestação entre eles[2].

As dívidas de dinheiro, por exemplo, em princípio, são fracionárias: se *A*, *B* e *C* adquiriram, conjuntamente, um veículo, obrigando-se a pagar 300, não havendo estipulação contratual em sentido contrário[3], cada um deles responderá por 100. Tais obrigações, por óbvio, pressupõem a *divisibilidade* da prestação.

Um bom exemplo disso se encontra nas obrigações trabalhistas, judiciais e extrajudiciais, decorrentes de uma relação condominial, em que norma expressa[4] estabelece a responsabilidade proporcional de cada um dos condôminos[5].

---

[2] "A tese pluralista, ora exposta, não é tranquila. Para alguns, há unidade de obrigação e de prestação, para outros, unidade na origem e fracionamento posterior. Prevalece, no entanto, a doutrina de que constituem diversas obrigações conexas entre si. Tal doutrina nega, porém, a pluralidade de sujeitos nas obrigações parciais, ao admitir que haverá tantas quantos os devedores. Se é assim, cada obrigação parcial tem apenas um sujeito, seja do lado ativo seja do lado passivo, não se justificando, por conseguinte, a sua inclusão entre as formas jurídicas de pluralidade de credores ou de devedores" (Orlando Gomes, *Obrigações*, 15. ed., Rio de Janeiro: Forense, 2000, p. 58).

[3] É preciso ter em mente sempre a regra geral de que a "solidariedade não se presume; resulta da lei ou da vontade das partes" (art. 265 do CC/2002).

[4] Lei n. 2.757, de 23-4-1956: "Art. 3.º Os condôminos responderão, proporcionalmente, pelas obrigações previstas nas leis trabalhistas, inclusive as judiciais e extrajudiciais".

[5] Essa regra é perfeitamente compatível com as diretrizes gerais da codificação civil, uma vez que o art. 1.317 do CC/2002 estabelece expressamente que, "Quando a dívida houver

Outro exemplo, para visualizar, de outro lado, uma obrigação fracionária no polo ativo, é um direito de crédito transferido, *ipso facto* do passamento de seu titular, aos seus herdeiros legítimos e testamentários[6], pois, do ponto de vista ideal, enquanto se processa o inventário, cada um deles terá direito apenas a uma quota-parte do crédito original.

Observe-se, a propósito dos exemplos citados, que o fracionamento pode ser verificado tanto originariamente quanto por derivação, mas o modo de constituição e a procedência não influem em sua disciplina, a menos que as partes os regulem de forma diversa da prevista em lei[7].

A respeito das obrigações fracionárias, ORLANDO GOMES, com a sua peculiar sabedoria, enuncia regras básicas que defluem de sua própria estrutura:

> "a) cada credor não pode exigir mais do que a parte que lhe corresponde, e cada devedor não está obrigado senão à fração que lhe cumpre pagar;
>
> b) para os efeitos da prescrição, pagamento de juros moratórios, anulação ou nulidade da obrigação e cumprimento de cláusula penal, as obrigações são consideradas autônomas, não influindo a conduta de um dos sujeitos, em princípio, sobre o direito ou dever dos outros"[8].

Ressalte-se que, como veremos, pelo fato de a solidariedade não se presumir, sendo decorrente de norma legal ou convencional, a presunção que militará em qualquer obrigação com pluralidade de credores e/ou devedores é de que se trata de uma obrigação fracionária. Trata-se, pois, de uma regra geral especialmente aplicada às obrigações com objeto divisível (a exemplo das obrigações pecuniárias).

3.2. Obrigações conjuntas

São também chamadas de obrigações unitárias ou de obrigações em mão comum (*Zur gesamtem Hand*), no Direito germânico.

Neste caso, concorre uma pluralidade de devedores ou credores, impondo-se a todos o pagamento conjunto de toda a dívida, não se autorizando a um dos credores exigi-la individualmente.

---

sido contraída por todos os condôminos, sem se discriminar a parte de cada um na obrigação, nem se estipular solidariedade, entende-se que cada qual se obrigou proporcionalmente ao seu quinhão na coisa comum".

[6] Cf. art. 1.784 do CC/2002.

[7] "Havendo mais de um devedor ou mais de um credor em obrigação divisível, esta presume-se dividida em tantas obrigações, iguais ou distintas, quantos os credores ou devedores" (art. 257 do CC/2002).

[8] Orlando Gomes, *Obrigações*, 8. ed., Rio de Janeiro: Forense, 1992, p. 72.

No testemunho abalizado de ORLANDO GOMES, as

> "obrigações conjuntas pressupõem a existência de patrimônio separado. Dada a sua especial configuração no Direito alemão, gravam as sociedades, os acervos hereditários e a comunhão matrimonial de bens. Correspondem, portanto, a uma situação patrimonial, que vincula condôminos. O direito do credor não se dirige contra cada qual, mas, coletivamente, contra todos. A legislação pátria não regula especialmente as obrigações conjuntas do tipo mancomunado. Tendo aceito a concepção romana do condomínio, considera-o uma unidade para o efeito de participação em relações obrigacionais. É verdade que os condôminos agem por intermédio de um representante, o administrador do condomínio. No caso, por exemplo, da comunhão de bens instaurada em regime matrimonial, cabia ao marido, como chefe da sociedade conjugal e administrador do patrimônio comum, contrair obrigações pelas quais respondam os bens do casal. Em razão de tais acervos constituírem núcleos unitários de bens, não parece correto admitir a existência de pluralidade propriamente dita de devedores, mesmo se considerando que não chegam a constituir uma pessoa jurídica"[9].

Tentando visualizar um exemplo de tal modalidade de obrigação em nosso ordenamento jurídico, podemos imaginar a hipótese de três devedores obrigarem-se conjuntamente a entregar ao credor um caminhão carregado de soja. Em tal hipótese, nenhum dos devedores poderá pretender o pagamento isolado de sua quota, para se eximir da obrigação, nem o credor poderá exigir o pagamento parcial da dívida, buscando-se um adimplemento parcial. Apenas se desobrigam em conjunto, entregando toda a mercadoria prometida.

3.3. Obrigações disjuntivas

Nesta modalidade de obrigação, existem devedores que se obrigam alternativamente ao pagamento da dívida. Vale dizer, desde que um dos devedores seja escolhido para cumprir a obrigação, os outros estarão consequentemente exonerados, cabendo, portanto, ao credor a escolha do demandado.

De tal forma, havendo uma dívida contraída por três devedores (*A*, *B*, *C*), a obrigação pode ser cumprida por qualquer deles: ou *A* ou *B* ou *C*. Observe-se, portanto, que a conjunção "ou" vincula alternativamente os sujeitos passivos entre si.

Diferem das obrigações solidárias, por lhes faltar a relação interna, que, como veremos, é própria do mecanismo da solidariedade, justificando, neste último, o direito regressivo do devedor que paga.

---

9 Orlando Gomes, ob. cit., p. 59-60.

Esse tipo de obrigação é pouco seguro para o credor, uma vez que, se pudesse cobrar dos três, obviamente teria maior garantia patrimonial para a satisfação do seu crédito.

3.4. Obrigações solidárias

3.4.1. A solidariedade

A obrigação solidária é, sem dúvida, uma das mais importantes categorias do Direito Obrigacional.

SÍLVIO VENOSA, invocando o pensamento de CAIO MÁRIO, adverte que, embora a solidariedade se houvesse originado no Direito Romano, a fixação precisa de suas fontes históricas é tarefa por demais tormentosa[10].

Existe solidariedade quando, na mesma obrigação, concorre uma pluralidade de credores, cada um com direito à dívida toda *(solidariedade ativa)*, ou uma pluralidade de devedores, cada um obrigado à dívida por inteiro *(solidariedade passiva)*. Embora não haja previsão legal específica, consignada nas disposições gerais da solidariedade no Código Civil, nada impede que se fale também em *solidariedade mista*, constituída pela vontade das partes, submetida, intuitivamente, às regras que regulam as duas primeiras.

Observe-se que, no caso, existe *unidade objetiva da obrigação* (o objeto é único), embora concorram mais de um credor ou devedor, cada um deles com direito ou obrigado, respectivamente, a toda a dívida.

ROBERTO DE RUGGIERO, emérito Professor da Universidade Real de Roma, com a costumeira erudição, discorrendo acerca das obrigações solidárias, assevera:

> "Verifica-se uma verdadeira e própria unidade da obrigação, não obstante a pluralidade dos sujeitos, quando a relação se constitua de modo que um dos vários credores tenha a faculdade de receber tudo, tal como se fosse o único credor, ou quando cada um dos vários devedores deva pagar tudo, como se fosse o único devedor"[11].

O Código Civil de 2002, em seu art. 264, dispõe que:

> "Art. 264. Há solidariedade, quando na mesma obrigação concorre mais de um credor, ou mais de um devedor, cada um com direito, ou obrigado, à dívida toda".

---

[10] Sílvio de Salvo Venosa, ob. cit., p. 130.

[11] Roberto de Ruggiero, *Instituições de Direito Civil*, Campinas: Bookseller, 1999, v. 3, p. 115.

Observe que a primeira parte deste dispositivo legal cuida da *solidariedade ativa* (entre credores), ao passo que a sua segunda e última parte trata da *solidariedade passiva* (entre devedores).

Dois exemplos irão facilitar a compreensão da matéria:

a) Exemplo de solidariedade ativa:

A, *B* e *C* são credores de *D*. Nos termos do contrato (título da obrigação), o devedor deverá pagar a quantia de R$ 300.000,00, havendo sido estipulada a *solidariedade ativa* entre os credores da relação obrigacional. Assim, qualquer dos três credores — *A*, *B* ou *C* — poderá exigir *toda a dívida* de *D*, ficando, é claro, aquele que recebeu o pagamento adstrito a entregar aos demais as suas quotas-partes respectivas. Mas note que, se o devedor pagar a *qualquer dos credores*, exonera-se. Nada impede, outrossim, que dois dos credores, ou até mesmo todos os três, cobrem integralmente a obrigação pactuada.

b) Exemplo de solidariedade passiva:

A, *B* e *C* são devedores de *D*. Nos termos do contrato (título da obrigação), os devedores encontram-se coobrigados solidariamente (solidariedade passiva) a pagar ao credor a quantia de R$ 300.000,00. Assim, o credor poderá exigir de qualquer dos três devedores *toda a soma devida*, e não apenas um terço de cada um. Nada impede, outrossim, que o credor demande dois dos devedores, ou, até mesmo, todos os três, conjuntamente. Note-se, entretanto, que o devedor que pagou toda a dívida terá ação regressiva contra os demais coobrigados, para haver a quota-parte de cada um.

Se a obrigação fosse *fracionária*, consoante vimos acima, o credor só poderia exigir de cada devedor a sua respectiva quota-parte (R$ 100.000,00). Todavia, como fora estipulada a *solidariedade*, o credor poderá escolher o devedor que irá pagar os R$ 300.000,00, ou pode exigir que os três concorram com a sua parte, ou que apenas dois efetuem o pagamento[12].

Nada impede, outrossim, que haja pluralidade de credores e devedores vinculados solidariamente ao pagamento da dívida.

Posto isso, devemos salientar que, segundo o nosso direito positivo, a solidariedade — passiva ou ativa —, por princípio, *não se presume nunca, resultando expressamente da lei ou da vontade das partes* (art. 265 do CC/2002).

Assim, não havendo norma legal ou estipulação negocial expressa que estabeleça a solidariedade, o juiz não poderá presumi-la da simples análise das circunstâncias negociais: se três devedores — *A*, *B* e *C* — se obrigaram a pagar R$ 300.000,00, inexistindo determinação legal ou estipulação contratual a respeito da solidariedade, cada um deles estará obrigado a pagar apenas a sua

[12] Orlando Gomes, ob. cit., p. 70.

quota-parte (R$ 100.000,00). Entretanto, se o contrato estabelecer a solidariedade passiva, o credor poderá cobrar de qualquer dos devedores os R$ 300.000,00. Neste caso, a solidariedade *resultará da vontade das próprias partes*.

Pode acontecer, entretanto, que a solidariedade *resulte da lei*. É o que acontece com os pais, tutores, curadores, donos de hotéis, que são solidariamente responsáveis pelos causadores do dano (filhos, tutelados, curatelados, hóspedes), nos termos dos arts. 932 e 942, parágrafo único, do CC/2002[13].

É o caso, também, da previsão do § 2.º do art. 2.º da CLT, que estabelece: "Sempre que uma ou mais empresas, tendo, embora, cada uma delas, personalidade jurídica própria, estiverem sob a direção, controle ou administração de outra, ou ainda quando, mesmo guardando cada uma sua autonomia, integrem grupo econômico, serão responsáveis solidariamente pelas obrigações decorrentes da relação de emprego". Nesse caso, mesmo não sendo empregadores, todas as empresas participantes do grupo econômico podem ser responsabilizadas pelos créditos trabalhistas do empregado de uma delas.

Finalmente, não se devem confundir as obrigações solidárias com as obrigações *in solidum*. Nessas últimas, posto concorram vários devedores, os liames que os unem ao credor são totalmente distintos, embora decorram de um único fato. Assim, se o proprietário de um veículo empresta-o a um amigo bêbado, e este vem a causar um acidente, surgirão obrigações distintas para ambos os agentes (o proprietário do bem e o condutor), sem que haja solidariedade entre eles[14].

3.4.1.1. Solidariedade ativa

Na solidariedade ativa, cujas noções gerais já foram vistas, "qualquer dos credores tem a faculdade de exigir do devedor a prestação por inteiro, e a prestação efetuada pelo devedor a qualquer deles libera-o em face de todos os outros credores"[15].

---

[13] Nesse sentido: Carlos Roberto Gonçalves, *Direito das Obrigações — Parte Geral*, 18. ed., São Paulo: Saraiva, 2019, p. 46 (Col. Sinopses Jurídicas, v. 5).

[14] Essa matéria é muito bem tratada por Sílvio Venosa, que, inclusive, cita excelente exemplo de Guillermo Borda: "Suponhamos um caso de incêndio de uma propriedade segurada, causada por culpa de um terceiro. Tanto a seguradora como o autor do incêndio devem à vítima a indenização pelo prejuízo; a seguradora, no limite do contrato, e o agente, pela totalidade. A vítima pode reclamar a indenização de qualquer um deles, indistintamente, e o pagamento efetuado por um, libera o outro devedor. Contudo, não existe solidariedade entre os devedores, porque não existe uma causa comum, uma origem comum na obrigação" (ob. cit., p. 130).

[15] João de Matos Antunes Varela, ob. cit., p. 778.

Assim, apenas para a boa fixação do tema, lembremo-nos de que, pactuada a solidariedade ativa entre três credores, o devedor, cobrado por apenas um deles, exonera-se pagando-lhe toda a soma devida. Aquele que recebeu o pagamento, por óbvio, responderá perante os demais pelas quotas de cada um.

Existe, portanto, na solidariedade ativa, uma *relação jurídica interna* entre os credores, a qual é irrelevante para o devedor. Vale dizer, este último, pagando a soma devida, exonera-se perante todos. Consequentemente, em virtude do vínculo interno que os une, aquele que recebeu todo o pagamento passa a responder perante os demais credores pelas partes de cada um.

Nesse sentido, é de fácil intelecção a regra constante no art. 267 do CC/2002:

> "Art. 267. Cada um dos credores solidários tem direito a exigir do devedor o cumprimento da prestação por inteiro".

Em verdade, é muito raro encontrar, na prática, casos de solidariedade ativa pactuada pelas próprias partes. Aliás, se os credores pretenderem que apenas um deles receba o pagamento, muito mais simples e seguro será, por meio de um contrato de mandato, outorgar ao credor escolhido uma procuração com poderes para receber a soma devida em nome dos demais[16].

---

[16] A jurisprudência reconheceu a existência de solidariedade ativa entre titulares de conta bancária conjunta, que possam movimentá-la livremente. Vale dizer, tais pessoas são consideradas credoras (solidárias) da linha de crédito perante o banco (STJ, REsp 13.680, Rel. Min. Athos Gusmão Carneiro, *DJ*, 16-11-1992, p. 21144). Nesse sentido, vale também conferir a seguinte decisão do Superior Tribunal de Justiça: "Penhora *on-line*. Conta corrente conjunta. A Turma entendeu que é possível a penhora *on-line* do saldo total de conta corrente conjunta para garantir a execução fiscal, ainda que apenas um dos correntistas seja o responsável pelo pagamento do tributo. Salientou-se que os titulares da conta são credores solidários dos valores nela depositados, solidariedade estabelecida pela própria vontade deles no momento em que optam por essa modalidade de depósito. Com essas considerações, negou-se provimento ao recurso especial do ex-marido da devedora, com quem ela mantinha a conta corrente. Precedente citado do TST: AIRR 229140-84.2008.5.02.0018, *DJe* 3/2/2011" (REsp 1.229.329-SP, Rel. Min. Humberto Martins, j. 17-3-2011). Veja um trecho do voto: "No caso de conta conjunta, cada um dos correntistas é credor de todo o saldo depositado, de forma solidária. Se o valor pertence somente a um deles, não deveria estar nesse tipo de conta, pois nela a importância perde o caráter de exclusividade. Assim, mantendo dinheiro conjunto com a devedora (ex-esposa), o terceiro admite tacitamente que tal importância responda pela execução fiscal, irrestritamente. A solidariedade, nesse caso, se estabelece pela própria vontade das partes, no instante em que optam por essa modalidade de depósito bancário". Registrando o nosso respeito pelo erudito voto, pensamos, academicamente, de maneira diversa. Em nosso sentir, a responsabilidade tributária não atingiria o outro correntista, na medida em que o contrato de abertura de conta corrente conjunta justificaria a incidência das regras da solidariedade ativa (em face do crédito) e não passiva (em face do débito).

Da mesma forma, temos também dificuldade em encontrar casos de solidariedade ativa por força de lei[17].

Talvez a única hipótese apontada pela doutrina seja aquela prevista pela Lei n. 209, de 2-1-1948, que trata do pagamento relativo a débitos civis e comerciais de pecuaristas:

> "Art. 12. O débito ajustado constituir-se-á à base de garantias reais ou fidejussórias existentes e se pagará anualmente pena de vencimento, em prestações iguais aos credores em *solidariedade ativa* rateadas em proporção ao crédito de cada um.
>
> Parágrafo único. Para os casos de execução judicial é usada a cláusula penal de 10% sobre o principal e acessórios da dívida" (grifos nossos).

Segundo o Código Civil de 2002, o pagamento feito pelo devedor a um dos credores solidários extingue a dívida *até o montante do que foi pago* (art. 269). Note-se que a Lei Codificada anterior, em seu art. 900, *caput*, não fazia essa referência, dispondo apenas que: "*O pagamento feito a um dos credores solidários extingue inteiramente a dívida*". Assim, no momento em que o novo diploma limitou os efeitos da exoneração do devedor *até o montante do que efetivamente pagou*, forçoso convir que, se o devedor pagou menos do que devia, *continuará obrigado ao pagamento do restante da dívida*, abatida, por óbvio, a parte que já quitou, mantida a solidariedade ativa quanto ao saldo devedor.

Poderá, todavia, ocorrer que um dos credores solidários, em vez de exigir a soma devida, haja perdoado a dívida (art. 272 do CC/2002). Trata-se da chamada *remissão de dívida*, forma especial de extinção das obrigações, prevista nos arts. 385 a 388 do CC/2002. Nesse caso, assim como ocorre quando recebe o pagamento, o credor remitente (que perdoou) responderá perante os demais credores pela parte que lhes caiba. Exemplificando: *A*, *B* e *C* são credores solidários de *D*. *C* perdoou toda a dívida de R$ 300.000,00. De tal forma, não havendo participado da remissão, os outros credores poderão exigir daquele que perdoou (*C*) as quotas-partes que lhes caibam (R$ 100.000,00 para *A* e R$ 100.000,00 para *B*).

E o que dizer se um dos credores solidários falecer deixando herdeiros?

Neste caso, há que ser invocada a regra do art. 270 do CC/2002, segundo a qual:

---

[17] Até mesmo na área trabalhista, em que a legislação estabelece uma responsabilidade solidária do grupo econômico, não se admite, em regra, a caracterização de uma solidariedade ativa, como se verifica da Súmula 129 do TST ("Contrato de trabalho. Grupo econômico. A prestação de serviços a mais de uma empresa do mesmo grupo econômico, durante a mesma jornada de trabalho, não caracteriza a coexistência de mais de um contrato de trabalho, salvo ajuste em contrário").

"Se um dos credores solidários falecer deixando herdeiros, cada um destes só terá direito a exigir e receber a quota do crédito que corresponder ao seu quinhão hereditário, salvo se a obrigação for indivisível".

Um exemplo irá facilitar a compreensão da norma: *A*, *B* e *C* são credores solidários de *D*. Como se sabe, qualquer deles pode cobrar toda a soma devida pelo devedor. Pois bem. *B* morre, deixando os seus filhos, *E* e *F*, como herdeiros. Neste caso, cada um destes só terá direito a exigir e receber a *quota do crédito que corresponder ao seu quinhão hereditário*, isto é, a metade (1/2) da quota de *B* (50.000). Entretanto, se a obrigação for indivisível, um cavalo de raça, por exemplo, o herdeiro poderá exigi-lo por inteiro (dada a impossibilidade de fracioná-lo), respondendo, por óbvio, perante todos os demais pela quota-parte de cada um.

Finalmente, inovou o Código Civil de 2002 ao prever regras inéditas (sem correspondência com o Código de 1916) atinentes à defesa do devedor e ao julgamento da lide assentada em solidariedade ativa.

O primeiro desses dispositivos *proíbe que o devedor oponha a todos os credores solidários a exceção pessoal oponível a apenas um deles* (art. 273). Exceção, aqui, significa defesa[18]. Assim, se apenas um dos credores atuou dolosamente quando da celebração do contrato (título da obrigação), estando todos os demais de boa-fé, a exceção (alegação de dolo) não poderá ser oposta contra todos. Não prejudicará, pois, os credores de boa-fé.

Já o segundo dispositivo sem correspondente no Código revogado veio previsto no art. 274, com a seguinte redação:

> "Art. 274. O julgamento contrário a um dos credores solidários não atinge os demais; o julgamento favorável aproveita-lhes, a menos que se funde em exceção pessoal ao credor que o obteve".

Tal dispositivo foi modificado pelo Código de Processo Civil de 2015, que lhe conferiu, por meio de seu art. 1.068, a seguinte redação:

> "Art. 274. O julgamento contrário a um dos credores solidários não atinge os demais, mas o julgamento favorável aproveita-lhes, sem prejuízo de exceção pessoal que o devedor tenha direito de invocar em relação a qualquer deles".

Dentro do esforço de clareza que norteia toda a elaboração desta obra, cuidaremos de ilustrar algumas hipóteses.

Por exemplo, se um dos credores solidários cobra sozinho a dívida e o devedor alega prescrição, sendo esta acolhida pelo magistrado, este julgamento contrário não afeta os demais credores solidários.

---

[18] O antigo Projeto de Lei n. 6.960/2002 renumerado para 276/2007, mas posteriormente arquivado (de Reforma do Código Civil) já utilizava essa nomenclatura (art. 273).

Por isso que se diz que o *julgamento contrário a um dos credores solidários não atinge os demais.*

Assim, os demais credores solidários podem ainda cobrar a dívida, claro que suscitando causas que demonstrem a não consumação do prazo prescricional.

Por outro lado, se um dos credores solidários, na época da feitura do contrato (fonte da obrigação), ameaçou o devedor para que este também celebrasse o negócio com ele (estando os demais credores de boa-fé), o juiz poderá acolher a defesa do réu (devedor), excluindo o coator da relação obrigacional, em face da invalidade da obrigação assumida perante ele. Neste caso, a sentença não poderá prejudicar os demais credores que, de boa-fé, sem imaginar a coação moral, celebraram o negócio com o devedor, com o assentimento deste. Por isso que se diz que o *julgamento contrário a um dos credores solidários não atinge os demais.*

Pode ocorrer, todavia, que o juiz julgue favoravelmente a um dos credores solidários. Neste caso, duas consequências distintas podem ocorrer:

1) Se o juiz desacolheu a defesa (exceção) do devedor, e esta não era de natureza *pessoal* (ou seja, era *comum* a todos os credores), o julgamento beneficiará a todos os demais. Exemplo: imagine que o credor *A* exija a dívida do devedor *D*. Este se defende, alegando que o valor da dívida é excessivo, não havendo razão para se cobrar aquele percentual de juros (defesa não pessoal). O juiz não aceita as alegações do devedor e reconhece ser correto o valor cobrado. Da mesma forma, o devedor *D* sustenta haver prescrição e esta não é acolhida pelo juízo. Nesses casos, *o julgamento favorável ao credor A beneficiará todos os demais (B, C).*

2) Se o juiz desacolheu a defesa (exceção) do devedor, e esta era de natureza *pessoal*, o julgamento não interferirá na esfera jurídica dos demais credores. Exemplo: o credor *A* exige a dívida do devedor *D*. Este opõe defesa, alegando que *A* coagiu-o, por meio de grave ameaça, a celebrar o contrato (fonte da obrigação) também com ele. O juiz não aceita as alegações do devedor e reconhece que *A* é legítimo credor solidário. Neste caso, *o julgamento favorável ao credor A, consoante já registramos acima, em nada interferirá na esfera jurídica dos demais credores de boa-fé, cuja legitimidade para a cobrança da dívida em tempo algum fora impugnada pelo devedor.* Não se poderá dizer, pois, neste caso, que o julgamento *favoreceu* os demais credores, uma vez que a situação dos mesmos não mudou.

Sintetizando, instituiu-se o regime da *extensão "secundum eventum litis"* da coisa julgada surgida de processo instaurado por um dos credores: os credores que não participaram do processo apenas podem ser beneficiados com a coisa julgada, jamais prejudicados. Assim, a coisa julgada surge independentemente de a decisão ter sido favorável ou desfavorável ao credor que propôs a demanda, mas a sua *extensão* aos demais credores é que é, efetivamente, *secundum eventum litis*[19].

---

19 Neste sentido, confira-se Fredie Didier Jr., *Regras Processuais no Código Civil*, 3. ed., São Paulo: Saraiva, 2008.

Em conclusão, vale referir que a solidariedade ativa extingue-se, além do pagamento da dívida, pelas outras formas especiais de extinção das obrigações (novação, compensação, remissão etc.).

3.4.1.2. Solidariedade passiva

A ocorrência prática da solidariedade passiva é muito comum.

Como já vimos, existe solidariedade passiva quando, em determinada obrigação, concorre uma pluralidade de devedores, cada um deles obrigado ao pagamento de toda a dívida.

Vale lembrar o exemplo *supra* apresentado: *A*, *B* e *C* são devedores de *D*. Nos termos do contrato, os devedores encontram-se coobrigados solidariamente (solidariedade passiva) a pagar ao credor a quantia de R$ 300.000,00. Assim, o credor poderá exigir de qualquer dos três devedores *toda a soma devida*, e não apenas um terço de cada um. Nada impede, outrossim, que o credor demande dois dos devedores, ou, até mesmo, todos os três, conjuntamente, cobrando-lhes toda a soma devida ou parte dela. Note, entretanto, que o devedor que pagou toda a dívida terá ação regressiva contra os demais coobrigados, para haver a quota-parte de cada um.

Nesse sentido, para a boa fixação da matéria, transcreveremos, *in verbis*, o art. 275, parágrafo único, do Código de 2002:

> "Art. 275. O credor tem direito a exigir e receber de um ou de alguns dos devedores, parcial ou totalmente, a dívida comum; se o pagamento tiver sido parcial, todos os demais devedores continuam obrigados solidariamente pelo resto.
>
> Parágrafo único. Não importará renúncia da solidariedade a propositura de ação pelo credor contra um ou alguns dos devedores".

O que caracteriza essa modalidade de obrigação solidária é exatamente o fato de qualquer dos devedores estar obrigado ao pagamento de *toda a dívida*.

Entretanto, cumpre-nos lembrar que, se a solidariedade não houver sido prevista — por lei ou pela própria vontade das partes (art. 265 do CC/2002) —, a obrigação não poderá ser considerada, por presunção, solidária. Neste caso, se o objeto da obrigação o permitir, será considerada fracionária — é o caso do dinheiro, em que, não pactuada a solidariedade, cada devedor responderá por uma fração da dívida (1/3), segundo o exemplo dado[20].

Assim como ocorre na solidariedade ativa, na passiva a pluralidade de devedores encontra-se internamente vinculada, de forma que aquele que pagou

---

[20] Daí a extrema importância do profissional do Direito na elaboração de contratos ou outras fontes de obrigações em que haja uma pluralidade de sujeitos no polo passivo. Se o credor não exigir a inclusão da previsão de solidariedade passiva, fatalmente terá sérios problemas em uma eventual execução da avença realizada.

integralmente a dívida terá ação regressiva contra os demais, para haver a quota-parte de cada um (art. 283 do CC/2002).

O devedor que for demandado poderá opor ao credor as exceções (defesas) que lhe forem pessoais (haver sido induzido em erro, p. ex.), e, bem assim, as defesas que forem comuns a todos os devedores (valor cobrado excessivo, p. ex.). Não lhe aproveitam, contudo, as exceções ou defesas pessoais a outro devedor — assim, se o devedor *A* fora induzido em erro ao assumir a obrigação, não poderá o coobrigado *B*, se demandado, utilizar contra o credor essa defesa, que não lhe diz respeito (art. 281 do CC/2002).

Saliente-se ainda que, se o credor aceitar o pagamento parcial de um dos devedores, os demais só estarão obrigados a pagar o saldo remanescente. Da mesma forma, se o credor perdoar a dívida em relação a um dos devedores solidários (remissão), os demais permanecerão vinculados ao pagamento da dívida, abatida, por óbvio, a quantia relevada (art. 277 do CC/2002). Destaque-se que, aqui, a hipótese é de remissão ou pagamento *de parte* da dívida, e não de perdão ou adimplemento total da prestação. Da mesma forma, não se confunde com a simples exclusão do devedor solidário, pela sua não cobrança direta ou pelo seu não acionamento judicial, o que é, em última análise, um direito potestativo do credor[21].

Quanto à responsabilidade dos devedores solidários, se a prestação se impossibilitar por dolo ou culpa de um dos devedores, todos permanecerão solidariamente obrigados ao pagamento do valor equivalente. Entretanto, pelas perdas e danos só responderá o culpado (art. 279 do CC/2002). Vale dizer, se *A*, *B* e *C*, devedores solidários, obrigaram-se a entregar ao credor *D* uma saca de café, e esta é destruída pela desídia de *A*, que a deixou próxima de uma fornalha, todos os devedores permanecerão solidariamente adstritos ao pagamento do valor da saca de café. Entretanto, os prejuízos resultantes do fato (perdas e danos), experimentados pelo credor (que não pôde, na data fixada, repassar o café ao seu consumidor), serão compensados exclusivamente pelo devedor culpado (*A*).

E o que dizer se um dos devedores solidários falecer deixando herdeiros?

Nesta hipótese, há que ser invocada a regra do art. 276 do CC/2002, segundo a qual:

> "Art. 276. Se um dos devedores solidários falecer deixando herdeiros, nenhum destes será obrigado a pagar senão a quota que corresponder ao seu quinhão hereditário, salvo se a obrigação for indivisível; mas todos reunidos serão considerados como um devedor solidário em relação aos demais devedores".

---

[21] Processualmente, essa última afirmação é relativizada pela figura do "Chamamento ao Processo", prevista nos arts. 130 a 132 do CPC/2015 (equivalente aos arts. 77 a 80 do CPC/1973), que admite a integração forçada à lide "dos demais devedores solidários, quando o credor exigir de um ou de alguns o pagamento da dívida comum" (inciso III do art. 130 do CPC/2015; art. 77, III, do CPC/1973).

Um exemplo irá facilitar a compreensão da norma: *A*, *B* e *C* são devedores solidários de *D* (valor total da dívida: R$ 300.000,00). Como se sabe, de qualquer dos devedores poderá ser exigido o pagamento total ou parcial da obrigação. Pois bem, *B* morre, deixando os seus filhos, *E* e *F*, como herdeiros. Neste caso, cada um destes só estará obrigado a pagar *a quota que corresponder a seu quinhão hereditário*, isto é, a metade (1/2) da quota de B (50.000). Entretanto, se a obrigação for indivisível — um touro reprodutor, por exemplo —, o credor poderá exigi-lo por inteiro (dada a impossibilidade de fracioná-lo), cabendo ao herdeiro que pagou haver dos demais coobrigados, via ação regressiva, se necessário, as partes de cada um. Mas observe a parte final da norma: se o credor houver por bem demandar todos os herdeiros de *B* (*E* e *F*), conjuntamente, estes serão considerados como *um único devedor solidário* em relação aos demais devedores, estando, portanto, obrigados a pagar toda a dívida, ressalvado o posterior direito de regresso.

Não se esqueça, todavia, de que o pagamento total da dívida pelos herdeiros reunidos *não poderá, obviamente, ultrapassar as forças da herança*, uma vez que não seria lícito admitir que os referidos sucessores (*E* e *F*) diminuíssem o seu patrimônio pessoal para cumprir uma obrigação a que não deram causa.

Assim sendo, para que não pairem quaisquer dúvidas, podemos visualizar o art. 276 com a seguinte sistematização:

a) Dívida indivisível: qualquer herdeiro, individualmente, pode ser compelido a pagar tudo, bem como qualquer devedor.

b) Dívida divisível: nesse caso, a situação varia se o herdeiro for acionado individualmente ou reunido com os demais herdeiros.

b.1) Acionamento individual: qualquer herdeiro paga apenas sua quota-parte na herança, não podendo ser compelido a pagamento que supere sua parte na herança. Mesmo que tenha patrimônio pessoal superior, sua obrigação na dívida restringe-se aos limites da força da herança, em sua quota-parte. Reitere-se que, se um herdeiro, nessa situação, for compelido a pagar toda a dívida, o início do art. 276 será violado, tornando-se letra morta.

b.2) Acionamento coletivo dos herdeiros: somente reunidos, os herdeiros podem ser compelidos a pagar toda a dívida, pois ocupam a posição do devedor falecido. Demandados conjuntamente, geram um litisconsórcio passivo necessário e unitário, pois serão vistos como se fosse um único codevedor em relação aos demais devedores.

Nada impede que o credor renuncie à solidariedade em favor de um dos devedores. Tal ocorrerá, por exemplo, no caso de "o credor receber parcialmente de um devedor e dar-lhe quitação. Aí o credor demonstra desinteresse em receber a integridade da dívida"[22].

---

[22] Sílvio de Salvo Venosa, ob. cit., p. 145.

A renúncia da solidariedade pode se dar também por meio da manifestação expressa da vontade, excluindo um ou mais devedores, sem extinção total da dívida.

No sistema do CC/1916, se o credor exonerasse da solidariedade um ou mais devedores, aos outros só lhe ficaria o direito de acionar, abatendo no débito a parte correspondente aos devedores, cuja obrigação remitiu (parágrafo único do art. 912). Já no CC/2002, tal regra de dedução não foi manifestada expressamente.

Assim, surge a dúvida: na disciplina do CC/2002, no caso de renúncia da solidariedade de um ou alguns dos devedores, poderá o credor demandar, dos devedores remanescentes, o valor total da dívida?

Entendem SILVIO RODRIGUES[23] e MARIA HELENA DINIZ[24], interpretando o parágrafo único do art. 282, que, nessa hipótese, deverá ser deduzido o valor correspondente ao quinhão dos exonerados da responsabilidade, pelo que o credor somente poderia demandar os remanescentes pelo valor restante.

Embora ousando discordar dos ilustres mestres, parece-nos que a nova disciplina legal gerou um novo tratamento da matéria.

Uma coisa é renúncia ou pagamento parcial da dívida, hipótese já tratada do art. 277 do CC/2002, em que a dedução é fruto da concepção de evitar o enriquecimento indevido. Outra situação, completamente distinta, é a renúncia à solidariedade, em relação a um ou alguns dos devedores, pois isso deve ser respeitado como o exercício de um direito potestativo do credor (ressalvada, obviamente, a mencionada relativização pela intervenção de terceiros conhecida como chamamento ao processo), pelo que tem ele o direito de demandar o valor da dívida toda de apenas parte dos devedores solidários[25].

---

[23] "Se a renúncia for total, a solidariedade desaparece e a obrigação se divide em tantas outras quantos forem os devedores, presumindo-se igual o quinhão de cada um. No caso, volta a militar a regra *concursu partes fiunt*, cuja incidência ficara sustada por efeito da solidariedade.

Se a renúncia for parcial, por haver o credor exonerado da solidariedade apenas um dos devedores, a relação jurídica se biparte. A primeira se transforma em obrigação simples, em que figura como sujeito passivo o devedor favorecido; na segunda, prendendo os demais devedores, persiste a solidariedade" (Silvio Rodrigues, *Direito Civil — Parte Geral das Obrigações*, 30. ed., São Paulo: Saraiva, 2002, v. 2, p. 75).

[24] "... Não mais se terá solidariedade passiva se houver renúncia total do credor, pois cada coobrigado passará a dever *pro rata*; contudo, se parcial for essa renúncia, em benefício de um ou de alguns dos codevedores, o credor somente poderá acionar os demais, abatendo da dívida a parte cabível ao que foi favorecido (CC, art. 282, parágrafo único)" (Maria Helena Diniz, *Curso de Direito Civil Brasileiro — Teoria Geral das Obrigações*, 35. ed., São Paulo: Saraiva, 2020, v. 2, p. 211).

[25] Em sentido contrário, preceitua o Enunciado 349 da IV Jornada de Direito Civil da Justiça Federal: "Art. 282. Com a renúncia à solidariedade quanto a apenas um dos

Dessa forma, entendemos que o novo Código Civil brasileiro, ao modificar a redação do dispositivo equivalente no CC/1916 (parágrafo único do art. 912), corrigiu um equívoco histórico.

Ademais, o reconhecimento desse direito potestativo não implica, obviamente, qualquer repercussão na relação havida entre os devedores, pelo que, mesmo que o credor exonere qualquer deles (perdoando-lhe a dívida, aceitando pagamento parcial ou renunciando à solidariedade, p. ex.), o exonerado continuará obrigado, no rateio entre os codevedores, pela parte que caiba ao *devedor insolvente* (aquele que não disponha de patrimônio suficiente para cumprir a obrigação), conforme se verifica do art. 284 do CC/2002[26].

De tudo que se disse, conclui-se, com facilidade, que as vantagens da solidariedade passiva são inúmeras para o credor. Daí por que a sua incidência é tão difundida, em várias espécies de contrato (mútuo, locação, compra e venda etc.).

Comentando os benefícios desta modalidade obrigacional, o ilustrado Silvio Rodrigues pontifica:

> "Digamos que três pessoas solicitam, individualmente, empréstimo a um banqueiro. Se este o conceder, simplesmente, torna-se credor de cada um dos mutuários da cifra fornecida e, por ocasião do vencimento, deve cobrar de cada devedor a importância emprestada. Se um dos devedores se tornou insolvente, sofre o credor o prejuízo, pois é titular de três créditos independentes e autônomos, que não se encontram de qualquer modo interligados. Antevendo tal hipótese, o banqueiro condiciona a concessão dos empréstimos ao estabelecimento de solidariedade entre os devedores; desse modo enfeixa, numa só, as três relações jurídicas obrigacionais. Fixada a solidariedade, pode o credor cobrar seu crédito de qualquer dos devedores, pois o vínculo inicial, de múltiplo que era, torna-se uno; assim, se por acaso um dos devedores, ou dois deles se tornarem insolventes, não sofrerá prejuízo o credor, pois cobrará do devedor remanescente a totalidade do crédito".

E conclui o Mestre: "Sua garantia aumenta, indiscutivelmente, pois só deixará de receber a prestação inteira se todos os devedores solidários ficarem insolventes"[27].

---

devedores solidários, o credor só poderá cobrar do beneficiado a sua quota na dívida, permanecendo a solidariedade quanto aos demais devedores, abatida do débito a parte correspondente aos beneficiados pela renúncia".

[26] Em sentido diverso, preceitua o Enunciado 350 da IV Jornada de Direito Civil da Justiça Federal: "Art. 284. A renúncia à solidariedade diferencia-se da remissão, em que o devedor fica inteiramente liberado do vínculo obrigacional, inclusive no que tange ao rateio da quota do eventual codevedor insolvente, nos termos do art. 284".

[27] Silvio Rodrigues, *Direito Civil — Parte Geral das Obrigações*, 30. ed., São Paulo: Saraiva, 2002, v. 2, p. 65-6.

3.4.2. Subsidiariedade

Um tema raramente tratado pelos principais doutrinadores do Direito Civil brasileiro, seja quando se referem ao Direito das Obrigações, seja discorrendo sobre responsabilidade civil, é a questão da responsabilidade patrimonial subsidiária.

De fato, ao se passar os olhos no Código Civil, tanto o de 1916 quanto o de 2002, não se verifica qualquer referência à ideia de responsabilidade subsidiária no livro do Direito das Obrigações.

Todavia, se o campo de investigação for ampliado para a análise de outros livros do próprio Código Civil e da jurisprudência nacional, sem muita dificuldade é possível encontrar previsões de responsabilidade subsidiária.

Tratando, por exemplo, do registro da pessoa jurídica, o art. 46, V, do CC/2002 estabelece que ele declarará *"se os membros respondem, ou não, subsidiariamente, pelas obrigações sociais"*, o que, *mutatis mutandi*, também está previsto, no que diz respeito ao contrato social das sociedades simples, no art. 997, VI, do CC/2002.

Quando trata, também, da sociedade em comandita por ações, há previsão expressa de tal responsabilidade no art. 1.091 do CC/2002, *in verbis*:

> "Art. 1.091. Somente o acionista tem qualidade para administrar a sociedade e, como diretor, responde subsidiária e ilimitadamente pelas obrigações da sociedade.
>
> § 1.º Se houver mais de um diretor, serão solidariamente responsáveis, depois de esgotados os bens sociais.
>
> § 2.º Os diretores serão nomeados no ato constitutivo da sociedade, sem limitação de tempo, e somente poderão ser destituídos por deliberação de acionistas que representem no mínimo dois terços do capital social".

No campo do Direito de Família, por exemplo, estabelece o art. 1.744 do CC/2002 uma responsabilidade do magistrado, que será direta e pessoal, quando não tiver nomeado o tutor, ou não o houver feito oportunamente; mas apenas *subsidiária*, quando não tiver exigido garantia legal do tutor, nem o removido, tanto que se tornou suspeito.

Na área trabalhista, a disciplina jurisprudencial sobre a terceirização, propugnada pelo Tribunal Superior do Trabalho no inciso IV da sua Súmula 331, prevê uma responsabilização patrimonial *subsidiária* do tomador dos serviços intermediados pela empresa prestadora[28], o que, depois, passou a ser

---

[28] "IV — O inadimplemento das obrigações trabalhistas, por parte do empregador, implica a responsabilidade subsidiária do tomador dos serviços quanto àquelas obrigações, desde que haja participado da relação processual e conste também do título executivo judicial."

objeto de previsão legal específica na Lei n. 6.019/74, com as modificações da Lei n. 13.429, de 31 de março de 2017.

Mas que é essa responsabilidade subsidiária?

Nada mais do que uma forma especial de solidariedade, com benefício ou preferência de excussão de bens de um dos obrigados, dizemos nós.

De fato, na visão assentada sobre a solidariedade passiva, temos *determinada obrigação, em que concorre uma pluralidade de devedores, cada um deles obrigado ao pagamento de toda a dívida*. Nessa responsabilidade solidária, há, portanto, duas ou mais pessoas unidas pelo mesmo débito.

Na responsabilidade subsidiária, por sua vez, temos que uma das pessoas tem o débito originário e a outra tem apenas a responsabilidade por esse débito[29]. Por isso, existe uma preferência (dada pela lei) na "fila" (ordem) de excussão (execução): no mesmo processo, primeiro são demandados os bens do devedor (porque foi ele quem se vinculou, de modo pessoal e originário, à dívida); não tendo sido encontrados bens do devedor ou não sendo eles suficientes, inicia-se a excussão de bens do responsável em caráter subsidiário, por toda a dívida.

Vale lembrar que a expressão "subsidiária" se refere a tudo que vem "em reforço de..." ou "em substituição de...", ou seja, não sendo possível executar o efetivo devedor — sujeito passivo direto da relação jurídica obrigacional —, devem ser executados os demais responsáveis pela dívida contraída.

Por isso, podemos afirmar que não existe, *a priori*, uma *obrigação subsidiária* (motivo pelo qual, talvez, os doutrinadores pátrios de direito civil normalmente não se debrucem sobre o tema nessa área), mas sim apenas uma *responsabilidade subsidiária*.

Afinal de contas, nem sempre quem tem responsabilidade por um débito se vinculou originariamente a ele por causa de uma relação jurídica principal, como é o exemplo dos fiadores e dos sócios[30], responsabilizados acessoriamente, na forma prevista nos arts. 794 e 795[31] do Código de Processo Civil de 2015.

---

[29] Sobre a diferença entre *obrigação (debitum) e responsabilidade (obligatio)*, confira-se, novamente, o Capítulo I ("Introdução ao Direito das Obrigações"), tópico 6.1 ("Conceitos Correlatos").

[30] Sobre o tema, confira-se o excelente trabalho de Luciano Dórea Martinez Carreiro, *A Responsabilidade dos Sócios Cotistas em Execuções de Títulos Judiciais Trabalhistas: reflexo da crise de identidade das pessoas jurídicas*, monografia do Curso de Especialização em Processo da Faculdade de Direito da Universidade Salvador — UNIFACS (Salvador, 2000).

[31] "Art. 794. O fiador, quando executado, tem o direito de exigir que primeiro sejam executados os bens do devedor situados na mesma comarca, livres e desembargados, indicando-os pormenorizadamente à penhora.

Em outro exemplo na área trabalhista, vale destacar a previsão do art. 455 da CLT, que estabelece que nos "contratos de subempreitada responderá o subempreiteiro pelas obrigações derivadas do contrato de trabalho que celebrar, cabendo, todavia, aos empregados, o direito de reclamação contra o empreiteiro principal pelo inadimplemento daquelas obrigações por parte do primeiro". Nessa hipótese, está estabelecida, por lei, uma solidariedade, mas é lógico que o *debitum* é somente do subempreiteiro, sendo a *obligatio* estendida ao empreiteiro principal[32].

Em situações como a de responsabilidade subsidiária ou de solidariedade estabelecida sem qualquer preferência de excussão (mas com devedores solidários sem *debitum*), e havendo mais de um coobrigado, deve ser aplicada a regra do art. 285 do CC/2002, *in verbis*:

> "Art. 285. Se a dívida solidária interessar exclusivamente a um dos devedores, responderá este por toda ela para com aquele que pagar".

Obviamente, essa previsão é inaplicável para as hipóteses em que há solidariedade fundada pela coexistência de sujeitos no polo passivo da dívida (todos com *debitum* e *obligatio*), pois, aí, o pagamento interessa diretamente a todos os devedores.

---

§ 1.º Os bens do fiador ficarão sujeitos à execução se os do devedor, situados na mesma comarca que os seus, forem insuficientes à satisfação do direito do credor.

§ 2.º O fiador que pagar a dívida poderá executar o afiançado nos autos do mesmo processo.

§ 3.º O disposto no *caput* não se aplica se o fiador houver renunciado ao benefício de ordem.

Art. 795. Os bens particulares dos sócios não respondem pelas dívidas da sociedade, senão nos casos previstos em lei.

§ 1.º O sócio réu, quando responsável pelo pagamento da dívida da sociedade, tem o direito de exigir que primeiro sejam excutidos os bens da sociedade.

§ 2.º Incumbe ao sócio que alegar o benefício do § 1.º nomear quantos bens da sociedade situados na mesma comarca, livres e desembargados, bastem para pagar o débito.

§ 3.º O sócio que pagar a dívida poderá executar a sociedade nos autos do mesmo processo.

§ 4.º Para a desconsideração da personalidade jurídica é obrigatória a observância do incidente previsto neste Código."

[32] "A interpretação do dispositivo insculpido no art. 455 consolidado, leva-nos a crer que restou estabelecida a solidariedade do empreiteiro principal no que tange às obrigações inadimplidas pelo subempreiteiro; solidariedade esta qualificada pelo benefício da ordem de excussão dos bens do devedor principal (o subempreiteiro). É como se a subsidiariedade surgisse na fase de execução, onde a constrição atingiria inicialmente os bens do devedor principal, findos os quais poderiam ser excutidos bens daquele que subsidiariamente garante a execução" (Luciano Dórea Martinez Carreiro e Rodolfo Pamplona Filho, Repensando a exegese do art. 455 da CLT, *Revista Ciência Jurídica do Trabalho*, ano 1, n. 1, Nova Alvorada Ed./Ed. Ciência Jurídica, Belo Horizonte, jan. 1998).

4. CLASSIFICAÇÃO ESPECIAL QUANTO AO ELEMENTO OBJETIVO (PRESTAÇÃO)

Embora já houvéssemos utilizado esse critério (a prestação) para explicarmos a classificação básica das obrigações (dar, fazer e não fazer), recorreremos mais uma vez a ele para apontarmos outras difundidas modalidades obrigacionais, nessa classificação especial.

As espécies apresentadas, portanto, serão estudadas e classificadas estritamente segundo o seu objeto, independentemente dos sujeitos da relação.

4.1. Obrigações alternativas

As obrigações alternativas ou disjuntivas são aquelas que têm por objeto duas ou mais prestações, sendo que o devedor se exonera cumprindo apenas uma delas.

São, portanto, obrigações de objeto múltiplo ou composto, cujas prestações estão ligadas pela partícula disjuntiva "ou". Exemplo: *A*, devedor, libera-se pagando um touro reprodutor *ou* um carro a *B*, credor. Nada impede, outrossim, que as prestações sejam, na perspectiva da classificação básica, de natureza diversa: a entrega de uma joia ou a prestação de um serviço.

Note-se que as prestações são excludentes entre si.

Com a sua habitual precisão, ORLANDO GOMES manifesta-se a respeito do tema:

> "A obrigação pode ter como objeto duas ou mais prestações, que se excluem no pressuposto de que somente uma delas deve ser satisfeita mediante escolha do devedor, ou do credor. Neste caso, a prestação é devida alternativamente"[33].

Teoricamente, é possível fazer a distinção entre obrigações *genéricas e alternativas*. As primeiras são determinadas pelo gênero, e somente são individualizadas no momento em que se cumpre a obrigação[34]; as segundas, por sua vez, têm por objeto prestações específicas, excludentes entre si.

"Assim", conclui ANTUNES VARELA, "se o livreiro vender um exemplar de certa obra (de que há vários ainda em circulação), a obrigação será genérica; mas será alternativa, se vender um dos três únicos exemplares de edições diferentes da obra, à escolha do devedor. Se o hoteleiro reservar um dos quartos do hotel para o cliente, a obrigação será genérica; se a reserva se referir à suíte do 1.º ou à suíte do 2.º andar, a obrigação será alternativa"[35].

---

33 Orlando Gomes, ob. cit., p. 87.

34 Vimos que a operação por meio da qual a obrigação genérica se converte em específica denomina-se "concentração do débito".

35 João de Matos Varela, ob. cit., p. 859.

Pois bem, fixada a premissa de que as obrigações alternativas têm objeto múltiplo (prestações excludentes entre si), cumpre-nos indagar: a quem cabe a escolha da prestação que será realizada? Ao credor ou ao devedor?

Como regra geral, *o direito de escolha cabe ao devedor*, se o contrário não houver sido estipulado no título da obrigação. Nesse sentido dispõe o art. 252, *caput*, do CC/2002:

> "Art. 252. Nas obrigações alternativas, a escolha cabe ao devedor, se outra coisa não se estipulou".

Assim, se *A* obriga-se a pagar *um automóvel* ou R$ 10.000,00 a *B*, a escolha caberá *ao devedor* (*A*), se o contrário não fora estipulado no contrato.

Entretanto, essa regra geral sofre alguns temperamentos, consoante deflui da análise dos parágrafos do art. 252, abaixo sintetizados:

1) embora a escolha caiba ao devedor, o credor não está obrigado a receber parte em uma prestação e parte em outra (princípio da indivisibilidade do objeto);

2) se a obrigação for de prestações periódicas, o direito de escolha poderá ser exercido em cada período;

3) havendo pluralidade de optantes (imagine, por exemplo, um grupo de devedores com direito de escolha), não tendo havido acordo unânime entre eles, a decisão caberá ao juiz, após expirar o prazo judicial assinado para que chegassem a um entendimento (suprimento judicial da manifestação de vontade);

4) também caberá ao juiz escolher a prestação a ser cumprida, se o título da obrigação houver deferido esse encargo a um terceiro, e este não quiser ou não puder exercê-lo.

Interessante notar que o novo Código Civil, seguindo diretriz do Código anterior, não cuidou de estabelecer prazo para o exercício do direito de escolha, em seu capítulo dedicado às obrigações alternativas (arts. 252 a 256 do CC/2002). Isso, todavia, não significa dizer que o optante possa exercê-lo a qualquer tempo, como se fizesse pender indefinidamente uma espada de Dâmocles na cabeça da outra parte.

Por isso, a despeito da omissão de nossa lei substantiva, o Código de Processo Civil de 2015, em seu art. 800, dispõe que:

> "Art. 800. Nas obrigações alternativas, quando a escolha couber ao devedor, esse será citado para exercer a opção e realizar a prestação dentro de 10 (dez) dias, se outro prazo não lhe foi determinado em lei ou em contrato.
>
> § 1.º Devolver-se-á ao credor a opção, se o devedor não a exercer no prazo determinado.
>
> § 2.º A escolha será indicada na petição inicial da execução quando couber ao credor exercê-la".

Outra questão digna de nota diz respeito à impossibilidade de cumprimento das obrigações alternativas.

Se todas as prestações se tornarem impossíveis *sem culpa do devedor*, extinguir-se-á a obrigação. Exemplificando: uma enchente destruiu o carro e matou o touro reprodutor, que compunham o núcleo da obrigação alternativa (art. 256 do CC/2002).

Entretanto, se a impossibilidade de todas as prestações alternativas decorrer de *culpa do devedor, não competindo a escolha ao credor*, ficará aquele obrigado a pagar *o valor da prestação que por último se impossibilitou, mais as perdas e danos* (art. 254 do CC/2002). Exemplo: *A* obriga-se a entregar a *B* um computador ou uma impressora a *laser*, à sua escolha (do devedor). Ocorre que, por negligência, o devedor danifica o computador e, em seguida, destrói a impressora. Neste caso, deverá pagar ao credor o valor da impressora a *laser* (objeto que por último se danificou), mais as perdas e danos.

Seguindo a mesma ordem de ideias, se a impossibilidade de todas as prestações alternativas decorrer de *culpa do devedor, mas a escolha couber ao credor*, poderá este *reclamar o valor de qualquer das prestações, mais as perdas e danos* (art. 255, segunda parte, do CC/2002).

E o que dizer se a impossibilidade não for total, ou seja, atingir apenas uma das prestações?

Nesse caso, *se não houver culpa do devedor*, a obrigação, consoante vimos acima, concentra-se na prestação remanescente (art. 253 do CC/2002).

Da mesma forma, se a prestação se impossibilitar *por culpa do devedor, não competindo a escolha ao credor*, poderá o débito ser concentrado na prestação remanescente (art. 253 do CC/2002).

Entretanto, se a prestação se impossibilitar *por culpa do devedor*, e *a escolha couber ao credor*, este terá direito de exigir a prestação subsistente ou o valor da que se impossibilitou, mais as perdas e danos (art. 255, primeira parte, do CC/2002).

Em síntese:

1. Impossibilidade Total (todas as prestações alternativas):

a) sem culpa do devedor — extingue-se a obrigação (art. 256 do CC/2002);

b) com culpa do devedor — se a escolha cabe ao próprio devedor: deverá pagar o valor da prestação que se impossibilitou por último, mais as perdas e danos (art. 254 do CC/2002);

— se a escolha cabe ao credor: poderá exigir o valor de qualquer das prestações, mais perdas e danos (art. 255, segunda parte, do CC/2002).

2. **Impossibilidade Parcial (de uma das prestações alternativas):**

a) sem culpa do devedor — concentração do débito na prestação subsistente (art. 253 do CC/2002);

b) com culpa do devedor — se a escolha cabe ao próprio devedor: concentração do débito na prestação subsistente (art. 253 do CC/2002);

— se a escolha cabe ao próprio credor: poderá exigir a prestação remanescente ou valor da que se impossibilitou, mais as perdas e danos (art. 255, primeira parte, do CC/2002).

Desnecessário notar que, se a prestação se impossibilita totalmente *por culpa do credor* (situação menos provável), considera-se cumprida a obrigação, exonerando-se o devedor. Em caso de impossibilidade apenas parcial, poderá o devedor realizar a parte possível ou restante da prestação, sem embargo de ser indenizado pelos danos que porventura sofreu[36].

Uma observação final se impõe: o que acontece se o devedor, ignorando que a obrigação era alternativa, isto é, que tinha o direito de escolha, efetua o pagamento? Poderá se retratar?

Segundo posição preponderante desde o Direito Romano, havendo prova de que o devedor incorreu em erro substancial, poderá buscar o reconhecimento judicial da invalidade do pagamento, efetuando, assim, a posição diversa. Mas ressalte-se: tal só é possível se houver prova do vício de consentimento (dolo, coação etc.) ou outra hipótese ensejadora da nulidade (relativa ou absoluta) da prestação realizada, pois, tendo atuado livremente, o devedor não poderá retratar-se[37].

4.2. Obrigações facultativas

O Código Civil de 2002, assim como o de 1916, não cuidou dessa espécie obrigacional, também denominada *obrigação com faculdade alternativa* ou *obrigação com faculdade de substituição.*

A obrigação é considerada *facultativa* quando, tendo um único objeto, o devedor tem a faculdade de substituir a prestação devida por outra de natureza diversa, prevista subsidiariamente. Exemplo: o devedor *A* obriga-se a pagar a quantia de R$ 10.000,00, facultando-se-lhe, todavia, a possibilidade de substituir a prestação principal pela entrega de um carro usado.

Note-se que se trata de obrigação com objeto único, não obstante se reconheça ao devedor o *poder de substituição* da prestação. Por isso, se a pres-

[36] João de Matos Antunes Varela, p. 869-70.

[37] Sílvio de Salvo Venosa, ob. cit., p. 118.

tação inicialmente prevista se impossibilitar sem culpa do devedor, a obrigação extingue-se, não tendo o credor o direito de exigir a prestação subsidiária.

Não se deve, todavia, confundi-la com as obrigações alternativas, estudadas linhas acima. Nestas, a obrigação tem por objeto duas ou mais prestações que se excluem alternativamente. Trata-se, portanto, de obrigações com objeto múltiplo.

Orlando Gomes, com propriedade, reconhecia os seguintes efeitos às obrigações facultativas[38]:

1) o credor não pode exigir o cumprimento da prestação facultativa;

2) a impossibilidade de cumprimento da prestação devida extingue a obrigação;

3) somente a existência de defeito na prestação devida pode invalidar a obrigação.

4.3. Obrigações cumulativas

As obrigações cumulativas ou conjuntivas são as que têm por objeto uma *pluralidade de prestações*, que devem ser cumpridas conjuntamente. É o que ocorre quando alguém se obriga a entregar *uma casa* e *certa quantia em dinheiro.*

Note-se que as prestações, mesmo diversas, são cumpridas como se fossem uma só, e encontram-se vinculadas pela partícula conjuntiva "e".

Nesses casos, o devedor apenas se desobriga cumprindo todas as prestações.

4.4. Obrigações divisíveis e indivisíveis

As obrigações divisíveis são aquelas que admitem o cumprimento fracionado ou parcial da prestação; as indivisíveis, por sua vez, só podem ser cumpridas por inteiro.

À vista desses conceitos, de fácil intelecção, vale mencionar a observação feita por BEVILÁQUA no sentido de que

> "a divisibilidade ou indivisibilidade das obrigações só aparece, em toda a luz, e só oferece interesse jurídico, havendo pluralidade de credores ou de devedores. Havendo unidade, nem mais de um devedor obrigado a um credor, as obrigações são, em regra, indivisíveis, porque nem o credor é obrigado a receber pagamentos parciais, nem o devedor a fazê-los, se outra coisa foi estipulada"[39].

De acordo com a assertiva de BEVILÁQUA, não se deve concluir que determinada prestação não é divisível se concorrer apenas um devedor. É que, havendo apenas um único obrigado, mesmo que a prestação seja essencialmen-

---

[38] Orlando Gomes, ob. cit., p. 94.

[39] Clóvis Beviláqua, *Direito das Obrigações*, Campinas: RED Livros, 2000, p. 110.

te divisível (dar dinheiro, por exemplo), o credor não é obrigado a receber por partes, se tal não fora convencionado. O pagamento, pois, em princípio, deverá ser feito sempre em sua integralidade (art. 314 do CC/2002).

As obrigações de dar podem ser divisíveis ou indivisíveis. As de fazer só serão reputadas divisíveis se a atividade puder ser fracionada (o que não ocorre, por exemplo, quando contratamos a pintura de um quadro, mas pode-se dar com a contratação de alguém para construir um muro). As obrigações de não fazer, traduzindo-se em uma abstenção juridicamente relevante, são, em regra, indivisíveis.

O Novo Código Civil, em seus arts. 257 e 258, trata das obrigações divisíveis e indivisíveis, merecendo, neste ponto, transcrição literal:

Obrigações Divisíveis:

> "Art. 257. Havendo mais de um devedor ou mais de um credor em obrigação divisível, esta presume-se dividida em tantas obrigações, iguais e distintas, quantos os credores ou devedores".

Assim, se a obrigação é de dar um determinado valor (R$ 1.000,00, por exemplo) ou três sacas de café, a obrigação — melhor dito, **a prestação** —, é divisível por excelência.

Obrigações Indivisíveis:

> "Art. 258. A obrigação é indivisível quando a prestação tem por objeto uma coisa ou um fato não suscetíveis de divisão, por sua natureza, por motivo de ordem econômica, ou dada a razão determinante do negócio jurídico".

De acordo com melhor doutrina, a indivisibilidade poderá ser[40]:

a) natural (material) — quando decorre da própria natureza da prestação (a entrega de um touro reprodutor, por exemplo);

b) legal (jurídica) — quando decorre de norma legal (a pequena propriedade agrícola — módulo rural[41] —, por exemplo, é indivisível por força de lei, assim como as servidões prediais, nos termos do art. 1.386 do CC/2002[42]);

c) convencional — quando decorre da vontade das próprias partes, que estipulam a indivisibilidade no próprio título da obrigação (em geral, o contrato).

---

[40] Embora sem a mesma importância teórica, alguns autores apontam a existência de indivisibilidade judicial, que seria aquela proclamada pelos tribunais, a exemplo da obrigação de indenizar nos acidentes de trabalho (Maria Helena Diniz, *Curso de Direito Civil Brasileiro — Teoria Geral das Obrigações,* 35. ed., São Paulo: Saraiva, 2020, v. 2, p. 173).

[41] Cf. o Estatuto da Terra — Lei n. 4.504, de 30-11-1964.

[42] Outro exemplo de indivisibilidade legal ou jurídica é dado por Sílvio Venosa: "normalmente, todo o imóvel pode ser dividido, mas, por restrições de zoneamento, a lei pode proibir que um imóvel seja fracionado abaixo de determinada área. Está aí, portanto, a indivisibilidade por força de lei" (ob. cit., p. 122).

Voltemos, agora, nossa atenção ao art. 258, à luz da classificação acima proposta.

Por óbvio, se a prestação tem por objeto "uma coisa ou um fato não suscetíveis de divisão, por sua natureza", para utilizarmos definições da própria lei, estaremos diante da *indivisibilidade natural ou material* (a obrigação de entregar um cavalo, por exemplo).

O "*motivo de ordem econômica*" e a "*razão determinante do negócio jurídico*", por sua vez, são expressões utilizadas pelo art. 258 para caracterizar as outras formas de indivisibilidade. Tanto podem integrar a categoria da indivisibilidade legal como também a convencional.

Vale dizer, motivos de cunho *social e econômico* podem levar o legislador a reconhecer a indivisibilidade de determinado objeto e, por conseguinte, da própria prestação, a exemplo do que ocorreu com a pequena propriedade agrária (módulo rural), em relação à qual a lei proibiu o fracionamento, mormente para efeito de alienação *(indivisibilidade legal).*

Da mesma forma, a *razão determinante do negócio jurídico*, que nada mais é do que a sua "causa"[43], pode fazer com que as partes estipulem a indivisibilidade da obrigação *(indivisibilidade convencional).*

Evidentemente, qualquer que seja a natureza da indivisibilidade (natural, legal ou convencional), se concorrerem dois ou mais devedores, cada um deles estará obrigado pela dívida toda (art. 259 do CC/2002). Note-se, todavia, que o dever imposto a cada devedor de pagar toda a dívida não significa que exista solidariedade entre eles, uma vez que, no caso, *é o objeto da própria obrigação* que determina o cumprimento integral do débito. Obviamente, se *A*, *B* e *C* obrigam-se a entregar um cavalo, qualquer deles, demandado, deverá entregar todo o animal. E isso ocorre não necessariamente por força de um vínculo de solidariedade passiva, mas sim pelo simples fato de que não se poderá cortar o cavalo em três, para dar apenas um terço do animal ao credor.

O efeito disso, porém, é muito semelhante à solidariedade — embora a obrigação pudesse ser, excepcionalmente, disjuntiva[44] —, uma vez que, na forma do parágrafo único do art. 259, o devedor que paga integralmente a dívida sub-roga-se (substitui-se) nos direitos do credor em relação aos outros coobrigados.

Por outro lado, se a pluralidade for de credores, pelas mesmas razões acima indicadas, poderá qualquer deles exigir a dívida inteira. O devedor (ou devedores) se desobrigará (desobrigarão), por sua vez, em duas hipóteses (art. 260 do CC/2002):

---

[43] Confira-se o Capítulo XI, item 2.5 ("Algumas palavras sobre a causa nos negócios jurídicos"), do nosso *Novo Curso de Direito Civil*, v. 1 ("Parte Geral"), p. 394 e s.

[44] Cf. tópico 3.3 ("Obrigações Disjuntivas") do presente capítulo.

a) pagando a todos os credores *conjuntamente* — nesse caso, ao devedor aconselha-se, por cautela, e em atenção ao dito popular segundo o qual "*quem paga mal paga duas vezes*", exigir recibo (quitação), firmado por todos os credores;

b) pagando a um, dando este *caução de ratificação* dos outros credores — nesse caso, pode o devedor pagar a apenas um dos credores da obrigação indivisível, desde que este apresente uma garantia (caução) de que os outros credores ratificam o pagamento. Essa garantia de ratificação deverá ser documentada em instrumento escrito, datado e assinado pelos outros credores, com as suas firmas devidamente reconhecidas, para que não haja dúvida a respeito de sua autenticidade.

Recebendo a dívida por inteiro, o credor deverá repassar aos outros, *em dinheiro*, as partes que lhes caibam no total (art. 261 do CC/2002). Essa regra se justifica pelo fato de que a coligação entre os credores decorreu da própria impossibilidade de fracionamento da prestação, e, se assim foi, os outros deverão se contentar com as suas parcelas em *dinheiro*, caso hajam permanecido inertes, sem exigir do devedor o cumprimento da sua obrigação. Aquele que demandou o sujeito passivo terá, pois, o direito de ficar com a coisa devida. É a solução mais razoável, na falta de outra melhor.

Além do pagamento da dívida, esta poderá se extinguir pela remissão (perdão), pela transação, novação, compensação e pela confusão (art. 262 do CC/2002). Trata-se de formas especiais de pagamento, que serão estudadas em momento próprio. Ocorrendo qualquer delas, se partir de apenas um dos credores, a obrigação persistirá quanto aos demais, descontada a quota-parte do referido credor. Exemplificando: *A*, *B* e *C* são credores de *D*. A obrigação (prestação) é indivisível (entrega de um cavalo). Se *A* perdoar a dívida, *D* continuará obrigado a entregar o animal a *B* e *C*, embora tenha o direito de exigir que se desconte (em dinheiro) a quota do credor que o perdoou (no caso, o valor correspondente a 1/3 do valor do animal).

Finalmente, por força do que dispõe o art. 263 do Novo Código, que repete dispositivo do Código revogado (art. 895), perde a qualidade de indivisível a obrigação que se resolver em perdas e danos.

Assim, imaginada uma obrigação indivisível com pluralidade de devedores, se o animal perecer por culpa de todos eles, responderão por partes iguais pelas perdas e danos devidas ao credor. Se, todavia, a culpa for de apenas um, somente este será civilmente responsabilizado. As perdas e danos, no caso, correspondem à indenização devida pelo prejuízo causado ao credor em virtude da morte do animal.

Vale lembrar que, pelo valor da prestação em si, todos responderão proporcionalmente.

Como decorrência da indivisibilidade da prestação, em matéria de prescrição, a sua declaração aproveita a todos os devedores, mesmo que haja sido reconhecida em face de apenas um, assim como a suspensão ou interrupção interfere na situação jurídica de todos eles.

Em conclusão, reputamos conveniente traçar, com a necessária clareza, a diferença existente entre as *obrigações solidárias e as obrigações indivisíveis.*

Consoante já vimos, a solidariedade — passiva ou ativa — existe quando, em determinada relação obrigacional, concorre uma pluralidade de credores ou de devedores, cada um com direito ou obrigado a toda a dívida.

O critério metodológico para a classificação dessa modalidade obrigacional (obrigação solidária) é a pluralidade de sujeitos na relação jurídica.

Note-se, entretanto, que a relação jurídica interna entre os devedores (na solidariedade passiva) ou os credores (na solidariedade ativa) decorre não do objeto em si, mas sim de uma estipulação convencional ou determinação legal, imposta aos sujeitos coobrigados.

Quando falamos em solidariedade, pois, olhamos para os sujeitos envolvidos, e não para o objeto da obrigação, razão pela qual, se pactuarmos a solidariedade entre devedores ou credores, não importa se é uma quantia em dinheiro ou um animal, pois cada um dos sujeitos estará obrigado ou terá direito a toda a dívida. E, mesmo que se resolva em perdas em danos, a solidariedade subsistirá.

Com a sua peculiar erudição, CAIO MÁRIO DA SILVA PEREIRA enumera os caracteres distintivos das duas espécies de obrigação:

a) a causa da solidariedade é o título, e a da indivisibilidade é, normalmente, a natureza da obrigação;

b) na solidariedade, cada devedor paga por inteiro, porque deve integralmente, enquanto na indivisibilidade solve a totalidade, em razão da impossibilidade jurídica de se repartir em quotas a coisa devida;

c) a solidariedade é uma relação subjetiva, e a indivisibilidade objetiva, em razão de que, enquanto a indivisibilidade assegura a unidade da prestação, a solidariedade visa a facilitar a satisfação do crédito;

d) a indivisibilidade justifica-se com a própria natureza da prestação, quando o objeto é, em si mesmo, insuscetível de fracionamento, enquanto a solidariedade é sempre de origem técnica, resultando da lei ou da vontade das partes;

e) a solidariedade cessa com a morte dos devedores, enquanto a indivisibilidade subsiste enquanto a prestação suportar;

f) a indivisibilidade termina quando a obrigação se converte em perdas e danos, enquanto a solidariedade conserva este atributo.

4.5. Obrigações líquidas e ilíquidas

Líquida é a obrigação certa quanto à sua existência, e determinada quanto ao seu objeto. A prestação, pois, nesses casos, é certa, individualizada, a exemplo do que ocorre quando alguém se obriga a entregar ao credor a quantia de R$ 100,00.

A obrigação ilíquida, por sua vez, carece de especificação do seu *quantum*, para que possa ser cumprida. A apuração processual desse valor dá-se por meio de procedimento específico de liquidação, na forma do disposto na legislação processual. É muito comum, por exemplo, em reclamações trabalhistas no rito ordinário, a parte não formular pedido líquido. Em casos tais, se o juiz não liquidar (especificar) o valor no comando sentencial, poderá proferir decisão ilíquida, deixando para momento posterior a efetivação do valor devido.

Para que não pairem quaisquer dúvidas, é preciso ressaltar que uma sentença ilíquida não é uma sentença que se revela incerta quanto à existência do crédito, mas tão somente quanto ao seu valor. Uma sentença incerta quanto à certificação do direito é uma contradição de termos, nula de pleno direito, enquanto uma sentença ilíquida cumpre a prestação jurisdicional, exigindo, apenas, a realização de atos específicos para a determinação do *quantum* devido (ou, excepcionalmente, do *quid debeatur* — "o que" —, como, por exemplo, quando determina a reconstrução de um muro, sem indicar onde e como fazê-lo).

Conforme ensina MANOEL ANTÔNIO TEIXEIRA FILHO,

> "em um plano ideal, as obrigações consubstanciadas em títulos executivos judiciais deveriam ser sempre líquidas, ou seja, conter todos os elementos necessários à sua imediata execução, porquanto a certeza do credor, em relação ao montante do seu crédito — e, em contrapartida, a do devedor, quanto ao total da dívida — propiciaria uma execução rápida, livre, em boa parte, dos incidentes que a entravam, dentre os quais se incluem os respeitantes à determinação do *quantum debeatur*"[45].

Entretanto, tal ideal, na prática, por vezes é difícil de ser alcançado, seja pela própria natureza do pedido, seja pela absoluta falta de elementos nos autos, ou mesmo pela enorme quantidade de pedidos formulados ou feitos acumulados para julgamento.

4.5.1. Conceito de liquidação

Etimologicamente, liquidação (de *liqueo, liquere*) significa estar claro, ser fluido, ser filtrado, tornar manifesto, evidente.

Aplicada à terminologia jurídica, liquidação consiste no conjunto de atos que visam à quantificação dos valores devidos, por força do comando sentencial exequendo.

---

[45] Manoel Antônio Teixeira Filho, *Execução no Processo do Trabalho*, 4. ed., São Paulo: LTr, 1994, p. 286.

Nos termos propostos por WAGNER GIGLIO,

> "a liquidação visa, portanto, apenas individuar o objeto da condenação, regra generalíssima através da 'quantificação' em dinheiro das verbas previstas na decisão; em outras palavras: tornar certo, claro e definido o que virtualmente já se continha na condenação, cujos limites não poderá ultrapassar"[46].

Sintetizando, liquidação consiste numa "fase preparatória da execução, em que um ou mais atos são praticados, por uma ou por ambas as partes, com a finalidade de estabelecer o valor da condenação ou de individualizar o objeto da obrigação, mediante a utilização, quando necessário, dos diversos meios de prova admitidos em lei", como conceitua o prestigiado Prof. MANOEL ANTÔNIO TEIXEIRA FILHO[47].

Apenas a título informativo, aproveitando as lições do ilustrado Desembargador e Professor de Processo Civil PAULO FURTADO,

> "saliente-se que somente podem ser objeto de liquidação os títulos judiciais (sentenças), uma vez que os extrajudiciais hão de ser líquidos já antes do ajuizamento da execução. Estes últimos, se não têm liquidez, não se revestem das características que os tornariam aptos à execução. A certeza, a liquidez e a exigibilidade devem encontrar-se no título extrajudicial, antes mesmo do ajuizamento da execução: não há liquidação de título extrajudicial"[48].

4.5.2. Modalidades de liquidação

Tradicionalmente, três métodos são invocados para a quantificação de obrigações ilíquidas: simples cálculos, artigos de liquidação ou arbitramento.

Essas modalidades estão previstas expressamente, por exemplo, no art. 879, *caput*, da CLT[49] e eram tradicionalmente disciplinadas, com tal denominação, na legislação processual civil[50].

Expliquemos rapidamente cada uma delas.

A liquidação por cálculos é a espécie mais cotidianamente utilizada. Ela se dá quando existirem nos autos todos os elementos suficientes para a quantificação do julgado.

---

[46] Wagner D. Giglio, *Direito Processual do Trabalho*, 8. ed., São Paulo: LTr, 1993, p. 495.

[47] Manoel Antônio Teixeira Filho, *Liquidação da Sentença no Processo do Trabalho*, 4. ed., São Paulo: LTr, 1994, p. 231-2.

[48] Paulo Furtado, *Execução*, 2. ed., São Paulo: Saraiva, 1991, p. 106.

[49] CLT: "Art. 879. Sendo ilíquida a sentença exequenda, ordenar-se-á, previamente, a sua liquidação, que poderá ser feita por cálculo, por arbitramento ou por artigos. (*Redação dada pela Lei n. 2.244, de 23-6-1954*)".

[50] Confiram-se, a título de curiosidade, os arts. 475-B (cálculos), 475-C (arbitramento) e 475-E e 475-F (artigos) do CPC/1973.

Registre-se que entendemos, *a priori*, que a Lei n. 8.898, de 29-6-1994, não aboliu tal modalidade de quantificação do julgado, mas, sim, apenas, modificou a originariamente contemplada no Código, a liquidação por cálculo *por contador*, para atribuir tal diligência ao próprio interessado, o que aproximou, em verdade, a disciplina do Código de Processo Civil ao tradicionalmente feito no Direito Processual do Trabalho, conforme se verifica dos arts. 880 a 884 da Consolidação das Leis do Trabalho.

Ela continua plenamente invocável no sistema processual civil brasileiro, conforme se verifica do § 2.º do art. 509 do CPC/2015 ("§ 2.º Quando a apuração do valor depender apenas de cálculo aritmético, o credor poderá promover, desde logo, o cumprimento da sentença.").

Já a "liquidação por artigos" é o nome que se dava ao procedimento a ser utilizado quando inexistissem nos autos provas suficientes para a quantificação do julgado, devendo ser esta obtida por meio de um procedimento ordinário. Ou seja, trata-se de um procedimento para alegar e provar um fato novo — entendido como "novo" o inexistente nos autos — necessário para a liquidação do julgado.

É este o procedimento mencionado na legislação processual trabalhista e que era tratado também pelo art. 475-E do Código de Processo Civil de 1973: "*far-se-á a liquidação por artigos, quando, para determinar o valor da condenação, houver necessidade de alegar e provar fato novo*".

Sobre a matéria, ensina o Prof. HUMBERTO THEODORO JÚNIOR:

> "O credor, em petição articulada, indicará os fatos a serem provados (um em cada artigo) para servir de base à liquidação. Não cabe a discussão indiscriminada de quaisquer fatos arrolados ao puro arbítrio da parte. Apenas serão arrolados e articulados os fatos que tenham influência na fixação do valor da condenação ou na individuação do seu objeto. E a nenhum pretexto será lícito reabrir a discussão em torno da lide, definitivamente decidida na sentença de condenação"[51].

Registre-se que a expressão "liquidação por artigos" não foi mantida pelo Código de Processo Civil de 2015, mas a concepção do procedimento continua existindo no inciso II do art. 509[52].

---

[51] Humberto Theodoro Júnior, *Curso de Direito Processual Civil*, 11. ed., Rio de Janeiro: Forense, 1993, v. 2, p. 95.

[52] "Art. 509. Quando a sentença condenar ao pagamento de quantia ilíquida, proceder-se-á à sua liquidação, a requerimento do credor ou do devedor:

I — por arbitramento, quando determinado pela sentença, convencionado pelas partes ou exigido pela natureza do objeto da liquidação;

II — **pelo procedimento comum, quando houver necessidade de alegar e provar fato novo.**" (grifos nossos)

Por fim, a liquidação por arbitramento é feita quando inexistem elementos objetivos para a liquidação do julgado, seja nos autos ou fora deles, devendo valer-se o magistrado de uma estimativa para quantificar a obrigação.

VALENTIN CARRION, em seus consagrados *Comentários à Consolidação das Leis do Trabalho*, afirma que,

> "por arbitramento, se liquida a sentença, quando a apuração não depende de simples cálculos, nem de prova de fatos novos, mas seja necessário o juízo ou parecer de profissionais ou técnicos (Almeida Amazonas, Do Arbitramento). Arbitrar está aqui não no sentido de julgar, mas de estimar. Em princípio, o arbitrador será um perito, mas pode ocorrer que na impossibilidade de calcular-se com exatidão o débito, a estimativa não tenha outro fundamento que o bom senso, o prudente arbítrio de um cidadão ou até do próprio juiz; isto para que a ausência de elementos não impeça a reparação, quando não há possibilidade de encontrar elementos bastantes"[53].

O Código de Processo Civil de 2015 respalda, ainda mais, este posicionamento, ao estabelecer, em seu art. 510:

> "Art. 510. Na liquidação por arbitramento, o juiz intimará as partes para a apresentação de pareceres ou documentos elucidativos, no prazo que fixar, e, caso não possa decidir de plano, nomeará perito, observando-se, no que couber, o procedimento da prova pericial".

Assim, de maneira esquemática, podemos diferenciar tais métodos da seguinte forma, quanto à existência de elementos objetivos no plano fático e nos autos:

MÉTODO	EXISTÊNCIA DE ELEMENTOS	PRESENÇA NOS AUTOS
Cálculos	Há elementos	Nos autos
Artigos	Há elementos	Não nos autos
Arbitramento	Não há elementos objetivos, dentro ou fora dos autos	

Desse modo, conclui-se que o fundamental é fixar um valor para a quantificação do julgado, evitando, dessa forma, o que se convencionou chamar de "ganhar e não levar", pois, como já se deve ter percebido, o arbitramento é, de todos os métodos liquidatórios, o único incapaz de demonstrar realmente

[53] Valentin Carrion, *Comentários à Consolidação das Leis do Trabalho*, 17. ed., São Paulo: Revista dos Tribunais, 1993, p. 663.

o *quantum debeatur* determinado pela sentença exequenda, que, definitivamente, jamais será conhecido realmente, tendo em vista inexistirem dados, tanto nos autos quanto fora deles, para a quantificação do julgado.

Tal método de quantificação nos parece, por sua vez, o ideal para a liquidação de reparações pecuniárias por danos morais, pois, como ensina MIGUEL REALE, trata-se de um

> "domínio em que não se pode deixar de conferir ampla discricionariedade ao magistrado que examina os fatos em sua concretitude. Nesse ponto, é inegável a existência de lacuna em nosso sistema legal, não se podendo invocar senão o disposto no art. 1.553 que prevê a fixação da indenização por arbitramento. Eis uma norma translativa do problema de conteúdo, pertinente aos critérios de arbitramento, que não podem ser os usuais aplicáveis em assuntos de ordem econômica e patrimonial, exatamente em razão da natureza 'não patrimonial' do dano moral"[54].

De fato, dispunha o art. 1.553 do Código Civil de 1916, referente à "Liquidação das Obrigações Resultantes de Atos Ilícitos", que, nos casos não previstos naquele capítulo, "se fixará por arbitramento a indenização". A doutrina nacional reconheceu a importância deste dispositivo, lembrando JOSÉ DE AGUIAR DIAS que "não é razão para não indenizar, e assim beneficiar o responsável, o fato de não ser possível estabelecer equivalente exato, porque, em matéria de dano moral, o arbitrário é até da essência das coisas"[55], observando, inclusive, que "*o arbitramento, de sua parte, é, por excelência, o critério de indenizar o dano moral, aliás, o único possível, em face da impossibilidade de avaliar matematicamente o* pretium doloris"[56].

Tal dispositivo não foi, porém, mantido na nova Codificação Civil brasileira, optando-se, na forma do art. 946 do CC/2002, pelas regras processuais que forem vigentes à época[57].

Em verdade, consideramos que o arbitramento é o procedimento natural da liquidação do dano moral, até mesmo por aplicação direta do inciso I do art. 509 do CPC/2015, ao remeter à quantificação "por arbitramento, quando determinado pela sentença, convencionado pelas partes ou exigido pela natureza do objeto da liquidação".

---

[54] Miguel Reale, O Dano Moral no Direito Brasileiro, in *Temas de Direito Positivo*, São Paulo: Revista dos Tribunais, 1992, p. 25-6.

[55] José de Aguiar Dias, *Da Responsabilidade Civil*, 9. ed., Rio de Janeiro: Forense, 1994, v. 2, p. 739.

[56] José de Aguiar Dias, ob. cit., p. 759.

[57] CC/2002: "Art. 946. Se a obrigação for indeterminada, e não houver na lei ou no contrato disposição fixando a indenização devida pelo inadimplente, apurar-se-á o valor das perdas e danos na forma que a lei processual determinar".

Ora, o objeto da liquidação da reparação pecuniária do dano moral é uma importância que compense a lesão extrapatrimonial sofrida. Não há como evitar a ideia de que, efetivamente, a natureza do objeto da liquidação exige o arbitramento, uma vez que os simples cálculos ou os artigos são inviáveis, na espécie.

Uma questão que normalmente é omitida por muitos dos que se aventuram a escrever sobre a responsabilidade civil por danos morais, no que diz respeito à sua liquidação, é a seguinte: no arbitramento, a prova pericial é indispensável?

Tal questão tem por base as referências à prova pericial tanto no art. 475-D do CPC/1973[58], quanto no já transcrito art. 510 do CPC/2015.

A interpretação literal dos mencionados dispositivos resultariam numa resposta positiva.

Contudo, nunca foi essa a nossa visão sobre a matéria.

Com efeito, entendemos que a prova pericial é efetivamente o meio de liquidação natural para se aferir, por exemplo, danos materiais como os lucros cessantes.

É esse o exemplo clássico apontado por PAULO FURTADO para as "hipóteses em que a sentença não pode, de logo, determinar que o *quantum* se apure por cálculo do contador, porque esse cálculo dependeria de atividade do 'árbitro', ou perito, que forneceria elementos de que não se dispõe ainda"[59].

Todavia, no que diz respeito à reparação dos danos morais, a prova pericial terá pouca (se não nenhuma!) valia, uma vez que inexistem dados materiais a serem apurados para a efetivação da liquidação.

Dessa forma, a nossa resposta à questão suscitada sempre foi negativa.

Mas como deve ser procedida a liquidação por arbitramento de danos morais sem a prova pericial mencionada pela lei?

A resposta nos parece lógica.

O Juiz, investindo-se na condição de árbitro, fixa a quantia que considera razoável para compensar o dano sofrido. Para isso, pode o magistrado valer-se de quaisquer parâmetros sugeridos pelas partes[60] ou mesmo adotados de

---

[58] "Art. 475-D. Requerida a liquidação por arbitramento, o juiz nomeará o perito e fixará o prazo para a entrega do laudo.

Parágrafo único. Apresentado o laudo, sobre o qual poderão as partes manifestar-se no prazo de 10 (dez) dias, o juiz proferirá decisão ou designará, se necessário, audiência."

[59] Paulo Furtado, *Execução*, 2. ed., São Paulo: Saraiva, 1991, p. 112.

[60] Consideramos, inclusive, bastante razoável que o próprio autor, em sua petição inicial, proponha um parâmetro para a quantificação ou mesmo um valor que considere suficiente para a compensação do dano moral. Tal procedimento facilitaria sobremaneira a prestação jurisdicional, pois estabeleceria limites objetivos à lide, no que diz respeito à estipulação da condenação.

acordo com sua consciência e noção de equidade, entendida esta na visão aristotélica de "justiça no caso concreto".

Nesse sentido, já ensinava WASHINGTON DE BARROS MONTEIRO que

> "inexiste, de fato, qualquer elemento que permita equacionar com rigorosa exatidão o dano moral, fixando-o numa soma em dinheiro. Mas será sempre possível arbitrar um *quantum*, maior ou menor, tendo em vista o grau de culpa e a condição social do ofendido"[61].

E, de certa forma, a nova disposição sobre a matéria, contida no já mencionado art. 510 do CPC/2015, respalda ainda mais esta nossa visão, já que admite expressamente a decisão pelo magistrado somente com os "pareceres ou documentos elucidativos" apresentados pelas partes[62].

5. CLASSIFICAÇÃO ESPECIAL QUANTO AO ELEMENTO ACIDENTAL[63]

5.1. Obrigações condicionais

Trata-se de obrigações condicionadas a evento futuro e incerto, como ocorre quando alguém se obriga a dar a outrem um carro, *quando este se casar*.

Lembremos, apenas, que a condição "é a determinação acessória, que faz a eficácia da vontade declarada dependente de algum acontecimento futuro e incerto".

Cuida-se, portanto, de um elemento acidental, consistente em um evento futuro e incerto, por meio do qual se subordinam ou resolvem os efeitos jurídicos de determinado negócio.

Em referência à condição suspensiva, é preciso recordar também que a aposição de cláusula dessa natureza no ato negocial subordina não apenas a sua eficácia jurídica (exigibilidade), mas, principalmente, os direitos e obrigações decorrentes do negócio. Quer dizer, se um sujeito celebra um contrato de compra e venda com outro, subordinando-o a uma condição suspensiva, enquanto esta se não verificar, não se terá adquirido o direito a que ele visa (art. 125 do CC/2002). O contrato gerará, pois, uma obrigação de dar *condicionada*.

---

[61] Washington de Barros Monteiro, *Curso de Direito Civil — Direito das Obrigações*, 26. ed., São Paulo: Saraiva, 1993, p. 414.

[62] Muito interessante é o "critério bifásico" para a quantificação do dano moral, utilizado em decisões do Superior Tribunal de Justiça. Vale a pena conferir: http://www.migalhas.com.br/Quentes/17,MI132703,41046-STJ+Ministro+segue+metodo+bifasico+e+fixa+dano+moral+por+morte+em+500 (acessado em: 2 de novembro de 2015).

[63] Cf. *Novo Curso de Direito Civil — Parte Geral*, v. 1, Capítulo XV ("Plano de Eficácia do Negócio Jurídico").

Assim, se o comprador, inadvertidamente, antecipar o pagamento, poderá exigir a repetição do indébito, via *actio in rem verso*, por se tratar de pagamento indevido. Isso porque, não implementada a condição, não se poderá afirmar haver direito de crédito a ser satisfeito, de maneira que o pagamento efetuado caracteriza espúrio enriquecimento sem causa do vendedor. De tal forma, nas obrigações condicionais, enquanto não se implementar a condição, não poderá o credor exigir o cumprimento da dívida.

5.2. Obrigações a termo

Se a obrigação subordinar a sua exigibilidade ou a sua resolução, outrossim, a evento futuro e certo, estaremos diante de uma obrigação a termo.

Também espécie de determinação acessória, *o termo é* o acontecimento futuro e certo que subordina o início ou o término da eficácia jurídica de determinado ato negocial.

Diferentemente do que ocorre com a condição, no negócio jurídico a termo, pode o devedor cumprir antecipadamente a sua obrigação, uma vez que, *não tendo sido pactuado o prazo em favor do credor*, o evento (termo) não subordina a aquisição dos direitos e deveres decorrentes do negócio, mas apenas o seu exercício.

Realizado o ato, já surgem o crédito e o débito, estando estes apenas com a exigibilidade suspensa.

Por isso, não há, no caso de antecipação do pagamento, enriquecimento sem causa do credor, como ocorreria se se tratasse de negócio sob condição suspensiva, consoante se anotou linhas acima. Advirta-se, apenas, que a antecipação do pagamento, *ante tempus*, é simplesmente uma faculdade, e não uma obrigação do devedor.

Nas obrigações a termo, portanto, em regra, poderá o devedor antecipar o pagamento, sem que isso caracterize enriquecimento sem causa do credor.

5.3. Obrigações modais

As obrigações modais são aquelas oneradas com um encargo (ônus), imposto a uma das partes, que experimentará um benefício maior.

Segundo precisa definição de MARIA HELENA DINIZ,

> "a obrigação modal é a que se encontra onerada com um modo ou encargo, isto é, por cláusula acessória, que impõe um ônus à pessoa natural ou jurídica contemplada pela relação creditória. É o caso, p. ex., da obrigação imposta ao donatário de construir no terreno doado um prédio para escola"[64].

[64] Maria Helena Diniz, ob. cit., 2020, v. 2, p. 162.

Cumpre mencionar ainda que essa espécie de determinação acessória não suspende a aquisição nem o exercício do direito, ressalvada a hipótese de haver sido fixado o encargo como condição suspensiva (art. 136 do CC/2002).

Geralmente é identificada pelas expressões "para que", "com a obrigação de", "com o encargo de".

Registre-se que, por não suspender os efeitos do negócio jurídico, o não cumprimento do encargo não gera a invalidade da avença, mas sim apenas a possibilidade de sua cobrança, ou, eventualmente, posterior revogação, como no caso de ser instituído em doação (art. 562, CC/2002).

Finalmente, se a obrigação não for condicional, a termo ou modal, diz-se que é *obrigação pura.*

6. CLASSIFICAÇÃO ESPECIAL QUANTO AO CONTEÚDO

6.1. Obrigações de meio

A obrigação de meio é aquela em que o devedor se obriga a empreender sua atividade, sem garantir, todavia, o resultado esperado.

As obrigações do médico, em geral, assim como as do advogado, são, fundamentalmente, de meio, uma vez que esses profissionais, a despeito de deverem atuar segundo as mais adequadas regras técnicas e científicas disponíveis naquele momento, não podem garantir o resultado de sua atuação (a cura do paciente, o êxito no processo)[65].

6.2. Obrigações de resultado

Nesta modalidade obrigacional, o devedor se obriga não apenas a empreender a sua atividade, mas, principalmente, a produzir o resultado esperado pelo credor.

É o que ocorre na obrigação decorrente de um contrato de transporte, em que o devedor se obriga a levar o passageiro, com segurança, até o seu destino. Se não cumprir a obrigação, ressalvadas hipóteses de quebra do nexo causal por eventos fortuitos (um terremoto), será considerado inadimplente, devendo indenizar o outro contratante.

A respeito desse tema, interessante questão diz respeito à obrigação do cirurgião plástico. Em se tratando de *cirurgia plástica estética,* haverá, segundo

---

[65] Sobre a atuação do advogado, recomendamos a leitura do excelente livro de Sérgio Novais Dias, *Responsabilidade Civil do Advogado pela Perda de uma Chance* (São Paulo: LTr, 1999).

a melhor doutrina, *obrigação de resultado.* Entretanto, se se tratar de *cirurgia plástica reparadora* (decorrente de queimaduras, por exemplo), a obrigação do médico será reputada de meio, e a sua responsabilidade excluída, se não conseguir recompor integralmente o corpo do paciente, a despeito de haver utilizado as melhores técnicas disponíveis.

Nesse sentido, cumpre-nos invocar trecho do pensamento de NERI CAMARA SOUZA:

> "A cura não pode ser o objetivo maior devido à característica de imprevisibilidade do organismo humano — mormente em estado de doença, o que se reflete em limitações no exercício da medicina. Já não se pode dizer o mesmo quando estivermos frente a um atendimento médico por ocasião de uma cirurgia plástica estética (para os casos de cirurgia plástica reparadora cabe a afirmação de caracterizar-se como uma obrigação de meios). A doutrina e a jurisprudência brasileira são unânimes, pelo menos até o presente momento, em considerar os casos de cirurgia plástica estética como um contrato cujo objeto é uma obrigação de resultado. Assim, há presunção de culpa, se o médico cirurgião plástico não adimplir integralmente a sua obrigação (o adimplemento parcial é considerado uma não execução da obrigação pela qual se comprometeu com o paciente contratante)"[66].

6.3. Obrigações de garantia

Por fim, parte da doutrina ainda lembra da existência, na classificação das obrigações quanto ao conteúdo, das chamadas "obrigações de garantia", que não se enquadram perfeitamente em nenhuma das duas anteriores.

De fato, tais obrigações têm por conteúdo eliminar riscos que pesam sobre o credor, reparando suas consequências. A eliminação do risco (que pertencia ao credor) representa bem suscetível de aferição econômica.

O exemplo típico de tais obrigações são os contratos de seguro, em que, mesmo que o bem pereça em face de atitude de terceiro (incêndio provocado), a seguradora deve responder.

Na exemplificação sobre a matéria, observa MARIA HELENA DINIZ:

> "Constituem exemplos dessa obrigação a do segurador e a do fiador, a do contratante, relativamente aos vícios redibitórios, nos contratos comutativos (CC, arts. 441 e s.); a do alienante, em relação à evicção, nos contratos comutativos que versam sobre transferência de propriedade ou de posse (CC, arts. 447 e s.); a oriunda de promessa de fato de terceiro (CC, art. 439). Em todas essas relações obrigacionais, o devedor não se liberará da prestação, mesmo que haja força maior ou caso fortuito, uma vez que seu conteúdo é

[66] Neri Tadeu Camara Souza, Responsabilidade Civil do Médico. *Jornal Síntese*, Porto Alegre: Síntese, mar./2002, p. 22.

a eliminação de um risco, que, por sua vez, é um acontecimento casual ou fortuito, alheio à vontade do obrigado. Assim sendo, o vendedor, sem que haja culpa sua, estará adstrito a indenizar o comprador evicto; igualmente, a seguradora, ainda que, p. ex., o incêndio da coisa segurada tenha sido provocado dolosamente por terceiro, deverá indenizar o segurado"[67].

[67] Maria Helena Diniz, *Curso de Direito Civil Brasileiro*, 35. ed., São Paulo: Saraiva, 2020, v. 2, p. 224.

Capítulo VII
Obrigação Natural

Sumário: 1. Noções conceituais. 2. Uma rápida visão das obrigações naturais no Direito Romano. 3. Fundamentos e natureza jurídica da obrigação natural. 4. Classificação das obrigações naturais. 5. Disciplina das obrigações naturais no Direito brasileiro.

1. NOÇÕES CONCEITUAIS

Fixadas as premissas sobre a estrutura das obrigações, bem como a sua classificação básica e especial, é hora de enfrentar um dos temas mais tormentosos da disciplina: a obrigação natural.

De fato, as obrigações classificam-se, tradicionalmente, em civis e naturais, na medida em que sejam exigíveis ou apenas pagáveis (desprovidas de exigibilidade jurídica).

A obrigação natural é, portanto, um *debitum* em que não se pode exigir, judicialmente, a responsabilização patrimonial (*obligatio*) do devedor, mas que, sendo cumprido, não caracterizará pagamento indevido.

Sendo dívida, a ela se aplicam, *a priori*, todos os elementos estruturais de uma obrigação, com a peculiaridade, porém, de não poder ser exigida a prestação, embora haja a irrepetibilidade do pagamento.

Entendamos as premissas históricas de tal obrigação, para poder compreendê-la no nosso ordenamento jurídico positivo.

2. UMA RÁPIDA VISÃO DAS OBRIGAÇÕES NATURAIS NO DIREITO ROMANO

A concepção de obrigação natural remonta ao primeiro século da era Cristã, quando, por influência da filosofia grega, o Direito Romano se espiritualizou e passou a aceitar princípios do *ius gentium*.

Embora seja o berço do Direito Civil, o fato é que, nos seus primórdios, o Direito Romano era extremamente formal e elitista, como fruto de uma sociedade familiar e agrária, cuja atividade negocial se limitava aos cidadãos romanos, nos quais não se incluíam, por exemplo, os estrangeiros e os escravos.

Assim, a aptidão para adquirir direitos e contrair obrigações era limitada, não podendo contratar validamente quem não tivesse capacidade para isso.

Da mesma forma, as obrigações, em número bastante limitado e tipificadas, derivavam fundamentalmente do mútuo (que se realizava através do *nexum*) ou do contrato literal, sendo protegidas por ação judicial, desde que cumpridas as necessárias regras formais para a produção do vínculo.

Todavia, como observa SÉRGIO CARLOS COVELLO na melhor monografia brasileira sobre o tema, por certo,

> "os indivíduos desprovidos de capacidade jurídica faziam acordos entre si e com outras pessoas, e os cidadãos romanos nem sempre seguiam à risca as solenidades contratuais em seus negócios, resultando daí que os atos praticados ficavam sem nenhuma proteção da lei, situação esta que repugnava à consciência jurídica de um povo especializado no direito"[1].

SÍLVIO VENOSA, por sua vez, ensina que entre

> "os fatos que impediam o nascimento do direito de ação, colocava-se a incapacidade do devedor. O filho da família de escravo geralmente contraía obrigações naturais. Ocorria o mesmo se entre devedor e credor havia uma relação de pátrio poder: nenhuma ação era possível entre uma pessoa que estivesse sob o poder de outra, que estivessem ambas sob o poder do mesmo *pater familias*"[2].

Para situações como essas, construiu-se, pela jurisdição pretoriana[3], a doutrina da obrigação natural, reconhecendo, à luz da equidade, a existência de tal vínculo que, embora não amparado pela *actio* romana, tinha certos efeitos jurídicos, notadamente o de dar causa a um pagamento válido.

Essa ideia atravessou séculos e gerações, chegando à maioria das legislações modernas, mantendo-se esse seu principal efeito, que é a retenção do pagamento (*soluti retentio*), ou seja, a irrepetibilidade da prestação feita espontaneamente.

---

[1] Sérgio Carlos Covello, *A Obrigação Natural — Elementos para uma possível teoria*, São Paulo: LEUD, 1996, p. 14.

[2] Sílvio de Salvo Venosa, *Direito Civil — Teoria Geral das Obrigações e dos Contratos*, São Paulo: Atlas, 2002, p. 46.

[3] "Conforme a doutrina dominante, a noção de obrigação contraída fora do estrito regime quiritário formou-se a propósito de um testamento em certo *pater familias*, além de haver alforriado seu escravo, lhe deixou cinco moedas de ouro como pagamento do que lhe devia. Na interpretação do ato de última vontade, o jurisconsulto Servius disse ser nulo o legado, porque o escravo, em sendo parte do patrimônio do senhor, jamais poderia ser credor deste. O jurisconsulto Jalovenus, todavia, sustentou, com base na razão filosófica, que a herança era válida, porque a intenção do testador não era quitar dívida civil, senão dívida natural para com seu servo" (Sérgio Carlos Covello, ob. cit., p. 15).

3. FUNDAMENTOS E NATUREZA JURÍDICA DA OBRIGAÇÃO NATURAL

Em essência e na estrutura, a obrigação natural não difere da obrigação civil: trata-se de uma relação de débito e crédito que vincula objeto e sujeitos determinados. Todavia, distingue-se da obrigação civil por não ser dotada de exigibilidade.

Tal inexigibilidade é derivada de algum óbice legal com finalidade de preservação da segurança e estabilidade jurídica, como ocorre, por exemplo, na prescrição de uma pretensão decorrente de uma dívida (em que o direito não se satisfaz com obrigações perpétuas) ou na impossibilidade de cobrança judicial de dívida de jogo (pelo reconhecimento social do caráter pernicioso de tal conduta).

O fundamento primeiro, portanto, para o reconhecimento da justiça da retenção do pagamento de uma obrigação natural é de ordem moral. Por um determinado motivo, *A* contraiu uma dívida em face de *B*, mas, por um obstáculo jurídico, não a pode exigir judicialmente, embora o objeto da relação obrigacional não deixe de existir.

Trata-se, portanto, de um *dever de consciência*, em que cada um deve honrar a palavra empenhada, cumprindo a prestação a que se obrigou.

Toda a repercussão jurídica da obrigação natural surge, de fato, quando ela é cumprida *sponte propria*. Na autorizada opinião de GEORGES RIPERT, a "obrigação natural não existe enquanto o devedor não afirmou essa existência pelo seu cumprimento. Ela nasce do reconhecimento do dever moral pelo devedor. É, de resto, o que diz o Código Civil quando se limita a indicar que a repetição do pagamento é impossível"[4].

É esse também o fundamento destacado por SERPA LOPES:

> "A obrigação natural, tenha ela uma causa lícita ou ilícita, baseia-se nas exigências de regra moral. Apesar de o direito positivo ter legitimado uma determinada situação em benefício do devedor, este pode, a despeito disso, encontrar-se em conflito com a sua própria consciência, e nada obsta a que, desprezando a mercê recebida da lei, realize a prestação a que se sente moralmente obrigado. Assim acontece, por exemplo, se o indivíduo é liberado pela prescrição do respectivo título creditório, ou se é beneficiado com a fulminação de nulidade do negócio jurídico de que seria devedor, se válido fosse. Além disso, a realização de uma obrigação natural constitui um ato intimamente ligado à vontade do devedor. É movimento partido do seu

---

[4] Georges Ripert, *A Regra Moral nas Obrigações Civis*, Campinas: Bookseller, 2000, p. 363.

próprio 'eu', livre manifestação de sua consciência, embora exigindo igualmente a vontade menos necessária do *accipiens*"[5].

Não se deve imaginar, porém, que o fundamento moral — de dever ético da consciência — das obrigações naturais confunde-se com as regras morais em geral.

Normas de ordem religiosa, doméstica ou simplesmente de cortesia não compreendem obrigações naturais (a exemplo do dever cristão de amar ao próximo), por não gerarem efeito algum na órbita do direito. Como já dissemos alhures,

> "não há como se negar que a moral tem uma preocupação expressiva com o foro íntimo, enquanto o direito se relaciona, evidentemente, com a ação exterior do homem. Por isso mesmo, cabe ao último o estabelecimento de sanções concretas, enquanto àquela somente podem se exigir sancionamentos difusos, não institucionalizados. A legalidade não é, portanto, sinônimo de moralidade, tanto que a coercitividade se limita ao direito, jamais à moral"[6].

Por isso, a obrigação natural não se identifica com o mero dever moral, pois representa uma dívida efetiva, proveniente de uma causa precisa. O objeto de sua prestação pertence, do ponto de vista ideal, ao patrimônio do credor, de modo que, não cumprida a obrigação, sofre ele um prejuízo, o que não se verifica quando há o descumprimento de um dever moral.

Na observação sempre aguçada do Mestre SÍLVIO VENOSA:

> "Embora o dever moral não constitua um vínculo jurídico, é evidente que os princípios da Moral, em grande maioria, inspiram e instruem as normas jurídicas. Desse modo, é inegável que não podemos deixar de divisar nas obrigações naturais relações jurídicas que, com liberdade de expressão, se situam a meio caminho entre o Direito e a Moral. É como se o legislador titubeasse, perante determinadas situações, preferindo não outorgar a elas as prerrogativas absolutas de direito, não quisesse deixar essas mesmas relações ao total desamparo da lei. A situação mostra-se bastante clara nas dívidas de jogo ou aposta, nas quais o legislador eleva-as à categoria de contrato (arts. 1.477 a 1.480), mas impõe-lhes o estado de obrigações naturais"[7].

Assim, colocada em um meio termo entre os campos da moral e do direito, preferimos, junto com o mestre paulista, reconhecer-lhe natureza jurídica

---

[5] Miguel Maria de Serpa Lopes, *Curso de Direito Civil*, Rio de Janeiro: Freitas Bastos, 1966, v. 2, p. 46.

[6] Pablo Stolze Gagliano e Rodolfo Pamplona Filho, *Novo Curso de Direito Civil — Parte Geral*, 22. ed., São Paulo: Saraiva, 2020, v. 1, p. 36-37.

[7] Sílvio Venosa, ob. cit., p. 45.

de uma *obrigação imperfeita*, por lhe faltar a exigibilidade característica das obrigações em geral.

Saliente-se, por fim, que tais obrigações naturais não se confundem com as obrigações nulas. Com efeito, o que é nulo, nenhum efeito deve produzir; a obrigação natural, ao contrário, produz o efeito jurídico da possibilidade de retenção da prestação, em caso de pagamento voluntário (irrepetibilidade). Por isso mesmo, salvo vedação legal expressa e específica (*vide*, p. ex., o art. 814, § 1.º, do CC/2002), não vemos, *a priori*, nenhum óbice à novação de obrigações naturais[8], a despeito de a questão ser muito polêmica.

4. CLASSIFICAÇÃO DAS OBRIGAÇÕES NATURAIS

Toda classificação doutrinária pode variar de acordo com a visão metodológica de quem a expõe. Em relação às obrigações naturais, a situação não é diferente, havendo alguns critérios distintos propostos pela doutrina especializada[9].

Três critérios nos parecem mais relevantes, a saber:

a) quanto à tipicidade: a obrigação natural poderá ser *típica* ou *atípica*, na medida em que é prevista em texto legal como relação obrigacional inexigível. No primeiro caso, tem-se a dívida de jogo e a prescrita; no segundo, tínhamos a dívida residual após a concordata, antes da vigência da Lei n. 11.101/2005 (a nova Lei de Falências e Recuperação de Empresas);

b) quanto à origem: a obrigação natural poderá ser *originária*, quando é inexigível desde o início, como a dívida de jogo, ou *derivada* ou *degenerada*, quando nasce como obrigação civil, perdendo depois a exigibilidade, como a dívida prescrita;

c) quanto aos efeitos produzidos: sob essa ótica, a obrigação natural será *comum* ou *limitada*. A primeira é a que admite todos os efeitos da obrigação civil, salvo os que se refiram à exigibilidade judicial. Já a segunda é a que se restringe à retenção do pagamento, negando-lhe a lei outros efeitos como a novação, a fiança e a promessa de pagamento. Ex.: a dívida de jogo lícito[10].

---

8 Sobre o tema, confronte-se o Tópico 3 ("Requisitos") do Capítulo XIV ("Novação").

9 No particular, adotamos os critérios expostos por Sérgio Carlos Covello, em sua brilhante monografia sobre o tema, aqui já citada.

10 "A melhor doutrina está, sem dúvida, com os que vislumbram efeitos secundários nas obrigações naturais, quando a lei não os vede. É regra de hermenêutica que onde a lei não distingue, não deve o intérprete distinguir. Ora, o Código Civil só restringe os efeitos das dívidas de jogo e aposta, proibindo, no parágrafo único do art. 1.477, que essas obrigações naturais sejam reconhecidas, novadas, caucionadas ou tomadas por objeto de negócio jurídico que as disfarce com o objetivo de torná-las civis: 'Aplica-se esta disposição — diz o Código, referindo-se à regra de que as dívidas de jogo e aposta

5. DISCIPLINA DAS OBRIGAÇÕES NATURAIS NO DIREITO BRASILEIRO

A legislação brasileira não dispensou, ao contrário de outros países[11], às obrigações naturais uma disciplina própria.

Todavia, em função de previsões esparsas no ordenamento jurídico, é possível fazer uma sistematização acerca do tema.

De fato, estabelece, por exemplo, o art. 882 do CC/2002:

> "Art. 882. Não se pode repetir o que se pagou para solver dívida prescrita, ou cumprir obrigação judicialmente inexigível".

De tal regra legal, é possível se estabelecer a premissa, no nosso sistema, da irrepetibilidade da prestação na obrigação natural, sendo irrelevante, inclusive, se o devedor conhecia tal incoercibilidade.

Nessa mesma linha, no que se refere às dívidas de jogo ou aposta, preceitua o art. 814 do CC/2002:

> "Art. 814. As dívidas de jogo ou de aposta não obrigam a pagamento; mas não se pode recobrar a quantia, que voluntariamente se pagou, salvo se foi ganha por dolo, ou se o perdente é menor ou interdito.
>
> § 1.º Estende-se esta disposição a qualquer contrato que encubra ou envolva reconhecimento, novação ou fiança de dívida de jogo; mas a nulidade resultante não pode ser oposta ao terceiro de boa-fé.
>
> § 2.º O preceito contido neste artigo tem aplicação, ainda que se trate de jogo não proibido, só se excetuando os jogos e apostas legalmente permitidos.
>
> § 3.º Excetuam-se, igualmente, os prêmios oferecidos ou prometidos para o vencedor em competição de natureza esportiva, intelectual ou artística, desde que os interessados se submetam às prescrições legais e regulamentares".

---

não podem ser exigidas (*caput*) — a qualquer contrato que encubra ou envolva reconhecimento, novação ou fiança de dívida de jogo, mas a nulidade resultante não pode ser oposta ao terceiro de boa-fé'. Quisesse o legislador estender essa proibição a todas as obrigações naturais, teria ditado preceito genérico. Mas, tendo-se referido apenas às dívidas de jogo e aposta, é curial concluir que as outras obrigações naturais não estão compreendidas na proibição. O mencionado dispositivo constitui norma excepcional e, pois, deve ser interpretado restritivamente: só as dívidas de jogo e aposta têm como efeito exclusivo o pagamento, sendo obrigações naturais limitadas" (Sérgio Carlos Covello, ob. cit., p. 144).

[11] Há ordenamentos jurídicos que se referem só incidentalmente, como o brasileiro, às obrigações naturais, como é o caso dos Códigos Civis francês, alemão e suíço. Outros são inteiramente omissos quanto à matéria, como o espanhol. Há, porém, outros que não apenas a consagram expressamente, como a disciplinam de forma específica, como é o caso das legislações portuguesa, chilena, argentina e libanesa (Covello, ob. cit., p. 23-56).

Registre-se, em tal previsão, que embora se reconheça a validade da retenção do pagamento da dívida de jogo ou aposta, proíbe-se qualquer estipulação contratual em relação a tais obrigações naturais, admitindo-se a sua natureza limitada.

O art. 1.263 do CC/1916, por seu turno, sem equivalente no CC/2002, também estabelecia que o mutuário, que pagasse juros não estipulados, não os poderia reaver, nem imputá-los no capital. Tratava-se, também, de uma obrigação natural, uma vez que a previsão de juros já é uma expectativa habitual no mútuo oneroso, e o seu pagamento pelo devedor já demonstra o seu dever de consciência nesse sentido.

Da mesma maneira, o art. 564, III, do CC/2002 estabelece que não se revogam por ingratidão as doações que se fizerem em cumprimento de obrigação natural, pois, no campo estritamente jurídico, não se trata propriamente de obrigações, mas sim de adimplemento de obrigações não exigíveis judicialmente.

Um bom exemplo, extraído, todavia, de legislação revogada, era a dívida residual após a concordata, pois, como o § 4.º do art. 155 do Decreto-Lei n. 7.661/45 estabelecia que a sentença que julgar cumprida a concordata declararia a extinção da responsabilidade do devedor, o fato é que a dívida subsistiria, apenas não mais podendo ser exigida judicialmente. Caso o devedor quisesse pagar, honrando seus compromissos, inexistiria indébito, uma vez que não haveria *animus donandi*, mas sim verdadeiro pagamento.

Destaque-se, por fim, que a **irrepetibilidade do pagamento** é a regra a ser observada no cumprimento de uma obrigação natural. Todavia, entendemos que o pagamento deve ser realizado sem coação ou qualquer outro vício de consentimento que não importe em uma falsa percepção da realidade, pois, do contrário, a repetição é cabível, sob pena de se subverter o *princípio maior da boa-fé objetiva.*

Capítulo VIII
Teoria do Pagamento — Condições Subjetivas e Objetivas

Sumário: 1. Sentido da expressão "pagamento" e seus elementos fundamentais. 2. Natureza jurídica do pagamento. 3. Condições subjetivas do pagamento. 3.1. De quem deve pagar. 3.2. Daqueles a quem se deve pagar. 4. Condições objetivas do pagamento. 4.1. Do objeto do pagamento e sua prova. 4.2. Do lugar do pagamento. 4.3. Do tempo do pagamento. 5. Teoria do adimplemento substancial (*substantial performance*).

1. SENTIDO DA EXPRESSÃO "PAGAMENTO" E SEUS ELEMENTOS FUNDAMENTAIS

Em geral, a obrigação extingue-se por meio do cumprimento voluntário da prestação.

Diz-se, no caso, ter havido a solução (*solutio*) da obrigação, com a consequente liberação do devedor.

Com muito maior frequência, todavia, costuma-se utilizar a expressão *pagamento* para significar o desempenho voluntário da prestação devida.

Por isso, o termo pagamento, diferentemente do que a linguagem comum nos sugere, não significa apenas a *entrega de uma soma em dinheiro*, mas poderá também traduzir, em sentido mais amplo, o cumprimento voluntário de qualquer espécie de obrigação[1].

Assim, nesse sentido, *paga* não apenas aquele que entrega a quantia em dinheiro (obrigação de dar), mas também o indivíduo que realiza uma atividade (obrigação de fazer) ou, simplesmente, se abstém de um determinado comportamento (obrigação de não fazer).

Com a sua habitual precisão, CLÓVIS BEVILÁQUA manifesta-se a respeito do tema nos seguintes termos: "no primeiro sentido, o pagamento é o modo de cumprir as obrigações de dar, ou mais particularmente, de dar somas de dinheiro. No segundo, a satisfação do prometido ou devido em qualquer variedade de obrigação"[2].

---

[1] Várias expressões podem ser utilizadas para caracterizar o cumprimento voluntário da obrigação (adimplemento, solução, cumprimento, execução), visto que "pagamento", sem dúvida, é a mais difundida.

[2] Clóvis Beviláqua, *Direito das Obrigações*, Campinas: RED Livros, 2000, p. 137.

Compõe-se o pagamento de três elementos fundamentais:

a) o vínculo obrigacional: trata-se da causa (fundamento) do pagamento; não havendo vínculo, não há que se pensar em pagamento, sob pena de caracterização de pagamento indevido;

b) o sujeito ativo do pagamento: o devedor (*solvens*), que é o sujeito passivo da obrigação;

c) o sujeito passivo do pagamento: o credor (*accipiens*), que é o sujeito ativo da obrigação.

Vale destacar, para que não pairem quaisquer dúvidas terminológicas, que, em matéria de pagamento, faz-se a inversão dos polos da relação jurídica obrigacional, como a ver o outro lado da moeda, para considerar sujeito ativo do pagamento (e não da obrigação) o devedor (pois é ele que pratica o ato, na espécie), ou seja, o sujeito ativo do pagamento é aquele que deve entregá-lo, e vice-versa em relação ao credor[3].

Ao lado do pagamento, existem ainda formas especiais de extinção das obrigações, que serão objeto de análise minuciosa em capítulos específicos:

a) consignação em pagamento;

b) pagamento com sub-rogação;

c) imputação do pagamento;

d) dação em pagamento;

e) novação;

f) compensação;

g) transação;

h) compromisso (arbitragem);

i) confusão;

j) remissão.

Neste capítulo, estudaremos as condições subjetivas e objetivas legalmente exigidas para que o pagamento seja considerado válido.

---

[3] "Realmente, o sujeito ativo do pagamento, o pagador, é o sujeito passivo da obrigação, o devedor, sendo que o sujeito passivo do pagamento, o recebedor, é o sujeito ativo da relação obrigacional, o credor.

Isto porque o direito e o dever são correlatos, como certamente consignou o adágio latino *ius et obligatio sunt correlata*. É correta a expressão porque, quando o devedor, sujeito passivo da obrigação, dá início à execução obrigacional, dá mostras de querer pagar, ele passa de sujeito passivo dessa obrigação a ativo do pagamento, iniciando o exercício de um direito, o de pagar" (Álvaro Villaça Azevedo, *Teoria Geral das Obrigações*, 9. ed., São Paulo: Revista dos Tribunais, 2001, p. 108).

2. NATUREZA JURÍDICA DO PAGAMENTO

Indagado a respeito da *natureza jurídica* de uma determinada figura, deve o estudioso do direito cuidar de apontar em que categoria se enquadra, ressaltando as teorias explicativas de sua existência, consoante já tivemos oportunidade de anotar[4].

Assim, fica claro concluir que *a natureza jurídica do contrato*, por exemplo, *é a de negócio jurídico*, uma vez que nesta última categoria se subsume a referida figura, encontrando, também aí, a sua explicação teórica existencial (a teoria do negócio jurídico explica a natureza do contrato).

Afirmar a *natureza jurídica* de algo é, em linguagem simples, responder à pergunta: "*que é isso para o direito?*".

Nesse diapasão, cumpre-nos investigar qual seria a natureza jurídica do pagamento.

Indiscutivelmente, o pagamento é *fato jurídico,* na medida em que tem o condão de resolver a relação jurídica obrigacional.

Como se sabe, *fato jurídico é todo acontecimento que produz efeitos na órbita do direito,* a exemplo do que ocorre com o pagamento.

Ocorre que a categoria de "fato jurídico" é por demais abrangente, de modo que se deve perquirir em que subespécie de fato se subsume o pagamento: "seria um ato jurídico *stricto sensu* ou um negócio jurídico?"

Os adeptos da primeira subteoria (ato jurídico em sentido estrito) defendem que o pagamento é um simples comportamento do devedor, sem conteúdo negocial, cujo principal e único efeito, previsto pelo ordenamento jurídico, é a extinção da obrigação.

A segunda subteoria (negócio jurídico) identifica no pagamento mais do que um simples comportamento, mas uma declaração de vontade, acompanhada de um elemento anímico complexo: o *animus solvendi.* Dentre esses pensadores, há os que defendem a natureza contratual (bilateral) do pagamento, que consistiria em um acordo liberatório entre as partes.

Uma terceira vertente doutrinária, variante da anterior, por sua vez, afirma ser o pagamento negócio jurídico unilateral, pois prescindiria da anuência da parte credora (*accipiens*).

Adotando posição intermediária, ROBERTO DE RUGGIERO afirma que o pagamento ora é negócio jurídico unilateral, ora é negócio jurídico bilateral:

> "A verdade, quanto à referida discordância, é que a *solutio* pode ser ora um negócio jurídico unilateral, ora um negócio jurídico bilateral, conforme a

---

[4] Pablo Stolze Gagliano e Rodolfo Pamplona Filho, *Novo Curso de Direito Civil — Parte Geral,* 22. ed., São Paulo: Saraiva, 2020, v. 1, p. 231.

natureza específica da obrigação: quando ela consiste numa omissão e mesmo quando consiste uma ação, não é necessária a intervenção do credor; é, pelo contrário, necessário o seu concurso, se a prestação consiste num *dare*, pois neste caso há a aceitação do credor"[5].

Em nossa opinião, não se poderá adotar posição definitiva a respeito do assunto. Somente a análise do caso concreto poderá dizer se o pagamento tem ou não natureza negocial, e, bem assim, caso seja considerado negócio, se é unilateral ou bilateral.

Pretender impor uma determinada categoria, como verdade absoluta, é esforço intelectual infecundo, e poderá levar o intérprete a erro.

Por isso, lúcidas e adequadas são as palavras do Mestre CAIO MÁRIO, que, com a sua costumeira erudição, assevera:

> "Genericamente considerado, o pagamento pode, portanto, ser ou não um negócio jurídico; e será unilateral ou bilateral, dependendo esta classificação da natureza da prestação, conforme para a *solutio* contente-se o direito com a emissão volitiva tão somente do devedor, ou para ela tenha de concorrer a participação do *accipiens*"[6].

3. CONDIÇÕES SUBJETIVAS DO PAGAMENTO

3.1. De quem deve pagar

Diferentemente do que se possa imaginar em uma primeira abordagem, não é apenas o devedor que está legitimado para efetuar o pagamento.

De fato, em primeiro plano, o sujeito passivo da relação obrigacional é o devedor, ou seja, a pessoa que contraiu a obrigação de pagar.

Entretanto, segundo a sistemática do direito positivo brasileiro, também poderá solver o débito pessoa diversa do devedor — o terceiro —, esteja ou não juridicamente interessada no cumprimento da obrigação.

Nesse sentido, clara é a regra do art. 304 do CC/2002:

> "Art. 304. *Qualquer interessado* na extinção da dívida pode pagá-la, usando, se o credor se opuser, dos meios conducentes à exoneração do devedor.
>
> Parágrafo único. Igual direito cabe ao *terceiro não interessado*, se o fizer em nome e à conta do devedor, salvo oposição deste" (grifos nossos).

A norma legal indica-nos a existência de duas espécies de terceiro:

---

[5] Roberto de Ruggiero, *Instituições de Direito Civil*, Campinas: Bookseller, 1999, v. 3, p. 140-1.

[6] Caio Mário da Silva Pereira, *Instituições de Direito Civil*, 19. ed., Rio de Janeiro: Forense, 2001, v. 2, p. 107.

a) o terceiro interessado;

b) o terceiro não interessado.

Por *terceiro interessado*, entenda-se a pessoa que, sem integrar o polo passivo da relação obrigacional-base, encontra-se juridicamente adstrita ao pagamento da dívida, a exemplo do fiador que se obriga ao cumprimento da obrigação caso o devedor direto (afiançado) não o faça.

Outro exemplo de terceiro interessado nos é dado por ÁLVARO VILLAÇA: "é o caso, como foi referido, do subinquilino, que, em razão de cessão pelo inquilino, que lhe foi feita, do contrato de locação, corre o risco de ser despejado por falta de pagamento, se não liquidar os aluguéis em atraso"[7].

Note-se que o terceiro interessado poderá, caso o credor se recuse injustamente a receber o pagamento ou dar quitação regular, usar dos meios conducentes à exoneração do devedor, como, por exemplo, a ação de consignação em pagamento. Por isso, não é lícita a recusa do credor que exige receber o pagamento das mãos do próprio devedor[8].

Pode, outrossim, o adimplemento da obrigação ser efetuado por *terceiro não interessado*. Trata-se de pessoa que não guarda vinculação jurídica com a relação obrigacional-base, por nutrir interesse meramente moral. É o caso do pai, que paga a dívida do filho maior, ou do provecto amigo, que honra o débito do seu compadre. Tais pessoas agem movidas por sentimento de solidariedade familiar ou social, não estando adstritas ao cumprimento da obrigação[9].

Em casos tais, duas situações podem ocorrer:

---

[7] Álvaro Villaça Azevedo, *Teoria Geral das Obrigações*, 9. ed., São Paulo: Revista dos Tribunais, 2001, p. 113.

[8] Nesse sentido, confira-se acórdão do STJ: "Ação de consignação em pagamento. Legitimidade. Quem deve pagar. 1. Qualquer interessado pode pagar a dívida (Cód. Civil, art. 930). Pode também o terceiro requerer a consignação (CPC, art. 890). 2. Em caso de compromisso de compra e venda, verificada a morte de um dos contratantes, é lícito ao descendente-sucessor valer-se da ação de consignação em pagamento. É, portanto, parte legítima. 3. Recurso especial conhecido e provido" (REsp 85.551-PB (1996/0001504-0), 3.ª T., Rel. Min. Nilson Naves, j. 20-10-1998, *DJ*, 8-3-1999, v. 118, p. 227).

[9] "Consignação em pagamento. Prestações de imóvel rural. Ação ajuizada por cessionário. Legitimidade de parte. Inteligência dos arts. 930 do Código Civil e 890 do Código de Processo Civil. Recusando-se o credor a receber as prestações referentes à venda de imóvel, pode o terceiro, ainda que não interessado, ofertar o pagamento" (TJPR, Ap. Cív. 71.895, Rel. Nívio Gonçalves, j. 13-9-2000, j. 13-9-2000).

"Pagamento. Exonerado se acha o devedor, ainda que cumprida a obrigação por terceiro não interessado (art. 930 e segs. do CC). Apelação Desprovida. Unânime" (TJDF, Ap. Cív. 51.299, Rel. Guimarães Souza, j. 1-8-1994).

a) o terceiro não interessado paga a dívida *em nome e à conta do devedor* (art. 304 do CC/2002) — neste caso, não tem, *a priori*, o direito de cobrar o valor que desembolsou para solver a dívida, uma vez que o fez, não por motivos patrimoniais, mas por sentimentos filantrópicos, pelo que pode, inclusive, lançar mão dos meios conducentes à exoneração do devedor, a exemplo da consignação em pagamento. É o caso mencionado de pagamento feito por pais, filhos ou amigos, em que o móvel subjetivo do indivíduo é a solidariedade[10]. Registre-se, porém, que, processualmente, o terceiro não interessado, que paga a dívida *em nome e à conta do devedor*, deverá demonstrar a sua legitimidade para fazê-lo, tendo em vista que ajuíza a postulação invocando o direito alheio de efetivar o pagamento e obter a quitação;

b) o terceiro não interessado paga a dívida *em seu próprio nome* (art. 305 do CC/2002) — neste caso, tem o direito de reaver o que pagou, embora não se sub-rogue nos direitos do credor. Conforme veremos adiante, "sub-rogação" é expressão que traduz a ideia de substituição. De tal forma, se o terceiro não interessado paga *em seu próprio nome*, poderá cobrar do devedor o que pagou, mas não substituirá o credor em todas as suas prerrogativas. Assim, se havia uma hipoteca garantindo a dívida primitiva, o terceiro não desfrutará da mesma garantia real, restando-lhe, apenas, cobrar o débito pelas vias ordinárias.

Talvez um bom exemplo de pagamento realizado por terceiro em seu próprio nome seja o da fiança *criminal*. De fato, se, na fiança civil, o terceiro (fiador) que paga a dívida o faz por ter interesse na relação jurídica principal, na fiança criminal quem presta a fiança, em seu próprio nome, para obter a liberdade provisória do acusado definitivamente não tem nenhum vínculo com a relação jurídica estabelecida. Assim, para efeitos meramente didáticos, podemos afirmar que o pagamento da fiança civil é um caso típico de pagamento por terceiro interessado, e o pagamento da fiança criminal, de um exemplo de adimplemento por terceiro não interessado, que terá o direito de ser ressarcido do valor, no caso da quebra e perda da fiança[11].

---

[10] Sílvio Venosa, porém, discorda desta regra, afirmando que a "questão de saber se o pagamento ocorreu por mera filantropia ou não desloca-se para as circunstâncias do caso. Entendemos que sempre haverá possibilidade de ação de enriquecimento sem causa, no caso de pagamento desinteressado, a não ser que o terceiro expressamente abra mão deste último remédio" (*Direito Civil — Teoria Geral das Obrigações e Teoria Geral dos Contratos*, 5. ed., São Paulo: Atlas, 2005, p. 210).

[11] Neste sentido, confiram-se os seguintes dispositivos do Código de Processo Penal:

"Art. 327. A fiança tomada por termo obrigará o afiançado a comparecer perante a autoridade, todas as vezes que for intimado para atos do inquérito e da instrução criminal e para o julgamento. Quando o réu não comparecer, a fiança será havida como quebrada.

Art. 328. O réu afiançado não poderá, sob pena de quebramento da fiança, mudar de residência, sem prévia permissão da autoridade processante, ou ausentar-se por mais de 8 (oito) dias de sua residência, sem comunicar àquela autoridade o lugar onde será encontrado.

Registre-se, por óbvio, que a fiança criminal deve ser prestada pelo próprio afiançado, sendo o pagamento por terceiro situação excepcional, enquanto a fiança civil é prestada necessariamente por terceiro.

Uma importante observação, entretanto, deve ser feita.

Não é algo muito comum alguém se predispor a pagar dívida de outrem.

Por isso, o direito não ignora que pessoas inescrupulosas, movidas por razões egoísticas, poderão valer-se da legitimidade conferida ao terceiro não interessado para se tornarem credoras do devedor, piorando a situação econômica destes. Damos um exemplo. Imagine que, em uma determinada cidade, dois comerciantes disputam entre si o mercado de cereais. Um deles, necessitando de numerário para levar à frente os seus negócios, contrai vultosa dívida perante um determinado credor, não conseguindo adimpli-la no vencimento, embora ainda não estivesse insolvente. O seu concorrente, ciente do fato, paga a dívida, tornando-se seu credor. Ora, em tal caso, é indiscutível que a situação do devedor ficará agravada, uma vez que terá muito mais dificuldade de solver amigavelmente a obrigação, sem mencionar o fato de que o seu de-

---

Art. 329. Nos juízos criminais e delegacias de polícia, haverá um livro especial, com termos de abertura e de encerramento, numerado e rubricado em todas as suas folhas pela autoridade, destinado especialmente aos termos de fiança. O termo será lavrado pelo escrivão e assinado pela autoridade e por quem prestar a fiança, e dele extrair-se-á certidão para juntar-se aos autos.

Parágrafo único. O réu e quem prestar a fiança serão pelo escrivão notificados das obrigações e da sanção previstas nos arts. 327 e 328, o que constará dos autos. (...)

Art. 341. Julgar-se-á quebrada a fiança quando o acusado:

I — regularmente intimado para ato do processo, deixar de comparecer, sem motivo justo;

II — deliberadamente praticar ato de obstrução ao andamento do processo;

III — descumprir medida cautelar imposta cumulativamente com a fiança;

IV — resistir injustificadamente a ordem judicial;

V — praticar nova infração penal dolosa.

Art. 342. Se vier a ser reformado o julgamento em que se declarou quebrada a fiança, esta subsistirá em todos os seus efeitos.

Art. 343. O quebramento injustificado da fiança importará na perda de metade do seu valor, cabendo ao juiz decidir sobre a imposição de outras medidas cautelares ou, se for o caso, a decretação da prisão preventiva.

Art. 344. Entender-se-á perdido, na totalidade, o valor da fiança, se, condenado, o acusado não se apresentar para o início do cumprimento da pena definitivamente imposta.

Art. 345. No caso de perda da fiança, o seu valor, deduzidas as custas e mais encargos a que o acusado estiver obrigado, será recolhido ao fundo penitenciário, na forma da lei.

Art. 346. No caso de quebramento de fiança, feitas as deduções previstas no art. 345 deste Código, o valor restante será recolhido ao fundo penitenciário, na forma da lei.

Art. 347. Não ocorrendo a hipótese do art. 345, o saldo será entregue a quem houver prestado a fiança, depois de deduzidos os encargos a que o réu estiver obrigado".

safeto — o novo credor — poderá macular a sua imagem na praça, alardeando informações falsas acerca de sua real situação econômica.

Para evitar situações como essa, que incentivariam comportamentos escusos, é que o Código Civil brasileiro de 2002 reconhece ao devedor a faculdade de opor-se ao pagamento da dívida por terceiro, quando houver justo motivo para tanto:

> "Art. 306. O pagamento feito por terceiro, com desconhecimento ou oposição do devedor, não obriga a reembolsar aquele que pagou, se o devedor tinha meios para ilidir a ação"[12].

Ou seja, havendo o desconhecimento ou a oposição do devedor, e o pagamento ainda assim se der, o terceiro não terá o direito de reembolsar-se, nos termos do art. 306 do CC/2002, desde que o devedor, obviamente, disponha de meios para solver a obrigação.

Parece-nos, porém, a bem da verdade, que, nessas hipóteses do art. 306, nasce, para o terceiro, uma obrigação natural atípica, pois, se houver o pagamento/ressarcimento do devedor ao terceiro, não há que falar em enriquecimento indevido.

Em nosso entendimento, portanto, a recusa do devedor poderá ter fundo moral — como no exemplo acima, em que se pretende impedir a sua humilhação —, não obstante a oposição possa também assentar-se em razões essencialmente jurídicas: "é o caso, por exemplo, de a dívida não ser exigível por inteiro, de estar no todo ou em parte prescrita, de promanar de negócio anulável, de existir possibilidade de *exceptio non adimpleti contractus* (exceção de contrato não cumprido etc.)"[13].

Finalmente, cumpre-nos tecer breves considerações acerca do pagamento que importe transferência de domínio.

Em tal situação, nos termos do art. 307 do CC/2002, por razões óbvias, o pagamento só poderá ser feito pelo titular do objeto cuja propriedade se pretenda transferir. Quer-se, com isso, evitar a chamada alienação *a non domino*, ou seja, aquela efetuada por quem não seja proprietário da coisa.

Se, todavia, se der em pagamento coisa fungível, não se poderá mais reclamar do credor que, de boa-fé, a recebeu e a consumiu, ainda que o devedor não tivesse o direito de aliená-la. Nesse caso, o verdadeiro proprietário da coisa deverá exigir, não do credor de boa-fé, mas do próprio devedor, as perdas e danos devidas por força da alienação indevida. Exemplificando: Caio, em

---

[12] Vale destacar, a título de curiosidade histórica, que o Projeto de Lei n. 6.960/2002 (depois renumerado para n. 276/2007, mas posteriormente arquivado) pretendia alterar também a redação deste artigo, conservando, porém, a mesma ideia geral: "Art. 306. O pagamento feito por terceiro, com desconhecimento ou oposição do devedor, não obriga a reembolsar aquele que pagou, se o devedor tinha meios para ilidir a ação do credor *na cobrança do débito*".

[13] Sílvio de Salvo Venosa, *Direito Civil — Teoria Geral das Obrigações e Teoria Geral dos Contratos*, 2. ed., São Paulo: Atlas, v. 2, p. 183.

pagamento de uma dívida, transfere a Tício a propriedade de duas sacas de trigo. Este, de boa-fé, as recebe e consome. Posteriormente, descobre-se que o cereal pertencia a Xisto, de modo que a alienação fora dada *a non domino*. Em tal hipótese, Xisto deverá reclamar de Caio, e não de Tício, perdas e danos devidos por força do prejuízo que experimentou.

3.2. Daqueles a quem se deve pagar

Segundo a nossa legislação em vigor, o pagamento poderá ser feito às seguintes pessoas:

a) o credor;

b) o representante do credor;

c) o terceiro.

Nesse sentido, é a dicção da regra prevista no art. 308 do CC/2002:

> "Art. 308. O pagamento deve ser feito ao credor ou a quem de direito o represente, sob pena de só valer depois de por ele ratificado, ou tanto quanto reverter em seu proveito".

Claro que, em primeiro plano, o pagamento deve ser feito ao próprio credor (*accipiens*), sujeito ativo titular do crédito. Poderá, todavia, ocorrer a transferência *inter vivos* (por meio da cessão de crédito) ou *post mortem* (em face da morte do credor originário) do direito, de maneira que o cessionário, no primeiro caso, e o herdeiro ou legatário, no segundo, passarão a ter legitimidade para exigir o cumprimento da dívida.

Nada impede, outrossim, que o devedor se dirija a um representante legal ou convencional do credor, para efetuar o pagamento. Tal ocorre quando o pai, representante legal do filho, recebe numerário devido a este, em virtude de um crédito existente contra terceiro. Da mesma forma, o credor pode, por meio da representação convencional ou voluntária, outorgar poderes para que o seu procurador possa receber o pagamento e dar quitação.

A respeito das formas de representação, já tivemos oportunidade de observar, em nosso volume I, que:

> "Não se pode confundir, por outro lado, a representação legal, ora tratada, com a representação voluntária ou convencional, a exemplo do que ocorre no contrato de mandato. Neste caso, uma parte (mandante) cuida de outorgar, por ato de vontade, mediante uma procuração (instrumento do mandato), poderes gerais ou específicos para que a outra (mandatário) pratique atos jurídicos em seu nome e no seu interesse. Por isso mesmo, o novo art. 120 preceituou que os 'requisitos e os efeitos da representação legal são os estabelecidos nas normas respectivas; os da representação voluntária são os da Parte Especial deste Código'"[14].

[14] Pablo Stolze Gagliano e Rodolfo Pamplona Filho, ob. cit., v. 2, p. 147-148.

Há, também, a denominada representação judicial, caso em que uma determinada pessoa é encarregada, pelo juiz, de atuar como administrador de bens alheios, podendo, em face disso, receber valores devidos à massa ou ao patrimônio pelos quais zela. É o caso do administrador judicial de bens penhorados *na recuperação judicial ou falência*. Em nosso entendimento, essa forma de representação também tem natureza legal, uma vez que o juiz só age atendendo a um prévio comando normativo.

Seguindo a nossa linha de raciocínio, verificamos que o pagamento também poderá ser feito a um terceiro, nas hipóteses que a lei autoriza.

Pode ocorrer que uma pessoa — diversa do credor e sem poderes de representação — apresente-se ao devedor e receba o pagamento. Nesse caso, se o devedor não tomou as cautelas necessárias, efetuando o pagamento para um sujeito qualquer, poderá sofrer as consequências do seu ato, traduzidas pelo ditado "quem paga mal, paga duas vezes". O direito não socorre os negligentes (*dormientibus ne sucurrit jus*), e, no caso, se não cuidou de investigar a legitimidade do recebedor, poderá ser compelido a pagar novamente ao verdadeiro credor.

Consoante bem asseverou o ilustrado SÍLVIO VENOSA:

> "Para a estabilidade das relações negociais, o direito gira em torno de aparências. As circunstâncias externas, não denotando que o portador da quitação seja um impostor, tornam o pagamento válido: 'considera-se autorizado a receber o pagamento o portador da quitação, exceto se as circunstâncias contrariarem a presunção daí resultante'"[15].

Daí a grande importância da previsão do art. 311 do CC/2002:

> "Art. 311. Considera-se autorizado a receber o pagamento o portador da quitação, salvo se as circunstâncias contrariarem a presunção daí resultante".

No caso de pagamento feito a terceiro, ressalva a lei, todavia, a possibilidade de o credor ratificá-lo ou reverter em seu proveito o pagamento recebido, conforme o art. 310 do CC/2002.

Assim, se Caio, devedor de Tício, paga a dívida a Xisto, terceiro sem poderes de representação, o pagamento só valerá se for ratificado (confirmado) por Tício, verdadeiro credor, ou, mesmo sem confirmação, se houver revertido em seu próprio proveito (ex.: o devedor prova que o credor recebeu o dinheiro do terceiro, e comprou um carro). Nesta hipótese, porém, o pagamento só será válido até o montante do benefício experimentado pelo credor. Vale dizer, se o terceiro apenas em parte reverteu o que pagou em benefício do credor, este continuará com o direito de exigir o restante do crédito, não recebido.

Situação especial de pagamento feito a terceiro é aquele efetuado a *credor aparente* ou *putativo*.

---

[15] Sílvio de Salvo Venosa, ob. cit., p. 185.

Trata-se de aplicação da teoria da aparência.

Em determinadas situações, a simples aparência de uma qualidade ou de um direito poderá gerar efeitos na órbita jurídica.

Tal ocorre na chamada *teoria do funcionário de fato*, provinda do Direito Administrativo, quando determinada pessoa, sem possuir vínculo com a Administração Pública, assume posto de servidor, como se realmente o fosse, e realiza atos em face de administrados de boa-fé, que não teriam como desconfiar do impostor. Imagine-se, em um distante município, o sujeito que assume as funções de um oficial de Registro Civil, realizando atos registrários e fornecendo certidões. Por óbvio, a despeito da flagrante ilegalidade, que, inclusive, acarretará responsabilização criminal, os efeitos jurídicos dos atos praticados, aparentemente lícitos, deverão ser preservados, para que se não prejudique aqueles que, de boa-fé, hajam recorrido aos préstimos do suposto oficial[16].

Da mesma forma, se nos dirigimos ao protocolo de uma repartição pública para apresentarmos, dentro de determinado prazo, um documento, e lá encontramos uma pessoa que se apresenta como o funcionário encarregado, não existe necessidade de se perquirir a respeito da sua legitimidade. Se o sujeito era um impostor, caberá à própria Administração Pública apurar o fato, com o escopo de punir os verdadeiros funcionários que permitiram o acesso de um estranho ao interior de suas instalações. O que não se pode supor é que o administrado será prejudicado com a perda do prazo para a apresentação do documento solicitado.

Mas não apenas no Direito Administrativo a teoria da aparência tem aplicabilidade.

Também no Direito Civil.

Muito difundida é a hipótese de um ou ambos os cônjuges, de boa-fé, contrair(em) matrimônio incorrendo em erro em face da figura do outro consorte.

Trata-se do chamado *casamento putativo*, previsto no art. 1.561 do CC/2002:

> "Art. 1.561. Embora anulável ou mesmo nulo, se contraído de boa-fé por ambos os cônjuges, o casamento, em relação a estes como aos filhos, produz todos os efeitos até o dia da sentença anulatória.
>
> § 1.º Se um dos cônjuges estava de boa-fé, ao celebrar o casamento, os seus efeitos civis só a ele e aos filhos aproveitarão".

Assim, se duas pessoas, desconhecendo que são irmãos, casam entre si, o matrimônio poderá ulteriormente ser invalidado (nulidade absoluta), embora

[16] Interessante aplicação dessa regra se encontra no art. 1.554 do CC/2002.

os seus efeitos jurídicos sejam preservados, por estarem os consortes de boa-fé. Poderão, portanto, proceder à partilha do patrimônio comum, como se estivessem dissolvendo a sociedade conjugal de um casamento válido por meio de ação de separação judicial, admitindo-se, ainda, o reconhecimento de outros efeitos, compatíveis com a hipótese vertente.

Em outra situação, estando apenas um dos cônjuges de boa-fé, por desconhecer que o outro já era casado, os efeitos jurídicos serão preservados apenas em seu benefício. De tal forma, terá direito à partilha de bens, de acordo com o regime adotado, poderá pleitear alimentos, e, bem assim, terá direito sucessório se o outro consorte falecer antes da sentença que decretar a nulidade do casamento. Observa-se, portanto, que por força da aparência de licitude, os efeitos do casamento inválido serão resguardados em prol do contraente de boa-fé.

O Direito das Obrigações, da mesma forma, deixa-se influenciar pela teoria da aparência, ao admitir que o pagamento seja feito, de boa-fé, ao *credor putativo.*

Trata-se da pessoa que se apresenta como sujeito ativo da relação obrigacional (sujeito passivo do pagamento), não havendo razão plausível para o devedor desconfiar da sua ilegitimidade.

No dizer de CAIO MÁRIO, "chama-se credor putativo a pessoa que, estando na posse do título obrigacional, passa aos olhos de todos como sendo a verdadeira titular do crédito (credor aparente)"[17].

Tendo em vista tal situação, o Código Civil brasileiro (art. 309 do CC/2002) dispõe que:

> "Art. 309. O pagamento feito de boa-fé ao credor putativo é válido, ainda provado depois que não era credor"[18].

Analisando esse dispositivo, NELSON NERY JR. e ROSA MARIA DE ANDRADE NERY anotam que:

> "A nossa legislação, além do CC/1916 1600 (CC 1817), acolheu a aparência em vários outros de seus dispositivos, como, por exemplo, CC/1916 1318 (CC 686); 221 (CC 1561 e §§); 935 (CC 309), não havendo razão para que o princípio não seja aplicado analogicamente a outras hipóteses, como admite o art. 4.º da LICC. Na verdade, a exigência da preservação da segurança das relações jurídicas e o registro da boa-fé de terceiro devem justificar o acolhimento da teoria da aparência (TJRJ, ADCOAS, 1982, 82632)".

---

[17] Caio Mário da Silva Pereira, ob. cit., p. 112.

[18] Mais técnico nesse ponto, o Projeto de Lei n. 6.960/2002 (depois renumerado para n. 276/2007, infelizmente arquivado) dispunha que o pagamento feito de boa-fé a credor putativo é *eficaz*, ainda provado depois que não era credor (art. 309).

Requisitos indispensáveis para a validade do pagamento ao credor putativo (aparente) são:

a) a boa-fé do devedor;

b) a escusabilidade de seu erro.

Por óbvio, a lei exige, para que o pagamento seja admitido, que o devedor haja atuado de boa-fé, ou seja, não possa supor, ante as circunstâncias de fato, que a pessoa que exige o pagamento não tem poderes para tanto.

A boa-fé, no caso, é a subjetiva, um estado psicológico de firme crença na legitimidade daquele que se apresenta ao devedor.

É indispensável, também, embora não seja a lei explícita a respeito, que o erro em que laborou o devedor seja escusável (perdoável). Se tinha motivos para desconfiar do impostor, deverá evitar o pagamento, depositando-o em juízo, se for o caso. Conforme já dissemos, o direito não deve tutelar os negligentes (*dormientibus ne sucurrit jus*).

Finalmente, para a boa compreensão do tema, figuremos o seguinte exemplo de aplicação da teoria da aparência (credor aparente ou putativo): durante muitos anos, uma senhora, residente no sul da Bahia, comprou produtos agrícolas de uma mesma empresa, situada na capital baiana. E sempre o mesmo preposto cuidava de entregar os implementos, recebendo a quantia devida. Certo dia, o preposto fora demitido, não tendo a empresa o cuidado de avisar o fato a todos os seus clientes. Movido por sentimento de vingança, o ex-empregado dirigiu-se até a fazenda da incauta senhora, dizendo-lhe que poderia pagar-lhe antecipadamente, uma vez que, naquele mês, os produtos seriam enviados pelo correio, dentro de alguns dias. Sem motivo para desconfiar do ardil, o pagamento fora efetuado, e a agricultora não recebeu os implementos.

Em tal hipótese figurada, verificada a *boa-fé* e a *escusabilidade* do erro, mesmo se verificando posteriormente que o sujeito não detinha mais poderes de representação, *o pagamento valerá*, e a indústria será obrigada a fornecer o produto, arcando com o prejuízo, se não puder cobrar do farsante[19].

---

[19] Sobre o tema, confiram-se os seguintes acórdãos:

"Locação. Ação de despejo por falta de pagamento. Credor putativo. Art. 935, CC. Teoria da Aparência. Recurso desacolhido. I — Demonstrado que o locatário teve inequívoca ciência da alienação do imóvel e de que deveria pagar os locativos daí por diante ao novo proprietário, não se há como reputar válido o pagamento realizado ao alienante. II — A incidência da teoria da aparência, em face da norma do art. 935 do Código Civil, calcada na proteção ao terceiro de boa-fé, reclama do devedor prudência e diligência, assim como a ocorrência de um conjunto de circunstâncias que tornem escusável o seu erro" (REsp 12.592-SP (1991/0014208-5), 4.ª T., Rel. Min. Sálvio de Figueiredo Teixeira, j. 23-3-1993, *DJ*, 26 abr. 1993, p. 7212).

Ainda pensando na hipótese de pagamento feito a terceiro, é possível que o *accipiens*, excepcionalmente, seja o *credor do credor*, quando for penhorado o crédito, com a devida intimação do devedor de que o débito está em juízo.

Por isso mesmo, seguindo a linha de que não se deve prestigiar os não diligentes, estabelece o art. 312 do CC/2002:

"Busca e Apreensão. Alienação Fiduciária. Representante de empresa que firma contrato com terceiros e que termina por receber valores. Credor putativo. Art. 935 do Código Civil. Teoria da Aparência. Se o réu, de boa-fé, efetuou pagamentos para pessoa que firmara o contrato, apresentando-se como mandatário, que portava-se como tal, inclusive tendo a posse de documentos da empresa representada, e de ser considerado tal ato como plenamente válido e eficaz, eis que, com base na teoria da aparência e no art. 935 do CCB, considera-se válido o pagamento feito pelo devedor ao representante aparente do credor. Apelação improvida" (TARG, 17.ª Câm. Cív., Ap. Cív. 197.288.491, Rel. Des. Elaine Harzheim Macedo, j. 29-9-1998).

"Cobrança — Pagamento feito a terceiro — Credor putativo — Mandato tácito — Inocorrência — Ação procedente — Recurso improvido. Na ausência do instrumento, será necessário que o mandato tácito seja demonstrado por outros meios de prova. Não basta que o devedor simplesmente acredite, indispensável que disponha de meio de prova disso. Credor putativo é aquele que aos olhos de todos parece ser o verdadeiro credor, porém não pode ostentar essa condição quem se apresenta com mercadorias em nome de outrem para receber o seu valor em dinheiro, porque a evidencia não ser dono" (TARS, Ap. Cív. 6369, Rel. Luiz Perrotti, j. 29-9-1998).

"Ação Ordinária de ressarcimento julgada improcedente em relação à 1.ª ré e procedente em relação ao 2.º réu — Pagamento indevido feito a credor putativo — Boa-fé caracterizada — Apelo pleiteando a eficácia do pagamento — Impossibilidade — Recebimento de valores em nome de empresa da qual não mais fazia parte — Má-fé no recebimento indevido — Apelo desprovido — Não poderia o apelante, ao seu alvitre, receber indevidamente o que não lhe pertencia e, como se dono fosse, pagar como e a quem quisesse. Sentença mantida" (TJRS, Ap. Cív. 18.077, Rel. Sidney Moura, j. 22-12-1994).

"Duplicatas. Sustação de protesto e anulação. Pagamento a credor putativo. Art. 935 do C. Civil. Atuando empresa comercial como verdadeira representante de outra, com aquiescência ou tolerância desta, são válidos os pagamentos a ela efetuados pelos devedores, agricultores que compraram da representante e dela recebiam as mercadorias. Ilegalidade da emissão de duplicatas e do aponte contra comprador que, de boa-fé, pagou a quem tinha toda a aparência de ser o verdadeiro credor. Ilegalidade intrínseca dos títulos. Apelação improvida. Unânime" (TARS, 9.ª Câm. Cív., Ap. Cív. 196.137.780, Rel. Des. Antonio Guilherme Tanger Jardim, j. 29-10-1996).

"Ação de cobrança. Pagamento efetuado ao intermediário do negócio. Prática reiterada. Boa-fé. Teoria da Aparência. Proteção judicial. A prática reiterada de comportamento negocial entre as partes, com a participação de intermediário, demonstra situação de aparente representação. Terceiros de boa-fé podem ter em conta a exteriorização e ignorar a realidade oculta, merecendo a proteção judicial. Posição da doutrina de Orlando Gomes. Apelação não provida" (TJRS, 3.ª Câm. Cív., Ap. Cív. 594.166.506, Rel. Des. Flavio Pancaro da Silva, j. 22-12-1994).

"Art. 312. Se o devedor pagar ao credor, apesar de intimado da penhora feita sobre o crédito, ou da impugnação a ele oposta por terceiros, o pagamento não valerá contra estes, que poderão constranger o devedor a pagar de novo, ficando-lhe ressalvado o regresso contra o credor".

Assim, por exemplo, se Caio deve a Tício a importância de 1.000,00, temos que tal crédito poderá ser penhorado pelos credores de Tício. Nesse caso, se Mévio obtém a constrição judicial (penhora) de tal crédito (o que, por óbvio, somente pode acontecer antes de ser efetivado o pagamento) e, mesmo assim, Caio, ciente dela, paga a importância diretamente a Tício, temos a aplicação da regra: "quem paga mal, paga duas vezes", pois Mévio poderá exigir de Caio o valor correspondente, como se o valor não tivesse sido pago. Da mesma forma, se Caio deve a mesma importância ou um cavalo de raça a Tício, e Mévio impugna tal relação creditícia, alegando ser o efetivo destinatário do bem, poderá Mévio exigir que lhe seja pago o valor equivalente por Caio, caso este, precipitadamente, pague diretamente o suposto crédito de Tício.

4. CONDIÇÕES OBJETIVAS DO PAGAMENTO

4.1. Do objeto do pagamento e sua prova

Vários dos princípios atinentes ao *objeto do pagamento* já foram estudados no decorrer dessa obra.

Assim, já sabemos que o *credor não está obrigado a receber prestação diversa da que lhe é devida, ainda que mais valiosa,* e, também, *não está adstrito a receber por partes — nem o devedor a pagar-lhe fracionadamente —, se assim não se convencionou* (arts. 313 e 314 do CC/2002).

Tais dispositivos visam a preservar a segurança jurídica dos negócios, uma vez que, se não forem respeitados, as partes nunca saberão como efetuar corretamente o pagamento: se sou credor de um relógio de cobre, não estou obrigado a aceitar um de ouro. Da mesma forma, se fora estipulada a entrega de uma saca de café, o devedor deverá prestá-la por inteiro, e não por partes.

Consoante já anotamos, as dívidas em dinheiro deverão ser pagas no vencimento, em moeda corrente nacional, pelo seu valor nominal (art. 315 do CC/2002)[20]. Nada impede, outrossim, a adoção de cláusulas de escala móvel,

---

[20] Uma situação excepcional em que o ordenamento autoriza o fracionamento está prevista na legislação processual, com o fito de garantir o cumprimento da dívida, sem afetar a capacidade econômica do devedor.

Trata-se do art. 916 do CPC/2015 (equivalente ao art. 745-A do CPC/1973), que preceitua, *in verbis*:

"Art. 916. No prazo para embargos, reconhecendo o crédito do exequente e comprovando o depósito de trinta por cento do valor em execução, acrescido de custas e de

para que se realize a atualização monetária da soma devida, segundo critérios escolhidos pelas próprias partes[21].

Note-se que o Código de 2002 admitiu que a obrigação cujo objeto compreenda prestações sucessivas possa aumentar progressivamente (art. 316). Essa regra, em verdade, decorre de prática negocial difundida, quando as partes, no próprio contrato, adotam critério de aumento progressivo das parcelas a serem adimplidas.

Entretanto, se a adoção de tais regras se der no bojo de um contrato de consumo, é preciso perquirir se tal cláusula não é abusiva, por acarretar injusta desproporção entre as prestações pactuadas, em detrimento do consumidor. Tudo dependerá da análise do caso concreto.

Tecidos tais esclarecimentos, cuidemos, agora, da *prova do pagamento.*

Se a precípua atividade do devedor é pagar, ou seja, cumprir a sua obrigação, forçoso é convir que terá o direito de exigir uma prova de que adimpliu.

A quitação, portanto, é, primordialmente, o meio de prova do pagamento.

Trata-se, em nosso entendimento, de ato devido, imposto ao credor que recebeu o pagamento, no qual serão especificados o valor e a espécie da dívida quitada, o nome do devedor ou de quem por este pagou, o tempo e o lugar do pagamento.

Concretiza-se em instrumento público ou particular, datado e assinado pelo próprio credor ou por representante seu.

---

honorários de advogado, o executado poderá requerer que lhe seja permitido pagar o restante em até 6 (seis) parcelas mensais, acrescidas de correção monetária e de juros de um por cento ao mês.

§ 1.º O exequente será intimado para manifestar-se sobre o preenchimento dos pressupostos do *caput*, e o juiz decidirá o requerimento em 5 (cinco) dias.

§ 2.º Enquanto não apreciado o requerimento, o executado terá de depositar as parcelas vincendas, facultado ao exequente seu levantamento.

§ 3.º Deferida a proposta, o exequente levantará a quantia depositada, e serão suspensos os atos executivos.

§ 4.º Indeferida a proposta, seguir-se-ão os atos executivos, mantido o depósito, que será convertido em penhora.

§ 5.º O não pagamento de qualquer das prestações acarretará cumulativamente:

I — o vencimento das prestações subsequentes e o prosseguimento do processo, com o imediato reinício dos atos executivos;

II — a imposição ao executado de multa de dez por cento sobre o valor das prestações não pagas.

§ 6.º A opção pelo parcelamento de que trata este artigo importa renúncia ao direito de opor embargos.

§ 7.º O disposto neste artigo não se aplica ao cumprimento da sentença".

[21] Cf. Capítulo V, item 2.1.3, "Obrigações de Dar Dinheiro (Obrigações Pecuniárias)".

O devedor tem direito subjetivo à quitação, e, caso lhe seja negada, poderá reter a coisa, facultando-se-lhe depositá-la em juízo, via ação consignatória de pagamento, para prevenir responsabilidade (art. 319 do CC/2002).

Não poderá, pois, diante da recusa injustificada do credor de dar-lhe quitação, abandonar o bem devido à sua própria sorte. Fará jus, outrossim, às despesas efetuadas durante o tempo em que guardou e conservou a coisa, por conta da negativa do credor de recebê-la, mediante quitação.

São requisitos legais da quitação[22]:

a) o valor e a espécie da dívida quitada;

b) o nome do devedor ou de quem por este pagou (representante, sucessor ou terceiro);

c) o tempo do pagamento (dia, mês, e, se quiserem, hora);

d) o lugar do pagamento;

e) a assinatura do credor ou de representante seu.

Pode ocorrer, todavia, que o pagamento seja efetuado, e o devedor, por inexperiência ou ignorância, não exija a quitação de forma regular, preterindo os requisitos legais acima mencionados. Nesse caso, o parágrafo único do art. 320 do CC/2002, sem correspondente direto no Código de 1916, prevê a possibilidade de se admitir provado o pagamento, se "de seus termos ou das circunstâncias resultar haver sido paga a dívida".

Essa regra é de louvável justiça.

Quem atua no interior do País sabe que o conhecimento das leis é, na generalidade dos casos, raridade. Por isso, o cidadão humilde não poderia ser alijado do seu direito à quitação pelo simples fato de não haver exigido o recibo com todos os requisitos exigidos por lei. Se o juiz concluir, pelas circunstâncias do caso posto a acertamento, que o devedor pagou, deverá declarar extinta a obrigação. Essa é a melhor solução, em respeito, inclusive, ao princípio da boa-fé.

Havendo débitos literais, ou seja, documentados por títulos, se a quitação consistir na devolução do título, perdido este, poderá o devedor exigir, retendo o pagamento, declaração do credor que inutilize o título desaparecido (art. 321 do CC/2002). Exemplificando: Caio é devedor de Tício, por força de uma cambial (nota promissória), emitida em benefício deste último. No dia do vencimento, o credor alega haver perdido o título de crédito. Em tal hipótese, impõe-se ao devedor, no ato do pagamento, exigir uma declaração, datada e assinada (preferencialmente com firma reconhecida), pelo próprio credor, no sentido de que reconhecia a inutilidade do título extraviado, e que estava quitando a dívida contraída. Para prevenir responsabilidade frente a terceiro, é de boa cautela que o credor dê ciência a terceiro, por meio da imprensa, acerca do extravio da cártula, em respeito ao princípio da boa-fé.

---

[22] Cf. art. 320 do CC/2002.

A lei civil reconhece, ainda, hipóteses de presunção de pagamento, quando este não se possa comprovar por meio de quitação total e regular.

São as seguintes:

a) No pagamento realizado em quotas periódicas, a quitação da última estabelece, até prova em contrário, a presunção de estarem solvidas as anteriores. Para afastarem essa presunção, os credores (escolas, por exemplo) costumam inserir no título a advertência de que o pagamento da última mensalidade em atraso não quita as pretéritas (art. 322 do CC/2002)[23].

---

[23] Sobre o tema, têm-se manifestado os Tribunais:

"Civil e processual civil. Prestações periódicas. Consignação em pagamento. Recusa em receber a última, antes de solvidas as anteriores. Art. 943, CC. Presunção relativa. Ônus da prova contrária atribuído ao credor. Legitimidade da recusa. Embargos de declaração. Litigância de má-fé. Arts. 538, parágrafo único, e 17, VII, CPC. Multa. Caráter protelatório. Cabimento. Recurso desacolhido. I — Em se tratando de prestações periódicas, a quitação da última gera a presunção relativa de já terem sido pagas as anteriores, incumbindo a prova em contrário ao credor, conforme o art. 943 do Código Civil. II — Pode o credor recusar a última prestação periódica, estando em débito parcelas anteriores, uma vez que, ao aceitar, estaria assumindo o ônus de desfazer a presunção *juris tantum* prevista no art. 943 do Código Civil, atraindo para si o ônus da prova. Em outras palavras, a imputação do pagamento, pelo devedor, na última parcela, antes de oferecidas as anteriores, devidas e vencidas, prejudica o interesse do credor, tornando-se legítima a recusa no recebimento da prestação. III — Não tendo os embargos de declaração apontado omissão, contradição ou obscuridade no acórdão, nem se aferindo de seu teor o intuito de prequestionamento, uma vez que os dispositivos de lei federal, cuja violação apontou o recurso especial, bem como a matéria neles tratada, não foram abordados nos declaratórios, evidencia-se o caráter protelatório do recurso, sendo cabível a multa prevista no art. 538, parágrafo único, CPC. IV — A multa prevista para a litigância de má-fé, na hipótese do art. 17, VII, CPC, com a redação dada pela Lei 9.668/98, equivale à multa por embargos de declaração protelatórios prevista no art. 538, parágrafo único, sendo irrelevante que o órgão julgador aplique a sanção por qualquer desses dois fundamentos legais" (REsp 225.435-PR (1999/0069593-3), 4.ª T., Rel. Min. Sálvio de Figueiredo Teixeira, j. 22-2-2000, *DJ*, 19-6-2000, p. 151).

"Direito civil. Art. 943 do Código Civil. Presunção *iuris tantum* a favor do devedor. Ônus de ilidir a presunção atribuída ao credor. Doutrina, precedentes da Corte. Recurso provido. O art. 943 do Código Civil, ao dizer que 'quando o pagamento for em quotas periódicas, a quitação da última estabelece, até prova em contrário, a presunção de estarem solvidas as anteriores', estabelece uma presunção relativa em favor do devedor, incumbindo ao credor, uma vez por aquele demonstrado o pagamento das parcelas posteriores, produzir prova que desconstitua tal presunção, não havendo de invocar-se a inaplicabilidade dessa norma às verbas condominiais, posto que se refere ela às obrigações em geral" (REsp 70.170-SP (1995/0035561-2), 4.ª T., Rel. Min. Sálvio de Figueiredo Teixeira, j. 18-4-2000, *DJ*, 12-6-2000, p. 112).

"Recurso especial — Contrato de compra e venda e instalação de elevadores — reajustamento de preço — parcelas anteriores — Artigo 940 do C. Civil e 433 do C. Comercial

b) Sendo a quitação do capital sem reserva de juros (que são os frutos civis do capital), estes presumem-se pagos (art. 323 do CC/2002. Também o art. 354 do CC/2002, referente à imputação do pagamento)[24].

c) Nas dívidas literais, a entrega do título (nota promissória, cheque, letra de câmbio etc.) ao devedor firma presunção de pagamento (art. 324 do CC/2002).

Todas essas presunções de pagamento, todavia, são *relativas*. Vale dizer, firmam uma presunção vencível, cabendo o ônus de provar o contrário (a inexistência do pagamento) ao credor.

No que se refere à terceira presunção (entrega do título nas dívidas literais), a lei prevê o prazo decadencial de sessenta dias para que o credor prove a inocorrência do pagamento (parágrafo único do art. 324 do CC/2002)[25].

— Negativa de vigência não caracterizada. I — Todas as prestações que foram contratadas sob a vigência do plano cruzado estão isentas do reajustamento de preço, admitindo-se, todavia, liberdade aos contratantes para estabelecerem cláusula de correção monetária. II — As parcelas anteriores, quitadas o foram nas duplicatas e atendem ao que nestas se contém e ainda que assim não fosse, tratando-se de cotas ou parcelas periódicas, o pagamento de cada uma delas solve as anteriores a teor do que dispõe o artigo 943 e o 945 do C. Civil" (REsp 1.447-RJ (1989/0011977-0), 3.ª T., Rel. Min. Waldemar Zveiter, j. 5-12-1989, *DJ*, 19-2-1990, p. 1045, *RSTJ*, *12*:299).

24 "Quitação — Presunção de pagamento de juros — Código Civil — Arts. 940/944. O art. 944 do Código Civil, explicitando os limites da quitação, e complemento do art. 940. Não se pode cogitar em pagamento presumido de juros, se não houve quitação. Para ocorrer quitação é necessário que o credor especifique a dívida a que se vincula o pagamento. Termo de quitação onde não se especifica a dívida a que ele se refere é tão inútil como um atestado de óbito a que falta o nome do defunto. Documento em que o credor passa quitação 'pela quantia recebida', sem referência a dívida paga, não traduz quitação" (REsp 6.095-PR (1990/0011532-9), 1.ª T., Rel. Min. Humberto Gomes de Barros, j. 20-8-1992, *DJ*, 28-9-1992, p. 16368, *RSTJ*, *39*:355).

25 Sobre o tema, confiram-se os seguintes acórdãos:

"Civil e processual civil — Rescisão de promessa de compra e venda de imóvel — Notas promissórias — entrega do título ao devedor — presunção do pagamento — Art. 945, par. primeiro, do Código Civil. I — Não se faz incidente a hipótese do art. 945, se a entrega do título ao devedor fez surgir a presunção do pagamento da dívida; e não elidida a presunção exonerativa, no prazo estabelecido no art. 945, par. 1.º, do Código Civil, não pode o credor, com fundamento nela, demandar o devedor ou pretender a rescisão do compromisso firmado, mormente quando, a teor do art. 944 do referido código, resultou comprovado que a quitação do capital o foi sem a ressalva dos eventuais juros. II — Precedentes do STJ e STF. III — Matéria de fato (Súmulas 5 e 7-STJ). IV — Recurso conhecido a que se nega provimento" (REsp 236.005-SP (1999/0097490-5), 3.ª T., Rel. Min. Waldemar Zveiter, j. 8-6-2000, *DJ*, 21-8-2000, p. 126).

"Comercial e civil — Contrato de mútuo com garantia em promissória — Presunção de pagamento do título cambiariforme — Inteligência do art. 945 do Código Civil. I — Em verdade, se milita em favor do recorrido a presunção do pagamento da dívida,

Vale referir que as despesas com o pagamento e a quitação deverão, em princípio, correr a cargo do devedor, ressalvada a hipótese de o aumento da despesa decorrer de fato atribuído ao credor, que deverá, nesse caso, responder por esse acréscimo (art. 325 do CC/2002).

Finalmente, destaque-se que, na forma do art. 326 do CC/2002, se "o pagamento se houver de fazer por medida, ou peso, entender-se-á, no silêncio das partes, que aceitaram os do lugar da execução". Ou seja, privilegiam-se os usos e costumes do local, medida das mais salutares para preservar a boa-fé dos contratantes, que, em regra, se valem dos parâmetros que habitualmente utilizam no seu dia a dia (metros ou léguas; quilômetros de altura ou pés; quilogramas, arrobas ou onças; hectares, tarefas ou metros quadrados etc.).

Um bom exemplo da utilidade de tal regra é da unidade de medida conhecida como *Alqueire*, a qual, em Minas Gerais, Rio de Janeiro e Goiás, equivale a 10.000 braças quadradas (4,84 hectares) e, em São Paulo, a 5.000 braças quadradas (2,42 hectares), havendo, ainda, o alqueire fluminense (27.225m^2, equivalente a 75 x 75 braças), baiano (9,68 hectares) e do norte (2,72 hectares). Além disso, alqueire pode ainda ser unidade de medida de capacidade para secos, equivalente a 36,27 litros ou a quatro "quartas". E também, no Pará, usa-se como medida de capacidade correspondente a dois paneiros, o que equivale a 30 quilos. Vale lembrar, ainda, da *Tarefa*, medida agrária constituída por terras destinadas à cana-de-açúcar e que, no Ceará, equivale a 3.630m^2; em Alagoas e Sergipe, a 3.052m^2; e, na Bahia, a 4.356m^2.

4.2. Do lugar do pagamento

A compreensão deste tópico não se reveste de complexidade.

Desde o Esboço de TEIXEIRA DE FREITAS, admitia-se que o lugar do pagamento, se o contrário não resultasse do título, deveria ser efetuado no domicílio do devedor (art. 1.055, 4.º).

Essa regra permanece em nosso direito positivo, uma vez que, por princípio, as obrigações deverão ser cumpridas no domicílio do sujeito passivo da obrigação.

Trata-se das chamadas dívidas *quesíveis ou "querables"*, tão bem definidas pelo brilhante Professor ÁLVARO VILLAÇA:

---

conforme estatui a citada norma, dele não se poderia exigir nenhuma prova. Ao contrário, cumpria ao pretenso credor elidi-la, porém, através de provas concretas, dentro do prazo de sessenta dias estabelecido no referido art. 945, do mesmo diploma legal, o que, reafirma-se, não logrou a recorrente fazer, deixando precluir o seu direito. II — Recurso conhecido e provido" (REsp 103.743-SP (1996/0050614-0), 3.ª T., Rel. Min. Waldemar Zveiter, j. 24-11-1997, *DJ*, 25-2-1998, p. 70).

"... em princípio o pagamento deve ser feito no domicílio do devedor. A dívida, neste caso, será quesível, ou seja, deve ser cobrada, buscada, pelo credor, no domicílio do devedor. Tudo indica que a palavra quesível encontra origem no verbo latino 'quaero, is, sivi, situ, ere', da terceira conjugação, que significa buscar, inquirir, procurar, informar-se, indagar, perguntar"[26].

Nesse sentido, dispõe o art. 327 do CC/2002:

"Art. 327. Efetuar-se-á o pagamento no *domicílio do devedor*, salvo se as partes convencionarem diversamente, ou se o contrário resultar da lei, da natureza da obrigação ou das circunstâncias".

A regra geral, portanto, poderá ser afastada pela própria lei (imagine que lei municipal crie determinado tributo, determinando que o pagamento seja feito na prefeitura, ou em determinado banco), ou pelas circunstâncias ou natureza da obrigação (a prestação decorrente de um contrato de trabalho, por exemplo, poderá ser cumprida fora do domicílio do devedor, se em benefício do empregado, e, da mesma forma, no contrato de empreitada a prestação deverá ser efetuada no lugar onde se realiza a obra)[27].

Por outro lado, se for estipulado que o pagamento será efetuado no domicílio do credor, estaremos diante de uma dívida *portável ou "portable"*. Nesse caso, ao devedor incumbe buscar o credor para efetuar o pagamento.

Observe-se, entretanto, que, se não houver estipulação contratual nesse sentido, será aplicada a regra geral.

Tal disciplina genérica é visivelmente conciliada pela previsão do art. 46 do Código de Processo Civil de 2015[28], que estabelece a regra do domicílio do réu como foro competente para ajuizamento de ações. Assim, podemos ter a seguinte visão esquemática:

---

[26] Álvaro Villaça Azevedo, ob. cit., p. 121.

[27] Carlos Roberto Gonçalves, *Direito das obrigações*; parte geral, São Paulo: Saraiva, 1998, p. 65 (Col. Sinopses Jurídicas, v. 5).

[28] CPC/2015: "Art. 46. A ação fundada em direito pessoal ou em direito real sobre bens móveis será proposta, em regra, no foro de domicílio do réu.

§ 1.º Tendo mais de um domicílio, o réu será demandado no foro de qualquer deles.

§ 2.º Sendo incerto ou desconhecido o domicílio do réu, ele poderá ser demandado onde for encontrado ou no foro de domicílio do autor.

§ 3.º Quando o réu não tiver domicílio ou residência no Brasil, a ação será proposta no foro de domicílio do autor, e, se este também residir fora do Brasil, a ação será proposta em qualquer foro.

§ 4.º Havendo 2 (dois) ou mais réus com diferentes domicílios, serão demandados no foro de qualquer deles, à escolha do autor.

§ 5.º A execução fiscal será proposta no foro de domicílio do réu, no de sua residência ou no do lugar onde for encontrado".

Cumprimento da obrigação	→	Domicílio do Sujeito Passivo (devedor)
Exigência Judicial do Cumprimento	→	Domicílio do Sujeito Passivo (réu)

Observe-se, ainda, o fato de que o Código de Defesa do Consumidor, em seu art. 51, veda o estabelecimento de cláusulas abusivas contra o consumidor, não se podendo estipular local para o pagamento em detrimento do hipossuficiente.

Atente-se ainda para o fato de que, se forem designados dois ou mais lugares para o pagamento, diferentemente do que se possa imaginar, a lei determina que *a escolha caberá ao credor*, nos termos do parágrafo único do art. 327 do CC/2002.

Em caráter excepcional, se o pagamento consistir na tradição de um imóvel, ou em prestações relativas ao imóvel, o pagamento será feito no lugar onde for situado o bem (art. 328 do CC/2002). Explica-se facilmente essa regra, uma vez que será nesse lugar que se procederá ao registro do título de transferência, na forma da Lei de Registros Públicos e do próprio Código Civil.

Como curiosidade histórica, observe-se que o Projeto de Lei n. 6.960/2002 (depois renumerado para 276/2007, infelizmente arquivado), por sua vez, pretendia aumentar o âmbito de eficácia desse artigo de lei, ao dispor que "Art. 328. Se o pagamento consistir na tradição de um imóvel, far-se-á no lugar onde situado o bem. *Se consistir em prestação decorrente de serviços realizados no imóvel, no local do serviço, salvo convenção em contrário das partes*" (grifos nossos).

Finalmente, duas novas regras merecem destaque.

Permitiu o novo diploma legal, à luz dos princípios da razoabilidade e da eticidade, que o devedor, sem prejuízo do credor, e havendo motivo grave, possa efetuar o pagamento em lugar diverso do estipulado (art. 329 do CC/2002). É o que ocorre se, no lugar do pagamento, houver sido decretado estado de emergência por força de inundação. Por óbvio, nesse caso, o devedor deverá buscar a localidade mais próxima, conforme suas forças, para realizar o pagamento.

Em conclusão, atento ao fato de que o direito é um fenômeno socialmente mutável, admitiu o legislador no art. 330 do Código Civil de 2002 que o pagamento feito *reiteradamente* em outro local faz presumir a renúncia do credor ao lugar previsto no contrato.

Consideramos pouco adequada a utilização da expressão renúncia, uma vez que esta, em nosso entendimento, por significar extinção de direitos, deve ser normalmente expressa.

Temos, em verdade, a perda de eficácia da disposição convencionada, por força de costume assentado pelas próprias partes.

Observe-se que, no caso, o costume não está derrogando a lei, mas sim, tão somente, o contrato, tratando-se, o dispositivo de uma aplicação do *venire contra factum proprium*, decorrente do princípio da boa-fé[29].

4.3. Do tempo do pagamento

Em princípio, todo pagamento deve ser efetuado no dia do vencimento da dívida.

Na falta de ajuste, e não dispondo a lei em sentido contrário, poderá o credor exigir o pagamento imediatamente (art. 331 do CC/2002). Tal regra, de compreensão fácil, somente se aplica às obrigações puras, eis que, se forem condicionais[30], ficarão na dependência do implemento da condição estipulada (art. 332 do CC/2002).

Se a obrigação é a termo, em sendo o prazo concedido a favor do devedor, nada impede que este antecipe o pagamento, podendo o credor retê-lo. Em caso contrário, se o prazo estipulado for feito para favorecer o credor, não poderá o devedor pagar antecipadamente. Tudo dependerá de como se convencionou a obrigação.

A respeito da hora em que deve ser feito o pagamento, vale transcrever o pensamento de CAIO MÁRIO:

> "Chegado o dia, o pagamento tem de ser feito. Cabe indagar da hora, pois que o dia astronômico tem 24 horas, mas não é curial que aguarde o devedor a calada da noite, para solver as horas mortas. Já que o recurso ao nosso direito positivo não nos socorre, é prestimosa a invocação do Direito Comparado. Assim, é que o Código Civil alemão, no art. 358, manda que se faça nas horas habitualmente consagradas aos negócios. Os bancos, por exemplo, têm horário de expediente, e irreal seria que se considerasse extensível o tempo da solução, ulterior ao seu encerramento"[31].

Finalmente, é possível ao credor *exigir antecipadamente o pagamento*, nas estritas hipóteses (*numerus clausus*) previstas em lei (art. 333 do CC/2002):

a) no caso de falência do devedor ou de concurso de credores — nesse caso, o credor deverá acautelar-se, habilitando o crédito antecipadamente vencido no juízo falimentar;

---

29 Sobre o tema, confira-se o Capítulo "Boa-Fé Objetiva em Matéria Contratual" do volume 4, *Contratos*, desta Coleção.

30 Cf. Capítulo VI, "Classificação Especial das Obrigações", item 5.1.

31 Caio Mário da Silva Pereira, ob. cit., p. 120-1.

b) se os bens, hipotecados ou empenhados (objeto de penhor), forem penhorados em execução de outro credor — aqui, a antecipação do vencimento propiciará que o credor possa tomar providências imediatas para garantir a satisfação do seu direito;

c) se cessarem, ou se tornarem insuficientes, as garantias do débito, fidejussórias (fiança, por ex.), ou reais (hipoteca, penhor, anticrese), e o devedor, intimado, se negar a reforçá-las — a negativa de renovação ou reforço das garantias indica que a situação do devedor não é boa, razão por que a lei autoriza a antecipação do vencimento.

Registre-se que, em todas essas situações, havendo solidariedade passiva, a antecipação da exigibilidade da dívida não prejudicará os demais devedores solventes.

5. TEORIA DO ADIMPLEMENTO SUBSTANCIAL (*SUBSTANTIAL PERFORMANCE*)[32]

A teoria do adimplemento substancial sustenta que uma obrigação não deve ser resolvida se a atividade do devedor, posto não haja sido perfeita, aproximou-se consideravelmente (substancialmente) do resultado esperado.

Em outras palavras, se o descumprimento obrigacional for ínfimo ou insignificante[33], não se deve extinguir o contrato.

Sobre o tema, escreve FLÁVIO TARTUCE:

> "No caso brasileiro, a despeito da ausência de previsão expressa na codificação material privada, tem-se associado o adimplemento substancial com os princípios contratuais contemporâneos, especialmente com a boa-fé objetiva

---

[32] Confira-se o episódio do "Papeando com Pamplona" sobre "Adimplemento Substancial" com o Prof. César Fiuza no *Canal Pamplona*, disponível em: <https://www.youtube.com/watch?v=_b4cvLhBlec&list=PLRz8jhdmNsMQBYv2-_dBT56CKHkt9L0sL&index=4>. Acesso em: 11 out. 2019.

[33] A teoria que ora estudamos não se confunde com o denominado **"inadimplemento eficiente"** (***efficient breach***), entendimento teórico segundo o qual o devedor poderia, se lhe fosse mais vantajoso, descumprir dolosamente a obrigação contratual pagando a multa prevista. Esta teoria rende acesos debates em doutrina. Recomendamos, nesse ponto, o estudo do trabalho apresentado no Colóquio Luso-Brasileiro sobre Contrato e Empresa, intitulado "*Inadimplemento Eficiente (Efficient Breach) nos Contratos Empresariais*", da Profa. Juliana Krueger Pela, cujos seguintes trechos destacamos: "A primeira solução jurídica aventada para esses casos consiste em aceitar o simples pagamento da multa em substituição à obrigação inadimplida, liberando-se com isso o devedor do vínculo obrigacional. Ela decorre do pragmatismo da *common law* e tem sido explorada por estudos de Análise Econômica do Direito (...) A referida primeira solução sofre fervorosas críticas, em geral apresentadas por estudiosos de sistemas de *civil law*, com base em diversos argumentos". Sobre o tema, também, confira-se: Richard A. Posner, Let Us Never Blame a Contract Breaker, *107 Michigan Law Review*, 1.349 (2009).

e a função social do contrato. Nesse sentido, na IV Jornada de Direito Civil, evento promovido pelo Conselho da Justiça Federal e pelo Superior Tribunal de Justiça em 2006, aprovou-se o Enunciado n. 361 CJF/STJ, estabelecendo que 'O adimplemento substancial decorre dos princípios gerais contratuais, de modo a fazer preponderar a função social do contrato e o princípio da boa-fé objetiva, balizando a aplicação do art. 475'. Vale lembrar que o art. 475 do Código Civil trata do inadimplemento voluntário ou culposo do contrato, preceituando que a parte lesada pelo descumprimento pode exigir o cumprimento forçado da avença ou a sua resolução por perdas e danos"[34].

Exemplo didático para a compreensão da teoria podemos extrair das normas que regulam o contrato de seguro.

JOSÉ celebrou contrato de seguro, visando se acautelar acerca de risco em face de seu veículo.

Dividiu o pagamento do prêmio em cinco prestações.

Pagou as quatro primeiras, atrasando em poucos dias o adimplemento da última.

Sucede que, durante a sua mora, o veículo foi roubado.

A seguradora, por sua vez, negou o pagamento da indenização, invocando o art. 763 do Código Civil:

> "Art. 763. Não terá direito a indenização o segurado que estiver em mora no pagamento do prêmio, se ocorrer o sinistro antes de sua purgação".

Ora, a par de JOSÉ poder alegar a manutenção da cobertura sob o argumento de que o cancelamento da apólice não se operaria automaticamente, exigindo prévia comunicação à luz da cláusula geral de boa-fé, tem, ainda, a seu favor, a possibilidade de poder invocar a teoria do adimplemento substancial, na medida em que não se afiguraria justo e razoável considerar resolvido o contrato por conta de um inadimplemento insignificante.

No Superior Tribunal de Justiça há receptividade da teoria, embora se exija cautela:

> "DIREITO CIVIL. CONTRATO DE ARRENDAMENTO MERCANTIL PARA AQUISIÇÃO DE VEÍCULO (*LEASING*). PAGAMENTO DE TRINTA E UMA DAS TRINTA E SEIS PARCELAS DEVIDAS. RESOLUÇÃO DO CONTRATO. AÇÃO DE REINTEGRAÇÃO DE POSSE. DESCABIMENTO. MEDIDAS DESPROPORCIONAIS DIANTE DO DÉBITO REMANESCENTE. APLICAÇÃO DA TEORIA DO ADIMPLEMENTO SUBSTANCIAL.

---

[34] Flávio Tartuce, A Teoria do Adimplemento Substancial na Doutrina e na Jurisprudência. Disponível em: <https://flaviotartuce.jusbrasil.com.br/artigos/180182132/a-teoria-do-adimplemento-substancial-na-doutrina-e-na-jurisprudencia>. Acesso em: 3 out. 2019.

1. É pela lente das cláusulas gerais previstas no Código Civil de 2002, sobretudo a da boa-fé objetiva e da função social, que deve ser lido o art. 475, segundo o qual '[a] parte lesada pelo inadimplemento pode pedir a resolução do contrato, se não preferir exigir-lhe o cumprimento, cabendo, em qualquer dos casos, indenização por perdas e danos'.

2. Nessa linha de entendimento, a teoria do substancial adimplemento visa a impedir o uso desequilibrado do direito de resolução por parte do credor, preterindo desfazimentos desnecessários em prol da preservação da avença, com vistas à realização dos princípios da boa-fé e da função social do contrato.

3. *No caso em apreço, é de se aplicar a da teoria do adimplemento substancial dos contratos, porquanto o réu pagou: '31 das 36 prestações contratadas, 86% da obrigação total (contraprestação e VRG parcelado) e mais R$ 10.500,44 de valor residual garantido'. O mencionado descumprimento contratual é inapto a ensejar a reintegração de posse pretendida e, consequentemente, a resolução do contrato de arrendamento mercantil, medidas desproporcionais diante do substancial adimplemento da avença.*

4. Não se está a afirmar que a dívida não paga desaparece, o que seria um convite a toda sorte de fraudes. Apenas se afirma que o meio de realização do crédito por que optou a instituição financeira não se mostra consentâneo com a extensão do inadimplemento e, de resto, com os ventos do Código Civil de 2002. Pode, certamente, o credor valer-se de meios menos gravosos e proporcionalmente mais adequados à persecução do crédito remanescente, como, por exemplo, a execução do título.

5. Recurso especial não conhecido" (REsp 1.051.270/RS, Rel. Min. Luis Felipe Salomão, Quarta Turma, julgado em 4-8-2011, *DJe* 5-9-2011) (grifamos).

"DIREITO CIVIL. RECURSO ESPECIAL. RESCISÃO CONTRATUAL. REINTEGRAÇÃO NA POSSE. INDENIZAÇÃO. CUMPRIMENTO PARCIAL DO CONTRATO.

INADIMPLEMENTO. RELEVÂNCIA. TEORIA DO ADIMPLEMENTO SUBSTANCIAL.

INAPLICABILIDADE NA ESPÉCIE. RECURSO NÃO PROVIDO.

1. *O uso do instituto da* substantial performance *não pode ser estimulado a ponto de inverter a ordem lógico-jurídica que assenta o integral e regular cumprimento do contrato como meio esperado de extinção das obrigações.*

2. Ressalvada a hipótese de evidente relevância do descumprimento contratual, o julgamento sobre a aplicação da chamada 'Teoria do Adimplemento Substancial' não se prende ao exclusivo exame do critério quantitativo, devendo ser considerados outros elementos que envolvem a contratação, em exame qualitativo que, ademais, não pode descurar dos interesses do credor, sob pena de afetar o equilíbrio contratual e inviabilizar a manutenção do negócio.

3. A aplicação da Teoria do Adimplemento Substancial exigiria, para a hipótese, o preenchimento dos seguintes requisitos: a) a existência de expectativas legítimas geradas pelo comportamento das partes; b) o pagamento faltante há de ser ínfimo em se considerando o total do negócio; c) deve ser possível a conservação da eficácia do negócio sem prejuízo ao direito do credor de pleitear a quantia devida pelos meios ordinários (critérios adotados no REsp 76.362/MT, Quarta Turma, j. em 11/12/1995, *DJ* 01/04/1996, p. 9917).

4. No caso concreto, é incontroverso que a devedora inadimpliu com parcela relevante da contratação, o que inviabiliza a aplicação da referida doutrina, independentemente da análise dos demais elementos contratuais.

5. Recurso especial não provido"

(REsp 1.581.505/SC, Rel. Min. Antonio Carlos Ferreira, Quarta Turma, julgado em 18-8-2016, *DJe* 28-9-2016) (grifamos).

É digno de nota ainda que essa Corte Superior **não tem admitido** a aplicação da teoria do adimplemento substancial no âmbito dos contratos de alienação fiduciária:

"RECURSO ESPECIAL. AÇÃO DE BUSCA E APREENSÃO. CONTRATO DE FINANCIAMENTO DE VEÍCULO, COM ALIENAÇÃO FIDUCIÁRIA EM GARANTIA REGIDO PELO DECRETO-LEI 911/69. INCONTROVERSO INADIMPLEMENTO DAS QUATRO ÚLTIMAS PARCELAS (DE UM TOTAL DE 48). EXTINÇÃO DA AÇÃO DE BUSCA E APREENSÃO (OU DETERMINAÇÃO PARA ADITAMENTO DA INICIAL, PARA TRANSMUDÁ-LA EM AÇÃO EXECUTIVA OU DE COBRANÇA), A PRETEXTO DA APLICAÇÃO DA TEORIA DO ADIMPLEMENTO SUBSTANCIAL. DESCABIMENTO.

1. ABSOLUTA INCOMPATIBILIDADE DA CITADA TEORIA COM OS TERMOS DA LEI ESPECIAL DE REGÊNCIA. RECONHECIMENTO. 2. REMANCIPAÇÃO DO BEM AO DEVEDOR CONDICIONADA AO PAGAMENTO DA INTEGRALIDADE DA DÍVIDA, ASSIM COMPREENDIDA COMO OS DÉBITOS VENCIDOS, VINCENDOS E ENCARGOS APRESENTADOS PELO CREDOR, CONFORME ENTENDIMENTO CONSOLIDADO DA SEGUNDA SEÇÃO, SOB O RITO DOS RECURSOS ESPECIAIS REPETITIVOS (REsp n. 1.418.593/MS). 3. INTERESSE DE AGIR EVIDENCIADO, COM A UTILIZAÇÃO DA VIA JUDICIAL ELEITA PELA LEI DE REGÊNCIA COMO SENDO A MAIS IDÔNEA E EFICAZ PARA O PROPÓSITO DE COMPELIR O DEVEDOR A CUMPRIR COM A SUA OBRIGAÇÃO (AGORA, POR ELE REPUTADA ÍNFIMA), SOB PENA DE CONSOLIDAÇÃO DA PROPRIEDADE NAS MÃOS DO CREDOR FIDUCIÁRIO. 4. DESVIRTUAMENTO DA TEORIA DO ADIMPLEMENTO SUBSTANCIAL, CONSIDERADA A SUA FINALIDADE E A BOA-FÉ DOS CONTRATANTES, A ENSEJAR O ENFRAQUECIMENTO DO INSTITUTO DA GARANTIA FIDUCIÁRIA. VERIFICAÇÃO. 5. RECURSO ESPECIAL PROVIDO. 1. A incidência subsidiária do Código Civil, notadamente as normas gerais, em relação à propriedade/titularidade fiduciária sobre bens que não sejam móveis

infugíveis, regulada por leis especiais, é excepcional, somente se afigurando possível no caso em que o regramento específico apresentar lacunas e a solução ofertada pela 'lei geral' não se contrapuser às especificidades do instituto regulado pela lei especial (*ut* Art. 1.368-A, introduzido pela Lei n. 10.931/2004).

1.1 Além de o Decreto-Lei n. 911/1969 não tecer qualquer restrição à utilização da ação de busca e apreensão em razão da extensão da mora ou da proporção do inadimplemento, é expresso em exigir a quitação integral do débito como condição imprescindível para que o bem alienado fiduciariamente seja remancipado. Em seus termos, para que o bem possa ser restituído ao devedor, livre de ônus, não basta que ele quite quase toda a dívida; é insuficiente que pague substancialmente o débito; é necessário, para esse efeito, que quite integralmente a dívida pendente.

2. Afigura-se, pois, de todo incongruente inviabilizar a utilização da ação de busca e apreensão na hipótese em que o inadimplemento revela-se incontroverso desimportando sua extensão, se de pouca monta ou se de expressão considerável, quando a lei especial de regência expressamente condiciona a possibilidade de o bem ficar com o devedor fiduciário ao pagamento da integralidade da dívida pendente. Compreensão diversa desborda, a um só tempo, do diploma legal exclusivamente aplicável à questão em análise (Decreto-Lei n. 911/1969), e, por via transversa, da própria orientação firmada pela Segunda Seção, por ocasião do julgamento do citado REsp n. 1.418.593/MS, representativo da controvérsia, segundo a qual a restituição do bem ao devedor fiduciante é condicionada ao pagamento, no prazo de cinco dias contados da execução da liminar de busca e apreensão, da integralidade da dívida pendente, assim compreendida como as parcelas vencidas e não pagas, as parcelas vincendas e os encargos, segundo os valores apresentados pelo credor fiduciário na inicial. 3. Impor-se ao credor a preterição da ação de busca e apreensão (prevista em lei, segundo a garantia fiduciária a ele conferida) por outra via judicial, evidentemente menos eficaz, denota absoluto descompasso com o sistema processual. Inadequado, pois, extinguir ou obstar a medida de busca e apreensão corretamente ajuizada, para que o credor, sem poder se valer de garantia fiduciária dada (a qual, diante do inadimplemento, conferia-lhe, na verdade, a condição de proprietário do bem), intente ação executiva ou de cobrança, para só então adentrar no patrimônio do devedor, por meio de constrição judicial que poderá, quem sabe (respeitada o ordem legal), recair sobre esse mesmo bem (naturalmente, se o devedor, até lá, não tiver dele se desfeito).

4. *A teoria do adimplemento substancial tem por objetivo precípuo impedir que o credor resolva a relação contratual em razão de inadimplemento de ínfima parcela da obrigação. A via judicial para esse fim é a ação de resolução contratual. Diversamente, o credor fiduciário, quando promove ação de busca e apreensão, de modo algum pretende extinguir a relação contratual. Vale-se da ação de busca e apreensão com o propósito imediato de dar cumprimento aos termos*

do contrato, na medida em que se utiliza da garantia fiduciária ajustada para compelir o devedor fiduciante a dar cumprimento às obrigações faltantes, assumidas contratualmente (e agora, por ele, reputadas ínfimas). A consolidação da propriedade fiduciária nas mãos do credor apresenta-se como consequência da renitência do devedor fiduciante de honrar seu dever contratual, e não como objetivo imediato da ação. E, note-se que, mesmo nesse caso, a extinção do contrato dá-se pelo cumprimento da obrigação, ainda que de modo compulsório, por meio da garantia fiduciária ajustada. 4.1 É questionável, se não inadequado, supor que a boa-fé contratual estaria ao lado de devedor fiduciante que deixa de pagar uma ou até algumas parcelas por ele reputadas ínfimas mas certamente de expressão considerável, na ótica do credor, que já cumpriu integralmente a sua obrigação, e, instado extra e judicialmente para honrar o seu dever contratual, deixa de fazê-lo, a despeito de ter a mais absoluta ciência dos gravosos consectários legais advindos da propriedade fiduciária. A aplicação da teoria do adimplemento substancial, para obstar a utilização da ação de busca e apreensão, nesse contexto, é um incentivo ao inadimplemento das últimas parcelas contratuais, com o nítido propósito de desestimular o credor – numa avaliação de custo-benefício – de satisfazer seu crédito por outras vias judiciais, menos eficazes, o que, a toda evidência, aparta-se da boa-fé contratual propugnada.

4.2. A propriedade fiduciária, concebida pelo legislador justamente para conferir segurança jurídica às concessões de crédito, essencial ao desenvolvimento da economia nacional, resta comprometida pela aplicação deturpada da teoria do adimplemento substancial.

5. Recurso Especial provido" (REsp 1.622.555/MG, Rel. Min. Marco Buzzi, Rel. p/ acórdão Min. Marco Aurélio Bellizze, Segunda Seção, julgado em 22-2-2017, *DJe* 16-3-2017) (grifamos).

"AGRAVO INTERNO NO RECURSO ESPECIAL. AÇÃO DE BUSCA E APREENSÃO.

ALIENAÇÃO FIDUCIÁRIA. TEORIA DO ADIMPLEMENTO SUBSTANCIAL.

INAPLICABILIDADE. ENTENDIMENTO DO ACÓRDÃO RECORRIDO EM CONSONÂNCIA COM A JURISPRUDÊNCIA DESTA CORTE. INCIDÊNCIA DA SÚMULA 83/STJ.

AGRAVO DESPROVIDO.

1. *A Segunda Seção do STJ, por ocasião do julgamento do Recurso Especial n. 1.622.555/MG, decidiu pela impossibilidade de se aplicar a teoria do adimplemento substancial aos contratos firmados com base no Decreto-Lei n. 911/1969, considerando a sua manifesta incompatibilidade com a respectiva legislação de regência sobre alienação fiduciária. 2. Incidência, portanto, da Súmula n. 83 do STJ.*

3. Agravo interno desprovido" (AgInt no REsp 1.764.426/CE, Rel. Min. Marco Aurélio Bellizze, Terceira Turma, julgado em 29-4-2019, *DJe* 6-5-2019) (grifamos).

Por fim, também há resistência à teoria no âmbito da obrigação alimentar derivada do Direito de Família, o que, em verdade, em nosso sentir, seria justificável, dada a natureza especial e sensível do crédito em questão:

> "*HABEAS CORPUS*. DIREITO DE FAMÍLIA. TEORIA DO ADIMPLEMENTO SUBSTANCIAL. NÃO INCIDÊNCIA. DÉBITO ALIMENTAR INCONTROVERSO. SÚMULA N. 309/STJ. PRISÃO CIVIL. LEGITIMIDADE. PAGAMENTO PARCIAL DA DÍVIDA.
>
> REVOGAÇÃO DO DECRETO PRISIONAL. NÃO CABIMENTO. IRRELEVÂNCIA DO DÉBITO. EXAME NA VIA ESTREITA DO *WRIT*. IMPOSSIBILIDADE.
>
> 1. *A Teoria do Adimplemento Substancial, de aplicação estrita no âmbito do direito contratual, somente nas hipóteses em que a parcela inadimplida revela-se de escassa importância, não tem incidência nos vínculos jurídicos familiares, revelando-se inadequada para solver controvérsias relacionadas a obrigações de natureza alimentar.*
>
> 2. *O pagamento parcial da obrigação alimentar não afasta a possibilidade da prisão civil. Precedentes.*
>
> 3. O sistema jurídico tem mecanismos por meio dos quais o devedor pode justificar o eventual inadimplemento parcial da obrigação (CPC/2015, art. 528) e, outrossim, pleitear a revisão do valor da prestação alimentar (L. 5.478/1968, art. 15; CC/2002, art. 1.699).
>
> 4. A ação de *Habeas Corpus* não é a seara adequada para aferir a relevância do débito alimentar parcialmente adimplido, o que só pode ser realizado a partir de uma profunda incursão em elementos de prova, ou ainda demandando dilação probatória, procedimentos incompatíveis com a via estreita do remédio constitucional.
>
> 5. Ordem denegada" (HC 439.973/MG, Rel. Min. Luis Felipe Salomão, Rel. P/ Acórdão Min. Antonio Carlos Ferreira, Quarta Turma, julgado em 16-8-2018, *DJe* 4-9-2018) (grifamos).

Fundamental, portanto, nesta temática, acompanharmos, sempre com o olhar na doutrina, a dinâmica jurisprudencial.

Capítulo IX
Formas Especiais de Pagamento

Sumário: 1. Considerações gerais sobre formas de extinção das obrigações. 2. Enumerando as formas especiais de pagamento.

1. CONSIDERAÇÕES GERAIS SOBRE FORMAS DE EXTINÇÃO DAS OBRIGAÇÕES

Consoante vimos no capítulo anterior, o pagamento traduz o fim natural de toda obrigação.

Todavia, existem outras formas especiais de extinção das obrigações, as quais a doutrina costuma denominar *pagamentos especiais* ou *indiretos*.

Metaforicamente, podemos dizer que se o pagamento é a "*morte natural*" de uma obrigação, não podemos deixar de reconhecer que, juridicamente, há outras formas de "*morte*" de uma obrigação, sem que se siga a via ordinária concebida genericamente para todas as formas de vida...

Consoante veremos no decorrer dos próximos capítulos, ocorrida uma dessas modalidades de extinção obrigacional, o devedor se eximirá de responsabilidade, embora nem sempre o crédito haja sido plenamente satisfeito. É o que ocorre, por exemplo, quando o credor "perdoa" a dívida. Nesse caso, a obrigação será extinta por meio da *remissão*, não obstante não tenha havido pagamento propriamente dito.

Conclui-se, portanto, que a extinção da obrigação não necessariamente significará satisfação do credor.

Advertimos, outrossim, quanto à importância da matéria, uma vez que cada forma especial de pagamento apresenta peculiaridades, exigindo do estudioso redobrada atenção para que não confunda institutos jurídicos semelhantes, embora desiguais em essência.

2. ENUMERANDO AS FORMAS ESPECIAIS DE PAGAMENTO

Assim, ao lado do pagamento propriamente dito, existem formas especiais de extinção das obrigações, que serão objeto de análise minuciosa em capítulos específicos, a saber:

a) consignação em pagamento;

b) pagamento com sub-rogação;

c) imputação do pagamento;

d) dação em pagamento;

e) novação;

f) compensação;

g) transação;

h) compromisso (arbitragem);

i) confusão;

j) remissão.

Destaque-se, inclusive, que a transação e o compromisso (arbitragem) não são mais elencados, no Novo Código Civil de 2002, especificamente como formas de extinção de obrigações, mas, sim, destacando sua natureza jurídica, como formas contratuais. Todavia, como são também, no final das contas, formas especiais de pôr termo a relações jurídicas contratuais, serão também estudadas nesta oportunidade.

Nos próximos capítulos, estudaremos, de per si, cada um desses temas.

Capítulo X
Consignação em Pagamento

Sumário: 1. Noções gerais e conceituais. 2. Natureza jurídica do pagamento em consignação. 3. Hipóteses de ocorrência. 4. Requisitos de validade. 5. Possibilidade de levantamento do depósito pelo devedor. 6. Consignação de coisa certa e de coisa incerta. 7. Despesas processuais. 8. Prestações periódicas. 9. Regras procedimentais para a consignação em pagamento. 9.1. Consignação extrajudicial. 9.2. Aplicabilidade da consignação extrajudicial nas relações trabalhistas. 9.3. Consignação judicial em pagamento. 9.4. O procedimento judicial trabalhista da ação de consignação em pagamento.

1. NOÇÕES GERAIS E CONCEITUAIS

Embora o vínculo jurídico que envolve os sujeitos da relação obrigacional leve à visão de que o devedor somente tenha a *obrigação* de satisfazer o crédito, não há como se negar a ele o *direito* de cumprir a prestação que foi pactuada.

Assim, se o credor — teoricamente o mais interessado na realização da prestação — se nega a recebê-la ou surge um outro fato qualquer obstativo desse pagamento direto, pode o devedor se valer da consignação para se ver livre da obrigação assumida.

Exemplificando: se *A* deve a *B* a importância de R$ 1.000,00 e *B* se recusa a receber o valor ofertado, por qualquer motivo que seja, poderá *A* depositar judicialmente ou em estabelecimento bancário o valor devido, à disposição do credor, extinguindo-se a obrigação e evitando, ainda, a caracterização da mora.

Trata-se a consignação em pagamento, portanto, do instituto jurídico colocado à disposição do devedor para que, ante o obstáculo ao recebimento criado pelo credor ou quaisquer outras circunstâncias impeditivas do pagamento, exerça, por depósito da coisa devida, o direito de adimplir a prestação, liberando-se do liame obrigacional[1].

Um esclarecimento terminológico se impõe, de logo.

Visando a uma compreensão precisa da matéria, entendemos que a terminologia adequada para os sujeitos da consignação em pagamento é a que

[1] "Art. 334. Considera-se pagamento, e extingue a obrigação, o depósito judicial ou em estabelecimento bancário da coisa devida, nos casos e forma legais".

identifica o devedor, que é o sujeito ativo da consignação, com a expressão "consignante", e o credor, em face de quem se consigna, com a expressão "consignatário", devendo ser reservada a expressão "consignado" para o bem objeto do depósito, judicial ou extrajudicial.

Ressalte-se que, embora haja identidade terminológica, a consignação em pagamento não se confunde com a "venda por consignação" (contrato estimatório), que é, em verdade, um *negócio jurídico por meio do qual uma das partes (consignante) transfere a outro (consignatário) bens móveis, a fim de que os venda, segundo um preço previamente estipulado, ou simplesmente os restitua ao próprio consignante*[2].

A presente forma de extinção das obrigações (*consignação em pagamento*) deve ser estudada tanto no campo do Direito Material (arts. 334 a 345 do CC/2002) quanto no Processual, uma vez que é objeto de um procedimento especial próprio, previsto nos arts. 539 a 549 do Código de Processo Civil de 2015, que admite, inclusive, como veremos, uma fase extrajudicial.

2. NATUREZA JURÍDICA DO PAGAMENTO EM CONSIGNAÇÃO

Duas observações devem ser feitas sobre a natureza jurídica do pagamento em consignação.

A primeira é que, sem qualquer dúvida, se trata de uma forma de extinção das obrigações, constituindo-se em um pagamento "indireto" da prestação avençada.

Isso porque a consignação visa a evitar que o devedor, cônscio de suas obrigações, fique com a dívida por longo tempo em seu passivo, tal qual *espada de Dâmocles* pendendo sobre sua cabeça, à mercê do arbítrio do credor.

Por isso, podemos compreender, com ANTONIO CARLOS MARCATO, que

> "o pagamento por consignação é instrumento de direito material destinado à solução de obrigações que têm por objeto prestações já vencidas e ainda pendentes de satisfação, pouco importando se essa pendência decorre de causa atribuível ao credor ou resulta de outra circunstância obstativa do pagamento por parte do devedor; e este vale-se de tal instrumento para liberar-se do vínculo que o submete ao *accipiens* e livrar-se, em consequência, dos ônus e dos riscos decorrentes dessa submissão"[3].

A segunda colocação é a de que a consignação em pagamento não é, em verdade, um dever, mas sim mera faculdade do devedor, que não pôde adimplir a obrigação, por culpa do credor.

---

[2] Sobre o tema, confira-se o Capítulo "Contrato Estimatório" do volume 4, *Contratos*, desta obra.

[3] Antonio Carlos Marcato, *Ação de Consignação em Pagamento*, 5. ed., São Paulo: Malheiros, 1996, p. 16.

3. HIPÓTESES DE OCORRÊNCIA

O art. 335 do CC/2002 apresenta uma relação de hipóteses em que a consignação pode ter lugar, a saber:

a) **se o credor não puder, ou, sem justa causa, recusar receber o pagamento, ou dar quitação na devida forma (inciso I)** — se *A*, locador de um imóvel a *B*, se recusa a receber o valor do aluguel ofertado por este último, por considerar que deveria ser majorado por um determinado índice previsto em lei, *B* poderá consignar o valor, se entender que o reajuste é indevido. Note-se que a norma exige que a recusa seja justa, mas a constatação da veracidade de tal justiça somente pode ser verificada, em definitivo, pela via judicial[4]. A hipótese é aplicável, também, para o caso de *A* aceitar receber o valor, mas se recusar a dar a quitação, que é direito do devedor. Nessa previsão, enquadram-se, ainda, as dívidas *portables*, situação excepcional em que o pagamento deve ser feito no domicílio do credor. Para isso, conforme observa CARLOS ROBERTO GONÇALVES, é "necessário que tenha havido oferta real, efetiva, incumbindo

---

[4] "Civil e processual — Mora *accipiendi* — Ação de consignação — Carência. I — Justa é a recusa do credor se o devedor quer pagar-lhe quantia menor do que aquela realmente devida. II — Não configurada a mora *accipiendi*, desacolhe-se a consignatória em pagamento a benefício do devedor. III — Agravo regimental improvido" (3.ª T., AgRg-AI 11.296/GO (1991/0008248-1), Rel. Min. Waldemar Zveiter, j. 11-11-1991, *DJ*, 9-12-1991, p. 18026).

"Apelação cível — Ação de consignação em pagamento — Aluguéis — Alienação do imóvel a terceiro — Justa recusa caracterizada. 1. Tendo havido a alienação do imóvel a terceiro, não se verifica recusa injustificada do credor em aceitar o pagamento dos aluguéis, porque inviável compelir ao recebimento da prestação quem não detém mais a propriedade do imóvel. 2. Inviável qualquer discussão sobre o desrespeito ao direito de preferência no âmbito da consignatória, salientando-se, ainda, que o locatário só pode haver para si o imóvel locado na hipótese do artigo 33, parte final, da Lei n. 8.245/91. 3. Negado provimento. Unânime" (TJ, DF, Ap. Cív. 136.112, Rel. Getúlio Moraes Oliveira, j. 11-12-2000).

"Promessa de compra e venda de apartamento lavrada em 15.02.89. Ação proposta em 20.11.89. Pretensão de consignar quantia, com efeito de pagamento, sem considerar índice de correção monetária. Impossibilidade, a teor de precedentes do STJ. Caso de depósito insuficiente (Cód. Civil, art. 974). Recurso especial conhecido e provido" (3.ª T., REsp 38.087/RJ (1993/0023741-1), Rel. Min. Nilson Naves, j. 8-8-1995, *DJ*, 2-10-1995, p. 32355).

"Ação consignatória. Cartão de crédito. Financiamento. Não provando a autora como calculou o valor pretendido consignar com o objetivo de quitação de parcelas financiadas, improcede o pleito. Juros remuneratórios e revisão de cláusulas. Limitação. Não suscitada a discussão na inicial, descabe invocar a matéria na réplica (CPC, 1RT-264). Apelo improvido" (TJRS, 2.ª Câm. Esp. Cív., APC 599432283, Rel. Des. Orlando Heemann Junior, j. 24-5-2000).

"Locação. Ação de consignação em pagamento. Depósito insuficiente. Não sendo integral o pagamento da obrigação locatícia, improcede a ação de consignação em pagamento. Recurso improvido" (TJRS, 15.ª Câm. Cív., APC 70001132406, Rel. Des. Manuel Jose Martinez Lucas, j. 18-10-2000).

ao autor prová-la, bem como a recusa injustificada do credor. A este incumbe, ao contrário, o ônus de provar a existência de justa causa para a recusa"[5];

b) se o credor não for, nem mandar receber a coisa no lugar, tempo e condição devidos (inciso II) — a regra geral no vigente ordenamento jurídico brasileiro, no que diz respeito ao lugar de pagamento das obrigações, é a de que este deve ser feito no domicílio do devedor. Se o credor não comparecer ou mandar terceiro para exigir a prestação, isso não afasta, por si só, o vencimento e a exigibilidade da dívida, pelo que se autoriza a consignação do valor devido. Exemplificando: se *A* acerta receber um pagamento de *B* no dia 3-5-2002 e, chegando o dia combinado, *A* não comparece, nem manda ninguém em seu lugar, a dívida vencerá sem pagamento. Para evitar as consequências jurídicas da mora, poderá *B* depositar o valor devido à disposição de *A*, extinguindo-se a obrigação;

c) se o credor for incapaz de receber, for desconhecido, declarado ausente, ou residir em lugar incerto ou de acesso perigoso ou difícil (inciso III) — este inciso comporta várias situações fáticas distintas. Em relação ao incapaz, este nunca pode mesmo receber, em razão de sua condição, devendo o pagamento ser feito ao seu representante (que não é, tecnicamente, o credor). Se este estiver impossibilitado, por qualquer motivo (uma viagem, por exemplo), não há como se fazer o pagamento diretamente ao credor incapaz, pelo que pode ser feita a consignação. Outra situação é se o credor se tornar desconhecido, o que ocorre, v. g., se *A* deve a importância de R$ 1.000,00 a *B* e este vem a falecer, não se sabendo quem são seus efetivos herdeiros, na data de vencimento da obrigação. A ausência é situação fática, qualificada juridicamente como morte presumida (art. 6.º do CC/2002), em que alguém desaparece, sem deixar notícias de seu paradeiro ou representante para administrar-lhe os bens. Nesse caso, sem saber a quem pagar, pode o devedor realizar a consignação. Por fim, residindo o credor *em lugar incerto ou de acesso perigoso ou difícil*, não é razoável se exigir que o devedor tenha de arriscar a sua vida para procurar o credor (que nem se dignou a receber a sua prestação), se pretender se ver livre da obrigação, estando autorizado a consigná-la;

d) se ocorrer dúvida sobre quem deva legitimamente receber o objeto do pagamento (inciso IV) — se duas pessoas distintas (*A* e *B*) pleiteiam o pagamento de uma determinada prestação em face de *C*, dizendo-se, cada uma, o verdadeiro credor, o devedor *C*, para não incidir na regra de "*quem paga mal, paga duas vezes*", deve consignar judicialmente o valor devido, para que o juiz verifique quem é o legítimo credor ou qual a cota de cada um, se entender ambos legitimados. Trata-se de uma hipótese, muito comum, por exemplo, na Justiça do Trabalho, quando, falecendo o empregado *A*, consigna o empregador *B* suas verbas rescisórias, quando há discussão sobre a legitimidade para o recebimento

[5] Carlos Roberto Gonçalves, *Direito das Obrigações — Parte Geral*, 18. ed., São Paulo: Saraiva, 2019, p. 89 (Col. Sinopses Jurídicas, v. 5).

entre diversas mulheres, que se dizem companheiras do falecido, inclusive com filhos comuns. Observe-se que o art. 547 do CPC/2015 (equivalente ao art. 895 do CPC/1973) estabelece que "se ocorrer dúvida sobre quem deva legitimamente receber o pagamento, o autor requererá o depósito e a citação dos possíveis titulares do crédito para provarem o seu direito". Saliente-se que, na forma do art. 345 do CC/2002, se "a dívida se vencer, pendendo litígio entre credores que se pretendem mutuamente excluir, poderá qualquer deles requerer a consignação". Note-se que a hipótese é de exigir a consignação, e não o pagamento propriamente dito. Como observa MARIA HELENA DINIZ, a

> "ação de consignação é privativa do devedor para liberar-se do débito, mas se a dívida se vencer não tendo havido o depósito pelo devedor, pendendo litígio entre credores que se pretendam mutuamente excluir, qualquer deles estará autorizado a requerer a consignação, garantindo, assim, o direito de receber a satisfação do crédito exonerando-se o devedor, pouco importando qual dos credores seja reconhecido como o detentor legítimo do direito creditório"[6];

e) se pender litígio sobre o objeto do pagamento (inciso V) — se, por exemplo, *A* e *B* disputam, judicialmente, quem é o legítimo sucessor do credor *C*, não é recomendável que o devedor *D* antecipe-se à manifestação estatal, para entregar o bem a um deles, pois assumirá o risco do pagamento indevido. Da mesma forma, se *A* e *B* disputam, judicialmente, a titularidade de um bem imóvel locado, não deve o locatário *D* fazer o pagamento direto, sem ter a certeza de quem é o legítimo credor. Nesse sentido, estabelece o art. 344 que "o devedor de obrigação litigiosa exonerar-se-á mediante consignação, mas, se pagar a qualquer dos pretendidos credores, tendo conhecimento do litígio, assumirá o risco do pagamento".

O art. 973 do CC/1916 trazia, ainda, um inciso VI ("se houver concurso de preferência aberto contra o credor, ou se este for incapaz de receber o pagamento"). A referência à capacidade foi incorporada no inciso III do art. 335, havendo supressão da menção ao concurso de credores, mas que pode ser considerada incluída, do ponto de vista ideal, nas previsões dos incisos IV ou V, a depender da existência ou não de demanda judicial. Sobre tal previsão, observa SÍLVIO VENOSA que no

> "concurso de preferência, haverá vários credores do credor intitulados ao crédito. O devedor consignante não pode arriscar-se a pagar mal. Na verdade, aí, o crédito já é um bem que pertence a terceiros e não mais ao credor da dívida. O crédito integra o patrimônio do devedor"[7].

Registre-se, porém, que tal rol não é taxativo, pois a própria legislação codificada traz outras situações em que é autorizada a consignação, como, por

---

[6] Maria Helena Diniz, *Código Civil Anotado*, 6. ed., São Paulo: Saraiva, 2000, p. 728.

[7] Sílvio de Salvo Venosa, *Direito Civil — Teoria Geral das Obrigações e dos Contratos*, São Paulo: Atlas, 2002, p. 269.

exemplo, os arts. 341 e 342 do CC/2002[8], ou mesmo em legislação complementar (Decreto-Lei n. 58/37, art. 17, parágrafo único; Lei n. 492/37, arts. 19 e 21, III, etc.).

4. REQUISITOS DE VALIDADE

Na forma do art. 336 do CC/2002, "para que a consignação tenha força de pagamento, será mister concorram, em relação às pessoas, ao objeto, modo e tempo, todos os requisitos sem os quais não é válido o pagamento".

Assim, em relação às pessoas, a consignação deverá ser feita pelo devedor, ou quem o represente, em face do alegado credor, sob pena de não ser considerado válido, salvo se ratificado por este ou se reverter em seu proveito, na forma dos arts. 304 e 308 do CC/2002.

Em relação ao objeto, é óbvio que o pagamento deve ser feito na integralidade, uma vez que o credor não está obrigado a aceitar pagamento parcial. Antecipe-se, inclusive, que, no procedimento especial correspondente, a matéria é expressamente disciplinada, conforme se verifica da redação do art. 545 do CPC/2015, que preceitua, *in verbis*:

> "Art. 545. Alegada a insuficiência do depósito, é lícito ao autor completá-lo, em 10 (dez) dias, salvo se corresponder a prestação cujo inadimplemento acarrete a rescisão do contrato.
>
> § 1.º No caso do *caput*, poderá o réu levantar, desde logo, a quantia ou a coisa depositada, com a consequente liberação parcial do autor, prosseguindo o processo quanto à parcela controvertida.
>
> § 2.º A sentença que concluir pela insuficiência do depósito determinará, sempre que possível, o montante devido e valerá como título executivo, facultado ao credor promover-lhe o cumprimento nos mesmos autos, após liquidação, se necessária".

Quanto ao modo, da mesma forma não se admitirá modificação do estipulado, devendo a obrigação ser cumprida da mesma maneira como foi concebida originalmente. Exemplificando: se *A* se comprometeu a pagar a importância de R$ 1.000,00 à vista para *B*, não poderá consignar em quatro prestações de R$ 250,00. Assim, também não poderá mudar o local do pagamento, estabelecendo o art. 337 do CC/2002 que "o depósito requerer-se-á no lugar do pagamento, cessando, tanto que se efetue, para o depositante, os juros da dívida

---

[8] "Art. 341. Se a coisa devida for imóvel ou corpo certo que deva ser entregue no mesmo lugar onde está, poderá o devedor citar o credor para vir ou mandar recebê-la, sob pena de ser depositada.

Art. 342. Se a escolha da coisa indeterminada competir ao credor, será ele citado para esse fim, sob cominação de perder o direito e de ser depositada a coisa que o devedor escolher; feita a escolha pelo devedor, proceder-se-á como no artigo antecedente."

e os riscos, salvo se for julgado improcedente". Vale lembrar que, se a dívida for *querable*, como é a regra geral, o depósito será feito no domicílio do devedor; se *portable*, no do credor; ou, se houver foro de eleição, no domicílio estabelecido.

Por fim, quanto ao tempo, também não se pode modificar o pactuado, sendo vedado, como observa CARLOS ROBERTO GONÇALVES,

> "efetuar-se antes de vencida a dívida, se assim não foi convencionado. A mora do devedor, por si só, não impede a propositura da ação de consignação em pagamento, se ainda não provocou consequências irreversíveis, pois tal ação pode ser utilizada tanto para prevenir como para emendar a mora"[9].

5. POSSIBILIDADE DE LEVANTAMENTO DO DEPÓSITO PELO DEVEDOR

Realizado o depósito com a finalidade de extinguir a obrigação, poderá ele ser levantado?

A resposta a essa questão depende do momento em que o devedor pretender realizar tal ato, buscando retornar as coisas ao *status quo ante*[10].

a) Antes da aceitação ou impugnação do depósito: nesse momento, tem o devedor total liberdade para levantar o depósito, uma vez que a importância ainda não saiu de seu patrimônio jurídico. Trata-se de uma faculdade, mas que acarreta o ônus de pagar as despesas necessárias para o levantamento (e extinção do processo, se o depósito foi realizado judicialmente), bem como a subsistência da obrigação para todos os fins de direito (art. 338 do CC/2002).

---

[9] Carlos Roberto Gonçalves, ob. cit., p. 71. Sobre o tema, confiram-se os acórdãos do STJ e do TJRS:

"Consignação em pagamento — Prestações devidas ao SFH (Caixa Econômica Federal) — Purgação da mora — Tempestividade — Art. 974, Código Civil. 1. O devedor não está obrigado a consignar, podendo exercitar o direito sob o timbre da conveniência, 'enquanto o credor não haja diligenciado para se livrar das consequências do retardamento' ('mora creditoris — mora accipiendi'). 2. A consignação pode abranger inclusive os casos de 'mora debitoris', servindo para purgá-la. Divisada a mora do credor, irrelevante a questão temporal, pela permanência da recusa (REsp 1.426 — MS — Rel. Min. Athos Carneiro). Recurso improvido" (STJ, 1.ª T., REsp 70.887/GO (1995/0037170-7), Rel. Min. Milton Luiz Pereira, j. 8-2-1996, *DJ*, 25-3-1996, p. 8552; *RSJJ*, v. 85, p. 105).

"Consignação em pagamento. Busca e apreensão. Utilização de via imprópria. A via da ação consignatória não é hábil para elidir a ação de busca e apreensão, ou reabrir prazo para purgação da mora" (TJRS, Ap. Cív. 136112, Rel. Getúlio Moraes Oliveira, j. 18-10-2000).

[10] A hipótese não é cerebrina, pois pode ocorrer arrependimento da consignação por motivos vários, como, por exemplo, a constatação de insuficiência de capital para adimplir uma outra obrigação, com alguma garantia real, em que a execução pode trazer consequências mais graves ao devedor.

b) Depois da aceitação ou impugnação do depósito pelo credor: nesse momento, embora ainda não tenha sido julgada a procedência do depósito, o fato é que o credor já se manifestou sobre ele, pretendendo incorporá-lo ao seu patrimônio (aceitação) ou o considerando, por exemplo, insuficiente (impugnação). A oferta, portanto, já está caracterizada. O depósito, porém, poderá ainda ser levantado pelo devedor, mas, agora, somente com anuência do credor, que perderá a preferência e a garantia que lhe competia sobre a coisa consignada (ex.: preferência por hipoteca, no concurso de credores), com liberação dos fiadores e codevedores que não tenham anuído (art. 340 do CC/2002). Isso se justifica pela regra de que é patrimônio do devedor a garantia comum dos seus credores, e essa não incorporação patrimonial, no caso, se deu pela vontade do credor, não podendo tal ato unilateral de verdadeira renúncia prejudicar os demais interessados na extinção da obrigação.

c) Julgado procedente o depósito: admitido em caráter definitivo o depósito, o devedor já não poderá levantá-lo, ainda que o credor consinta, senão de acordo com os outros devedores e fiadores (art. 339 do CC/2002). Isso porque, sendo julgado procedente o depósito, consuma-se o pagamento, extinguindo-se juridicamente a obrigação, pelo que não podem ser prejudicados os codevedores e fiadores[11]. Obviamente, se estes concordarem com o levantamento, cai o impedimento criado pela lei, retornando tudo ao *status quo ante* por expressa manifestação da autonomia da vontade.

6. CONSIGNAÇÃO DE COISA CERTA E DE COISA INCERTA

Embora a esmagadora maioria das situações de consignação em pagamento envolvam obrigações pecuniárias, a sua disciplina não se limita a elas.

Se *A* se obriga a entregar uma máquina a *B* e este, na data do vencimento, se recusa a recebê-lo, poderá o devedor *A* se valer da consignação em pagamento para extinguir a obrigação.

Nesse caso, na forma do art. 341 do CC/2002, se a coisa devida foi imóvel ou corpo certo que deva ser entregue no mesmo lugar onde está, poderá o devedor citar o credor para vir ou mandar recebê-la, sob pena de ser depositada.

Vale destacar que o Código de Processo Civil de 1973, no art. 891, parágrafo único, estabelecia que o devedor poderá ajuizar a consignação no foro em que se encontra a coisa devida, se esta for corpo que deva ser entregue nesse local. O CPC/2015 não traz regra expressa equivalente, mas o raciocínio parece-nos ainda plenamente válido, por ser factível para determinadas situações concretas. É o caso, no exemplo anterior, do maquinário se encontrar em

---

[11] Nesse sentido, afirma Maria Helena Diniz que o levantamento do depósito somente pode ocorrer "após a sentença que julgou procedente a ação de consignação, se o credor consentir, de acordo com os outros devedores e fiadores (CC, art. 339), a fim de que se resguardem seus direitos" (*Curso de Direito Civil Brasileiro — Teoria Geral das Obrigações*, 35. ed., São Paulo: Saraiva, 2020, v. 2, p. 284).

domicílio diferente do credor, valendo lembrar que a regra geral de local do pagamento é justamente o domicílio do devedor. Óbvio que, se a coisa certa estiver em lugar distinto daquele em que se pactuou a entrega (ou, no silêncio, do domicílio do devedor), correm por conta do *solvens* as despesas de transporte, salvo estipulação em contrário[12].

Todavia, se a coisa foi indeterminada (leia-se: incerta), na expressão do art. 342 do CC/2002[13], é preciso se proceder à sua certificação, pela operação denominada "concentração do débito" ou "concentração da prestação devida".

Quando a escolha cabe ao devedor, nenhum problema se dará, pois é ele que pretende ofertar o pagamento.

Caso a escolha caiba ao credor, deve ele ser citado para tal fim, sob cominação de perder o direito e de ser depositada a coisa que o devedor escolher. Pensando nessa hipótese, prevê o art. 543 do Código de Processo Civil de 2015:

> "Art. 543. Se o objeto da prestação for coisa indeterminada e a escolha couber ao credor, será este citado para exercer o direito dentro de 5 (cinco) dias, se outro prazo não constar de lei ou do contrato, ou para aceitar que o devedor a faça, devendo o juiz, ao despachar a petição inicial, fixar lugar, dia e hora em que se fará a entrega, sob pena de depósito".

Procedida a escolha pelo devedor, reger-se-á a consignação pelas mesmas regras referentes à coisa certa.

---

[12] Nesse sentido, ensina Clóvis Beviláqua, "se a coisa estiver em lugar diferente daquele em que tenha de ser entregue, correm por conta do devedor as despesas de transporte. Somente depois de achar-se a coisa no lugar, em que se há de entregar, é que se fará a intimação, ou a consignação" (*Código Civil Comentado*, 10. ed., Rio de Janeiro: Francisco Alves, 1955, v. 4, p. 113).

[13] Criticando a expressão utilizada pelos diplomas civis, preleciona o Mestre Álvaro Villaça Azevedo:

"Inicialmente, é de ressaltar-se a erronia terminológica do Código, no que se refere a coisa indeterminada. Vimos, já, quando do estudo dos elementos da obrigação, que o objeto desta deve ser lícito, possível, determinado ou, pelo menos, determinável; daí, não se pode cogitar da categoria 'coisa indeterminada'. A coisa indeterminada não pode figurar no esquema obrigacional, porque é inaproveitável, tornando impossível, fisicamente, o cumprimento da obrigação. Imaginem que o devedor prometesse entregar ao credor uma coisa, sem determiná-la, sendo, também, impossível sua determinação futura, por exemplo, uma saca, um quilo, sem que se mencionasse a espécie (saca de quê? de café? de milho?).

Na realidade, quis o Código referir-se à coisa incerta, indefinida, não à indeterminada. Assim, a coisa incerta é perfeitamente aproveitável no mundo jurídico, pois que lhe falta, tão somente, a qualidade, devendo, pelo menos, indicar-se sua espécie e quantidade" (*Teoria Geral das Obrigações*, São Paulo: Revista dos Tribunais, 2001, p. 156).

7. DESPESAS PROCESSUAIS

Para o processo judicial de consignação em pagamento[14], estabelece o art. 343 do CC/2002 que "as despesas com o depósito, quando julgado procedente, correrão à conta do credor, e, no caso contrário, à conta do devedor".

Uma pergunta, porém, se impõe: e se *A*, devedor, em face da recusa de *B*, credor, na relação jurídica de direito material, propõe a consignação judicial do pagamento do valor e, nos autos, *B* aceita, sem impugnação, a importância ofertada, a quem cabe o pagamento das despesas processuais?

A pergunta é pertinente, uma vez que, do ponto de vista técnico, inexiste vencedor ou perdedor a se imputar os ônus da sucumbência.

A resposta, porém, é das mais simples, pois, de fato, o que ocorreu foi o reconhecimento da procedência do pedido, com a admissão, pelo credor, de que o valor era efetivamente devido.

Pensando, justamente, nessa situação é que preceitua o art. 546, parágrafo único, do Código de Processo Civil de 2015:

> "Art. 546. Julgado procedente o pedido, o juiz declarará extinta a obrigação e condenará o réu ao pagamento de custas e honorários advocatícios.
>
> Parágrafo único. Proceder-se-á do mesmo modo *se o credor receber e der quitação*" (grifos nossos).

8. PRESTAÇÕES PERIÓDICAS

Há situações, todavia, em que a relação obrigacional que envolve os sujeitos é de trato sucessivo, havendo, portanto, prestações periódicas a serem adimplidas.

É o caso, por exemplo, da dívida de aluguéis[15], alimentos, prestações de financiamento habitacional e, até mesmo, salários (tendo em vista a sucessividade do pacto laboral).

Nesses casos, recusando-se o credor a receber as prestações ofertadas pelo devedor, pode este consigná-las, na medida em que forem vencendo.

Tal regra é expressa na legislação processual, conforme se verifica do art. 541 do CPC/2015, *in verbis*:

> "Art. 541. Tratando-se de prestações sucessivas, consignada uma delas, pode o devedor continuar a depositar, no mesmo processo e sem mais formalidades, as que se forem vencendo, desde que o faça em até 5 (cinco) dias, contados da data do respectivo vencimento".

---

[14] Como veremos em tópico a seguir, há a possibilidade de consignação extrajudicial.

[15] Sobre a ação de consignação de aluguel e acessórios da locação, estabelece expressamente a Lei n. 8.245, de 18-10-1991 (Lei de Locação de Imóveis Urbanos), que, na petição inicial, "o pedido envolverá a quitação das obrigações que vencerem durante a

Registre-se, porém, que, para casos como tais, em que a obrigação consiste em prestações periódicas, elas podem ser consideradas implicitamente incluídas no pedido, ainda que sem declaração expressa do autor, na forma do art. 323 do CPC/2015[16].

9. REGRAS PROCEDIMENTAIS PARA A CONSIGNAÇÃO EM PAGAMENTO

A Lei n. 8.951, de 13-12-1994, integrante de um amplo conjunto de inovações do Código de Processo Civil de 1973, trouxe diversas e profundas modificações na disciplina da consignação em pagamento.

No Direito Positivo brasileiro, tradicionalmente, não tendo sido a obrigação adimplida por mora atribuída somente ao credor, dispunha o devedor única e exclusivamente da via judicial para poder livrar-se da prestação.

Hoje, todavia, em função justamente de modificações na legislação processual, criou-se um procedimento extrajudicial para a resolução do problema, cuja finalidade maior, sem sombra de dúvida, é, simultaneamente, aliviar o Poder Judiciário de mais esta quantidade de demandas, permitindo uma rápida resposta — e, por isto, mais efetiva — ao devedor que encontra resistência do credor em receber o que lhe é devido[17].

Essa diretriz de conduta foi inteiramente mantida no Código de Processo Civil de 2015, conforme analisaremos, com mais vagar, no próximo tópico.

9.1. Consignação extrajudicial

O art. 1.º da Lei n. 8.951/94, sem modificar o *caput* do art. 890 do Código de Processo Civil de 1973, acrescentou-lhe quatro parágrafos, instituindo o procedimento extrajudicial de consignação em pagamento.

---

tramitação do feito e até ser prolatada a sentença de primeira instância, devendo o autor promover os depósitos nos respectivos vencimentos" *(art. 67, III)*. Trata-se de regra específica, notadamente quanto à data do vencimento, que se sobrepõe, por critério hermenêutico, à regra geral do art. 541 do Código de Processo Civil de 2015.

16 CPC/2015: "Art. 323. Na ação que tiver por objeto cumprimento de obrigação em prestações sucessivas, essas serão consideradas incluídas no pedido, independentemente de declaração expressa do autor, e serão incluídas na condenação, enquanto durar a obrigação, se o devedor, no curso do processo, deixar de pagá-las ou de consigná-las".

17 Esta é, também, a observação de Sérgio Bermudes: "Trata-se de inovação, destinada a aliviar o Judiciário de carga desnecessária de processos e a facilitar a exoneração de quem encontra resistência do credor em receber o que lhe é devido. O singelo procedimento, disciplinado nos parágrafos que agora aparecem, dispensa a ação judicial com os ônus, apreensões e delongas que ela tantas vezes acarreta" (*A Reforma do Código de Processo Civil*, 2. ed., São Paulo: Saraiva, 1996, p. 156-7).

Registre-se, entretanto, que embora, à época, constituísse uma inovação para o Direito Positivo brasileiro, a consignatória extrajudicial já existia, com bastante eficácia, em outros sistemas jurídicos, notadamente nos países europeus[18].

Trata-se de verdadeira medida de dessacralização da consignação em pagamento, digna de aplausos, tendo em vista o seu nítido intento de simplificar a solução de conflitos.

O procedimento é por demais singelo, o que demonstra, ainda mais, a busca pela "desburocratização e desformalização, sem violência, mínima que seja, às garantias constitucionais do processo", valendo-nos das palavras do ilustre CALMON DE PASSOS[19].

Nessa mesma linha, determina o § 1.º do art. 539 do CPC/2015:

> "§ 1.º Tratando-se de obrigação em dinheiro, poderá o valor ser depositado em estabelecimento bancário, oficial onde houver, situado no lugar do pagamento, cientificando-se o credor por carta com aviso de recebimento, assinado o prazo de 10 (dez) dias para a manifestação de recusa".

A priori, deve-se observar, de logo, que esse procedimento extrajudicial somente é aplicável às obrigações pecuniárias, não sendo possível sua aplicação em relações obrigacionais relacionadas com a entrega de coisa. A consignação de coisa continua somente se dando mediante a via judicial, o que se explica até mesmo pela falta de uma estrutura específica, de natureza extrajudicial, suficientemente idônea para atuar como depositária do bem consignado.

Observe-se que o novo dispositivo sana um erro histórico do antigo § 1.º do art. 890 do CPC/1973.

Com efeito, na redação anterior, havia uma determinação de que o depósito fosse feito em banco oficial. Isto sempre nos pareceu, contudo, apenas uma preferência legal que objetiva a facilitar eventual procedimento judicial posterior, pois defendíamos que a inexistência de estabelecimento bancário oficial na loca-

---

[18] Confira-se, neste sentido, o testemunho de Cândido Rangel Dinamarco: "A sistemática agora adotada constitui reflexo de bem conhecidos modelos europeus já praticados há muitas décadas. Na Itália vige algo muito semelhante, com o sedizente obrigado depositando o valor na Banca d'Italia e indo a juízo depois, em pleito meramente declaratório, procurar sentença que reconheça a extinção do débito se o credor tiver recusado o depósito (c.c., arts. 107 ss). Essa matéria nem está inscrita no Código de Processo Civil, mas no Código Civil, capítulo do adimplemento das obrigações. Havendo recusa, tem-se a crise de certeza que constitui o fundamento geral de todas as ações declaratórias (ou dúvida objetiva), nada mais precisando dizer a lei para que tenha o sedizente obrigado interesse processual à mera declaração" (*A Reforma do Código de Processo Civil*, 3. ed., São Paulo: Malheiros, 1996, p. 268-9).

[19] J. J. Calmon de Passos, *Inovações no Código de Processo Civil*, 2. ed., Rio de Janeiro: Forense, 1995, p. 79.

lidade onde deveria ser procedido o pagamento não deveria impedir o devedor de se valer do procedimento, se tem acesso a estabelecimento bancário privado.

A regra, portanto, deve ser compreendida no sentido de que o depósito deve ser efetuado em banco oficial, onde houver, podendo ser efetuado em banco privado, na hipótese de inexistência do primeiro[20].

Como não há determinação legal expressa, entendemos, ainda, que a cientificação do depósito pode ser procedida tanto pelo estabelecimento bancário como pela via postal, ou mesmo pelo próprio devedor, pessoalmente. Exigir-se que tal notificação somente possa dar-se pelo banco soa como um formalismo desnecessário, incompatível e inexplicável se comparado com a proposta de simplificação.

O mais relevante, porém, é que não se abra mão, obviamente, da prova efetiva da ciência ao credor da realização do depósito. O aviso de recebimento, a que se refere o § 1.º, tem justamente essa finalidade.

Observe-se que a disciplina positivada do Código de Processo Civil de 2015 não utiliza mais a expressão “conta com correção monetária”, constante do § 1.º do art. 890 do CPC/1973.

Parece-nos, todavia, que o depósito de valor deve ser feito, preferencialmente, em conta que permita rendimentos que evitem a perda de seu poder aquisitivo, com o desgaste da moeda (atualização monetária).

Segundo o CPC/2015, “decorrido o prazo do § 1.º, contado do retorno do aviso de recebimento, sem a manifestação de recusa, considerar-se-á o devedor liberado da obrigação, ficando à disposição do credor a quantia depositada” (§ 2.º do art. 539 do CPC/2015).

O prazo de dez dias, fixado no § 1.º, deve ter seu termo inicial a partir da data do retorno do aviso de recebimento, e não da data em que foi efetivamente cientificado o credor.

Tal diretriz prestigia a segurança jurídica.

A liberação da obrigação, pelo menos nas relações reguladas genericamente pela legislação codificada civil, se dá sem ressalvas, desde que, logica-

---

[20] Neste sentido, é também a visão de Calmon de Passos (ob. cit., p. 82). Em entendimento contrário, veja-se Sérgio Bermudes (ob. cit., p. 158). Arriscamos, na época, inclusive desde a primeira edição deste volume dedicado ao estudo das "Obrigações", concluir que, provavelmente, deveria ter havido algum erro de digitação na publicação da Lei n. 8.951/94, pois haveria mais sentido se a vírgula registrada após a palavra “oficial” tivesse sido colocada após a expressão “estabelecimento bancário”, lendo-se o dispositivo originário da seguinte forma: “Tratando-se de obrigação em dinheiro, poderá o devedor ou terceiro optar pelo depósito da quantia devida, em estabelecimento bancário, *oficial onde houver*, situado no lugar do pagamento, em conta com correção monetária, cientificando-se o credor por carta com aviso de recepção, assinado o prazo de 10 (dez) dias para a manifestação de recusa” (grifos nossos).

mente, tenham sido observadas todas as regras legais, notadamente a notificação do credor.

Este é um aspecto que deve ser constantemente relembrado, pois o devedor precisa se precaver de todas as cautelas possíveis para que não haja qualquer nulidade na cientificação. Interessantes exemplos podem ser lembrados na possibilidade de o credor estar impossibilitado fisicamente de receber comunicações (v.g., internado em coma) ou judicialmente interditado, pelo que seu curador é que deve ser notificado, especificando-se todas as nuances da relação obrigacional a que se refere a consignatória.

Há, portanto, uma presunção da quitação da obrigação avençada, pelo silêncio do credor, somente se admitindo discussão desta se o credor demonstrar alguma irregularidade na sua aceitação tácita do valor depositado. Dessa forma, não podemos concordar *in totum* com SÉRGIO BERMUDES, para quem "a falta de recusa não obsta à propositura das ações, que o credor tiver contra o devedor, incumbindo ao primeiro opor ao argumento de que não se manifestou as alegações que tiver, como as de não recebimento da carta, de inexistência da mora *accipiendi*, ou de insuficiência do depósito"[21]. Efetivamente, não só podem, como devem ser conhecidas as alegações de não recebimento da carta, mas jamais se pode aceitar a rediscussão de matéria que deveria ter sido ventilada quando da recusa ao depósito, sob pena de tirar qualquer validade a essa modalidade extrajudicial de pagamento por consignação.

A hipótese de recusa está prevista no § 3.º do art. 539 do CPC/2015, que determina que esta deva ser manifestada por escrito ao estabelecimento bancário.

Aí está outro aspecto que nos parece bastante interessante.

A recusa deve ser formulada perante o estabelecimento bancário, e não necessariamente ao devedor/consignante. Isto porque, conforme se pode verificar do § 4.º, existe previsão de possibilidade de levantamento do depósito pelo consignante, na hipótese de recusa do credor. Ora, se o depósito é efetuado em nome do credor, por ser quantia que o depositante lhe entende devida, é preciso que o estabelecimento bancário tenha conhecimento da recusa para que possa proceder à liberação do valor ao devedor, caso seja do seu interesse.

Note-se, ainda, que o § 3.º do art. 539 do CPC/2015 fixa também o prazo de um mês (e não mais trinta dias, como na anterior previsão do § 3.º do art. 890 do CPC/1973), no caso de haver recusa do recebimento da importância consignada, para que o devedor (ou terceiro) possa propor a ação de consignação, instruindo a inicial com a prova do depósito e da recusa, determinando o § 4.º que, caso não seja proposta a ação no referido prazo, ficará sem efeito o depósito, podendo levantá-lo o depositante.

---

[21] Sérgio Bermudes, ob. cit., p. 159.

Sobre tais dispositivos, entendemos que a expressão "ficará sem efeito o depósito" é bastante imprecisa tecnicamente, tendo em vista que o depósito de uma quantia é um fato jurídico, sendo completamente inócua, do ponto de vista fático, a determinação legal, uma vez que, permanecendo depositada, continuará a importância a ser atualizada monetariamente, tal como se tivesse efetivamente passado para o patrimônio jurídico do credor.

Da mesma forma, mesmo ultrapassado o prazo de um mês (não mais trinta dias, repita-se!), parece-nos absurdo pensar numa preclusão da possibilidade de ajuizamento da ação de consignação, pois, como veremos *a posteriori*, enquanto há débito, sempre há a possibilidade de consigná-lo.

Sendo assim, entendemos a fixação do prazo de um mês somente como uma limitação temporal para ser considerada elidida a mora, na hipótese de haver recusa (uma vez que havendo aceitação, tácita ou expressa, o valor se transfere ao patrimônio do credor).

Neste sentido, concordamos totalmente com CÂNDIDO RANGEL DINAMARCO, quando afirma que a

> "lei não teve a inconstitucional intenção de fechar o caminho do processo ao devedor que não proponha a demanda naquele prazo de trinta dias: somente facultou-lhe o levantamento do depósito, findo esse prazo. Se ele não o levantar, contudo, nem por isso ficará obstado de propor a ação de consignação em pagamento e exibir a prova do depósito (§ 3.º). O legislador não deve tampouco ter pretendido que o devedor levante o depósito e faça outro *incontinenti*, querendo propor a demanda em juízo após os trinta dias. Carece de eficácia no sistema, também a locução, ficando sem efeito o depósito (sempre, § 3.º)"[22].

Assim também pensa ANTONIO CARLOS MARCATO:

> "Ao prever o depósito extrajudicial, a lei está a conferir ao interessado no pagamento uma via diversa do acesso necessário e imediato à jurisdição (como ocorria até o advento da Lei 8.951/94), sem, contudo, retirar-lhe esse direito de acesso. Sucede, apenas, que a não propositura da ação no trintídio acarreta o restabelecimento do estado anterior à efetivação do depósito extrajudicial, ou seja, a dívida remanesce em aberto e o credor insatisfeito, desta feita por inércia imputável ao devedor"[23].

Em resumo, na consignação extrajudicial, o silêncio do credor caracterizará a aceitação do depósito; a inércia do devedor, não promovendo a ação no prazo, a sua mora.

---

[22] Cândido Rangel Dinamarco, ob. cit., p. 270. Observe-se que a referência é à previsão do CPC/1973, em que o prazo era de 30 dias, e não de um mês.

[23] Antonio Carlos Marcato, *Procedimentos Especiais*, 9. ed., São Paulo: Malheiros, 2001, p. 53. Novamente, saliente-se que a referência é à previsão do CPC/1973, em que o prazo era de 30 dias, e não de um mês, como no Código de Processo Civil de 2015.

Encerrando esta breve análise geral da consignatória extrajudicial, consideramos relevante lembrar que ela não se constitui, de forma alguma, em procedimento preparatório necessário para o ajuizamento posterior da ação de consignação em pagamento, mas sim mera faculdade legal, podendo o devedor, se desejar, ajuizar diretamente a ação judicial de consignação.

9.2. Aplicabilidade da consignação extrajudicial nas relações trabalhistas

Após analisarmos a consignatória extrajudicial, cabe perguntar: tal procedimento é aplicável às relações trabalhistas?

A resposta, baseada na melhor doutrina, não pode deixar de ser positiva.

Inexiste qualquer regulação específica, quanto à matéria, nas relações de trabalho, o que demonstra a omissão do consolidador, bem como a necessidade da aplicação supletiva. Da mesma forma, não há incompatibilidade entre o procedimento regulado pelos parágrafos do art. 539 do CPC/2015 e os princípios do processo laboral ou mesmo das relações de direito material.

Sendo assim, não existem motivos para se propugnar pela incompatibilidade do novo instituto e todo o seu procedimento com o Direito do Trabalho.

Todavia, acreditamos sinceramente que, na prática das relações laborais, pouco espaço para utilização tem a consignatória extrajudicial.

Nossa convicção se dá, ao contrário de outros ilustres doutrinadores que elencam diversos óbices[24], por um motivo básico:

O art. 477 consolidado, em seu § 1.º, determina, como visto em capítulo anterior[25], que o "pedido de demissão ou recibo de quitação do contrato de trabalho, firmado por empregado com mais de 1 (um) ano de serviço, *só será válido* quando feito com a assistência do respectivo Sindicato ou perante a autoridade do Ministério do Trabalho" (grifos nossos).

O estabelecimento bancário, mesmo oficial, não pode ser substitutivo do sindicato da categoria profissional ou do representante do Ministério do Trabalho (ou mesmo do Ministério Público, Defensor Público ou Juiz de Paz, para observar a ordem subsidiária do § 3.º do art. 477).

Se há expressa determinação legal de que o recibo de quitação, no caso do empregado com mais de um ano de serviço, só terá validade quando ob-

---

[24] Verifique-se, a propósito, Manoel Antonio Teixeira Filho, *As Alterações no CPC e suas Repercussões no Processo do Trabalho*, 4. ed., São Paulo: LTr, 1996, p. 186-7; e José Augusto Rodrigues Pinto, *A Modernização do CPC e o Processo do Trabalho*, São Paulo: LTr, 1996, p. 320.

[25] Cf. tópico 4.1 ("Do Objeto do Pagamento e Sua Prova") do Capítulo VIII ("Teoria do Pagamento — Condições Subjetivas e Objetivas").

servada esta homologação, não há como se reconhecer a quitação total e irrevogável pelo singelo procedimento extrajudicial aqui analisado.

Obviamente, embora não valha como recibo de quitação das parcelas, não hesitamos em afirmar que, ausente qualquer vício de consentimento, a consignatória extrajudicial fará prova, pelo menos, do pagamento das importâncias que o empregador/consignante considera devidas. Contudo, reconhecemos que isto é efetivamente muito pouco para a segurança das relações jurídicas e empresariais, diante da legislação específica aplicável.

Sendo assim, lembramos, neste aspecto, as considerações do Mestre JOSÉ AUGUSTO RODRIGUES PINTO, para quem

> "embora impregnada da virtude de aliviar a carga de trabalho do Poder Judiciário, a consignação extrajudicial nos parece ter pouca chance de prosperar na área da relação de emprego, seja pela relativa complexidade do procedimento, envolvendo a participação de estabelecimentos que a média dos trabalhadores não se habituou a frequentar nem a confiar, como é o caso dos bancos, seja pela tensão natural entre as classes dirigente e trabalhadora, que leva esta última a só confiar nas soluções judiciais, mesmo que nas pesquisas da mídia costume dizer que não confia na Justiça, seja, principalmente, pelos atritos que suscita, graças às diferenças de ordem estrutural do direito material trabalhista e civil"[26].

Vejamos, agora, algumas noções da ação judicial de consignação em pagamento.

9.3. Consignação judicial em pagamento

A competência territorial (*ratione loci*) para julgar a ação de consignação em pagamento continua se dando pelo local indicado para ser procedido ordinariamente o adimplemento da obrigação, conforme se observa do art. 540 do CPC/2015:

> "Art. 540. Requerer-se-á a consignação no lugar do pagamento, cessando para o devedor, à data do depósito, os juros e os riscos, salvo se a demanda for julgada improcedente".

Saliente-se, porém, que, tratando-se de ação consignatória de aluguéis e encargos, é competente para conhecer e julgar tais ações, na forma do art. 58, II, da Lei n. 8.245/91, o foro de eleição e, na sua falta, *o do lugar da situação do imóvel*, expressão, inclusive, redundante, haja vista que foro já importa a noção de lugar[27].

---

[26] José Augusto Rodrigues Pinto, ob. cit., p. 320-1.

[27] "Na sua acepção legal, foro representa a delimitação territorial para o exercício do poder jurisdicional e corresponde à comarca da Justiça dos Estados. Por outras palavras, a competência de foro leva em conta a distribuição das causas a determinados órgãos territorialmente delimitados (comarcas), servindo como elementos de determinação do

No que diz respeito aos requisitos da petição inicial, o Código de Processo Civil de 2015 (mantendo, em essência, as diretrizes estabelecidas pela Lei n. 8.951/94 ao reformular a redação original do art. 893 do CPC/1973), estabelece requerimentos obrigatórios, a saber, "o depósito da quantia ou da coisa devida, a ser efetivado no prazo de 5 (cinco) dias contados do deferimento, ressalvada a hipótese do art. 539, § 3.º" (inciso I) e "a citação do réu para levantar o depósito ou oferecer contestação" (inciso II).

Ressalte-se que, pelo rito anterior, na concepção original do diploma processual de 1973, o consignatário era citado para, "em lugar, dia e hora determinado, vir ou mandar receber a quantia ou a coisa devida, sob pena de ser feito o respectivo depósito".

Atualmente, de maneira muito mais célere, o depósito é requerido desde a inicial (podendo já ter sido procedido mesmo antes do ajuizamento, no caso da consignatória extrajudicial — ressalva feita, inclusive, no final do inciso I) e o réu é citado, não somente para dizer se aceita o valor, mas também para, na hipótese de recusa, apresentar sua resposta, o que economiza diversos atos processuais.

Note-se aqui que a nova disciplina processual, propugnada pelo CPC/2015, utiliza a expressão genérica "oferecer contestação", e não mais "oferecer resposta", considerando a nova diretriz de concentração das modalidades de resposta do réu na contestação, inclusive, por exemplo, a exceção declinatória de foro.

Obviamente, a diligência da citação do réu somente deve ser procedida após a comprovação do depósito determinado pelo juiz, no prazo previsto no inciso I do art. 542 do CPC/2015.

E se, por acaso, esse depósito não for realizado?

A hipótese nos parece de extinção do processo sem resolução de mérito, com indeferimento da petição inicial, pela aplicação analógica do art. 485, I, combinado com o parágrafo único do art. 321, ambos do CPC/2015.

Isso porque, sendo o depósito um dos pressupostos necessários para a determinação de citação do réu/consignatário, a sua não efetivação impede o curso natural do processo e o conhecimento das alegações fáticas contidas na petição inicial[28].

---

foro competente ora o local do domicílio de uma das partes (v. g., CPC, arts. 94, *caput*, 99, 100, I a III), ora o local do cumprimento da obrigação (v. g., CPC, art. 891), ora o local da prática do ato ilícito (v. g., CPC, art. 100, V, *a*), entre outros" (Antonio Carlos Marcato, *Procedimentos Especiais*, 9. ed., São Paulo: Malheiros, 2001, p. 56).

[28] "A lei não diz, mas nela está implícito que a não realização do depósito acarretará a pura e simples extinção do processo, sem julgamento do mérito (CPC, art. 267, IV), não se impondo ao autor, todavia, qualquer condenação, até porque o réu sequer foi citado" (Antonio Carlos Marcato, ob. cit., p. 59).

Por isso, mesmo diante da literalidade do *caput* do art. 321 do CPC/2015[29], parece-nos que não há motivo para se abrir novo prazo para emenda, já que se trata do cumprimento de uma determinação judicial expressa anterior, qual seja o depósito da quantia ou da coisa devida, a ser efetivado no prazo de 5 (cinco) dias, contados (da cientificação — dizemos nós!) do deferimento.

Claro que o *caput* do art. 321 pode ser invocado em outras situações (por exemplo, se a petição menciona o depósito extrajudicial, mas não junta a comprovação), mas não para reabrir novo prazo, determinado judicialmente, para cumprimento de uma diligência.

Quanto ao prazo para a resposta, agora concentrada na contestação, vale lembrar que, historicamente, houve modificação legislativa neste sentido.

O texto original do art. 896 do Código de Processo Civil de 1973 determinava que a "contestação será oferecida no prazo de 10 (dez) dias, contados da data designada para recebimento".

Hoje, contudo, como foi suprimida há tempos essa fixação específica de prazo para a contestação da consignatória, deve ser aplicada a regra geral de prazos para resposta do réu no processo de conhecimento, expressa no art. 335 do CPC/2015, qual seja, de 15 (quinze) dias.

De acordo com a inteligência da atual redação do art. 544 do CPC/2015:

> "Art. 544. Na contestação, o réu poderá alegar que:
>
> I — não houve recusa ou mora em receber a quantia ou a coisa devida;
>
> II — foi justa a recusa;
>
> III — o depósito não se efetuou no prazo ou no lugar do pagamento;
>
> IV — o depósito não é integral.
>
> Parágrafo único. No caso do inciso IV, a alegação somente será admissível se o réu indicar o montante que entende devido".

Trata-se, efetivamente, de um rol das matérias típicas suscitáveis na contestação à consignação em pagamento, pois este procedimento especial, como já vimos, tem cabimento justamente quando há uma *mora accipiendi*, ou seja, um atraso ou recusa injustificável do credor em receber a prestação que lhe é devida.

Um dos pontos a destacar é, no supratranscrito parágrafo único, o condicionamento da possibilidade de alegação da não integralidade do depósito à indicação, pelo credor, do montante que entende devido.

---

[29] "Art. 321. O juiz, ao verificar que a petição inicial não preenche os requisitos dos arts. 319 e 320 ou que apresenta defeitos e irregularidades capazes de dificultar o julgamento de mérito, determinará que o autor, no prazo de 15 (quinze) dias, a emende ou a complete, indicando com precisão o que deve ser corrigido ou completado."

Essa modificação, no preciso comentário de RODRIGUES PINTO, "corresponde a uma atitude que vem tomando o legislador, comum ou trabalhista, no sentido de evitar a contestação genérica na discussão de valores, via de regra usada para somente protelar o desfecho da demanda"[30].

Nossa compreensão da matéria é que se trata efetivamente de uma medida salutar, pois evita a imprecisa defesa por negação geral, possibilitando tanto à parte contrária quanto ao juiz uma melhor visualização dos aspectos controversos do litígio.

Vale acrescentar ainda que o art. 546 do CPC/2015 estabelece:

> "Art. 546. Julgado procedente o pedido, o juiz declarará extinta a obrigação e condenará o réu ao pagamento de custas e honorários advocatícios.
>
> Parágrafo único. Proceder-se-á do mesmo modo se o credor receber e der quitação".

Por fim, para encerrar esta análise da disciplina da ação de consignação em pagamento, impõe-se a verificação do art. 545 do CPC/2015, que estabelece:

> "Art. 545. Alegada a insuficiência do depósito, é lícito ao autor completá-lo, em 10 (dez) dias, salvo se corresponder a prestação cujo inadimplemento acarrete a rescisão do contrato.
>
> § 1.º No caso do *caput*, poderá o réu levantar, desde logo, a quantia ou a coisa depositada, com a consequente liberação parcial do autor, prosseguindo o processo quanto à parcela controvertida.
>
> § 2.º A sentença que concluir pela insuficiência do depósito determinará, sempre que possível, o montante devido e valerá como título executivo, facultado ao credor promover-lhe o cumprimento nos mesmos autos, após liquidação, se necessária".

Sobre essa possibilidade de complementação do depósito, ainda se referindo ao Código de Processo Civil de 1973, comentou HUMBERTO THEODORO JÚNIOR:

> "O credor não é obrigado a receber prestação menor ou diversa daquela pela qual se obrigou o devedor. Por isso, o art. 896, n. IV, arrola, entre as defesas úteis, a da insuficiência do depósito efetuado pelo promovente da consignatória. Provada essa defesa, a consequência natural seria a improcedência do pedido. A lei, no entanto, por política de economia processual e pela preocupação de eliminar o litígio, instituiu uma faculdade especial para o devedor, quando a defesa se referir apenas à insuficiência do depósito: em semelhante situação, faculta-se ao autor a complementação em 10 dias (art. 899). É bom lembrar que esse depósito complementar não foi condicionado pela lei nem a erro nem a boa-fé do autor, de sorte que se mostra irrelevante o motivo da insuficiência

---

[30] José Augusto Rodrigues Pinto, ob. cit., p. 326.

do depósito. Desde que o devedor concorde com a alegação do réu e se disponha a complementar o depósito, aberta lhe será a faculdade do art. 899"[31].

A previsão do § 1.º é medida de grande utilidade prática, pois evita que haja maior demora do feito, normalmente já bastante lento, quanto à importância incontroversa, prosseguindo o litígio somente quanto à discussão da existência ou não de valores inadimplidos.

No que diz respeito à parte incontroversa, o processo fica, portanto, extinto com julgamento do mérito, uma vez que houve um "reconhecimento parcial da procedência do pedido", hipótese que pode ser adequada à previsão do art. 487, III, *a*, do Código de Processo Civil de 2015.

A única objeção ao levantamento do depósito é bastante razoável, constituindo-se na ressalva do *caput* do art. 545 do CPC/2015, no que diz respeito à possibilidade de o depósito corresponder à prestação cujo descumprimento importe na "rescisão do contrato": se a prestação devida, por exemplo, já se tornou imprestável ao réu, evidentemente não aproveitará ao autor o exercício da faculdade prevista na lei, respondendo ele, na hipótese de improcedência da consignação, pelas perdas e danos decorrentes de sua mora[32].

O § 2.º caracteriza-se como outra saudável medida de simplificação e economia processuais, pois, caso a recusa tenha ocorrido somente pela não integralidade do depósito e restando demonstrada essa afirmação, não precisará o credor ajuizar ação autônoma, pois a própria sentença que reconhecer a insuficiência do depósito servirá de título executivo judicial em favor do credor.

9.4. O procedimento judicial trabalhista da ação de consignação em pagamento

A ação de consignação em pagamento é, hoje, incontestavelmente admissível no processo do trabalho[33], não havendo grandes dificuldades em se pro-

[31] Humberto Theodoro Júnior, *Curso de Direito Processual Civil — Procedimentos Especiais*, 8. ed., Rio de Janeiro: Forense, 1993, v. 3, p. 43.

[32] "Claro está, também, que a prestação só será eventualmente imprestável quando tenha por objeto a entrega ou restituição de coisa (CC, arts. 956 e 957); tratando-se de prestação pecuniária (obrigação de dar dinheiro), ela sempre será útil para o credor" (Antonio Carlos Marcato, ob. cit., p. 62).

[33] Contudo, em passado já um pouco distante, havia alguma divergência acerca da aplicabilidade de tal procedimento especial, em função de habitualmente se tratar de uma ação proposta pelo empregador contra o empregado, entendendo alguns doutrinadores que a legislação processual trabalhista somente admitia uma única ação desta natureza, a saber, o inquérito judicial para apuração de falta grave. Sobre o tema, confira-se Wilson de Souza Campos Batalha, *Tratado de Direito Judiciário do Trabalho*, São Paulo: LTr, 1995, v. 2, p. 220-3.

ceder à adaptação do procedimento previsto no Código de Processo Civil ao rito ordinário do processo do trabalho, de acordo com a orientação do art. 769 da Consolidação das Leis do Trabalho[34] e do art. 15 do Código de Processo Civil de 2015[35].

No que se refere à petição inicial, apesar de não haver nenhuma determinação expressa neste sentido, recomenda-se que seja feita na forma escrita, até mesmo por analogia à outra ação trabalhista proposta por empregador[36], que é o inquérito judicial para apuração de falta grave, que somente admite a peça inaugural por escrito (*vide* art. 853 consolidado).

No processo do trabalho, como sabemos, a relação jurídica processual somente se angulariza (e, portanto, se completa) no momento em que o juiz entra em contato com os autos, o que normalmente só ocorre em mesa de audiência.

Desta forma, em que pese dever constar na vestibular o requerimento de depósito da quantia considerada devida, a apreciação de tal pleito pode se dar, na prática, apenas quando da realização da audiência.

Nada impede, porém, que seja criado procedimento administrativo interno na secretaria da Vara do Trabalho ou, onde houver, no setor de distribuição de feitos, para que, ajuizada a petição inicial, seja determinada, de logo, a notificação do autor para proceder o depósito da quantia consignada[37].

Essa medida, inclusive, é muito mais compatível com o procedimento ordinário do processo do trabalho, principalmente no que diz respeito à regra de concentração de atos em audiência, com a resposta do réu, tentativas de conciliação, instrução e julgamento em uma única sessão. A realização de todos esses atos processuais na mesma data não será possível se a determinação do depósito somente acontecer quando do comparecimento das partes a juízo, haja vista que o autor terá o prazo de cinco dias para procedê-lo.

Determinada com antecedência, portanto, a realização do depósito pelo consignante, sem que esse tenha diligenciado tempestivamente tal mister, o rigor técnico imporá a extinção do processo sem resolução do

---

[34] "Art. 769. Nos casos omissos, o direito processual comum será fonte subsidiária do direito processual do trabalho, exceto naquilo em que for incompatível com as normas deste Título".

[35] "Art. 15. Na ausência de normas que regulem processos eleitorais, trabalhistas ou administrativos, as disposições deste Código lhes serão aplicadas supletiva e subsidiariamente."

[36] Embora não haja impossibilidade de haver uma ação de consignação em pagamento de empregado em face do empregador, por alguma dívida por ele reconhecida, há de se convir que a hipótese é, na prática, pouco factível.

[37] Na nossa atuação profissional na magistratura trabalhista, temos adotado, com êxito, tal procedimento, principalmente após o advento do PJE — Processo Judicial Eletrônico.

mérito, o que é inquestionável, do ponto de vista formal, com a retirada de pauta do processo.

Todavia, inexiste obstáculo legal para que, comparecendo os litigantes em juízo para a audiência designada (caso não tenha havido tempo hábil para a retirada do processo de pauta), renuncie o consignatário ao direito de ter o processo extinto sem resolução do mérito, aceitando que seja renovada a oportunidade para que o consignante apresente, em audiência, o valor consignado.

Essa conclusão é obtida por uma questão de economia processual, bem como pela regra inscrita no art. 794 consolidado, pelo qual "só haverá nulidade quando resultar dos atos inquinados manifesto prejuízo às partes litigantes".

Na hipótese em tela, o excessivo formalismo processual de determinar a extinção do processo sem resolução do mérito, com as partes presentes e o consignatário disposto a aceitar a renovação da oportunidade de depósito, implicará apenas no adiamento da apreciação do conflito, o que pode ser muito conveniente para o juiz, que terá um processo a menos para julgar, mas, definitivamente, não o é para os litigantes e, muito menos, para a realização da justiça no caso concreto.

Contudo, se não foi determinado previamente ao consignante que procedesse ao depósito, mas tendo sido o consignatário notificado (terminologia da CLT), este comparecerá à audiência para receber a importância discriminada na inicial (ou já adrede depositada, na hipótese de eventual consignatória extrajudicial, com recusa do credor trabalhista) ou apresentar contestação.

Não comparecendo o consignante, a hipótese será, neste caso, inquestionavelmente, de "arquivamento" da ação de consignação, por aplicação analógica do procedimento determinado no art. 844 consolidado, que equivale à extinção do processo sem resolução do mérito.

Não comparecendo o consignatário, apesar de devidamente notificado, declarar-se-á sua revelia, operando-se as consequências previstas no art. 546 do CPC/2015, com a extinção da obrigação, obviamente partindo-se da premissa de ter sido efetivado o depósito da quantia considerada devida pelo empregador. Excetuam-se da condenação somente os honorários advocatícios, caso não sejam atendidos os requisitos da Lei n. 5.584/70 e da Súmula 329 do colendo Tribunal Superior do Trabalho, que regem a matéria na espécie.

Comparecendo o consignatário e aceitando a importância consignada, sem ressalvas, o Juízo proferirá decisão, julgando totalmente procedente a consignação, nos termos do parágrafo único do art. 546 do CPC/2015. A *res judicata* operar-se-á, obviamente, somente quanto à quitação dos títulos consignados, não abrangendo outras parcelas que não tenham sido objeto da postulação do consignante, podendo o empregado/credor pleiteá-las pela via judicial em ação autônoma.

É lógico que isto não impede que os litigantes transacionem, em audiência, outras ou mesmo todas as parcelas decorrentes da relação de emprego, hipótese em que o termo respectivo, devidamente homologado pelo Juízo trabalhista, valerá como sentença irrecorrível, dando quitação total do vínculo empregatício.

Finalmente, comparecendo o empregado, mas recusando a importância consignada, deferirá o magistrado o requerimento, formulado pelo empregador, de depósito da quantia considerada devida (caso já não tenha procedido ao depósito bancário extrajudicial), tendo o consignante o prazo legal de cinco dias para efetuar o depósito (caso esta diligência já não tenha sido determinada anteriormente à audiência, como aqui sugerido e por nós constantemente determinado em nossa prática processual).

Quanto à contestação, a matéria a ser ventilada é, indubitavelmente, a elencada nos incisos do art. 544 do CPC/2015 (art. 896 do CPC/1973), inclusive o inciso IV ("*o depósito não é integral*"), pois ainda que a determinação para a realização do depósito somente tenha ocorrido naquela oportunidade, o autor da consignação já descreveu, desde a inicial, qual o valor que entende devido, bem como discriminou a que parcelas se refere tal importância.

Há ilustres vozes, como a de MANOEL ANTONIO TEIXEIRA FILHO, que entendem que o parágrafo único ("No caso do inciso IV, a alegação somente será admissível se o réu indicar o montante que entende devido") seria inaplicável ao processo do trabalho, como se verifica das seguintes considerações, ainda tratando sobre a codificação processual anterior:

> "Em nossas primeiras impressões sobre o tema, chegamos a aceitar a aplicação dessa regra ao processo do trabalho. Melhor refletindo, porém, assumimos outro posicionamento. Assim o fizemos porque se, em regra, o réu, na ação de consignação em pagamento, é o trabalhador, e se o princípio a ser observado nos direitos material e processual do trabalho é de que o devedor (empregador) só se libera da obrigação até o limite do valor depositado, a opinião, por nós antes sustentada, de que o empregado deveria indigitar, na contestação, o quanto julgava ser-lhe devido, poderia fazer com que o devedor ficasse inteiramente liberado da obrigação, caso o trabalhador deixasse de fazer aquela indicação. Assim, revendo a primitiva opinião, concluímos que não se aplica ao processo do trabalho o disposto no parágrafo único do art. 896 do CPC, sob pena de antagonismo com o princípio de que o empregador só se libera da obrigação até o limite do valor depositado. Em suma, a nosso ver, basta que o trabalhador alegue em juízo que o depósito não é integral — como sempre fez, aliás. Se, eventualmente, vier-se a exigir que ele deva apontar o valor a que entende fazer jus, essa exigência terá o caráter de mera informação processual, cuja falta, por isso, não fará com que o devedor fique integralmente liberado da obrigação, máxime se o trabalhador, além de haver contestado, reconveio"[38].

---

[38] Manoel Antonio Teixeira Filho, ob. cit., p. 189.

Com o devido respeito ao ilustre doutrinador, partilhamos definitivamente de outra opinião.

Com efeito, a norma prevista no parágrafo único do art. 544 do CPC/2015 visa, como já dito anteriormente, a evitar a contestação genérica, expediente utilizado, muitas vezes, com finalidade meramente protelatória.

O fundamento principal dos que defendem a inaplicabilidade desta regra reside, portanto, no princípio da proteção ao hipossuficiente econômico, uma vez que o empregado não teria condições de, sozinho, apontar o montante que entende devido.

Afora a discussão de ser esse princípio de direito material aplicável ao direito processual trabalhista, consideramos que, em verdade, o cerne da polêmica está numa fuga inconsciente da tentativa de conciliação entre o *jus postulandi* pessoal das partes (art. 791 da CLT) e o ônus processual determinado pela inovação legislativa.

Acreditamos sinceramente que se possa atribuir ao termo "montante" um sentido mais amplo do que o gramatical para se fazer justiça no caso concreto, sem abrir mão da restrição à impugnação genérica.

Como afirmou RAUL MOREIRA PINTO, em elucidativo artigo, nada

> "impede que o empregado-réu, na defesa, simplesmente negue os fatos da inicial ou invoque outros, impeditivos, modificativos ou extintivos do direito do autor. Isto é, afirme que o *quantum* ofertado é insuficiente porque, v. g., o salário tomado para cálculo de verbas rescisórias não é o efetivamente percebido, ou que há ganhos com horas extras que não foram considerados no cálculo daquelas, ou, mais, que o saldo salarial é maior do que o reconhecido pelo empregador.
>
> Ao elencar os fatos que embasam sua discordância, está a lançar sua pretensão de receber valor maior, pretensão esta que o *iudicium duplex* da consignatória autoriza. Com efeito, retornando aos exemplos acima, o empregado-réu dirá o *quantum* salarial ajustado, quantas horas extras prestava e qual o valor do salário retido"[39].

Ainda no que diz respeito à alegação de insuficiência do depósito, perfeitamente aplicáveis são também as regras do art. 545, *caput*, bem como de seu § 1.º, que possibilitam a complementação do depósito pelo consignante e o levantamento do valor incontroverso pelo consignatário.

Tais medidas possibilitam maior celeridade do processo, devendo ser ressaltado que, de acordo com a estrutura do procedimento dos dissídios in-

---

[39] Raul Moreira Pinto, Ação de Consignação em Pagamento — Aplicabilidade dos Novos Dispositivos da Lei n. 8.951/94 no Processo do Trabalho, *Trabalho & Processo*, v. 7, São Paulo: Saraiva, dez. 1995, p. 162.

dividuais do trabalho, o levantamento da importância incontroversa poderá ser procedido mediante determinação judicial de expedição de alvará ou mesmo homologação de conciliação parcial perante o juízo trabalhista, que prosseguirá na instrução da parte controvertida.

Por fim, quanto à sentença proferida na ação de consignação em pagamento, vale destacar sua tradicional natureza de *ação dúplice*, ao permitir a condenação do autor por força da acolhida da contestação do consignatário, sem depender do manejo da reconvenção.

Tal norma atende plenamente aos interesses do processo do trabalho, na medida em que aparelha o empregado, de forma imediata, com um título executivo judicial, sem a necessidade de ter de ajuizar ação autônoma para executar a obrigação.

De outro lado, caso seja reconhecido que o valor depositado foi integral, a decisão final será predominantemente declaratória, pois se limitará a reconhecer a eficácia liberatória do depósito promovido pelo devedor. Sendo assim, o que extingue a dívida não é a sentença, mas o depósito do devedor, apenas proclamando a decisão essa extinção.

Capítulo XI
Pagamento com Sub-rogação

Sumário: 1. Compreensão da palavra "sub-rogação". 2. Conceito e espécies. 2.1. Pagamento com sub-rogação legal. 2.2. Pagamento com sub-rogação convencional. 3. Efeitos jurídicos da sub-rogação.

1. COMPREENSÃO DA PALAVRA "SUB-ROGAÇÃO"

Segundo o léxico CALDAS AULETE, *sub-rogação (s.f.)* é "o ato de sub-rogar. Ato pelo qual se substitui uma pessoa ou coisa em lugar de outra. (For.) Ato pelo qual o indivíduo que paga pelo devedor com o consentimento deste, expressamente manifestado ou por fatos donde claramente se deduza, fica investido nos direitos do credor (*Cód. Civ. Port.*, art. 778). F. Lat. *Subrogatio*"[1].

Para a ciência jurídica, da mesma forma, sub-rogação traduz a ideia de "substituição" de sujeitos ou de objeto, em uma determinada relação jurídica.

Citando pensamento de HENRY DE PAGE, magistral civilista belga, CAIO MÁRIO observa que: "na palavra mesma que exprime o conceito (do latim 'sub rogare, sub rogatio'), está contida a ideia de substituição, ou seja, o fato de uma pessoa tomar o lugar da outra, assumindo a sua posição e a sua situação"[2].

Assim, se um indivíduo gravou determinado bem de sua herança com cláusula de inalienabilidade, o sucessor não poderá, sem a devida autorização judicial, aliená-lo, e, caso o faça, justificará o gasto, aplicando o valor remanescente na aquisição de outro bem, que substituirá o primeiro, o qual passará a suportar a cláusula restritiva.

Diz-se, no caso, haver se operado uma *sub-rogação (substituição) objetiva ou real,* ocorrida entre coisas.

Nesse sentido, confira-se, por exemplo, o art. 1.848, § 2.º, do Código Civil de 2002:

> "Art. 1.848. Salvo se houver justa causa, declarada no testamento, não pode o testador estabelecer cláusula de inalienabilidade, impenhorabilidade, e de incomunicabilidade, sobre os bens da legítima.

---

[1] Caldas Aulete, *Dicionário Contemporâneo da Língua Portuguesa,* Rio de Janeiro: Delta, 1958, v. 5, p. 4780.

[2] Henry de Page, *Traité,* III, segunda parte, n. 513, citado por Caio Mário da Silva Pereira, *Instituições de Direito Civil,* 19. ed., Rio de Janeiro: Forense, 2001, v. 2, p. 131.

§ 1.º Não é permitido ao testador estabelecer a conversão dos bens da legítima em outros de espécie diversa.

§ 2.º *Mediante autorização judicial e havendo justa causa, podem ser alienados os bens gravados, convertendo-se o produto em outros bens, que ficarão sub-rogados nos ônus dos primeiros*" (grifos nossos).

Outras hipóteses de sub-rogação real são encontradas nos seguintes artigos do Código de 2002: 39, 1.446, 1.659, I e II, 1.668, I, e 1.719.

Ao lado da sub-rogação objetiva ou real, temos, ainda, a *sub-rogação subjetiva ou pessoal*.

Como o próprio nome sugere, nesse caso, a substituição que se opera é de sujeitos, e não de objeto, na relação jurídica.

Tal ocorre, por exemplo, quando o fiador paga a dívida do afiançado, passando, a partir daí, a ocupar a posição do credor, substituindo-o. Assim, se Caio (fiador) paga a dívida de Tício (devedor principal/afiançado), junto a Mévio (credor), poderá, então, exigir o reembolso do que pagou, sub-rogando-se nos direitos do credor.

A sub-rogação, pois, significará uma substituição de sujeitos na relação jurídica, uma vez que Caio assumirá o lugar do credor Mévio, que lhe transferirá os seus direitos e garantias, por força de lei.

Pois bem.

É exatamente desta última modalidade de sub-rogação que trataremos no presente capítulo.

O *pagamento com sub-rogação*, modo especial de extinção das obrigações disciplinado pelos arts. 346 a 351 do CC/2002, traduz a ideia de cumprimento da dívida por terceiro, com a consequente substituição de sujeitos na relação jurídica obrigacional originária: sai o credor e entra o terceiro que pagou a dívida ou emprestou o necessário para que o devedor solvesse a obrigação.

2. CONCEITO E ESPÉCIES

Quando um terceiro paga ou empresta o necessário para que o devedor solva a sua obrigação, operar-se-á, por convenção ou em virtude da própria lei, a transferência dos direitos e, eventualmente, das garantias do credor originário para o terceiro (sub-rogado).

Diz-se, no caso, ter havido *pagamento com sub-rogação pessoal*, ou seja, pagamento com substituição de sujeitos no polo ativo da relação obrigacional.

A dívida será considerada extinta em face do antigo credor, remanescendo, todavia, o direito transferido ao novo titular do crédito.

Há, portanto, dois necessários efeitos da sub-rogação: liberatório (pela extinção do débito em relação ao credor original) e translativo (pela transferência da relação obrigacional para o novo credor).

Não há que se confundir, todavia, o *pagamento com sub-rogação* com a mera *cessão de crédito*[3], haja vista que, nesta última, a transferência da qualidade creditória opera-se sem que tenha havido o pagamento da dívida.

Como bem pondera ORLANDO GOMES, "a sub-rogação pessoal assemelha-se à cessão de crédito, subordinando-se, na sua espécie mais comum, às regras que a disciplinam. Não se confundem, porém. *A sub-rogação pressupõe pagamento*, só se verificando se o credor originário for satisfeito. A cessão de crédito, ao contrário, ocorre antes que o pagamento seja feito"[4] (grifos nossos).

A despeito dessa falta de identidade, é forçoso convir que esses institutos guardam pontos de contato, uma vez que a própria lei, na hipótese de sub-rogação convencional, estudada a seguir, manda sejam aplicados os dispositivos da cessão de crédito (art. 348 do CC/2002).

Assim, ocorre *pagamento com sub-rogação* quando Caio paga a dívida de Tício, sub-rogando-se nos direitos do credor Mévio. Diferentemente, haverá simples cessão de crédito quando o credor Mévio, por força de estipulação negocial, transfere o seu crédito a Caio, de forma que este, a partir daí, possa exigir o pagamento da dívida, notificando o devedor para tal fim.

Frise-se, outrossim, que esta substituição poderá dar-se de duas formas: *por força de lei* ou *em virtude de convenção* (pela vontade das próprias partes).

Assim, temos:

a) pagamento com *sub-rogação legal;*

b) pagamento com *sub-rogação convencional.*

Vejamos cada uma delas separadamente.

2.1. Pagamento com sub-rogação legal

Em três hipóteses configura-se a sub-rogação legal, ou seja, de pleno direito (art. 346 do CC/2002):

a) **em favor do credor que paga a dívida do devedor comum** (inciso I) — Se duas ou mais pessoas são credoras do mesmo devedor, operar-se-á a sub-rogação legal se qualquer dos sujeitos ativos pagar ao credor preferencial (aquele que tem prioridade no pagamento do crédito) o valor devido. Assim, por exemplo, não havendo dívida trabalhista, se o primeiro credor, segundo a

[3] Sobre a cessão de crédito, confira-se o Capítulo XX ("Transmissão das Obrigações: cessão de crédito, cessão de débito (assunção de dívida) e cessão de contrato").

[4] Orlando Gomes, *Obrigações*, 8. ed., Rio de Janeiro: Forense, 1992, p. 140.

ordem legal de preferência, é a União Federal, detentora do único crédito tributário, poderá qualquer dos outros credores, objetivando acautelar o seu crédito, pagar ao Fisco, sub-rogando-se em seus direitos. Dessa maneira, poderá exigir, além do seu próprio crédito, o valor da dívida adimplida. Da mesma forma, haverá interesse no pagamento, estando os credores na mesma classe, se o segundo credor pagar ao primeiro (cuja dívida venceu em primeiro lugar, já tendo, inclusive, penhora registrada), passando a substituí-lo em todos os seus direitos. Esta última situação é apontada por ÁLVARO VILLAÇA AZEVEDO: "Também, pode acontecer que um credor hipotecário, com segunda hipoteca sobre determinado imóvel do devedor, queira pagar ao titular do crédito, com primeira hipoteca sobre essa mesma coisa, sub-rogando-se nos direitos deste, executando, depois, os dois créditos hipotecários, sem ficar aguardando que o primeiro seja executado para, em seguida, executar o segundo sobre o saldo que restar da primeira execução"[5]. Embora a hipótese seja pouco factível, a sub-rogação também se dará em créditos sem direito de preferência, uma vez que o CC/2002 suprimiu tal exigência na previsão constante do inciso correspondente.

b) em favor do adquirente do imóvel hipotecado, que paga ao credor hipotecário, bem como do terceiro que efetiva o pagamento para não ser privado do direito sobre o imóvel (inciso II) — A hipoteca é um direito real de garantia incidente sobre imóveis. Em geral, quando uma pessoa pretende obter um empréstimo, o credor, antes de fornecer o numerário, costuma exigir garantias e, em especial, uma garantia real, a exemplo da hipoteca de um imóvel do devedor (uma fazenda, por exemplo). Neste caso, o proprietário terá o seu bem gravado (pela hipoteca), podendo o credor hipotecário reavê-lo em mãos de quem quer que seja, por força do chamado "direito de sequela". Nada impede, porém, que o devedor aliene o bem hipotecado a um terceiro, ciente da hipoteca (aliás, toda hipoteca deve ser registrada no Cartório de Registro Imobiliário). Este adquirente (o comprador da fazenda), portanto, objetivando liberar o imóvel, poderá pagar a soma devida ao credor hipotecário, sub-rogando-se em seus direitos. Embora se trate de hipótese não muito frequente, não é impossível ocorrer, e, no caso, paga a dívida, poderá o terceiro adquirente, sub-rogado nos direitos do credor, exigi-la do devedor. Na parte final deste inciso, inovou o Novo Código Civil, ao reconhecer a incidência da sub-rogação legal também na hipótese de *um terceiro efetivar o pagamento para não ser privado de direito sobre o imóvel*. No caso, não se trata do terceiro que adquire imóvel hipotecado, eis que essa hipótese está contida na primeira parte da norma. A previsibilidade legal compreende situações outras, de pessoas que tenham algum direito sobre o imóvel, e, para não

[5] Álvaro Villaça Azevedo, *Teoria Geral das Obrigações*, 9. ed., São Paulo: Revista dos Tribunais, 2001, p. 163.

perdê-lo, pagam a dívida do proprietário, sub-rogando-se nos direitos do credor. É o que ocorre se o promitente comprador de um imóvel paga a dívida do proprietário (promitente vendedor), por considerar que o credor poderia exigir a alienação judicial do bem, objeto do compromisso de venda;

c) **em favor do terceiro interessado, que paga a dívida pela qual era ou podia ser obrigado, no todo ou em parte (inciso III)** — Esta é a hipótese mais comum de sub-rogação legal. Opera-se quando um terceiro, *juridicamente interessado no cumprimento da obrigação*, paga a dívida, sub-rogando-se nos direitos do credor. É o que ocorre no caso do fiador, que paga a dívida do devedor principal, passando, a partir daí, a poder exigir o valor desembolsado, utilizando, se necessário, as garantias conferidas ao credor originário[6]. É o que ocorre, também, quando um dos devedores solidários paga a dívida ao credor comum. Lembre-se de que, consoante já anotamos, o terceiro não interessado que paga a dívida em seu próprio nome tem direito a reembolsar-se, embora não se sub-rogue nos direitos do credor (art. 305 do CC/2002).

Até aqui tratamos de hipóteses de sub-rogação legal, quer dizer, operada por força de lei, devendo ser interpretadas restritivamente, por serem relacionadas de forma taxativa (*numerus clausus*)[7].

Nada impede, outrossim, dentro do campo de atuação da autonomia da vontade e da livre-iniciativa, que as próprias partes, fora das hipóteses *supra*, admitam a sub-rogação por simples estipulação negocial.

Trata-se da denominada sub-rogação convencional ou voluntária, a seguir analisada.

---

6 "O avalista, fiador ou terceiro interessado que pagar a dívida do alienante ou devedor, se sub-rogará, de pleno direito, no crédito e na garantia constituída pela alienação fiduciária" (TJDF, Ap. Civ. 93.312, Rel. Pingret de Carvalho, j. 25-10-1999).

7 "Processual civil e civil. Sub-rogação. Inexistência. Art. 985-II, CC. Ausência de prequestionamento. Fundamento inatacado. Enunciados 282 e 283 da Súmula/STF. Dissídio não demonstrado. Recurso não conhecido. I — Nos termos do art. 985-II, CC, o adquirente de imóvel hipotecado que paga ao credor hipotecário sub-roga-se nos direitos deste, tornando-se o novo credor, não tendo aplicação o dispositivo para a sub-rogação nos direitos do devedor da hipoteca. II — Não tendo o tribunal enfrentado a matéria discutida no especial, impossível a sua análise, por falta de prequestionamento, nos termos do enunciado n. 282 da súmula/STF. III — Ausente impugnação específica, permanecem incólumes fundamentos por si só suficientes do acórdão impugnado, nos termos do enunciado n. 283 da súmula/STF. IV — Dissídio não demonstrado, nos termos do art. 541, parágrafo único, CPC" (4.ª T., REsp 110.319/RS (1996/0064216-8), Rel. Min. Sálvio de Figueiredo Teixeira, j. 4-5-2000, *DJ*, 5-6-2000, p. 162).

"Embargos do devedor. Execução movida por terceiro que pagou o débito do embargante, representado por duplicatas. Inexistência, na espécie, de sub-rogação legal ou convencional. Carência de ação. Recurso provido" (TARS, 2.ª Câm. Civ., Ap. Civ. 25.014, Rel. Des. José Vellinho de Lacerda, j. 28-4-1981).

2.2. Pagamento com sub-rogação convencional

Esta forma de sub-rogação decorre da vontade das próprias partes e é disciplinada pelo art. 347 do CC/2002, que a admite em duas hipóteses:

a) **quando o credor recebe o pagamento de terceiro e expressamente lhe transmite todos os seus direitos (inciso I)** — Trata-se de situação muito semelhante à cessão do crédito, sendo-lhe, inclusive, aplicadas as mesmas regras (art. 348 do CC/2002). Todavia, consoante já advertimos, o fato de haver semelhança não significa dizer que os institutos jurídicos sejam idênticos. A cessão, que poderá inclusive ser gratuita (prescindindo, pois, de pagamento), não se submete aos limites impostos pelo Código ao pagamento com sub-rogação (art. 350 do CC/2002). Além disso, na cessão de crédito, a cientificação do devedor é também condição indispensável para que o ato tenha eficácia jurídica[8], uma vez que a sua ciência é um imperativo lógico do princípio da boa-fé, pois, se o devedor pagar a prestação ao credor original (que, de má-fé, não o cientificou de já ter recebido o pagamento de terceiros), não há como exigir do *solvens* a ideia de "quem paga mal, paga duas vezes", por não ter o dever de investigar o credor sobre tal circunstância;

b) **quando terceira pessoa empresta ao devedor a quantia precisa para solver a dívida, sob a condição expressa de ficar o mutuante sub-rogado nos direitos do credor satisfeito (inciso II)** — Nesse caso, a pessoa que emprestou o numerário (mutuante), para que o devedor (mutuário) pagasse a soma devida, no próprio ato negocial de concessão do empréstimo ou financiamento estipula, expressamente, que ficará sub-rogado nos direitos do credor satisfeito. Assim, se A empresta um valor a B, sob a condição de sub-rogar-se nos direitos do credor primitivo, poderá não apenas exigir o reembolso do que pagou, mas também utilizar-se das eventuais garantias

---

[8] Cf. art. 290 do CC/2002. Neste sentido, confira-se o seguinte acórdão do STJ:

"Civil. Processual civil. Locação. Arts. 986, I, e 1.069 do Cód. Civil. Sub-rogação convencional. Créditos referentes a aluguéis e encargos. Notificação dos devedores/fiadores. Necessidade. Ação executiva. Citação. Suprimento da notificação irrealizada. Impossibilidade. Acórdão que extingue a execução por ilegitimidade ativa. Art. 267, V, do CPC. Legalidade. Recurso conhecido e desprovido. 1 — Em atendimento ao disposto no art. 1.069 do Código Civil, a eficácia da sub-rogação convencional (Cód. Civil, art. 986, I), em relação aos devedores, exige que sejam estes notificados do ajuste. Na hipótese, não foi dada ciência aos fiadores da sub-rogação de créditos de alugueres e encargos, realizada entre a locadora e a empresa administradora do imóvel locado. 2 — A citação dos fiadores em ação que executa créditos decorrentes de alugueres e encargos não tem o condão de suprir a notificação exigida pelo art. 1.069 do Código Civil, devendo ser mantido o acórdão 'a quo', que extinguiu a execução por ilegitimidade ativa da autora. 3 — Recurso conhecido e desprovido" (5.ª T., REsp 189.945/SP (1998/0071603-3), Rel. Min. Gilson Dipp, j. 23-11-1999, *DJ*, 13-12-1999, p. 169).

pactuadas em prol do credor inicial. Tudo dependerá da forma pela qual a sub-rogação fora prevista no contrato. Este caso, lembra-nos SÍLVIO VENOSA, "ocorre com muita frequência nos financiamentos dos bancos ditos sociais. As Caixas Econômicas costumam liquidar os débitos dos devedores com instituições privadas, fornecendo financiamentos em condições mais favoráveis"[9].

3. EFEITOS JURÍDICOS DA SUB-ROGAÇÃO

O principal efeito da sub-rogação é, exatamente, transferir ao novo credor "todos os direitos, ações, privilégios e garantias do primitivo, em relação à dívida, contra o devedor principal e seus fiadores" (art. 349 do CC/2002)[10].

Dessa forma, se o credor principal dispunha de garantia real (uma hipoteca ou um penhor, por exemplo) ou pessoal (fiança), ou ambas, o terceiro sub-rogado passará a detê-las, podendo, pois, tomar as necessárias medidas judiciais para a proteção do seu crédito, como se fosse o credor primitivo[11].

---

[9] Sílvio de Salvo Venosa, *Teoria Geral das Obrigações e Teoria Geral dos Contratos*, 2. ed. São Paulo: Saraiva, 2002, p. 279.

[10] A esta regra, todavia, devem ser dados justos limites. O Superior Tribunal de Justiça, por exemplo, por sua 5.ª Turma, em acórdão da lavra do Min. Edson Vidigal, no REsp 255.663-SP, j. 29-6-2000, entendeu que o fiador, que paga a dívida do locatário, não se sub-roga em todos os direitos e prerrogativas do locador, restando, pois, excluída a possibilidade de pleitear a *penhora do imóvel residencial do locatário-afiançado*. Como se sabe, esta (absurda) garantia é concedida ao credor-locador, em face do próprio fiador, *ex vi* do disposto no art. 3.º, VII, da Lei n. 8.009/90. Entretanto, paga a dívida, o mesmo direito não é concedido ao fiador, em desfavor do locatário-afiançado. Leia-se trecho da ementa: "1 — A impenhorabilidade do bem de família é regra, somente cabendo as exceções legalmente previstas. Nos termos da Lei n. 8.009/90, art. 3.º, VII (incluído pela Lei n. 8.245/91, art. 82), é possível a penhora do bem de família como garantia de obrigação decorrente de fiança concedida em contrato de locação. 2 — O fiador que paga integralmente a dívida, à qual se obrigou, fica sub-rogado nos direitos e garantia do locador-credor. *Entretanto, não há como estender-lhe o privilégio da penhorabilidade do bem de família em relação ao locatário-afiançado, taxativamente previsto no dispositivo mencionado, visto que nem mesmo o locador o dispunha. 3 — Recurso conhecido e provido*" (grifos nossos). Sobre o bem de família, cf. o capítulo 8, item 5, de nosso *Novo Curso de Direito Civil*, v. I — Parte Geral.

[11] Sobre o tema, confiram-se os seguintes acórdãos do STJ:

"Responsabilidade Civil. Ação de regresso da seguradora. Súmula n. 188 do Supremo Tribunal Federal. Súmula n. 130 do Superior Tribunal de Justiça. Art. 988 do Código Civil. 1. Como assentado em torrencial jurisprudência da corte, consolidada na súmula n. 130, a 'empresa responde, perante o cliente, pela reparação de dano ou furto de veículo ocorridos em seu estacionamento'. 2. O art. 988 do Código Civil não agasalha restrição alguma ao direito da seguradora, sub-rogada, a ingressar com ação de regresso contra a empresa que responde pelo estacionamento. 3. Recurso especial conhecido

Observe-se, apenas, que, se a sub-rogação for convencional, as partes poderão convencionar a diminuição de privilégios ou garantias concedidas ao credor originário.

Lembremo-nos, também, que, na sub-rogação legal, "o sub-rogado não poderá exercer os direitos e as ações do credor, *senão até a soma que tiver desembolsado para desobrigar o devedor*" (art. 350 do CC/2002 — grifos nossos).

Assim, se a dívida vale R$ 1.000,00, e o terceiro juridicamente interessado (fiador) obteve desconto e pagou apenas R$ 800,00 — com a devida anuência do credor, que emitiu quitação plena e irrevogável —, só poderá exercer os seus direitos e garantias contra o devedor até o limite da soma que efetivamente desembolsou para solver a obrigação (R$ 800,00). Não poderá, pois, cobrar do devedor R$ 1.000,00, sob pena de caracterizar enriquecimento sem causa (ilícito).

---

e provido" (3.ª T., REsp 177.975/SP (1998/0042352-4), Rel. Min. Carlos Alberto Menezes Direito, j. 5-10-1999, *DJ*, 13-12-1999, p. 141).

"Civil. Responsabilidade Civil. Acidente de Trânsito. Acordo extrajudicial firmado pela segurada com o causador do dano. Seguradora. Sub-rogação. Inocorrência. Precedente da Terceira Turma. Recurso desacolhido. I — Na sub-rogação, o sub-rogado recebe todos os direitos, ações, privilégios e garantias que desfrutava o primeiro credor em relação à dívida (art. 988 do Código Civil). O sub-rogado, portanto, não terá contra o devedor mais direitos do que o primitivo credor. II — Assim, se o próprio segurado (primitivo credor) não poderia mais demandar em juízo contra o causador do dano, em razão de acordo extrajudicial com plena e geral quitação, não há que falar em sub-rogação, ante à ausência de 'direito' a ser transmitido" (4.ª T., REsp 274.768/DF (2000/0087178-8), Rel. Min. Sálvio de Figueiredo Teixeira, j. 24-10-2000, *DJ*, 11-12-2000, p. 212).

"Civil e Processual Civil. Responsabilidade Civil. Furto de veículo em estacionamento. Seguradora. Sub-rogação legal. Requisitos. Ausência. Boletim de ocorrência. Prova insuficiente. Inexistência de presunção *juris tantum*. Precedentes da corte. recurso desacolhido. I — Na sub-rogação, o sub-rogado adquire o crédito com os seus acessórios, mas também com os seus inconvenientes, não ficando desobrigado de satisfazer as exigências legais para poder recebê-lo. Em outras palavras, não terá o sub-rogado contra o devedor mais direitos do que o primitivo credor. II — Tratando-se de furto de veículo em estacionamento e de sub-rogação, necessária a demonstração da prova da sub-rogação, da ocorrência do furto nas dependências da ré e da não recuperação do veículo, não bastando apenas a prova do pagamento da dívida (art. 985-III, Código Civil). III — Ausente qualquer dos requisitos, impõe-se a improcedência do pedido, por não ter o autor provado fato constitutivo do seu direito (art. 333-I, CPC). IV — O boletim de ocorrência policial não gera presunção *juris tantum* da veracidade dos fatos narrados, uma vez que apenas consigna as declarações unilaterais narradas pelo interessado, sem atestar que tais afirmações sejam verdadeiras. Em outras palavras, o documento apenas registra que as declarações foram prestadas, sem consignar, todavia, a veracidade do seu conteúdo" (4.ª T., REsp 174.353/RJ (1998/0036550-8), Rel. Min. Sálvio de Figueiredo Teixeira, j. 9-11-1999, *DJ*, 17-12-1999, p. 374).

Trata-se, no caso, de uma restrição apenas imposta à sub-rogação legal, haja vista que, na convencional, inserida no campo da autonomia privada, as partes têm liberdade para estipularem a mantença ou não de garantias e o alcance dos efeitos jurídicos do pagamento.

Finalmente, cumpre-nos anotar que, se houver concorrência de direitos entre o credor originário e o credor sub-rogado, ao primeiro assistirá preferência na satisfação do crédito. Assim, se *A* é credor de R$ 300,00 em face de *B*, e *C* (credor sub-rogado) paga-lhe apenas parte da dívida (R$ 150,00), ficará sub-rogado em seus direitos até essa quantia. Pois bem. Suponhamos que o patrimônio de *B* não seja suficiente para saldar os dois créditos concorrentes (de *A* e *C*). Nesse caso, por expressa determinação legal (art. 351 do CC/2002), o credor originário terá preferência ao sub-rogado, se os bens do devedor não chegarem para saldar inteiramente o que a um e outro dever.

Trata-se de uma regra adequada, pela própria anterioridade do crédito, e em virtude da inexistência de outra solução melhor.

Capítulo XII
Imputação do Pagamento

Sumário: 1. Noções introdutórias. 2. Conceito e requisitos. 3. Imputação do credor e imputação legal.

1. NOÇÕES INTRODUTÓRIAS

Ninguém está impedido de contrair mais de uma dívida com a mesma pessoa.

Supondo serem todas líquidas e vencidas, e oferecendo o devedor capital insuficiente para a quitação de todas, tem ele o direito de escolher qual das dívidas pretende extinguir em primeiro lugar. É o caso de o sujeito dever R$ 5,00, R$ 10,00 e R$ 15,00 ao mesmo credor, sendo todas as dívidas líquidas e vencidas. Não discordando o credor em receber parcialmente o pagamento, cabe ao devedor (em regra a escolha é dele) imputar o valor pago em qualquer das dívidas. Da mesma forma, tendo todas as dívidas o mesmo valor, urge especificar qual dos débitos deverá ser solvido em primeiro lugar.

Isso se dá através do instituto da *imputação do pagamento*, que analisaremos no presente capítulo.

2. CONCEITO E REQUISITOS

Entende-se a imputação do pagamento como a "determinação feita pelo devedor, dentre dois ou mais débitos da mesma natureza, positivos e vencidos, devidos a um só credor, indicativa de qual dessas dívidas quer solver"[1].

Vale dizer, trata-se muito mais de um meio indicativo de pagamento, do que propriamente de um modo satisfativo de adimplemento.

Desse lapidar conceito doutrinário, calcado na previsão legal correspondente (art. 352 do CC/2002)[2], extraem-se os dois requisitos legais indispensáveis:

a) igualdade de sujeitos (credor e devedor);

b) liquidez e vencimento de dívidas da mesma natureza.

---

[1] Álvaro Villaça Azevedo, *Teoria Geral das Obrigações*, São Paulo: Revista dos Tribunais, 2001, p. 168.

[2] "Art. 352. A pessoa obrigada, por dois ou mais débitos da mesma natureza, a um só credor, tem o direito de indicar a qual deles oferece pagamento, se todos forem líquidos e vencidos."

Esses requisitos são imprescindíveis, simultaneamente, para que o devedor possa ter o direito subjetivo de fazer a imputação do pagamento, independentemente da manifestação do credor.

Embora o Novo Código Civil nada mencione na espécie, parece-nos que a ideia de que, com consentimento do credor, se possa fazer imputação do pagamento em dívida ilíquida ou não vencida, constante da segunda parte do art. 991 do CC/1916, continua válida, uma vez que decorre muito mais da autonomia individual da vontade do que da existência necessária de previsão legal, haja vista que, se prejuízo houver, será para o próprio credor que anuiu com a proposta do devedor, antecipando o vencimento de sua dívida ou liquidando-a convencionalmente.

Em verdade, é possível se afirmar que todas as limitações à imputação do pagamento podem ser relevadas por mútuo consentimento das partes.

Assim o é com a imputação em dívida ilíquida e ainda não vencida, como visto, e, bem assim, com a pretensão de que o pagamento seja feito primeiro em relação aos juros vencidos e, depois, em relação ao capital (art. 354 do CC/2002)[3].

Observe-se, da mesma forma, que, *salvo anuência do credor*, o devedor não poderá, também, imputar o pagamento em dívida cujo montante seja superior ao valor ofertado, pois, como visto, o pagamento parcelado do débito só é permitido quando convencionado (art. 314 do CC/2002).

3. IMPUTAÇÃO DO CREDOR E IMPUTAÇÃO LEGAL

Na ausência, porém, de qualquer manifestação de vontade e ocorrendo o silêncio do devedor sobre qual das dívidas líquidas e vencidas quer imputar o pagamento, como deve proceder?

Pensando em situações como as tais, estabelece o art. 353 do CC/2002:

> "Art. 353. Não tendo o devedor declarado em qual das dívidas líquidas e vencidas quer imputar o pagamento, se aceitar a quitação de uma delas, não terá direito a reclamar contra a imputação feita pelo credor, salvo provando haver ele cometido violência ou dolo".

Todavia, pode acontecer que a quitação seja omissa quanto à imputação, escapando da incidência da norma supramencionada.

Nesse caso, serão invocadas as regras da imputação legal.

---

[3] "Art. 354. Havendo capital e juros, o pagamento imputar-se-á primeiro nos juros vencidos, e depois no capital, *salvo estipulação em contrário, ou se o credor passar a quitação por conta do capital*" (grifos nossos).

Fazendo a interpretação conjunta dos arts. 354 e 355[4] do CC/2002, podemos estabelecer a seguinte ordem preferencial:

a) prioridade para os juros vencidos, em detrimento do capital;

b) prioridade para as líquidas e vencidas anteriormente, em detrimento das mais recentes;

c) prioridade para as mais onerosas[5], em detrimento das menos vultosas, se vencidas e líquidas ao mesmo tempo.

Todavia, por extremo rigor acadêmico, fica a pergunta que não quer calar: e se todas as dívidas tiverem exatamente a mesma natureza, vencimento e valor?

A legislação codificada civil não traz uma resposta direta, sustentando ÁLVARO VILLAÇA AZEVEDO que "seria, analogicamente, de aplicar-se a regra do art. 433, item 4, do Código Comercial brasileiro, que estatui: 'Sendo as dívidas da mesma data e de igual natureza, entende-se feito o pagamento por conta de todas em devida proporção'"[6].

A solução, que poderia satisfazer no passado recente, não é mais válida, pela revogação expressa de toda a Parte Primeira do Código Comercial brasileiro, por força do art. 2.045 do Código Civil de 2002.

E como proceder a partir de então?

De lege ferenda, a despeito de inexistir solução legal, recomendamos, como mera sugestão doutrinária, que, à luz dos princípios da equidade e da razoabilidade, o magistrado continue aplicando a regra legal superada, imputando à conta de cada dívida o valor pago, na sua devida proporção.

Embora tal entendimento culmine por impor ao credor o recebimento parcial da dívida, devemos lembrar que ele de certa forma contribuiu para o embaraço da situação, ao não cuidar de indicar, na quitação, em qual das dívidas imputava o pagamento.

---

[4] "Art. 355. Se o devedor não fizer a indicação do art. 352, e a quitação for omissa quanto à imputação, esta se fará nas dívidas líquidas e vencidas em primeiro lugar. Se as dívidas forem todas líquidas e vencidas ao mesmo tempo, a imputação far-se-á na mais onerosa."

[5] Exemplo de dívida mais onerosa é a que tem taxa de juros mais gravosa.

[6] Ob. cit., p. 169.

Capítulo XIII
Dação em Pagamento

Sumário: 1. Conceito. 2. Requisitos da dação em pagamento. 3. Evicção da coisa dada em pagamento. 4. Dação *pro solvendo.*

1. CONCEITO

Esta forma especial de pagamento tem origem no Direito Romano, havendo os jurisconsultos, durante muito tempo, discutido a sua natureza e os seus efeitos. Admitia-se, naquela época, a denominada *"datio in solutum"*, ou seja, a entrega, pelo devedor, de coisa diversa daquela que fora anteriormente convencionada pelas partes[1].

Seguindo a trilha de pensamento do insuperável ANTUNES VARELA, "a dação em cumprimento (*datio in solutum*), vulgarmente chamada pelos autores de dação em pagamento, consiste na realização de uma prestação diferente da que é devida, com o fim de, mediante acordo do credor, extinguir imediatamente a obrigação"[2].

Trata-se, pois, de forma de extinção obrigacional, disciplinada pelos arts. 356 a 359 do CC/2002, por força da qual o *credor consente em receber prestação diversa da que fora inicialmente pactuada.*

Assim, se o devedor obriga-se a pagar a quantia de R$ 1.000,00, poderá solver a dívida por meio da dação, entregando um automóvel ou prestando um serviço, desde que o credor consinta com a substituição das prestações.

Aliás, cumpre-nos registrar que a obrigação primitiva não precisa ser, necessariamente, pecuniária. Pouco importa se fora inicialmente pactuada obrigação de dar, de fazer ou de não fazer. O que realmente interessa é a natureza diversa da nova prestação.

Esse é o pensamento, aliás, do Mestre CAIO MÁRIO:

> "Também em nada afeta a essência da dação em pagamento que a coisa entregue seja móvel ou imóvel, corpórea ou incorpórea, um bem jurídico

---

[1] José Cretella Jr., *Curso de Direito Romano,* 20. ed., Rio de Janeiro: Forense, 1997, p. 340.

[2] João de Matos Antunes Varela, *Das Obrigações em Geral,* 7. ed., Porto — Portugal: Almedina, 1997, v. 2, p. 171.

qualquer, uma coisa ou um direito, como o usufruto. É mister, contudo, que seja diferente da devida"[3].

Ressalte-se, todavia, que a dação em pagamento não se confunde com a pluralidade de prestações existente nas *obrigações alternativas*, haja vista que, nestas, a diversidade de prestações está prevista no próprio título da obrigação (p. ex.: *nos termos do contrato*, eu me obrigo a entregar um imóvel *ou* dez mil reais).

Da mesma forma, não é idêntica às obrigações facultativas, porque aqui também existe prévia estipulação negocial da prestação subsidiária (p. ex.: *nos termos do contrato*, eu me obrigo a entregar um imóvel, *sendo facultada*, em caráter subsidiário, e ao meu critério, a entrega de dez mil reais)[4].

Diferentemente, na dação em pagamento, estipula-se uma prestação (a entrega de dez mil reais), e, ulteriormente, por meio de uma nova estipulação negocial entre devedor e credor, este aceita liberá-lo, recebendo, por exemplo, em troca do dinheiro, um imóvel.

2. REQUISITOS DA DAÇÃO EM PAGAMENTO

São requisitos dessa forma de extinção das obrigações:

a) a existência de uma dívida vencida — visto que ninguém pode pretender solver uma dívida que não seja existente e exigível;

b) o consentimento do credor — vale dizer, não basta a iniciativa do devedor, uma vez que, segundo a legislação em vigor, a dação só terá validade se o credor anuir (até porque, por princípio, este não estaria obrigado a receber coisa diversa da que fora pactuada, na forma do art. 313, do CC/2002);

c) a entrega de coisa diversa da devida — somente a diversidade essencial de prestações caracterizará a dação em pagamento, ou seja, a obrigação será extinta entregando o devedor coisa que não seja a *res debita*[5];

d) o ânimo de solver (*animus solvendi*) — o elemento anímico, subjetivo, da dação em pagamento é, exatamente, o *animus solvendi*. Sem esta intenção de solucionar a obrigação principal, o ato pode converter-se em mera liberalidade, caracterizando, até mesmo, a doação[6].

---

[3] Caio Mário da Silva Pereira, *Instituições de Direito Civil*, 19. ed., Rio de Janeiro: Forense, 2001, v. 2, p. 141-2.

[4] Orlando Gomes, *Obrigações*, 8. ed., Rio de Janeiro: Forense, 1992, p. 143.

[5] "Civil — Dação em pagamento — Compensação de dívida em dinheiro com precatórios — Recusa do credor. O credor, em tese, pode compensar dívida em dinheiro com precatório, valendo-se do instituto da dação em pagamento. Trata-se de faculdade, já que o credor de coisa certa não pode ser obrigado a receber outra, ainda que mais valiosa. Recurso não provido, por maioria" (TJRS, Ap. Civ. 135.605, Rel. João Mariosa, j. 8-11-2000).

[6] "Ação monitória — Cheques prescritos — Ação proposta após o decurso do prazo do art. 61 da lei n. 7.357/85 — Admissibilidade. Novação subjetiva porquanto os cheques

Lembre-se de que, se for estipulado o preço da coisa dada em pagamento (o que ocorre ordinariamente com os imóveis), as relações entre as partes serão reguladas pelas normas concernentes à compra e venda, nos termos do art. 357 do CC/2002. Assim, as regras gerais referentes aos riscos da coisa, à invalidade do negócio, e tudo o mais que for compatível com o contrato de compra e venda, será aplicado, no caso, à dação em pagamento.

Ainda segundo a nossa legislação em vigor, não existirá propriamente dação quando a coisa dada em pagamento consistir em título de crédito, visto que, no caso, haverá mera cessão de crédito (art. 358 do CC/2002), com extinção da obrigação originária por um meio de pagamento[7].

3. EVICÇÃO DA COISA DADA EM PAGAMENTO

A evicção, tema a ser cuidadosamente desenvolvido quando tratarmos da *teoria geral dos contratos*, é uma garantia legal típica dos contratos onerosos, em que há transferência de propriedade (arts. 447 a 457 do CC/2002).

Ocorre a evicção — que traduz a ideia de "perda" —, quando *o adquirente de um bem vem a perder a sua propriedade ou posse em virtude de decisão judicial que reconhece direito anterior de terceiro sobre o mesmo.*

Em tal situação, delineiam-se, nitidamente, três sujeitos:

a) o alienante — que responderá pelos riscos da evicção, ou seja, que deverá ser responsabilizado pelo prejuízo causado ao adquirente;

b) o evicto — o adquirente, que sucumbe à pretensão reivindicatória do terceiro;

c) o evictor — o terceiro que prova o seu direito anterior sobre a coisa.

Até aqui, poderia o leitor indagar se esta matéria tem importância no estudo da dação em pagamento.

Tem, sim. E muita importância.

---

foram dados em substituição à dívida de terceiros — "Causa debendi" demonstrada — Dação em pagamento não configurada — Pedido procedente — Apelo desprovido. I — É cabível ação monitória para cobrança de cheque prescrito, uma vez que tal procedimento não restitui a força executória dessa cambial, mas tão somente torna disponível, para obtenção de título executivo judicial, uma via processual mais célere do que a ação ordinária de cobrança, que não se submete ao regime da prescrição cambiária. II — A dação em pagamento só é possível, dentre outros pressupostos, se o devedor entregar coisa diversa, com ânimo de extinguir a obrigação, havendo para tal concordância do credor" (TJDF, Ap. Civ. 16.531, Rel. Munir Karam, j. 22-5-2000).

[7] "Pela mesma razão, a entrega de um cheque pelo devedor ou a expedição de uma ordem de pagamento, não constitui uma *datio pro soluto*, porém um meio de pagamento" (Caio Mário, referindo De Page, Planiol, Ripert e Boulanger, ob. cit., p. 142).

Vamos imaginar que o credor aceite, ao invés dos dez mil reais, a entrega de um imóvel pelo devedor.

O que fazer, então, se um terceiro, após a dação ser efetuada, reivindicar o domínio do bem, provando ter direito anterior sobre ele?

Neste caso, se o credor *for evicto da coisa recebida em pagamento* — ou seja, perdê-la para o terceiro que prove ser o verdadeiro dono, desde antes da sua entrega —, a obrigação primitiva (de dar os dez mil reais) será restabelecida, ficando sem efeito a quitação dada ao devedor.

Apenas deverão ser ressalvados os direitos de terceiros de boa-fé, a exemplo do que ocorreria se a prestação originária fosse a entrega de um veículo, e este já estivesse alienado a terceiro. No caso, havendo sido perdido o imóvel, objeto da dação em pagamento, por força da evicção, as partes não poderão pretender restabelecer a obrigação primitiva, mantendo o mesmo objeto (a entrega do carro), que já se encontra em poder de um terceiro de boa-fé. Deverão, pois, na falta de solução melhor, resolver a obrigação em termos pecuniários.

É óbvio que este nosso posicionamento se limita à existência do elemento boa-fé, pois, no mesmo exemplo, demonstrado o conluio entre o devedor e o terceiro/adquirente do automóvel, deve a situação retornar ao *status quo ante*, evitando-se que se faça tábula rasa da boa-fé alheia (no caso, do credor, que aceitou espontaneamente a dação).

Ressalvada, portanto, a boa-fé de terceiros, é possível ainda se enunciar a regra de que a *invalidade* da dação em pagamento importará sempre no restabelecimento da obrigação primitiva, perdendo efeito a quitação dada[8].

4. DAÇÃO *PRO SOLVENDO*

Tudo o que até aqui dissemos diz respeito à dação em pagamento (*datio in solutum*), forma de extinção das obrigações, que se concretiza quando o credor aceita receber coisa diversa da que fora inicialmente pactuada.

---

[8] "Dação em pagamento. Nulidade. Decretada a nulidade do ato de dação em pagamento, feito por terceiros em favor do devedor, permanece o crédito contra este. Hipoteca. Cancelamento. Nova inscrição. A nova inscrição da hipoteca somente valerá depois da sua renovação, daí a necessidade de se comprovar a inexistência de outros registros porventura feitos entre o cancelamento e a restauração. Recursos não conhecidos" (4.ª T., REsp 222.815/SP (1999/0061895-5), Rel. Min. Ruy Rosado de Aguiar, j. 7-10-1999, *DJ*, 16-11-1999, p. 216; *Lex-STJ* 127/210; *RSTJ* 132/453).

"Processo civil. Nula dação em pagamento de objeto ilícito apreendido. 1. Rejeição de embargos à monitória pois foi dado como pagamento veículo, produto de furto, apreendido pela PC/GO. O pagamento é inexistente. 2. Não houve cerceamento de defesa quando a carta precatória não foi devolvida por desinteresse da parte intimada. Prova documental supre a testemunhal. 3. Provimento negado" (TJDF, Ap. Civ. 134.793, Rel. Vera Andrighi, j. 23-10-2000).

Entretanto, não há que se confundir a *dação "in solutum"* com outra figura, muito próxima, posto diversa, a denominada *dação "pro solvendo"*, cujo fim precípuo não é solver imediatamente a obrigação, mas sim facilitar o seu cumprimento.

Irreparável é o exemplo de *dação "pro solvendo"*, proposto por ANTUNES VARELA:

> "*A*, pequeno retalhista, deve ao armazenista *B* cem contos, preço da mercadoria que este lhe forneceu. Como tem a vida um pouco embaraçada e o credor aperta com a liberação da dívida, *A* cede-lhe um crédito que tem sobre *C*, não para substituir o seu débito ou criar outro ao lado dele, mas para que o credor *B* se cobre mais facilmente do seu crédito, visto *C* estar em melhor situação do que *A*.
>
> Quando esta seja a intenção das partes, a obrigação não se extingue imediatamente. Mantém-se, e só se extinguirá se e à medida que o respectivo crédito for sendo satisfeito, à custa do novo meio, ou instrumento jurídico para o efeito proporcionado ao credor"[9].

No caso, a dação *pro solvendo,* a par de conter, embutida, uma cessão de crédito, não traduz imediata liberação do devedor (cedente do crédito), uma vez que a extinção da obrigação só ocorrerá quando o credor (cessionário do crédito) tiver sido plenamente satisfeito.

Por isso que não se trata, tecnicamente, de uma dação em pagamento com finalidade extintiva, mas sim de simples meio facilitador do cumprimento da obrigação.

[9] João de Matos Varela, ob. cit., p. 174.

Capítulo XIV
Novação

Sumário: 1. Introdução. 2. Conceito. 3. Requisitos. 4. Espécies. 4.1. Novação objetiva. 4.2. Novação subjetiva (ativa, passiva ou mista). 4.3. Novação mista. 5. Efeitos.

1. INTRODUÇÃO

A palavra *novação* origina-se da expressão latina *novatio* (*novus, novo, nova obligatio*).

Já a conheciam os romanos, que a definiam como a "*transferência* (*translatio, transfusio*) *duma dívida antiga para uma obrigação nova*"[1].

Comparando a *novação romana com a sua definição moderna*, RUGGIERO observa que "profundamente diversas são, porém, como dissemos, a forma, a estrutura íntima e a função da novação no direito moderno e no romano, especialmente se se considera, mais que o Justiniano, o direito clássico"[2].

A despeito, porém, de não haver precisa identidade entre os institutos romano e moderno, o que é perfeitamente compreensível em face da natural evolução do Direito, o fato é que, indiscutivelmente, o Direito Romano é a fonte histórica mais importante da novação.

A sua disciplina é feita pelo Código Civil de 2002 em seus arts. 360 a 367.

2. CONCEITO

Dá-se a novação quando, por meio de uma estipulação negocial, as partes criam uma *nova obrigação*, destinada a substituir e extinguir a obrigação anterior.

"Trata-se", no dizer do magistral RUGGIERO, "de um ato de eficácia complexa, que repousa sobre uma vontade destinada a extinguir um crédito pela criação de um novo"[3].

---

[1] José Cretella Jr., *Curso de Direito Romano*, 20. ed., Rio de Janeiro: Forense, 1997, p. 344.

[2] Roberto de Ruggiero, *Instituições de Direito Civil*, Campinas: Bookseller, 1999, v. 3, p. 263.

[3] Roberto de Ruggiero, ob. cit., p. 263.

Exemplo clássico de novação pode ser dado nos seguintes termos: *A* deve a *B* a quantia de R$ 1.000,00. O devedor, então, exímio carpinteiro, propõe a *B* que seja criada uma nova obrigação — de fazer —, cujo objeto seja a prestação de serviço de carpintaria na residência do credor. Este, pois, aceita, e, por meio da convenção celebrada, considera extinta a obrigação anterior, que será substituída pela nova.

"Novar", em linguagem corrente, portanto, é criar uma obrigação nova para substituir e extinguir a anterior.

Concordamos com ANTUNES VARELA, no sentido de ser inteiramente inútil a discussão a respeito da finalidade da novação: se se trata de modo satisfatório ou não satisfatório de pagamento, uma vez que a resposta a essa indagação dependerá do sentido que se dê à ideia de satisfação do interesse do credor[4].

O que se deve salientar é que toda a novação tem natureza jurídica negocial. Ou seja, por princípio, nunca poderá ser imposta por lei, dependendo sempre de uma convenção firmada entre os sujeitos da relação obrigacional. Nesse sentido, pois, concluímos não existir, em regra, "novação legal" (determinada por imperativo de lei) até mesmo pela ausência do indispensável requisito do *animus novandi* (a ser explicado no próprio tópico).

Convencionada, portanto, a formação de uma outra obrigação, a primitiva relação jurídica será considerada extinta, sendo substituída pela nova. Aí, então, teremos o fenômeno novatório.

3. REQUISITOS

A novação, para se caracterizar, deverá conter os seguintes requisitos[5]:

---

[4] João de Matos Varela, *Das Obrigações em Geral*, 7. ed., Coimbra: Almedina, 1997, p. 230 (nota de rodapé).

[5] Sobre os requisitos da novação, confira-se o seguinte acórdão:

"Contrato de compra e venda de ponto comercial — Parcelamento do preço — Notas promissórias vinculadas — Pagamento 'pro soluto' não configurado — Inocorrência de novação — Recurso acolhido — Sentença reformada. No contrato primitivo de compra e venda em que as partes convencionam parcelamento do preço, mediante notas promissórias, não ocorre o pagamento 'pro soluto', por não decorrer de novação do negócio que lhes deu origem. Por outro lado, novação é a criação de uma nova dívida que extingue a anterior. Fosse feita esta distinção, diversa teria sido, por certo, a conclusão da decisão recorrida, eis que não contempla a espécie a ocorrência de novação. Em primeiro lugar, o negócio celebrado entre as partes não apresenta as características básicas deste instituto jurídico, conceituado por Orlando Gomes como sendo '...a extinção de uma obrigação pela formação de outra, destinada a substituí-la...' (in 'Obrigações', Forense, 5. ed., n. 105 e 106, pág. 166/167). Segundo ele, para restar configurada a novação devem concorrer três elementos: '...a) Existência jurídica de uma obrigação — 'obligatio novanda'; b) Constituição de nova obrigação — 'aliquid novi'; c) 'animus

a) a existência de uma obrigação anterior: só se poderá efetuar a novação se juridicamente existir uma obrigação anterior a ser novada. Ressalte-se, porém, que se a obrigação primitiva for simplesmente anulável, essa invalidade não obstará a novação. Ora, se o ato anulável pode ser confirmado, nada impede que a relação obrigacional aí compreendida seja extinta, e substituída por uma outra, por meio da novação. Tal não será possível se a obrigação inicial for nula ou estiver extinta. Explica-se. No primeiro caso, dada a gravidade do vício que porta (nulidade absoluta), a obrigação deverá ser repetida, ou seja, novamente pactuada, considerando-se, inclusive, o fato de não poder ser confirmada. A segunda hipótese proibitiva ocorrerá quando a obrigação primitiva estiver extinta. Por óbvio, se a obrigação, p. ex., já foi cumprida, o pagamento solveu o débito, não havendo lugar para a novação (art. 367 do CC/2002). A despeito de se tratar de questão controvertida, depois de muito refletir, concluímos não haver óbice, porém, à novação de obrigações naturais, salvo vedação legal expressa e específica (*vide*, p. ex., o art. 814, § 1.º, do CC/2002).

b) a criação de uma nova obrigação, substancialmente diversa da primeira: este é um requisito que deve ser estudado com atenção. Ora, consoante já dissemos, a novação consiste na convenção pactuada entre os sujeitos da relação obrigacional, no sentido de criarem uma nova obrigação, destinada a substituir e extinguir a anterior. Dessa forma, a criação de uma "obrigação nova" é requisito indispensável para a caracterização da novação. Mas apenas isso não basta. É preciso, pois, que haja *diversidade substancial* entre a obrigação antiga e a nova. Em outras palavras, o conteúdo da obrigação há que ter sofrido modificação substancial, mesmo que o objeto da prestação não haja sido alterado (se houver alteração de partes, por exemplo, poderá ser reconhecida a diversidade substancial necessária para se caracterizar a novação, mesmo que o objeto da obrigação permaneça o mesmo). Aliás, simples modificações setoriais de um contrato não traduzem novação. Assim, quando a instituição financeira apenas concede o parcelamento da dívida, aumenta o prazo para pagamento, ou recalcula a taxa de juros aplicada, não necessariamente estará realizando uma novação. Até porque, nesses contratos de

novandi...' (ob. cit.). Ora, segundo o recorrente, a venda foi realizada de forma direta e o apelado recebeu os bens descritos no contrato pagando por eles R$ 500,00 (quinhentos reais) em espécie no ato da assinatura, comprometendo-se ainda a efetuar o pagamento de outras cinco notas promissórias no valor de R$ 500,00 (quinhentos reais) cada uma, a partir de 06 de junho de 1995. Como se deduz, uma vez extraída a verdadeira intenção das partes ao celebrar o negócio, não está presente o primeiro requisito da novação, qual seja, a 'obligatio novanda'. Percebe-se também que não havia obrigação a ser substituída, porque a obrigação originária foi de pagamento parcelado da maior parte do preço combinado. Destarte, inexistiu também a constituição de nova obrigação ('aliquid novi')" (TADF, Ap. Civ. 3.954, Rel. Cyro Crema, j. 10-8-1998).

refinanciamento, é muito comum a existência de cláusula expressa no sentido de afastar o reconhecimento da novação se qualquer dessas hipóteses ocorrer (a exemplo do parcelamento do débito). Não basta, pois, a concessão de um prazo mais favorável ou a simples alteração de uma garantia. Para "novar", as obrigações devem ser substancialmente diversas. Nesse sentido, observa, com a sua habitual precisão, ORLANDO GOMES:

> "Conforme a doutrina moderna, a novação só se configura, ao contrário do que ocorria no Direito romano, se houver diversidade substancial entre as duas dívidas, a nova e a anterior. Não há novação, quando apenas se verifiquem acréscimos ou outras alterações secundárias na dívida, como, por exemplo, a estipulação de juros, a exclusão de uma garantia, o encurtamento do prazo de vencimento, e, ainda, a aposição de um termo"[6].

c) o ânimo de novar (animus novandi): este é o requisito anímico (subjetivo) da novação. Para que esta se configure, portanto, é indispensável que as partes tenham o propósito de novar. Aliás, "ausente o *animus novandi*, não se configura a novação, porque não desaparece a obrigação original. O ânimo de novar verifica-se na declaração das partes, ou resulta de modo inequívoco de obrigações incompatíveis (2.º TACivSP, Décima Câmara, Ap. 604309-0/4, rel. Juiz Soares Levada, v. u., j. 31.1.2001)"[7]. Por isso, não haverá necessariamente novação se as partes acordarem a substituição do objeto da obrigação, sem que haja prova do ânimo de novar. Nos termos do Código Civil, ausente este propósito, cuja prova poderá decorrer de declaração expressa ou das próprias circunstâncias, a segunda obrigação simplesmente confirmará a primeira (art. 361 do CC/2002). Em verdade, não foi muito técnico o legislador, ao dizer que "a *segunda obrigação* confirma simplesmente a primeira". Ora, se a ausência do *animus* inviabiliza o reconhecimento da novação, não se poderá dizer haver sido criada uma "segunda obrigação". Preferimos dizer, amparados na melhor doutrina, apenas, que a declaração de vontade das partes — para modificar algum aspecto do negócio — sem o indispensável intuito de novar, apenas confirma ou reforça a obrigação primitiva. Exemplificamos. Vendedor e comprador acordam modificar o objeto da obrigação: ao invés de ser alienado o apartamento 1 do condomínio X, o comprador adquirirá um terreno contíguo. Nesses termos, a simples alteração do objeto da prestação não caracterizará novação. Assim, mantidos todos os termos do contrato (prazo, forma de pagamento, valor da venda, garantias), a alteração do objeto, sem o

---

[6] Orlando Gomes, *Obrigações*, 8. ed., Rio de Janeiro: Forense, 1992, p. 163.

[7] Nelson Nery Junior e Rosa Maria de Andrade Nery, *Código Anotado*, cit., p. 161.

propósito de novar, apenas confirmará a obrigação pactuada (de dar) no contrato de compra e venda[8].

Finalmente, cumpre-nos observar que, dada a sua natureza negocial — lembre-se de que a novação, em regra, nunca é imposta por lei[9] —, a novação,

---

[8] Sobre a importância do *animus novandi*, confiram-se as seguintes decisões do STJ:

"Direito civil. Locação. Exoneração da fiança. Novação subjetiva. Requisito do 'animus novandi'. Apuração. Reexame de prova. Impossibilidade. 1. A novação *subjetiva*, prevista no Código Civil, art. 999, inc. II, tem como um de seus requisitos a intenção ou o ânimo de novar, que pode ser expresso ou tácito. Para se verificar se houve ou não a novação da obrigação locatícia no fato do locador receber notas promissórias de terceiro para pagamento ou garantia do contrato de locação se faz imprescindível o reexame das provas dos autos, o que não é cabível ante o óbice da Súmula 07/STJ. 2. Tendo o tribunal recorrido afastado tal requisito e mantido o contrato original, mantém-se a responsabilidade dos fiadores abatidas as prestações já pagas. 3. Recurso não conhecido" (5.ª T., REsp 90.731/DF (1996/0017517-9), Rel. Min. Edson Vidigal, j. 23-9-1997, *DJ*, 27-10-1997, p. 54826).

"Processual civil — Locação — Revisional — Novação — Não ocorrência — Diferença de aluguéis — Cobrança fora dos autos — Possibilidade — Lei 6.649/79. 1. Ação revisional que busca atualizar valor locativo não constitui novação, por não conter os pressupostos deste instituto jurídico. Inexistência de violação dos arts. 999 e 1.006 do Código Civil. 2. Pode o locador buscar a satisfação dos créditos decorrentes de diferenças apuradas em revisional, ajuizada sob o regime da Lei 6.649/79, por via de ação de cobrança. 3. Violação dos arts. 1.485, 1.500 e 1.501 inexistente por não se relacionarem com a matéria vertida nos autos. 4. O exame da apontada nulidade de fiança prestada importa revolver reapreciação de prova, vedada pela súmula 07 do STJ. 5. Divergência jurisprudencial não demonstrada nos termos do art. 255, § 2.º do RISTJ. 6. Recurso não conhecido" (5.ª T., REsp 83.136/MG (1995/0067637-0), Rel. Min. Gilson Dipp, j. 18-5-1999, *DJ*, 7-6-1999, p. 112).

"1. Direito civil. Locação. Exoneração da fiança. Novação objetiva. Requisito do "animus novandi". Apuração. Reexame de prova. Impossibilidade. 2. Locação. Fiança. Exoneração. Descabimento. 1. A novação *objetiva*, prevista no Código Civil, art. 999, inc. I, tem como um de seus requisitos a intenção ou o ânimo de novar, que pode ser expresso ou tácito. Para se verificar se houve ou não a novação da obrigação locatícia fora das premissas postas no acórdão recorrido se faz imprescindível o reexame das provas dos autos, o que não é cabível ante o óbice da Súmula 07/STJ. 2. Inadmissível a interpretação de cláusula contratual no âmbito do STJ. Se no acórdão recorrido fixou-se que o fiador autorizou majorações contratuais, deve o garantidor por elas responder. 3. Recurso não conhecido" (5.ª T., REsp 167.709/MG (1998/0019161-5), Rel. Min. Edson Vidigal, j. 20-10-1998, *DJ*, 23-11-1998, p. 194).

[9] Excepcionando esta regra, o *caput* do art. 59 da Lei n. 11.101/2005 (Lei de Falências) preceitua que: "O plano de recuperação judicial implica novação dos créditos anteriores ao pedido, e obriga o devedor e todos os credores a ele sujeitos, sem prejuízo das garantias, observado o disposto no § 1.º do art. 50 desta Lei". Cuida-se, em nosso sentir, de uma forma atípica de novação.

para ser válida, exige a observância dos pressupostos legais de validade do negócio jurídico, especialmente a capacidade das partes e a legitimação[10].

A ausência de qualquer um dos requisitos aqui mencionados importará na impossibilidade de reconhecimento da ocorrência da novação[11].

---

[10] Sobre o tema, cf. o nosso *Novo Curso de Direito Civil — Parte Geral*, v. 1, Cap. XII — Plano de Validade do Negócio Jurídico.

[11] Judicialmente, é muito comum se tentar caracterizar como novação outras formas contratuais, o que tem sido repelido pelos tribunais, conforme se pode ver, exemplificativamente, dos seguintes acórdãos:

"Execução por título judicial. Embargos. Tempestividade. Sentença homologatória de transação. Cálculos. Prova pericial. Indeferimento. Cerceamento de defesa. Inexistência. Decisão interlocutória. Recurso cabível. Agravo. Preclusão. Fiador. Legitimidade passiva. Excesso de execução. TR. I. O prazo para opor embargos à execução começa a fluir da data da juntada aos autos da intimação da penhora. Sendo dois os executados, conta-se a partir da data em que ambos são intimados da penhora dos bens necessários à segurança do juízo. II. Compete ao órgão judicial analisar a admissibilidade de pedido de produção de provas, formulado pelas partes. O indeferimento justificado não se consubstancia cerceamento de defesa. III. O recurso cabível é o agravo, interposto por petição escrita ou verbalmente, que, retido nos autos, evita a preclusão, que, operada, não pode ser remediada por meio do recurso de apelação. IV. Resta inquestionável a ilegitimidade passiva daquele que assina como fiador o instrumento particular de transação, homologado por sentença, sob o qual se funda a execução. Nessa qualidade, obrigaram-se no adimplemento da obrigação. V. Mero termo aditivo que promove a reformulação das condições de pagamento, havendo a ratificação das constantes do contrato original ressaltando a inexistência do ânimo de novar, não tem o condão de desconstituir o título executivo original. A novação somente se perfectibiliza quando o *animus novandi* fica expressamente deduzido no instrumento respectivo. VI. A alegação de excesso de execução resta insubsistente se o interessado não buscou prová-la por meio de perícia no momento processual oportuno. VII. A taxa referencial não pode ser utilizada como índice de correção monetária (STF — ADIN 493, 768 e 959), devendo ser utilizado o INPC" (TARS, Ap. Civ. 115.180, Rel. Nancy Andrighi, j. 2-10-1997).

"Civil. Embargos à execução. Locação comercial. Confissão de dívida. Substituição do acordo. Novação. Não configuração. Honorários advocatícios. Sucumbência recíproca. 1. Somente se configura a novação quando, além da existência jurídica de uma obrigação (*obligatio novanda*) e da constituição de nova obrigação (*aliquid novi*) se apresenta o *animus novandi*. 2. Havendo sucumbência recíproca, atribui-se, a cada parte, a verba honorária do respectivo advogado" (TJDF, Ap. Civ. 110.303, Rel. Ana Maria Duarte Amarante, j. 8-2-1999).

"Locação comercial. Cobrança de aluguéis c/c despejo. Prorrogação. Fiador. Inexistência de novação. Compensação de débitos. Responsabilidade fixada até a entrega efetiva das chaves. Irrelevante a liquidez da dívida. 1) Mera compensação de débitos não se confunde com novação. 2) Ausente o *animus novandi* e não se alterando a causa da obrigação, não se configura a novação pelo que persiste a obrigação do fiador até a efetiva entrega das chaves. 3) Prorrogando-se a locação prorroga-se a fiança cuja extensão alcança o débito ainda que ilíquido" (TAPR, Ap. Civ. 107.323, Rel. Nancy Andrighi, j. 31-8-1999).

4. ESPÉCIES

A doutrina aponta, fundamentalmente, a existência de três espécies de novação:

a) a novação objetiva;

b) a novação subjetiva;

c) a novação mista.

Vejamos cada uma delas separadamente.

4.1. Novação objetiva

A *novação objetiva*, modalidade mais comum e de fácil compreensão, ocorre quando as partes de uma relação obrigacional convencionam a criação de uma nova obrigação, para substituir e extinguir a anterior.

Nesse sentido, dispõe o art. 360, I, do CC/2002:

> "Art. 360. Dá-se a novação:
>
> I — quando o devedor contrai com o credor nova dívida para extinguir e substituir a anterior".

Assim, por exemplo, haverá novação objetiva quando credor e devedor acordarem extinguir a obrigação pecuniária primitiva, por meio da criação de uma nova obrigação, cujo objeto é a prestação de um serviço.

Ressalte-se que não há obrigatoriedade de que a obrigação primitiva seja pecuniária, sendo irrelevante tratar-se de obrigação de dar, fazer ou não fazer.

Note-se, porém, que a diversidade substancial das obrigações e o ânimo de novar são requisitos indispensáveis para que se considere liquidada a obrigação inicial.

Nada obsta, outrossim, que a novação se configure, mesmo que a segunda obrigação também tenha como objeto o pagamento de dinheiro. Nessa hipótese, terá que se provar, com mais acuidade, a intenção de novar, embora nada impeça que se reconheça ter havido novação.

Não se deve, também, confundir a novação objetiva com a dação em pagamento. Nesta, a obrigação originária permanece a mesma, apenas havendo uma modificação do seu objeto, com a devida anuência do credor. Diferentemente, na novação objetiva, a primeira obrigação é quitada e substituída pela nova.

4.2. Novação subjetiva (ativa, passiva ou mista)

A *novação subjetiva*, por sua vez, dada a sua similitude com outras figuras jurídicas, merece atenção redobrada.

Dá-se a *novação subjetiva*, em três hipóteses:

a) por mudança de devedor — *novação subjetiva PASSIVA;*

b) por mudança de credor — *novação subjetiva ATIVA;*

c) por mudança de credor e devedor — *novação subjetiva MISTA.*

A novação subjetiva passiva ocorre *quando um novo devedor sucede ao antigo, ficando este quite com o credor* (art. 360, II, do CC/2002).

Constata-se, pois, haver uma alteração de sujeitos passivos na relação obrigacional, de forma que a primitiva obrigação é considerada extinta em face do antigo devedor, substituído pelo novo. Não há, pois, necessariamente, modificação do objeto da obrigação, mas apenas de sujeitos, considerando-se, entretanto, quitada a obrigação pactuada com o primeiro devedor.

Segundo a doutrina, a novação subjetiva passiva poderá ocorrer de dois modos: por *expromissão* e por *delegação.*

No primeiro caso, a substituição do devedor se dá independentemente do seu consentimento, por simples ato de vontade do credor, que o afasta, fazendo-o substituir por um novo devedor (art. 362 do CC/2002). Imagine a hipótese de um filho abastado, angustiado pela vultosa dívida contraída por seu pobre pai, dirigir-se ao credor, solicitando-lhe que, mesmo sem o consentimento do seu genitor (homem orgulhoso e conservador), admita que suceda ao seu pai, na obrigação contraída.

Um outro exemplo ocorre, com relativa frequência, em processos trabalhistas, em que terceiros à relação empregatícia (v.g., sócios, tomadores de serviço, membros de grupo econômico, entre outros) celebram conciliações com autores de reclamações trabalhistas, assumindo débitos e extinguindo postulações que poderiam ser dirigidas aos efetivos empregadores.

Assim, caso o credor aquiesça, poderá, por meio de um ato de expromissão, substituir os sujeitos passivos da relação obrigacional.

Observe-se que a obrigação contraída pelo segundo devedor será considerada nova em face da primeira, que se reputará liquidada, afastando-se da relação obrigacional o primitivo devedor, mesmo sem seu consentimento.

Poderá, também, ocorrer a *novação subjetiva passiva* por meio da *delegação*. Nesse caso, o devedor participa do ato novatório, indicando terceira pessoa que assumirá o débito, com a devida aquiescência do credor. Assim, participam da delegação: o antigo devedor (delegante), o novo devedor (delegado), e, finalmente, o credor (delegatário). De tal forma, excluído o antigo devedor, perante este a obrigação será considerada extinta.

Segundo ROBERT JOSEPH POTHIER, para se fazer a delegação, é necessário:

> a) "o concurso do delegante, ou seja, do antigo devedor, que dá ao credor outro devedor em seu lugar";

b) "a pessoa do delegado, que se obriga para com o credor em lugar do antigo devedor, ou para com a pessoa indicada por ele";

c) "o credor, que em consequência da obrigação do delegado, contratada para com ele, ou para com a pessoa que ele indicou, desobriga o delegante, ou seja, o devedor"[12].

Esta forma de novação, embora não expressamente prevista em lei, é amplamente admitida, sobretudo em se considerando que o devedor — diferentemente do que ocorre na expromissão — participa do ato, conferindo-lhe mais segurança. Em verdade, não há mesmo necessidade de sua previsão expressa, pois decorrente necessariamente de um ato negocial, fruto da autonomia individual da vontade dos contratantes.

Não há que se confundir, todavia, a novação subjetiva passiva — principalmente por delegação — com a mera cessão de débito, uma vez que, neste caso, o novo devedor assume a dívida, permanecendo o mesmo vínculo obrigacional. Não há, aqui, portanto, ânimo de novar, extinguindo o vínculo anterior.

Da mesma forma, a novação subjetiva passiva não se confunde com o pagamento por terceiro — interessado ou desinteressado. Neste, a dívida é extinta pelo adimplemento, enquanto, naquela, nova obrigação é contraída, com o mesmo conteúdo objetivo, mas com diversidade substancial no polo passivo, extinguindo-se a relação obrigacional primitiva.

Na novação subjetiva, se o devedor for insolvente[13], não tem o credor que o aceitou, nos termos do art. 363 do CC/2002, ação regressiva contra o primeiro devedor, salvo se este obteve por má-fé a substituição. Trata-se de norma razoável, que visa a reprimir a atuação danosa do devedor que indica terceiro, para substituí-lo, sabendo do seu estado de insolvência.

Tudo o que até aqui dissemos é referente à novação subjetiva PASSIVA.

Entretanto, consoante já dito, a alteração poderá se dar no polo creditório da relação jurídica obrigacional, hipótese em que estaremos diante de uma novação subjetiva ATIVA (por mudança de credores).

Tendo em vista esta possibilidade, o art. 360, III, do CC/2002 dispõe:

> "Art. 360. Dá-se a novação:
>
> (...)
>
> III — quando, em virtude de obrigação nova, outro credor é substituído ao antigo, ficando o devedor quite com este".

---

[12] Robert Joseph Pothier, *Tratado das Obrigações*, Campinas: Servanda, 2002, p. 526.

[13] Considera-se em estado de insolvência o devedor cujo montante de dívidas supere a importância de seus bens. Trata-se de uma definição prevista no art. 748 do CPC/1973, sem correspondência direta no Código de Processo Civil de 2015.

Assim, na novação subjetiva ativa, opera-se a mudança de credores, considerando-se extinta a relação obrigacional em face do credor primitivo que sai e dá lugar ao novo. O devedor, portanto, não deverá mais nada ao primeiro, uma vez que a sua dívida reputar-se-á liquidada perante ele.

Exemplo muito comum de incidência desta regra é apontado pela doutrina: imagine que *A* tem um devedor, *B*, e um credor *C*. Pois bem. Nada impede que, por meio de uma novação subjetiva ativa, *A* acerte com *B* para que este pague a *C*. No caso, verifica-se ter havido mudança de credores na relação obrigacional: sai o credor *A*, e entra o credor *C*, a quem *B* deverá pagar a dívida. Note-se, todavia, que, para se considerar extinta a obrigação perante *A* (credor primitivo), deverá haver prova do ânimo de novar.

Esta forma de novação não tem grande utilidade, sobretudo se considerarmos as vantagens da cessão de crédito. Vale dizer, é muito mais comum haver mudança de credores, por meio da transmissão do crédito, entre o credor primitivo (cedente) e o novo credor (cessionário). Atente-se, todavia, para o fato de que, na cessão de crédito, a obrigação permanece a mesma, não havendo, portanto, extinção ou liquidação da relação jurídica primitiva, o que é extremamente relevante, por exemplo, em função da contagem do prazo prescricional para exigibilidade judicial da pretensão, que, na novação, pelo fato de ser constituída nova obrigação, deve necessariamente ser reiniciado.

Finalmente, temos a *novação subjetiva mista*, de ocorrência bem mais rara, que se verifica quando ambos os sujeitos da relação obrigacional são substituídos, em uma incidência simultânea dos incisos II e III do art. 360 do CC/2002.

4.3. Novação mista

Por fim, é possível ocorrer a chamada *novação mista*, incidente quando, além da alteração de sujeito (credor ou devedor), muda-se o conteúdo ou o objeto da relação obrigacional.

Trata-se, pois, de um *tertium genus*, formado pela fusão das duas espécies de novação anteriormente estudadas (objetiva e subjetiva). É lógico que, por ser uma forma mista, guarda as características das duas outras.

Um bom exemplo, de razoável plausibilidade, é encontrado na doutrina: "o pai assume dívida em dinheiro do filho (mudança de devedor), mas com a condição de pagá-la mediante a prestação de determinado serviço (mudança de objeto)"[14].

---

[14] Carlos Roberto Gonçalves, *Direito das Obrigações — Parte Geral*, 18. ed., São Paulo: Saraiva, 2019, p. 109 (Col. Sinopses Jurídicas, v. 5).

5. EFEITOS

O principal efeito da novação é liberatório, ou seja, a extinção da primitiva obrigação, por meio de outra, criada para substituí-la.

Em geral, realizada a novação, extinguem-se todos os acessórios e garantias da dívida (a exemplo da hipoteca e da fiança), sempre que não houver estipulação em contrário (art. 364, primeira parte, do CC/2002). Aliás, quanto à fiança, o legislador foi mais além, ao exigir que o fiador consentisse para que permanecesse obrigado em face da obrigação novada (art. 366 do CC/2002). Quer dizer, se o fiador não consentir na novação, estará consequentemente liberado.

Da mesma forma, a ressalva de uma garantia real (penhor, hipoteca ou anticrese) que tenha por objeto bem de terceiro (garantidor da dívida) só valerá com a anuência expressa deste (art. 364, segunda parte, do CC/2002). Exemplo: Caio hipotecou a um banco a sua fazenda, em garantia do empréstimo concedido ao seu irmão Tício, para a aquisição de uma casa própria. Se Tício e a instituição financeira resolverem novar, a garantia real hipotecária só persistirá com a expressa anuência de Caio.

Finalmente, ocorrida a novação entre o credor e um dos devedores solidários, o ato só será eficaz em face do devedor que novou, recaindo sobre o seu patrimônio as garantias do crédito novado, restando, por consequência, liberados os demais devedores (art. 365 do CC/2002). Obviamente, se a novação implica a constituição de uma nova obrigação para substituir e extinguir a anterior, somente o devedor que haja participado deste ato suportará as suas consequências.

E o que dizer se a solidariedade for ativa (entre credores)?

Nesse caso, responde-nos, com a sua peculiar inteligência, SÍLVIO DE SALVO VENOSA: "Em se tratando de solidariedade ativa, uma vez ocorrida a novação, extingue-se a dívida. A novação é meio de cumprimento. Segue-se o princípio geral da solidariedade ativa. Feita a novação por um dos credores solidários, os demais credores que não participaram do ato se entenderão com o credor operante, de acordo com os princípios da extinção da solidariedade ativa"[15].

[15] Sílvio de Salvo Venosa, *Direito Civil — Teoria Geral das Obrigações e Teoria Geral dos Contratos*, 2. ed., São Paulo: Atlas, 2002, p. 295.

Capítulo XV
Compensação

Sumário: 1. Introdução. 2. Conceito e espécies. 3. Requisitos da compensação legal. 4. Hipóteses de impossibilidade de compensação. 5. Compensação de dívidas fiscais. 6. Aplicabilidade supletiva das regras da imputação do pagamento.

1. INTRODUÇÃO

No amplo campo das relações obrigacionais, as pessoas são livres para estabelecer diversos negócios jurídicos com quem quer que seja.

Nada impede, por isso, seja firmada uma ou mais obrigações entre dois sujeitos que adrede já mantinham relação jurídica, porém em polos inversos da recém-constituída.

Nessa situação de relação creditícia e debitória simultânea é que pode ser invocado o instituto da compensação, objeto do presente capítulo.

2. CONCEITO E ESPÉCIES

A compensação é uma forma de extinção de obrigações, em que seus titulares são, reciprocamente, credores e devedores.

Tal extinção se dará até o limite da existência do crédito recíproco, remanescendo, se houver, o saldo em favor do maior credor, conforme se depreende do art. 368 do CC/2002:

> "Art. 368. Se duas pessoas forem ao mesmo tempo credor e devedor uma da outra, as duas obrigações extinguem-se, até onde se compensarem".

Dessa forma, se *A* tem uma dívida de R$ 1.000,00 com *B* e *B* também tem uma dívida de R$ 1.000,00 com *A*, tais obrigações, no plano ideal, seriam extintas, sem qualquer problema. No mesmo raciocínio, se *A* tem uma dívida de R$ 1.000,00 com *B* e *B* tem uma dívida de R$ 1.500,00 com *A*, haveria a extinção até o limite de R$ 1.000,00, remanescendo saldo de R$ 500,00 em favor de *A*.

Duas são as espécies de compensação encontradas no sistema brasileiro, a saber:

a) legal;

b) convencional[1];

[1] Doutrinariamente, poderia se falar em "compensação judicial ou processual", como uma terceira modalidade. Seria ela aquela realizada em juízo, por autorização de norma

A compensação legal é a regra geral, exigindo, para sua configuração, o atendimento de diversos requisitos legais, o que apreciaremos nos tópicos a seguir. Nela, satisfeitos os requisitos da lei, o juiz apenas a reconhece, *declarando* a sua realização (já ocorrida no plano ideal), desde que provocado[2].

Já a compensação convencional é decorrência direta da autonomia da vontade, não exigindo os mesmos requisitos para a compensação legal.

Destaque-se, inclusive, que, no campo da compensação, a vontade individual é extremamente respeitada, podendo até mesmo vedar a possibilidade de sua ocorrência, na forma do art. 375 do CC/2002[3].

Assim, por meio de acordo de vontades, é possível compensar obrigações de natureza diversa, o que não seria possível, como veremos, na compensação legal. Por exemplo, se as partes assim o quiserem, é possível compensar uma obrigação de dar (um carro, uma casa, um computador) que *A* tenha em relação a *B* por uma obrigação de fazer (pintar um quadro, construir um muro, dar uma aula) que *B* tenha em relação a *A*. Da mesma forma, se *A* deve uma importância de R$ 1.000,00 a *B* (obrigação pecuniária) e *B* deve a entrega de um animal para *A* (obrigação de dar), as dívidas podem ser compensadas por acordo, embora não o possam, como veremos, pela via legal.

Por ser a forma tratada diretamente em nossa codificação civil, vejamos, agora, quais os requisitos necessários para a caracterização da compensação legal.

---

processual, independentemente de provocação expressa das partes nesse sentido. O exemplo constantemente invocado era a previsão do art. 21 do CPC/1973, quanto à compensação de honorários e despesas processuais, quando cada litigante for vencedor e vencido, simultaneamente. Outra hipótese seria a cobrança de créditos recíprocos, por meio da via reconvencional ou em função do fenômeno processual da conexão, em que há reunião dos processos para julgamento único. Todavia, parece-nos que hoje, após a edição do CPC/2015, trata-se de mera compensação legal, realizada no ambiente processual.

2 "Administrativo — Contrato administrativo — Declaração de nulidade — Efeitos — Compensação — Licitude — Pronunciamento judicial — Desnecessidade. I — A declaração de nulidade alcança todos os efeitos já produzidos pelo contrato, desconstituindo-os (Lei 8.666/93, art. 59). II — As disposições do direito privado aplicam-se, supletivamente, aos contratos administrativos (Lei 8.444/95, art. 54). III — Se o estado é, a um só tempo, credor e devedor de alguém, cumpre a administração compensar-se, retendo o pagamento, na medida de seu crédito. IV — A compensação opera automaticamente, extinguindo as obrigações simétricas, independentemente de qualquer pronunciamento judicial (C. Civil, art. 1.009)" (STJ, 1.ª S., MS 4.382-DF (1995/0071738-7), Rel. Min. Humberto Gomes de Barros, j. 10-4-1996, *DJ*, 20-5-1996, p. 16657, *Lex*-STJ, v. 86, out. 1996, p. 30).

3 "Art. 375. Não haverá compensação quando as partes, por mútuo acordo, a excluírem, ou no caso de renúncia prévia de uma delas."

3. REQUISITOS DA COMPENSAÇÃO LEGAL

No atual ordenamento jurídico brasileiro, podemos considerar os seguintes requisitos para a compensação legal:

a) reciprocidade das obrigações[4]: somente se pode falar em compensação quando há simultaneidade de obrigações, com inversão dos sujeitos em seus polos. A única exceção, na forma do art. 371 do CC/2002)[5], refere-se ao fiador, que pode compensar a sua dívida própria com a de seu credor ao afiançado, tendo em vista que se trata de um terceiro interessado, que é responsabilizado sem débito próprio. Tal exceção deve ser interpretada restritivamente, haja vista que, por força de lei, o terceiro, que se obriga por determinada pessoa, não pode compensar essa dívida com a que o credor dele lhe dever (art. 376 do CC/2002). Lembre-se ainda de que, na cessão de crédito, o devedor, notificado, deve opor imediatamente a compensação, sob pena de seu silêncio importar em perda da possibilidade de compensação. Caso não seja notificado, terá direito a opor ao cessionário a compensação do crédito que tinha contra o cedente[6]. Exemplificando: se *A* tem uma dívida de R$ 1.500,00 com *B* e *B* tem uma dívida de R$ 1.000,00 com *A*, pretendendo *A* ceder seu crédito a *C*, *B*, ao ser notificado da cessão, deve opor imediatamente a compensação de seu crédito, sob pena de não poder mais compensá-lo no caso concreto. Se *A* e *C*, por sua vez, não diligenciam a cientificação de *B*, este poderá opor a *C*, como compensação, o crédito que tinha contra *A*. É óbvio que, realizada a cessão, nada impede a compensação também de créditos próprios do devedor *B* em relação ao cessionário *A*. Finalmente, cumpre-nos lembrar que, embora sem equivalente no CC/2002, a ideia do art. 1.020 do CC/1916, que autorizava a compensação de crédito do coobrigado, até o limite da parte deste na dívida comum, pelo devedor solidário, em relação ao credor, pode ser ainda invocada,

---

[4] "Ação monitória — Cobrança de cheques prescritos — Embargos fundados em ausência de causa subjacente e quitação mediante compensação — Alegações contraditórias e ofensivas à lógica — Compensação, ademais incomprovada — Embargos improcedentes — Apelo improvido. É requisito essencial da compensação a reciprocidade das dívidas. Assim sendo, é, no mínimo, contraditória e ofensiva à lógica, a afirmação de que a dívida representada pelos cheques foi compensada com outras, e que os títulos são indevidos, por ausência de *causa debendi*" (TJRS, AC 5.264, j. 6-3-2001).

[5] "Art. 371. O devedor somente pode compensar com o credor o que este lhe dever; mas o fiador pode compensar sua dívida com a de seu credor ao afiançado."

[6] É o que dispõe o art. 377 do CC/2002: "Art. 377. O devedor que, notificado, nada opõe à cessão que o credor faz a terceiros dos seus direitos, não pode opor ao cessionário a compensação, que antes da cessão teria podido opor ao cedente; se, porém, a cessão lhe não tiver sido notificada, poderá opor ao cessionário compensação do crédito que antes tinha contra o cedente".

não por força de norma vigente, mas sim por aplicação do instituto da solidariedade e da vedação do enriquecimento indevido[7];

b) liquidez das dívidas: para que haja a compensação legal, é necessário identificar a expressão numérica das dívidas. Se elas ainda não foram reduzidas a valor econômico, não há como se imaginar a compensação[8]. Exemplificando: se *A* tem uma dívida de R$ 1.500,00 com *B* e *B* foi condenado judicialmente ao pagamento de perdas e danos em relação a *A*, se ainda não foi verificado o valor exato dessa condenação, não há possibilidade de saber a quanto alcançam para serem compensadas. O CC/2002 não trouxe norma equivalente ao art. 1.012 do CC/1916, que vedava a compensação legal de coisas incertas[9], mas o requisito de liquidez da dívida já engloba a necessária certificação para a utilização do instituto;

c) exigibilidade atual das prestações: é também requisito da lei vigente[10], para a compensação legal, o vencimento da dívida, entendido isso como a imediata exigibilidade da prestação. Assim, salvo pela via convencional, não pode ser compensado um débito vencido com outro a vencer[11]. Destaque-se

---

7 CC/1916: "Art. 1.020. O devedor solidário só pode compensar com o credor o que este deve ao seu coobrigado, até ao equivalente da parte deste na dívida comum". Exemplificando: se *A* e *B* devem, solidariamente, R$ 1.000,00 a *C* e este último deve R$ 600,00 a *B*, vindo *C* a cobrar toda a dívida de *A*, este oporá a compensação do crédito de *B*, junto a *C*, sem prejudicá-lo, ou seja, sem obrigá-lo a pagar importância além da devida que, sem pactuação interna diversa, é de R$ 500,00, valor que será objeto da pretendida compensação.

8 "Compensação. Dívida não líquida. Inadmissibilidade. A Compensação, segundo dispõe o art. 1.010 do CC só se efetua entre dívidas líquidas e vencidas. Ante a inexistência destes requisitos, inadmite-se a compensação" (TJPR, AC 130.782, Rel. Carmelita Brasil, j. 16-8-2000).

"Condomínio. Cobrança. Compensação de valores. Só há compensação entre dívidas líquidas e vencidas. Aplicação do artigo 1.010 do Código Civil. Negaram provimento ao apelo" (TJRS, 19.ª Câm. Cív., AC 70001732494, Rel. Des. Carlos Rafael dos Santos Junior, j. 6-3-2001).

9 CC/1916: "Art. 1.012. Não são compensáveis as prestações de coisas incertas, quando a escolha pertence aos dois credores, ou a um deles como devedor de uma das obrigações e credor da outra".

10 Art. 369 do CC/2002: "Art. 369. A compensação efetua-se entre dívidas líquidas, vencidas e de coisas fungíveis".

11 Registre-se, como dado histórico, que o Projeto de Lei n. 6.960/2002 (posteriormente renumerado para 276/2007 e arquivado), de iniciativa do Deputado Ricardo Fiuza, pretendia modificar a redação desse dispositivo para admitir a compensação também de obrigação a se vencer (vincendas), passando a ter o seguinte enunciado: "Art. 369. A compensação efetua-se entre dívidas líquidas, vencidas ou vincendas, e de coisas fungíveis".

que não obstam a compensação os chamados prazos de favor[12], o que é medida das mais justas, tendo em vista que a dilatação prazal, no caso, dá-se por mera liberalidade. Exemplificando: se *A* tem uma dívida vencida de R$ 1.500,00 com *B* e este lhe concede um prazo maior para pagá-la, nada impede que *B* possa compensar tal crédito com outra dívida vencida que tem em relação a *A*. Registre-se, por óbvio, que a obrigação natural[13], por faltar o requisito da exigibilidade, não pode ser também compensada;

d) fungibilidade dos débitos: por fim, exige-se, para a compensação legal, que as dívidas sejam de coisas fungíveis *entre si*, ou seja, da mesma natureza[14]. Exemplificando: se *A* tem uma dívida de R$ 1.000,00 com *B* e *B* lhe deve um computador, ainda que no valor de R$ 1.000,00, a *A* não é possível a compensação *legal*, pois, embora os bens sejam fungíveis, não o são entre si, pois ninguém é obrigado a receber prestação diversa do pactuado. Todavia, se *A* deve cinco sacas de feijão a *B* e *B* também tem uma dívida com *A*, porém de apenas três sacas de feijão, é possível a compensação. Não se poderá, porém, compensar coisas fungíveis do mesmo gênero, se diferem na qualidade, quando especificada no contrato[15]. Exemplificando: se *A* deve cinco sacas de feijão preto a *B* e *B* também tem uma dívida com *A*, porém de apenas três sacas de feijão branco, e essa diferenciação é expressa no contrato, não será possível a compensação, pela diferença de qualidade.

4. HIPÓTESES DE IMPOSSIBILIDADE DE COMPENSAÇÃO

Hipóteses existem em que é inadmissível a utilização da via compensatória para extinção de relações obrigacionais.

De fato, como já destacado anteriormente, a manifestação expressa e livre da vontade pode, por sua autonomia, afastar o instituto, como previsto cristalinamente no art. 375 do CC/2002.

---

[12] Art. 372 do CC/2002: "Art. 372. Os prazos de favor, embora consagrados pelo uso geral, não obstam a compensação".

[13] Confira-se, a propósito, o Capítulo VII ("*Obrigação Natural*") do presente volume.

[14] "Embargos à execução. Pretendida compensação entre valores correspondentes aos ônus da sucumbência e crédito tributário. Impossibilidade. Código Civil, Art. 1.010. CPC, Art. 730. 1. Créditos de natureza diversa não servem a compensação. Demais, necessário se faz o reconhecimento, em definitivo, da liquidez e certeza. 2. Recurso improvido" (1.ª T., REsp 78.220/SP (1995/0056400-9), Rel. Min. Milton Luiz Pereira, j. 2-9-1996, *DJ*, 7-10-1996).

[15] Art. 370 do CC/2002: "Art. 370. Embora sejam do mesmo gênero as coisas fungíveis, objeto das duas prestações, não se compensarão, verificando-se que diferem na qualidade, quando especificada no contrato".

Ademais, embora a causa das dívidas não influa, em regra, na validade do negócio jurídico e, consequentemente, na utilização do instituto da compensação, estabelece o art. 373 do CC/2002, algumas situações em que não é admissível sua aplicação, a saber:

a) **dívidas provenientes de esbulho, furto ou roubo (inciso I)** — a ilicitude do fato gerador da dívida contamina sua validade, pelo que, não sendo passível de cobrança, muito menos o será de compensação. Exemplificando: se eu me aproprio de um bem do meu credor, não posso compensar minha dívida com a devolução da coisa apoderada;

b) **se uma das dívidas se originar de comodato, depósito ou alimentos (inciso II)** — o comodato e o depósito obstam a compensação por serem objeto de contratos com corpo certo e determinado, inexistindo, portanto, a fungibilidade entre si necessária à compensação. Ademais, são contratos calcados na ideia de fidúcia (confiança). Quanto aos alimentos, por serem dirigidos à subsistência do indivíduo, admitir a sua compensação seria negar a sua função alimentar. Exemplificando: se *A* deve R$ 1.000,00, a título de alimentos, a *B*, mesmo que este lhe deva a importância superior (v. g., por causa de um mútuo feneratício[16]), não poderá fazer a compensação, pois a verba se destina à subsistência de B;

c) **se uma das dívidas for de coisa não suscetível de penhora (inciso III)** — a impenhorabilidade de determinados bens justifica-se por sua relevância, conforme se pode verificar do art. 833 do CPC/2015. Como a importância de tais bens afasta até mesmo o poder estatal da constrição judicial, não seria lógico que a sua entrega pudesse ser negada, do ponto de vista fático, pela utilização da compensação.

Também não se admite, na forma do art. 380 do CC/2002, a compensação em prejuízo de terceiros. Nesse caso, o devedor que se torne credor do seu credor, depois de penhorado o crédito deste último, não pode opor ao exequente a compensação, de que contra o próprio credor disporia.

Registre-se ainda, não como hipótese de impossibilidade absoluta de compensação legal, mas sim de restrições à extinção direta das obrigações, o fato de que, em se tratando de dívidas pagáveis em locais diferentes, para se operar o instituto da compensação, deve ser feita a dedução das despesas necessárias à operação, como previsto no art. 378 do CC/2002.

5. COMPENSAÇÃO DE DÍVIDAS FISCAIS

Conforme preleção de PAULO ROBERTO LYRIO PIMENTA, a compensação tributária nada mais é

[16] Trata-se do contrato de mútuo com a pactuação de juros.

"do que um mecanismo que visa possibilitar a restituição do tributo indevido, sem que para isso o contribuinte tenha que se submeter aos procedimentos (administrativo ou jurisdicional) previstos para a repetição do indébito. Simultaneamente, é uma forma de extinção da obrigação tributária e da obrigação de devolver, a cargo do Fisco"[17].

No que diz respeito à compensação de dívidas fiscais, o tratamento legal dado pelo Novo Código Civil deve ser visto com cautela.

De fato, estabelecia o art. 1.017 do Código Civil de 1916:

"Art. 1.017. As dívidas fiscais da União, dos Estados e dos Municípios também não podem ser objeto de compensação, exceto nos casos de encontro entre a administração e o devedor, autorizados nas leis e regulamentos da Fazenda".

Em função do princípio da legalidade, as dívidas fiscais ficariam de fora da compensação, somente sendo autorizados pela lei e pelo regulamento emanado do Poder Público, que faculta à autoridade a compensação, estando o agente administrativo vinculado à autorização legal para aceitar a compensação.

O Código Civil de 2002, em seu art. 374, passou, originariamente, a estabelecer, por sua vez:

"Art. 374. A matéria da compensação, no que concerne às dívidas fiscais e parafiscais, é regida pelo disposto neste capítulo".

Embora tenha havido quem considerasse que a retirada da proibição possa ter "aberto a cancela" da compensação fiscal, assim não pensávamos.

De fato, em matéria de Direito Público, o agente somente está autorizado a fazer o que a lei expressamente o faculta, numa inversão do princípio ontológico do Direito de que tudo que não está juridicamente proibido está juridicamente permitido.

No caso, na nossa visão, a novel disposição legal não veio autorizar ilimitadamente a compensação, mas sim apenas explicitar que, para as dívidas fiscais e parafiscais, a disciplina é a mesma do Direito Civil. Ou seja, *autorizada legalmente a compensação* (pois não há âmbito de liberdade na Administração Pública para tal mister), a mesma observará os mesmos requisitos e restrições das dívidas em geral, não havendo nada de novidade, *a priori*.

Não discutimos, entretanto, que a redação da nova lei conferiu mais liberdade ao contribuinte, no campo da compensação tributária. Mas, de qualquer forma, o seu âmbito de atuação deverá se sujeitar à observância da legislação específica aplicável, autorizadora da compensação.

---

[17] Paulo Roberto Lyrio Pimenta, *Efeitos da Decisão de Inconstitucionalidade em Direito Tributário*, São Paulo: Dialética, 2002, p. 139.

Aliás, ressaltando a incidência do princípio da legalidade nesta seara, o ilustrado PAULO PIMENTA pontifica, com absoluta propriedade, que: "Não há fundamento constitucional para a compensação em epígrafe, como ocorre na repetição de indébito. Trata-se de um problema de política legislativa. É o legislador, atendendo a critérios de conveniência e oportunidade, quem outorga, por meio de lei, a possibilidade de compensação. *Logo, esta será possível tão somente nas hipóteses e segundo os limites traçados pela lei*"[18] (grifos nossos).

Todavia, a questão se tornou mais complexa do que se pode imaginar originalmente.

De fato, através da Medida Provisória (MP) n. 75, o Presidente Fernando Henrique Cardoso revogou o mencionado artigo, *antes mesmo de ele entrar em vigência*, numa atípica situação de reconhecimento de vigor do novo Código Civil antes do término da sua *vacatio legis*[19].

Essa apressada atitude incendiou o debate sobre a questão, prevalecendo a ideia de que a compensação de dívidas fiscais e parafiscais realmente seria regida pela nova lei, tornando praticamente livre a utilização de créditos tributários de terceiros para o pagamento de débitos fiscais, o que poderia gerar um grave problema de planejamento fiscal para o governo.

A situação tomou ares de surrealismo quando a Câmara dos Deputados, em 18 de dezembro de 2002, *rejeitou* a referida MP n. 75, sob o razoável fundamento de que uma norma temporária não poderia revogar um dispositivo de lei ainda sem vigência, mas o novo Governo Federal, logo depois de sua posse, editou, em 10 de janeiro de 2003, a MP n. 104, revogando, novamente, o mencionado art. 374 do CC/2002, situação que se consolidou com a aprovação, pelo Congresso Nacional, dessa segunda Medida Provisória, editando-se a Lei n. 10.677, de 22 de maio de 2003, pondo termo à saga dessa terrível balbúrdia legislativa.

6. APLICABILIDADE SUPLETIVA DAS REGRAS DA IMPUTAÇÃO DO PAGAMENTO

Destaque-se, por fim, que, sendo a mesma pessoa obrigada por várias dívidas compensáveis, serão observadas, ao compensá-las, as regras estabelecidas quanto à imputação de pagamento, na forma do art. 379 do CC/2002[20], pela evidente semelhança entre as situações fáticas.

---

[18] Idem, p. 139.

[19] Sobre as diferenças entre vigor e vigência, confira-se o Cap. III ("Lei de Introdução às Normas do Direito Brasileiro") do volume 1 ("Parte Geral") da presente obra.

[20] "Art. 379. Sendo a mesma pessoa obrigada por várias dívidas compensáveis, serão observadas, no compensá-las, as regras estabelecidas quanto à imputação do pagamento."

Ou seja, havendo várias dívidas a compensar, deve ser obedecida a seguinte ordem:

a) tem o devedor o direito subjetivo de apontar a dívida que pretende compensar (art. 352 do CC/2002);

b) no silêncio do devedor, pode o credor fazer a imputação, quitando uma delas (art. 353 do CC/2002);

c) no silêncio de ambas as partes, procede-se à seguinte imputação legal (arts. 354 e 355 do CC/2002):

c.1) prioridade para os juros vencidos, em detrimento do capital;

c.2) prioridade para as líquidas e vencidas anteriormente, em detrimento das mais recentes;

c.3) prioridade para a mais onerosas, em detrimento das menos vultosas, se vencidas e líquidas ao mesmo tempo;

c.4) por construção doutrinária, proporcionalmente a cada dívida, se de mesmo valor, vencidas e líquidas ao mesmo tempo.

Capítulo XVI
Transação

Sumário: 1. Noções conceituais. 2. Elementos constitutivos. 3. Natureza jurídica. 4. Espécies. 5. Forma. 6. Objeto. 7. Características principais. 8. Efeitos.

1. NOÇÕES CONCEITUAIS

Havendo controvérsia sobre determinadas relações jurídicas, podem as partes envolvidas, em vez de aguardar um pronunciamento judicial, decidir pôr termo ao conflito, mediante *concessões recíprocas*. Ilustrando a ideia, se *A* supostamente deve R$ 100,00 a *B*, mas *B* acha que lhe é devido por *A* o valor de R$ 500,00, ambos podem convergir suas vontades para extinguir o conflito mediante o pagamento de uma importância pactuada, v. g., de R$ 300,00, encerrando a controvérsia.

É a transação, portanto, o negócio jurídico pelo qual os interessados previnem ou terminam um litígio, mediante concessões mútuas, conceito este extraído da própria previsão legal do art. 840 do CC/2002[1].

Conheçamos mais o instituto no presente capítulo.

2. ELEMENTOS CONSTITUTIVOS

Para reconhecer a existência efetiva de uma transação, faz-se mister a conjunção de quatro elementos constitutivos fundamentais:

a) acordo entre as partes: a transação é um negócio jurídico bilateral, em que a convergência de vontades é essencial para impor sua força obrigatória. Assim sendo, é imprescindível o atendimento aos requisitos legais de validade, notadamente a capacidade das partes e a legitimação, bem como a outorga de poderes especiais, quando realizada por mandatário (art. 661, § 1.º, do CC/2002);

b) existência de relações jurídicas controvertidas: haver dúvida razoável sobre a relação jurídica que envolve as partes é fundamental para se falar em transação. Por isso mesmo, é "nula a transação a respeito do litígio decidido por sentença passada em julgado, se dela não tinha ciência algum dos transatores, ou quando, por título ulteriormente descoberto, se verificar que nenhum deles tinha direito sobre o objeto da transação" (art. 850 do CC/2002). Como observa

[1] "Art. 840. É lícito aos interessados prevenirem ou terminarem o litígio mediante concessões mútuas."

SÍLVIO VENOSA, "qualquer obrigação que possa trazer dúvida aos obrigados pode ser objeto de transação. Deve ser elástico o conceito de dubiedade. Somente não podem ser objeto de transação, em tese, as obrigações cuja existência, liquidez e valor não são discutidos pelo devedor"[2];

c) "animus" de extinguir as dúvidas, prevenindo ou terminando o litígio: por meio da transação, cada uma das partes abre mão de uma parcela de seus direitos, justamente para evitar ou extinguir o conflito. Essa é a ideia regente do instituto;

d) concessões recíprocas: como a relação jurídica é controversa, não se sabendo, de forma absoluta, de quem é a razão, as partes, para evitar maiores discussões, cedem mutuamente. Se tal não ocorrer, inexistirá transação, mas, sim, renúncia, desistência ou doação.

3. NATUREZA JURÍDICA

Muita polêmica havia, no sistema codificado anterior, acerca da natureza jurídica da transação.

De fato, conforme observa o Desembargador CARLOS ROBERTO GONÇALVES:

> "Divergem os autores sobre a natureza jurídica da transação. Entendem uns ter natureza contratual; outros, porém, consideram-na meio de extinção de obrigações, não podendo ser equiparada a um contrato, que tem por fim gerar obrigações. Na realidade, na sua constituição, aproxima-se do contrato, por resultar de um acordo de vontades sobre determinado objeto; nos seus efeitos, porém, tem a natureza de pagamento indireto"[3].

Em nossa opinião, a polêmica está superada com o novo Código Civil, que, reconhecendo a natureza contratual da transação, retira-a do elenco de meios indiretos de pagamento para incluí-la no título dedicado às "várias espécies de contratos".

A obrigatoriedade da transação nasce justamente do acordo de vontades cujos sujeitos têm o objetivo de extinguir relações obrigacionais controvertidas anteriores.

Por isso, não se concebe uma retratação unilateral da transação[4], que, na forma do art. 849, *caput*, do CC/2002, "só se anula por dolo, coação, ou erro essencial quanto à pessoa ou coisa controversa". Injustificável, porém, é a apa-

---

[2] Sílvio de Salvo Venosa, *Direito Civil — Teoria Geral das Obrigações e dos Contratos*, São Paulo: Atlas, 2002, p. 306.

[3] Carlos Roberto Gonçalves, *Direito das Obrigações — Parte Especial*, 21. ed., São Paulo: Saraiva, 2019, p. 191 (Col. Sinopses Jurídicas, v. 6, t. 1).

[4] "Processual civil. Transação. Extinção do processo. Art. 269, III, CPC. Inexistência de lide. Homologação do acordo. Descumprimento. Alegação por uma das partes. Impos-

rente limitação dos vícios de consentimento a ensejar a invalidade da transação, uma vez que, como negócio jurídico que é, deve estar sujeito a todos os princípios da parte geral, inclusive a possibilidade de ocorrência, v. g., de simulação, fraude contra credores, lesão e estado de perigo.

A importância da manifestação da vontade é tamanha que não se admite discussão sobre eventuais erros de direito a respeito do objeto da transação, na forma do parágrafo único do art. 849 do CC/2002 (sem equivalente no CC/1916). Todavia, a matéria não parece de fácil configuração prática, sobretudo quando, em cada caso concreto, o erro de direito mostra-se irremediavelmente ligado a uma situação de fato[5].

Destaque-se que a transação não se confunde com a conciliação. De fato, conciliar traduz o término do próprio litígio. Processualmente, quando alcançada, pode ser celebrada por meio de uma transação, que passa a ser seu conteúdo[6]. Homologada por sentença a transação, a ação cabível para sua eventual desconstituição é a ação anulatória, prevista no § 4.º do art. 966 CPC/2015[7], e não a ação rescisória, exceto quando a sentença aprecia o mérito do negócio jurídico, pois, aí, não seria meramente homologatória[8].

---

sibilidade. Doutrina. Agravo desprovido. I — Homologado o acordo e extinto o processo, encerra-se a relação processual, sendo vedado a uma das partes, que requerera a homologação, arguir lesão a seus interesses, somente podendo fazê-lo em outro processo, como, por exemplo, a execução da sentença, no caso de descumprimento. II — Segundo o magistério de Humberto Theodoro Júnior, se 'o negócio jurídico da transação já se acha concluído entre as partes, impossível é a qualquer delas o arrependimento unilateral, mesmo que ainda não tenha sido homologado o acordo em juízo. Ultimado o ajuste de vontade, por instrumento particular ou público, inclusive por termo nos autos, as suas cláusulas ou condições obrigam definitivamente os contraentes, de sorte que sua rescisão só se torna possível 'por dolo, violência ou erro essencial quanto à pessoa ou coisa controversa' (Cód. Civ., Art. 1.030)'. III — A eventual execução do acordo e a apreciação de suas cláusulas incluem-se na competência do juízo onde teve início o processo de conhecimento" (4.ª T., AgRg-REsp 218.375/RS (1999/0050305-8), Rel. Min. Sálvio de Figueiredo Teixeira, j. 22-2-2000, *DJ*, 10-4-2000, p. 95).

[5] No mesmo sentido, Sílvio de Salvo Venosa, ob. cit., p. 314.

[6] Embora seja a forma mais comum, a conciliação não precisa ser necessariamente uma transação, pois, através dela, também poderia ocorrer o reconhecimento da procedência do pedido ou a renúncia do direito em que se funda a pretensão, caso disponíveis.

[7] "§ 4.º Os atos de disposição de direitos, praticados pelas partes ou por outros participantes do processo e homologados pelo juízo, bem como os atos homologatórios praticados no curso da execução, estão sujeitos à anulação, nos termos da lei."

[8] Na seara trabalhista, o entendimento predominante do colendo Tribunal Superior do Trabalho é, porém, diferenciado, somente admitindo a ação rescisória contra a conciliação judicial, na forma da sua súmula 259 ("Termo de Conciliação. Ação Rescisória. Só por ação rescisória é atacável o termo de conciliação previsto no parágrafo único do art. 831 da Consolidação das Leis do Trabalho").

4. ESPÉCIES

A transação pode se materializar em duas espécies, de acordo com o momento em que for realizada.

De fato, ocorrendo previamente à instauração de um litígio, fala-se em uma transação *extrajudicial*, que visa, portanto, a preveni-lo.

Exemplificando: se *A* colide seu carro com o veículo de *B*, causando-lhe lesões, ficará obrigado a indenizá-lo. Todavia, o valor dessa indenização pode variar de acordo com a cotação que se fizer no mercado, para reparação das peças danificadas, bem como é possível que tenham ocorrido danos materiais e morais ainda não estimados pecuniariamente. Convencionando *A* e *B* o pagamento da quantia de R$ 5.000,00 pelo primeiro ao segundo, com quitação de todas as obrigações geradas, evitarão a ocorrência de uma demanda judicial[9].

A transação poderá ser, porém, judicial, se a demanda já tiver sido aforada. Exemplificando: *A* ajuíza ação demarcatória, em face de *B*, por divergir da exata divisão de seus terrenos. Ocorrendo convergência de vontades após esse momento, considerar-se-á judicial a *transatio*. Como observa CARLOS ROBERTO GONÇALVES, "a transação será classificada como judicial, mesmo se obtida no escritório de um dos advogados e sacramentada em cartório, por instrumento público, por envolver direitos sobre imóveis"[10].

5. FORMA

Sobre a forma da transação, estabelece o art. 842 do CC/2002:

> "Art. 842. A transação far-se-á por escritura pública, nas obrigações em que a lei o exige, ou por instrumento particular, nas em que ela o admite; se recair sobre direitos contestados em juízo, será feita por escritura pública, ou por termo nos autos, assinado pelos transigentes e homologado pelo juiz".

---

[9] "Civil. Ação de indenização. Acidente de trânsito. 1. Pagamento pelo culpado de quantia estabelecida em transação. Alegação pelo credor, somente nas razões do recurso, de vício de consentimento, erro, dolo, simulação e fraude na assinatura do instrumento de transação. Inovação em relação à *litiscontestatio*. Inviabilidade. De resto, vícios não comprovados. Observância dos requisitos do art. 82 do Código Civil. 2. A transação visa também prevenir o litígio mediante concessões mútuas (art. 1.025 CC). O princípio da interpretação restrita da transação (art. 1.027 CC) não autoriza o exegeta a mutilar ou restringir o alcance da manifestação da vontade das partes livremente exercida e registrada no texto do documento. Quantia paga e recebida que indeniza 'todos os danos decorrentes do acidente de trânsito', ficando o culpado pagador 'desobrigado de quaisquer outras indenizações relacionadas com o mesmo acidente', cobertos todos os danos, materiais, morais e outros. Apelação desprovida" (TARS, AC 117.438, Rel. Campos Amaral, j. 28-4-1981).

[10] Carlos Roberto Gonçalves, *Direito das Obrigações — Parte Especial*, 21. ed., São Paulo: Saraiva, 2019, p. 159 (Col. Sinopses Jurídicas, v. 6, t. 1).

Recomendamos, no caso da transação extrajudicial, que sejam observados os requisitos do art. 784, incisos II, III e IV, do Código de Processo Civil de 2015[11], de forma a garantir a sua executoriedade, no caso de eventual inadimplemento posterior.

6. OBJETO

Somente podem ser objeto de transação direitos patrimoniais de caráter privado (art. 841 do CC/2002).

Dessa forma, os direitos indisponíveis, os relativos ao estado e à capacidade das pessoas, os direitos puros de família e os direitos personalíssimos não podem ser objeto de transação, pois esta é direcionada para direitos que estão dentro do comércio jurídico.

Como critério básico para se verificar se determinados direitos podem ser objeto de transação, basta analisar se eles estão no campo da disponibilidade jurídica ou não.

Assim, por exemplo, ninguém poderá negociar com um direito personalíssimo. Nada impede, porém, que uma compensação pecuniária por dano moral sofrido seja objeto de transação.

Da mesma forma, o direito aos alimentos é insuscetível de transação. Nada impede, porém, que haja concessões recíprocas quanto ao valor devido — desde que não importe renúncia —, até mesmo pelo fato de que não há preceito legal estabelecendo qual é o valor mínimo necessário para a contribuição de alguém para o sustento de outrem[12].

7. CARACTERÍSTICAS PRINCIPAIS

Realizada uma transação, algumas características peculiares se impõem.

A primeira é a sua indivisibilidade, devendo ser considerada como um todo,

---

[11] "Art. 784. São títulos executivos extrajudiciais: (...)

II — a escritura pública ou outro documento público assinado pelo devedor;

III — o documento particular assinado pelo devedor e por 2 (duas) testemunhas;

IV — o instrumento de transação referendado pelo Ministério Público, pela Defensoria Pública, pela Advocacia Pública, pelos advogados dos transatores ou por conciliador ou mediador credenciado por tribunal;"

[12] "Civil. Família. Alimentos. Sentença que os fixa em um salário mínimo. Apelação. Transação posterior, reduzindo o respectivo *quantum* em 70% do referido salário. Possibilidade, desde que não se cuida de renúncia ao direito de pedir alimentos, mas de acordo em relação ao respectivo valor, nos termos do permissivo legal (Cf. Lei n. 5.478/68, art. 9.º, § 1.º). Homologação da transação" (TJPR, 2.ª Câm. Cív., AC 9523, Rel. Des. Sydney Zappa, j. 15-6-1993).

sem possibilidade de seu fracionamento, pelo que, na forma do art. 848, *caput*, do CC/2002, sendo "*nula qualquer das cláusulas da transação, nula será esta*".

Exemplificando: se *A*, transacionando sobre a extinção de um contrato de prestação de serviços em relação a *B*, renuncia à percepção de determinada comissão, para que possa continuar, em regime de comodato, com um imóvel, não é lógico, nem justo, que, nula a primeira cláusula, prevaleça a segunda.

Destaque-se, porém, que o parágrafo único do mesmo artigo, ao estabelecer que "quando a transação versar sobre diversos direitos contestados, independentes entre si, o fato de não prevalecer em relação a um não prejudicará os demais", acaba admitindo a validade de certas cláusulas da transação, quando demonstrada a sua autonomia em relação à invalidade.

No que se refere à interpretação da transação, o Código Civil cuidou de, em norma expressa, tratar da matéria, consoante se depreende da análise do art. 843 do CC/2002[13].

Da análise desse dispositivo, duas regras podem ser extraídas.

Uma é a restritividade da interpretação que se pode dar a uma transação. Tal regra inviabiliza a utilização da analogia ou interpretação extensiva, uma vez que, por envolver concessões recíprocas (e, por isso, renúncias mútuas), presume-se que a disposição foi feita da forma menos onerosa possível.

Outra é a natureza declaratória da transação, em que apenas se certifica a existência de determinados direitos e situações jurídicas. Todavia, tal regra não pode ser interpretada isoladamente, mas sim em conjunto com o art. 845 do CC/2002[14], que admite a renúncia ou a transferência de coisa pertencente a um dos transigentes, o que importa, porém, nos riscos da evicção. Caso esta se opere, não se ressuscitará a obrigação original, convertendo-se a obrigação extinta em perdas e danos.

Exemplificando: *A*, transigindo em processo de separação litigiosa (obviamente, apenas quanto ao valor, e não quanto ao direito, que é intransacionável), transfere determinado bem imóvel do seu patrimônio pessoal à sua esposa, *B*, em contrapartida à diminuição do valor da pensão alimentícia. Posteriormente, um terceiro logra êxito na ação reivindicatória da coisa ajui-

[13] "Art. 843. A transação interpreta-se restritivamente, e por ela não se transmitem, apenas se declaram ou reconhecem direitos."

[14] "Art. 845. Dada a evicção da coisa renunciada por um dos transigentes, ou por ele transferida à outra parte, não revive a obrigação extinta pela transação; mas ao evicto cabe o direito de reclamar perdas e danos.

Parágrafo único. Se um dos transigentes adquirir, depois da transação, novo direito sobre a coisa renunciada ou transferida, a transação feita não o inibirá de exercê-lo."

zada contra a separanda, consumando os riscos da evicção. Nesse caso, não reviverá a obrigação da pensão alimentícia, cabendo a *B* apenas ajuizar ação indenizatória contra *A*.

Finalmente, para se compreender o parágrafo único do referido art. 845, é preciso ter em mente que a transação não retira do comércio o seu objeto, pelo que, no exemplo *supra*, se não ocorrer a evicção, nada impede que *A* venha a adquirir algum direito sobre o bem transferido, como, v. g., a penhora de rendas de aluguel do imóvel, por força de uma execução fundamentada em título distinto, ajuizada contra sua ex-esposa.

Por fim, como negócio jurídico que é, nada impede que, no instrumento de transação, seja estabelecida uma cláusula penal[15], como autorizado pelo art. 847 do CC/2002. A previsão legal, inclusive, é despicienda, uma vez que, reconhecida a natureza jurídica contratual da transação, a ela se aplicam todas as regras pertinentes[16].

8. EFEITOS

A transação é limitada aos transatores, produzindo, entre eles, efeito semelhante ao da coisa julgada. O art. 1.030 do Código Civil de 1916, inclusive, trazia menção expressa a tal efeito, e, mesmo não sendo repetida a disposição na novel codificação civil, é certo que tal força decorre muito mais do instituto — e da natureza contratual — do que de mera referência legal.

---

[15] "Ação ordinária de rescisão de contrato cumulada com indenização por perdas e danos — Transação judicial adjetivada com cláusula penal — Execução de título judicial — Embargos do devedor — Improcedência. O saudoso Teixeira de Freitas já definia a transação como 'contrato de composição entre as partes para extinguirem obrigações litigiosas, ou duvidosas'. De seu turno, DE PLÁCIDO E SILVA (VOCABULÁRIO JURÍDICO, FORENSE, 1.ª EDIÇÃO, VOLUME IV, PÁGINA 1583) observa que, 'a transação promove-se judicialmente ou extrajudicialmente', enquanto CAIO MÁRIO DA SILVA PEREIRA (INSTITUIÇÕES DE DIREITO CIVIL, FORENSE, 4.ª EDIÇÃO, VOLUME II, PÁGINAS 117 E 230) lembra que produz entre as partes 'o efeito da coisa julgada' e que pode ser adjetivada de 'cláusula penal', pagável por aquele que a infringir. Consequentemente, se as partes transacionaram nos autos do processo relativo à nominada ação ordinária de rescisão de contrato cumulada com indenização por perdas e danos, inclusive com a inserção de cláusula penal (fls. 76), lícito era aos apelados executarem o avençado, eis que extintiva do litígio (artigo 1.028, do Código Civil), não podendo a ela se oporem os apelados, mesmo porque, além do efeito de coisa julgada (artigo 1.030), prevista estava a perda do imóvel, dado o inadimplemento daqueles apelados (artigo 1.034), que não a inquinaram de defeito que autorizasse a sua anulação ou rescisão, a exemplo do que pode ocorrer nos negócios jurídicos em geral. Recurso improvido" (TJDF, AC 6.577, Rel. Renato Pedroso, j. 9-8-1999).

[16] Sobre a cláusula penal, confira-se o Capítulo XXV do presente volume.

Justamente por isso, gera a extinção dos acessórios, até mesmo porque a relação obrigacional controvertida foi extinta pela transação.

Dessa forma, preceitua o art. 844 do CC/2002:

> "Art. 844. A transação não aproveita, nem prejudica senão aos que nela intervierem, ainda que diga respeito a coisa indivisível.
>
> § 1.º Se for concluída entre o credor e o devedor, desobrigará o fiador.
>
> § 2.º Se entre um dos credores solidários e o devedor, extingue a obrigação deste para com os outros credores.
>
> § 3.º Se entre um dos devedores solidários e seu credor, extingue a dívida em relação aos codevedores".

Quanto aos efeitos de uma transação relacionada com um delito, em função da independência da jurisdição penal, estabelece o art. 846 do CC/2002:

> "Art. 846. A transação concernente a obrigações resultantes de delito não extingue a ação penal pública".

Esta regra é absolutamente desnecessária, mormente em se considerando o fato de que a persecução criminal é norteada por superiores princípios de ordem pública e preservação social.

Ademais, não se conceberia que uma *transação de natureza civil* prejudicasse o desfecho de uma ação penal de natureza pública.

A despeito disso, cumpre-nos advertir que, no processo penal, existe espécie peculiar de transação, inspirada no *plea bargaining* do direito norte-americano, e de *índole essencialmente penal*.

Trata-se da transação penal, aplicável, em regra, às infrações penais de menor potencial ofensivo, nos termos da Lei n. 9.099, de 26 de setembro de 1995[17], que instituiu os Juizados Especiais Criminais no Brasil (art. 76).

Comparando o sistema saxão de transação penal com o adotado no Brasil, PABLO STOLZE GAGLIANO observa que:

> "Apesar de muito criticado, este sistema de 'justiça criminal negociada' dos norte-americanos, com o crescimento populacional, tornou-se imprescindível — é de cerca de 90% o percentual de incidência do *plea bargaining* na jurisdição dos Estados Unidos. Nesse sentido, vale citar a advertência de Graham Hughes: 'the trial has become no more than an occasional adornment on the vast surface of the criminal process'".

---

[17] Ressaltando os benefícios desta lei, o Procurador da República Oliveiros Guanais de Aguiar Filho adverte que: "no que concerne às infrações de menor potencial ofensivo, a disciplina da Lei n. 9.099/95 é acertada, seguindo a orientação mundial da despenalização. É inconcebível impor-se restrições a infratores que sequer serão condenados, por beneficiarem-se de institutos extintivos da punibilidade" (Fiança Criminal — Real Alcance, *Revista Jurídica dos Formandos em Direito da UFBA*, v. 1, ano 1, Salvador: Ed. Ciência Jurídica, 1996, p. 476).

E arremata:

"E o que dizer da nossa transação penal? A diagnose diferencial entre o nosso instituto e o norte-americano reside no fato de que a aceitação da proposta de aplicação imediata de pena restritiva de direitos ou multa, pelo autor do fato, não implica reconhecimento de culpa. O agente, tão somente, aquiesce, perante o juiz, a que seja submetido a uma determinada sanção"[18].

Assim, por meio desse instituto, o órgão do Ministério Público, observados os requisitos subjetivos e objetivos previstos em lei, poderá propor ao autor do fato, antes mesmo do oferecimento da denúncia, a aplicação de uma pena restritiva de direitos ou multa, sem que se discuta a sua culpa.

Caso a proposta seja aceita, aplica-se a pena, arquivando-se, consequentemente, o processo, sem que haja registro algum de antecedentes criminais. A anotação feita no cartório é, apenas, para impedir novamente o mesmo benefício no prazo de cinco anos (art. 76, § 4.º).

---

[18] Pablo Stolze Gagliano, Lei n. 9.099/95 — Os Juizados Especiais Criminais e as Novas Medidas Despenalizadoras, *Revista Jurídica dos Formandos em Direito da UFBA*, v. 1, ano 1, Salvador: Ed. Ciência Jurídica, 1996, p. 330.

Capítulo XVII
Compromisso (Arbitragem)

Sumário: 1. Noções introdutórias. 2. Conceito de arbitragem. 3. Esclarecimentos terminológicos. 4. Classificação da arbitragem no sistema de mecanismos de solução de conflitos. 5. Breve relato da experiência histórica brasileira do uso de arbitragem. 6. Características gerais positivas da arbitragem. 6.1. Celeridade. 6.2. Informalidade do procedimento. 6.3. Confiabilidade. 6.4. Especialidade. 6.5. Confidencialidade ou sigilo. 6.6. Flexibilidade. 7. Natureza jurídica do compromisso e da arbitragem. 8. Espécies de arbitragem. 8.1. Quanto ao modo. 8.2. Quanto ao espaço. 8.3. Quanto à forma de surgimento. 8.4. Quanto aos fundamentos da decisão. 8.5. Quanto à liberdade de decisão do árbitro. 9. Arbitragem x Poder Judiciário. 10. A Lei de Arbitragem (Lei n. 9.307/96 — "Lei Marco Maciel"). 11. Procedimento da arbitragem. 12. Incidência da arbitragem na legislação trabalhista brasileira. 13. Considerações críticas sobre a utilização da arbitragem na sociedade brasileira.

1. NOÇÕES INTRODUTÓRIAS

O Código Civil de 1916 regulava, em seus arts. 1.037 a 1.048, o instituto jurídico do compromisso.

A visão que se dava ao compromisso era de uma forma de extinção de obrigações, mediante a qual as partes estabeleciam regras de como solucionar determinados conflitos decorrentes de choque de interesses patrimoniais.

O Código de Processo Civil de 1939, por sua vez, tratou originalmente do juízo arbitral, em seus arts. 1.072 a 1.102, em ampla sintonia com a legislação de direito material, valendo destacar que o Decreto n. 737, de 25-11-1850, já dispunha sobre solução arbitral de conflitos entre comerciantes.

Com o advento da Lei n. 9.307, de 23-9-1996, revogaram-se os dispositivos mencionados do Código Civil e do Código de Processo Civil, tratando inteiramente da matéria arbitral no Brasil[1].

Observe-se, porém, que a ideia de compromisso é muito mais ampla que a de arbitragem, pois é através do primeiro que, pela manifestação livre da

---

[1] A Lei n. 13.129, de 26 de maio de 2015, alterou a mencionada Lei n. 9.307/96, com a finalidade de ampliar o âmbito de aplicação da arbitragem, dispondo sobre a escolha dos árbitros, quando as partes recorrem a órgão arbitral, e, ainda, sobre a interrupção da prescrição pela instituição da arbitragem, a concessão de tutelas cautelares e de urgência nos casos de arbitragem, a carta arbitral e a sentença arbitral.

vontade, as partes se dirigem para o segundo, como forma de solução de conflitos de interesses.

O Código Civil de 2002 tratou laconicamente da matéria em três artigos, apenas admitindo a estipulação do compromisso para remeter soluções de conflitos por arbitragem, na forma da mencionada lei especial, conforme se verifica de seu art. 853, *in verbis*:

> "Art. 853. Admite-se nos contratos a cláusula compromissória, para resolver divergências mediante juízo arbitral, na forma estabelecida em lei especial".

É sobre esses institutos que trataremos no presente capítulo.

2. CONCEITO DE ARBITRAGEM

Nas palavras do sempre preciso Prof. JOSÉ AUGUSTO RODRIGUES PINTO, arbitragem pode ser conceituada como "um processo de solução de conflitos jurídicos pelo qual o terceiro, estranho aos interesses das partes, tenta conciliar e, sucessivamente, decide a controvérsia"[2].

Esse conceito nos parece bastante interessante, por trazer os elementos essenciais para a caracterização da arbitragem, quais sejam, a existência de um conflito e a atuação de um terceiro, mediante uma sequência de atos ordenados (noção de processo) na busca de sua solução, seja pela conciliação, seja pela imposição de uma decisão.

Nesse diapasão, vale lembrar que a regra geral em nosso ordenamento jurídico positivo é a da "preponderância" (preferimos essa expressão ao consagrado termo "monopólio") da atuação estatal na solução dos conflitos jurídicos, sendo, portanto, de extrema relevância que haja previsão legal que autorize essa convocação de terceiro.

Esta "autorização legal" ganha mais relevo justamente na arbitragem, que, como veremos, é, ordinariamente, voluntária e de natureza privada, tendendo ao total afastamento dos representantes do Estado.

A possibilidade de convocação de terceiro se dá, como veremos, mediante a tomada de um compromisso, que nada mais é do que uma estipulação contratual, muito semelhante à transação.

Sobre tal afinidade, pondera o Mestre SÍLVIO VENOSA:

> "A ligação do compromisso com a transação é considerável. Enquanto na transação as partes previnem ou põem fim a um litígio, no compromisso, *ex radice*, antes mesmo que qualquer litígio surja, ainda que potencial, as partes

[2] José Augusto Rodrigues Pinto, *Direito Sindical e Coletivo do Trabalho*, São Paulo: LTr, 1998, p. 269.

contratam que eventual pendência será decidida pelo juízo arbitral. A arbitragem destina-se aos litígios sobre direitos disponíveis. Os direitos indisponíveis, tais como os direitos de família puros, direitos públicos, direitos da personalidade, são afetos exclusivamente ao Poder Judiciário"[3].

Por isso mesmo, preferimos vislumbrar a arbitragem como um processo de solução de conflitos por meio da atuação de um terceiro, indicado pelas partes em função de compromisso, mediante autorização legal.

3. ESCLARECIMENTOS TERMINOLÓGICOS

A precisão terminológica é sempre muito relevante quando pretendemos conhecer metodicamente qualquer instituto.

Justamente por tal motivo, consideramos relevante abrir este tópico, tendo em vista que é muito comum (lamentavelmente, até mesmo no ambiente acadêmico) a utilização de expressão semelhante à arbitragem, mas com significado completamente distinto.

Referimo-nos ao termo "arbitramento", que nada mais é que uma das formas de quantificação do julgado, prevista no vigente Código de Processo Civil brasileiro, que nada tem que ver com o instituto da "arbitragem", apesar de o perito designado (se for o caso, no arbitramento) também ser chamado de "árbitro"[4].

Da mesma forma, ainda que isso possa soar jocoso, não há que se confundir o "árbitro" (sujeito dessa forma de solução de conflitos) com o "árbitro" de competições esportivas (o popularmente conhecido "juiz de futebol", v. g.), uma vez que este último não tem qualquer função jurisdicional, mas simplesmente fiscalizatória do cumprimento das regras da modalidade atlética em que está atuando.

Por fim, lembremos também que, apesar do radical comum, arbitragem não tem nenhuma relação com "arbítrio" ou "arbitrariedade", que, em verdade, tem significado diametralmente oposto[5].

---

[3] Sílvio de Salvo Venosa, *Direito Civil — Teoria Geral das Obrigações e dos Contratos*, São Paulo: Atlas, 2002, p. 315.

[4] Sobre o tema, cf. o tópico 4.5 ("Obrigações Líquidas e Ilíquidas") do Capítulo VI ("Classificação Especial das Obrigações") do presente volume, bem como a excelente obra do ilustre Desembargador e Professor Paulo Furtado, *Execução* (2. ed., São Paulo: Saraiva, 1991).

[5] "*Arbitrário*. [Do lat. *arbitrariu.*] *Adj*. 1. Que independe de lei ou regra, e só resulta do arbítrio, ou mesmo do capricho de alguém: decisão arbitrária; "Desejo uma fotografia / como esta... // Não meta fundos de floresta / Nem de arbitrária fantasia... / Não... Neste espaço que ainda resta, / ponha uma cadeira vazia." (Cecília Meireles, *Obra Poética*, p. 223.) [Sin., p. us.: arbitrativo.] 2. Que não respeita lei ou regras, que

4. CLASSIFICAÇÃO DA ARBITRAGEM NO SISTEMA DE MECANISMOS DE SOLUÇÃO DE CONFLITOS

Numa visão sistemática dos mecanismos de solução de conflitos, podemos classificá-los como autocompositivos ou heterocompositivos, em função de o resultado final decorrer do entendimento das partes ou da imposição da vontade de um terceiro.

Na primeira classificação, temos, como exemplos clássicos, a negociação direta, a mediação e a conciliação. Nesses casos, a solução do conflito somente ocorrerá pela autonomia da vontade dos litigantes.

Observe-se que a mediação e a conciliação admitem a participação de terceiros no processo de construção da solução, mas sua atuação definitivamente não vincula as partes, não tendo qualquer poder decisório[6].

Nesse sentido, vale observar que o art. 166 do Código de Processo Civil de 2015 (sem correspondência no CPC/1973) estabelece expressamente que a "*conciliação e a mediação são informadas pelos princípios da independência, da imparcialidade, da autonomia da vontade, da confidencialidade, da oralidade, da informalidade e da decisão informada*".

Já entre as modalidades heterocompositivas, a doutrina elenca a própria arbitragem e a jurisdição estatal.

Vale notar, porém, que, na arbitragem, embora a decisão seja imposta por um terceiro, há, em regra, um teor autocompositivo na solução do dissídio, pelo menos na eleição desse mecanismo para pôr termo ao conflito.

Nesse sentido, afirma RODRIGUES PINTO que

> "a arbitragem tem da heterocomposição o elemento característico da intervenção de terceiro investido de autoridade decisória para a solução do con-

---

não aceita restrições: despótico, discricionário: indivíduo arbitrário" (Aurélio Buarque de Holanda Ferreira, *Novo Dicionário da Língua Portuguesa*, 2. ed., Rio de Janeiro: Nova Fronteira, 1986, p. 157).

[6] Nesse diapasão, confiram-se os §§ 2.º e 3.º do art. 165 do CPC/2015, sem equivalente no Código de Processo Civil de 1973:

"Art. 165. (...)

§ 2.º O conciliador, que atuará preferencialmente nos casos em que não houver vínculo anterior entre as partes, poderá sugerir soluções para o litígio, sendo vedada a utilização de qualquer tipo de constrangimento ou intimidação para que as partes conciliem.

§ 3.º O mediador, que atuará preferencialmente nos casos em que houver vínculo anterior entre as partes, auxiliará aos interessados a compreender as questões e os interesses em conflito, de modo que eles possam, pelo restabelecimento da comunicação, identificar, por si próprios, soluções consensuais que gerem benefícios mútuos".

flito. Conserva, porém, da autocomposição o elemento consensual da escolha do árbitro na busca dessa solução.

Do mesmo modo que a mediação, a arbitragem privada ou o juízo arbitral, como se denomina em nosso direito, conserva em seu interior o traço autocompositivo da solução do conflito"[7].

Façamos agora algumas breves considerações históricas sobre a utilização da arbitragem no Direito Brasileiro.

5. BREVE RELATO DA EXPERIÊNCIA HISTÓRICA BRASILEIRA DO USO DE ARBITRAGEM

No depoimento autorizado de GEORGENOR DE SOUSA FRANCO FILHO,

"nosso país tem tido razoável experiência em matéria de arbitragem, a partir de 1863, quando enfrentamos grave crise diplomática com o Reino Unido. Foi a conhecida 'Questão Christie', que levou à ruptura das nossas relações com aquele país, em decorrência da detenção de tripulantes de um navio da armada britânica, no Rio de Janeiro, que provocaram desordens em um bairro daquela cidade. Levada à arbitragem do Rei Leopoldo, da Bélgica, o laudo arbitral foi favorável ao Brasil"[8].

E é justamente no Direito Internacional, principalmente no que diz respeito ao estabelecimento de fronteiras, que encontramos a maior frequência da utilização da arbitragem em nosso País.

Assim sendo, vale lembrar que, em 1903, foi assinado o Tratado de Petrópolis, que tratava do processo de demarcação de fronteiras com a Bolívia, estabelecendo que, caso as tratativas fossem infrutíferas, os pactuantes deveriam se socorrer da arbitragem, o que, no caso em tela, não chegou a ser necessário.

Valemo-nos, porém, da arbitragem, por exemplo, nas discussões sobre a fronteira com a Argentina, em que se debatia a interpretação do Tratado de Madrid, de 1750, tendo sido necessária a assinatura de um novo Tratado, em 1889, em que, pela arbitragem dos Estados Unidos da América (por meio do Presidente Cleveland), a controvérsia foi decidida de forma favorável ao Brasil (o laudo foi proferido em 1895).

Da mesma forma, em 1897, estivemos em litígio com a França, discutindo a questão do hoje Estado (à época, contestado) do Amapá, tendo sido a solução alcançada pela arbitragem da Suíça, com laudo proferido em 1900, favorável ao Brasil.

---

[7] Ob. cit., p. 269.

[8] Georgenor de Sousa Franco Filho, *A Nova Lei de Arbitragem e as Relações de Trabalho*, São Paulo: LTr, 1997, p. 9-10.

Para não dizer, porém, que somente somos vitoriosos quando invocamos a arbitragem, lembremos que, em 1901, tivemos a questão da Guiana Inglesa, em que o laudo proferido pelo Rei Vittorio Emmanuele III, da Itália (em 1904), foi favorável à Inglaterra.

Não faz muito, o Brasil, integrando um grupo de países formado também pela Argentina, Chile e Estados Unidos, atuou como mediador — com possibilidade de ser alçado a árbitro — em conflito territorial entre o Peru e o Equador.

No campo das relações comerciais, a arbitragem é amplamente utilizada, principalmente entre as grandes corporações, como forma de solução célere dos seus conflitos, evitando o risco e o custo do acionamento da máquina judiciária estatal, cumprindo as decisões arbitrais para evitar a perda da credibilidade no mercado internacional.

Além desses exemplos, específicos do Direito Internacional Público e Privado, podemos encontrar em outros ramos do Direito, inclusive do Direito do Trabalho, a edição de sentenças arbitrais, apesar da pouca frequência[9].

6. CARACTERÍSTICAS GERAIS POSITIVAS DA ARBITRAGEM

Na perspectiva didática que pretendemos expor, acreditamos bastante razoável elencar algumas das características gerais positivas da arbitragem, o que possibilita ao leitor uma visão panorâmica das vantagens desse meio de solução de conflitos.

Em nosso entender, as principais virtudes da arbitragem são as seguintes:

6.1. Celeridade

A ausência de previsão expressa de possibilidade de interposição de recursos garante às partes, sem sombra de qualquer dúvida, uma redução da duração do litígio, pois um dos elementos mais irritantes na demanda judicial é justamente a ampla possibilidade de ajuizamento de medidas procrastinatórias, que apenas perpetuam o feito.

Em outra oportunidade e contexto, inclusive, chegamos a afirmar que "a demora para o cumprimento, na prática, de todos os ritos legais leva-nos a

[9] "Imperioso recordar que, apesar de consagrada há quase 10 anos na Carta Constitucional, a opção pela arbitragem em conflitos coletivos de trabalho ainda é de reduzida a insignificante no Brasil. Anos atrás, Arnaldo Süssekind e Délio Maranhão decidiram matéria dessa espécie envolvendo a Eletrobrás, e os Acordos Coletivos da ALBRÁS, na cidade de Barcarena (Pará), consignam cláusula compromissória, que, no entanto, nunca chegou a ser aplicada" (Georgenor de Sousa Franco Filho, *A Nova Lei de Arbitragem e as Relações de Trabalho*, São Paulo: LTr, 1997, p. 9).

concordar com a afirmação de que o processo judicial é a criação humana mais próxima do que se concebe como eternidade"[10].

É óbvio, porém, que o fato de a sentença arbitral ser, *a priori*, irrecorrível[11] pode ser um motivo para se questionar a conveniência ou não da arbitragem, pois o que proporcionalmente se ganha em celeridade poder-se-ia perder em segurança.

Todavia, da mesma forma, não podemos olvidar que, segundo a atual Lei de Arbitragem, são as próprias partes que escolhem o procedimento a ser adotado[12], o que não exclui, portanto, a possibilidade de que as mesmas pactuem alguma espécie de recurso (tão rápido quanto o procedimento inicial) para eventual revisão da decisão.

6.2. Informalidade do procedimento

A informalidade do procedimento arbitral é também uma das características importantes dessa forma de solução de conflitos.

Por informalidade não se entenda a ausência absoluta de ritos, mas sim a prescindibilidade de um rigor legal no seu processamento.

Conforme ensinam ANTONIO CARLOS DE ARAÚJO CINTRA, ADA PELLEGRINI GRINOVER e CÂNDIDO R. DINAMARCO, o

> "procedimento é, nesse quadro, apenas o meio extrínseco pelo qual se instaura, desenvolve-se e termina o processo; é a manifestação extrínseca deste, a sua realidade fenomenológica perceptível. A noção de processo é essencialmente teleológica, porque ele se caracteriza por sua finalidade de exercício do poder (no caso, jurisdicional). A noção de procedimento é puramente formal, não passando da coordenação de atos que se sucedem. Conclui-se, portanto, que o procedimento (aspecto formal do processo) é o meio pelo qual a lei estampa os atos e fórmulas da ordem legal do processo"[13].

---

[10] Rodolfo Pamplona Filho, Rápidas Considerações sobre a Antecipação da Tutela como Instrumento para a Efetividade do Processo do Trabalho, in *A Efetividade do Processo do Trabalho*, obra coletiva coordenada por Jairo Lins de Albuquerque Sento Sé (São Paulo: LTr, 1999).

[11] "Art. 18. O árbitro é juiz de fato e de direito, e a sentença que proferir não fica sujeita a recurso ou a homologação pelo Poder Judiciário."

[12] "Art. 11. Poderá, ainda, o compromisso arbitral conter: (...)

IV — a indicação da lei nacional ou das regras corporativas aplicáveis à arbitragem, quando assim convencionarem as partes."

[13] Antonio Carlos de Araújo Cintra, Ada Pellegrini Grinover e Cândido R. Dinamarco, *Teoria Geral do Processo*, 9. ed., 2. tir., São Paulo: Malheiros, 1993, p. 27-8.

Na arbitragem, busca-se o afastamento do procedimento quase "litúrgico" previsto legalmente para a obtenção da prestação jurisdicional, com a estipulação/escolha, pelas próprias partes, das regras aplicáveis ao caso concreto.

6.3. Confiabilidade

Uma outra característica/virtude da arbitragem, constantemente ressaltada pela doutrina, é a questão da confiabilidade do árbitro.

Quando se suscita esse elemento, não se está querendo dizer que os magistrados "oficiais" não sejam confiáveis, mas sim que, pelo fato de o árbitro ser escolhido pelas partes, este já traz consigo uma legitimidade que não é imposta pelo Estado, mas sim pela autonomia da vontade dos litigantes.

6.4. Especialidade

A especialidade (ou especialização) do árbitro é um dos pontos mais atrativos para a utilização do juízo arbitral.

Com efeito, no imenso leque de possibilidades de litigiosidade, muitas demandas podem versar sobre temas não propriamente jurídicos, mas sim de questões relacionadas com outras técnicas do conhecimento humano, como, por exemplo, a engenharia, a medicina ou a astronomia.

Nesses casos, num processo judicial comum, o magistrado teria obrigatoriamente de se valer de um *expert* na área, mesmo que, pessoalmente, tivesse conhecimento técnico suficiente para enfrentar a questão.

Tal hipótese não ocorre obrigatoriamente na arbitragem, pois os próprios conflitantes podem escolher como árbitro um técnico na área, de confiança comum das partes, que poderá enfrentar diretamente essa questão, sem essa espécie de "terceirização" da manifestação científica da matéria.

6.5. Confidencialidade ou sigilo

No processo arbitral, não há a obrigatoriedade da divulgação quase "paranoica" dos atos processuais, como ocorre no processo judicial comum.

Tal postura do processo tradicional decorre de expressa previsão constitucional, que determina que "a lei só poderá restringir a publicidade dos atos processuais quando a defesa da intimidade ou o interesse social o exigirem", conforme se verifica do art. 5.º, LX, da Carta Magna de 1988.

Note-se que a ausência de publicidade dos atos judiciais (salvo quando a lei expressamente o previr) será hipótese de nulidade do processo, pela violação do interesse público na divulgação dos litígios sob a jurisdição estatal.

Isso não ocorre obrigatoriamente na arbitragem, tendo em vista que, pelo fato de esta decorrer de um negócio jurídico de direito material, somente aos próprios pactuantes é que interessa a solução do conflito, não havendo necessidade de divulgação dos procedimentos para terceiros.

Essa característica, no que diz respeito a grandes empresas comerciais, com atuação internacional, é das mais relevantes, tendo em vista que a informação de que está litigando judicialmente pode ser motivo para abalo de sua credibilidade acionária e confiabilidade no cumprimento de contratos pactuados.

6.6. Flexibilidade

Por fim, a flexibilidade é uma característica nata da arbitragem.

A possibilidade de o árbitro não estar adstrito a textos legais, podendo até decidir por equidade, se autorizado pelas partes, é de fato um elemento muito atrativo para a sua utilização[14].

Há certas hipóteses em que a atividade de subsunção da norma ao fato, embora perfeitamente lógica (do ponto de vista estritamente jurídico), não consegue satisfazer qualquer das partes, até mesmo, muitas vezes, pela impropriedade da regulamentação legal sobre o tema.

Justamente por isso é que dispõe o art. 2.º da Lei n. 9.307/96:

> "Art. 2.º A arbitragem poderá ser de direito ou de equidade, a critério das partes.
>
> § 1.º Poderão as partes escolher, livremente, as regras de direito que serão aplicadas na arbitragem, desde que não haja violação aos bons costumes e à ordem pública.
>
> § 2.º Poderão, também, as partes convencionar que a arbitragem se realize com base nos princípios gerais de direito, nos usos e costumes e nas regras internacionais de comércio.
>
> § 3.º A arbitragem que envolva a administração pública será sempre de direito e respeitará o princípio da publicidade" (*parágrafo inserido pela Lei n. 13.129, de 26 de maio de 2015*).

Note-se que a flexibilidade, portanto, não é somente quanto ao procedimento, mas sim também quanto aos preceitos a serem observados no mérito da solução imposta às partes.

7. NATUREZA JURÍDICA DO COMPROMISSO E DA ARBITRAGEM

Na pesquisa sobre o instituto da arbitragem, encontramos precioso artigo da lavra da estudiosa jurista LILIAN FERNANDES DA SILVA, que, de maneira

---

[14] A equidade, aqui, é entendida no seu conceito aristotélico de "Justiça do caso concreto". Sobre a matéria, sugerimos a leitura do nosso trabalho, A Equidade no Direito do Trabalho, in *Questões Controvertidas de Direito do Trabalho*, Belo Horizonte: Nova Alvorada Ed., 1999.

lapidar, consegue sintetizar as teorias existentes sobre a natureza jurídica do juízo arbitral da seguinte forma:

> "A Lei 9.037 de 23.09.96 revogou os arts. 1.072 a 1.102 do Código de Processo Civil, passando a regular integralmente a matéria. A doutrina não é pacífica, havendo diversas posições quanto à natureza jurídica da arbitragem. Para aqueles que defendem a natureza privatista, a arbitragem é um contrato, uma convenção na qual as partes concedem poderes ao árbitro e o laudo é uma manifestação das mesmas. Para os que têm como posição a natureza jurisdicional, a arbitragem é o verdadeiro processo e a jurisdição deve ser entendida como atuação da vontade da lei por meio de emissão de decisões não exclusivamente do Poder Judiciário. O árbitro, escolhido de comum acordo, tem o poder de proferir a decisão mais justa, utilizando-se da jurisdição. Para os defensores da natureza híbrida, a arbitragem é processo privado para a solução de controvérsias, é forma privada de sentença com as vestes do poder de uma decisão judicial entre particulares em oposição às cortes judiciais. É um acordo consensual no qual a solução da questão é dada por terceira pessoa; também é judicial porque põe fim à disputa, possibilitando seu cumprimento como um julgamento do mérito do judiciário"[15].

Em nossa opinião, para vislumbrar a natureza jurídica dos institutos, é preciso separar o compromisso da arbitragem.

No primeiro, sim, trata-se de um negócio jurídico em que, pela manifestação da vontade, as partes estabelecem que um terceiro irá resolver as suas divergências.

Já a arbitragem, em si mesma, é um mecanismo de solução de conflitos. E tem natureza jurisdicional, por dizer o direito aplicável ao caso concreto, reconhecendo-se a possibilidade de quebra do monopólio estatal da jurisdição[16].

8. ESPÉCIES DE ARBITRAGEM

É certo que toda classificação doutrinária em espécies depende, indubitavelmente, da visão metodológica do autor que a enuncia.

Sendo assim, não pretendemos esgotar toda essa matéria, deixando-a um tanto quanto em aberto, não por omissão, mas sim pela perspectiva dialética de aprofundamento analítico.

Feito tal esclarecimento, vejamos algumas "espécies" de arbitragem:

---

15 Lilian Fernandes da Silva, Arbitragem — a Lei n. 9.307/96, *Revista da Escola Paulista de Magistratura*, ano 2, n. 4, 1998, p. 165.

16 Cf. o tópico 9 ("Arbitragem *x* Poder Judiciário") do presente capítulo.

8.1. Quanto ao modo

Nesta classificação, a arbitragem pode ser *voluntária* ou *obrigatória*.

A arbitragem *voluntária* é, por essência, a verdadeira arbitragem, na qual as partes livremente optam por essa forma de solução de conflitos, tendo ampla liberdade para a escolha dos árbitros e procedimento. É a forma consagrada pela Lei n. 9.307, de 23 de setembro de 1996, que rege atualmente o juízo arbitral no Brasil.

Já a arbitragem *obrigatória* é aquela compulsoriamente imposta pelo Estado como a forma de solução para determinados tipos de controvérsia. Em nosso entender, a sua utilização de maneira indiscriminada no Brasil faleceria de constitucionalidade, tendo em vista o princípio da indeclinabilidade do Poder Judiciário, conforme verificaremos no próximo tópico ("Arbitragem *x* Poder Judiciário").

Vale destacar, porém, que a arbitragem obrigatória é utilizada em muitos países[17], apesar de configurar, a nosso ver, uma violação à própria essência do instituto, verdadeira contradição de termos, mesmo que haja adaptações específicas.

No Brasil, inclusive, o Decreto n. 737, de 25 de novembro de 1850, que já dispunha sobre solução arbitral de conflitos entre comerciantes, mencionava que poderia ela se dar de forma voluntária ou obrigatória, tendo sido revogada tal disposição final pela Lei n. 1.350, de 14 de setembro de 1866, o que fez muito bem, pelo fato de a imposição obrigatória da arbitragem contrariar, como dito, a índole do instituto.

8.2. Quanto ao espaço

Quanto ao espaço de atuação da arbitragem, pode ela ser internacional, a qual, nas palavras de GEORGENOR DE SOUSA FRANCO FILHO, "é caracterizada pela *dépeçage*, ou seja, pelo despedaçamento do contrato, no qual cada parte pode ser regida por lei diferente, v. g., uma lei para cuidar da capacidade das partes; outra, da competência dos árbitros; uma terceira, sobre o procedimento arbitral"[18].

---

[17] "A arbitragem obrigatória dos conflitos não é originária, como erroneamente se supõe, da *magistratura del lavoro* do fascismo italiano; já em 1904, na Austrália e Nova Zelândia, se praticava por meio dos tribunais industriais, de natureza tanto administrativa quanto judiciária, pois que ditavam laudos arbitrais, com eficácia de sentença. Não deve ser considerada como a solução final dos problemas de trabalho de um país, senão como etapa de transição ou de evolução, no caminho da instauração do verdadeiro sistema da negociação direta, entre as partes coletivas, para a estipulação da convenção coletiva" (Orlando Gomes e Elson Gottschalk, *Curso de Direito do Trabalho*, 3. ed., Rio de Janeiro: Forense, 1994, p. 650).

[18] Georgenor de Sousa Franco Filho, *A Nova Lei de Arbitragem e as Relações de Trabalho*, São Paulo: LTr, 1997, p. 17.

O juízo arbitral pode ser, porém, apenas *interno*, ou seja, aquele onde há a atuação de um único sistema jurídico (direito positivo interno).

8.3. Quanto à forma de surgimento

A arbitragem pode ser *institucional*, quando as partes se reportam a uma entidade arbitral ou a um órgão técnico especializado.

Esse órgão geralmente possui regras e normas próprias de procedimento, o que facilita sobremaneira a instituição do compromisso arbitral[19].

Caso as partes não queiram optar por uma instituição específica, ocorrerá uma arbitragem *ad hoc*, ou seja, aquela criada para o caso concreto, em que os pactuantes terão de estabelecer, com o compromisso arbitral, o registro do procedimento, entre outros aspectos relevantes.

8.4. Quanto aos fundamentos da decisão

Esta classificação tem por base o já transcrito art. 2.º da Lei de Arbitragem, apenas para destacar que os fundamentos decisórios do árbitro podem estar embasados tanto em preceitos jurídicos *stricto sensu* (a chamada "arbitragem de Direito") ou no seu livre convencimento do que seja a "Justiça no caso concreto" (a "arbitragem de equidade").

8.5. Quanto à liberdade de decisão do árbitro

Finalmente, quanto à liberdade de decisão do árbitro, temos algumas espécies legais (bem distintas, a depender de cada caso apreciado) de arbitragem.

A arbitragem de "oferta final" (*final offer*), já com previsão expressa em nosso direito positivo[20], consiste na hipótese em que o árbitro fica literalmente condicionado a optar por uma das ofertas de cada parte, sem a possibilidade de uma solução "salomônica" intermediária. É, sem sombra de qualquer dúvida, a espécie de arbitragem em que há a menor incidência de liberdade do árbitro.

Já a arbitragem por "pacote" (*package*), espécie tão bem desenvolvida por LUIZ CARLOS AMORIM ROBORTELLA[21], diferencia-se da forma anterior

---

[19] No Estado da Bahia, vale destacar o excelente trabalho desenvolvido pelo *Conselho Arbitral da Bahia*, sob a direção da Juíza aposentada do Trabalho Ilce Marques de Carvalho.

[20] A Lei n. 10.101, de 19-12-2000 (fruto da Medida Provisória n. 1.487/96 e suas sucessivas reedições), que trata da "Participação dos Trabalhadores nos Lucros ou Resultados", traz uma previsão expressa da utilização de "*Arbitragem de Ofertas Finais*" no seu art. 4.º e parágrafos.

[21] Cf. o excelente artigo de Luiz Carlos Amorim Robortella, Mediação e Arbitragem. Solução Extrajudicial de Conflitos do Trabalho, *Trabalho & Doutrina*, n. 14, São Paulo: Saraiva, set. 1997.

pelo fato de que aqui há um conjunto de propostas que deverão ser apreciadas pelo árbitro, enquanto naquela a solução é singular, sem qualquer flexibilidade.

A arbitragem "medianeira" (*med-arb*), por sua vez, é aquela em que o árbitro atua inicialmente como mediador, na busca de uma solução negociada, e somente após a frustração efetiva das propostas conciliatórias é que estará autorizado a exercer a arbitragem propriamente dita.

Obviamente, além dessas formas lembradas, há que se incluir a arbitragem convencional, ou seja, aquela que se dá sem qualquer condicionamento, espécie que também é conhecida como "*arbitragem de queixas*" (para interpretação de controvérsias jurídicas).

9. ARBITRAGEM × PODER JUDICIÁRIO

Uma das maiores polêmicas em relação à constitucionalidade da arbitragem se refere ao seu aparente conflito com o Poder Judiciário.

Adotamos a expressão "aparente conflito" justamente por não vislumbrarmos a lesão alegada ao princípio constitucional da indeclinabilidade do Poder Judiciário, expresso no art. 5.º, XXXV, da Constituição Federal de 1988[22].

Nas palavras de JOEL DIAS FIGUEIRA JÚNIOR, há de se ressaltar

> "que a arbitragem como jurisdição privada opcional decorre da manifestação livre de vontade das partes contratantes, do que advém a sua natureza contratual jurisdicionalizante, sendo o compromisso arbitral '... um negócio jurídico de direito material, significativo de uma renúncia à atividade jurisdicional do Estado'. Regem-se os contratos pelo princípio da autonomia da vontade das partes, razão por que a elas deve ser reconhecida a alternativa sobre a opção ou não pela jurisdição estatal para a solução de seus conflitos ou para a revisão sobre o mérito da decisão arbitral. Ademais, nunca se questionou a constitucionalidade das transações, não havendo diferença ontológica entre a opção pela jurisdição privada e a disposição de bens ou direitos de natureza privada de forma direta ou através de outorga a terceiros. Em outros termos, se o jurisdicionado pode dispor de seus bens particulares, nada obsta que possa o menos, isto é, dispor das respectivas formas de tutelas"[23].

---

[22] "Art. 5.º Todos são iguais perante a lei, sem distinção de qualquer natureza, garantindo-se aos brasileiros e aos estrangeiros residentes no País a inviolabilidade do direito à vida, à liberdade, à igualdade, à segurança e à propriedade, nos termos seguintes: (...)

XXXV — a lei não excluirá da apreciação do Poder Judiciário lesão ou ameaça a direito."

[23] Joel Dias Figueira Júnior, *Arbitragem, Jurisdição e Execução*, 2. ed., São Paulo: Revista dos Tribunais, 1999, p. 159-60.

Permitindo-nos um trocadilho, definitivamente não encaramos a arbitragem como a "privatização da Justiça", mas sim como uma "Justiça Privada", o que é algo bem distinto. Na primeira, estaríamos falando de um afastamento definitivo da atuação estatal na solução de conflitos, enquanto a segunda se refere à possibilidade de as partes, de forma autônoma, escolherem os sujeitos a quem pretendem submeter as suas controvérsias.

Além disso, vale destacar que a possibilidade do reconhecimento judicial da nulidade da sentença arbitral já demonstra que, de forma alguma, o Poder Judiciário será afastado de suas prerrogativas constitucionais.

Por tal viés, dispõem os arts. 32 e 33 da Lei n. 9.307/96:

> "Art. 32. É nula a sentença arbitral se:
>
> I — for nula a convenção de arbitragem (*inciso com redação dada pela Lei n. 13.129, de 26-5-2015*);
>
> II — emanou de quem não podia ser árbitro;
>
> III — não contiver os requisitos do art. 26 desta lei[24];
>
> IV — for proferida fora dos limites da convenção de arbitragem;
>
> V — não decidir todo o litígio submetido à arbitragem;
>
> VI — comprovado que foi proferida por prevaricação, concussão ou corrupção passiva;
>
> VII — proferida fora do prazo, respeitado o disposto no art. 12, inciso III[25], desta lei; e
>
> VIII — forem desrespeitados os princípios de que trata o art. 21, § 2.º[26], desta lei.
>
> Art. 33. A parte interessada poderá pleitear ao órgão do Poder Judiciário competente a declaração de nulidade da sentença arbitral, nos casos previstos nesta Lei.
>
> § 1.º A demanda para a declaração de nulidade da sentença arbitral, parcial ou final, seguirá as regras do procedimento comum, previstas na Lei n. 5.869, de 11 de janeiro de 1973 (Código de Processo Civil), e deverá ser proposta no prazo de até 90 (noventa) dias após o recebimento da

---

[24] O art. 26 trata dos requisitos formais da sentença arbitral.

[25] "Art. 12. Extingue-se o compromisso arbitral: (...)

III — tendo expirado o prazo a que se refere o art. 11, inciso III, desde que a parte interessada tenha notificado o árbitro, ou o presidente do tribunal arbitral, concedendo-lhe o prazo de dez dias para a prolação e apresentação da sentença arbitral."

[26] "§ 2.º Serão, sempre, respeitados no procedimento arbitral os princípios do contraditório, da igualdade das partes, da imparcialidade do árbitro e de seu livre convencimento."

notificação da respectiva sentença, parcial ou final, ou da decisão do pedido de esclarecimentos.

§ 2.º A sentença que julgar procedente o pedido declarará a nulidade da sentença arbitral, nos casos do art. 32, e determinará, se for o caso, que o árbitro ou o tribunal profira nova sentença arbitral.

§ 3.º A declaração de nulidade da sentença arbitral também poderá ser arguida mediante impugnação, conforme o art. 475-L e seguintes da Lei n. 5.869, de 11 de janeiro de 1973 (Código de Processo Civil), se houver execução judicial.

§ 4.º A parte interessada poderá ingressar em juízo para requerer a prolação de sentença arbitral complementar, se o árbitro não decidir todos os pedidos submetidos à arbitragem" (*artigo e parágrafos com a redação dada pela Lei n. 13.129, de 26-5-2015*).

Observe-se, portanto, que é plenamente possível anular a sentença arbitral, não havendo como afastar a atuação do Poder Judiciário em relação às nulidades porventura ocorrentes.

Sua atuação, entretanto, não poderá, obviamente, modificar o mérito da decisão arbitral, o que, em si mesmo, não é algo inovador no Direito brasileiro, se levarmos em consideração, por exemplo, que o Poder Judiciário não pode discutir também o conteúdo do ato administrativo discricionário, mas apenas sua legalidade (o que a doutrina e jurisprudência consolidada consideram plenamente constitucional).

Registre-se, ainda, que, em agravo regimental interposto contra homologação de sentença estrangeira (Agravo Regimental na Sentença Estrangeira n. 5.206), o Supremo Tribunal Federal decidiu, incidentalmente, pela constitucionalidade da Lei n. 9.307/96[27], conforme se verifica da seguinte ementa:

---

[27] "Decisão: Após o voto do Presidente, Ministro Sepúlveda Pertence (Relator), que dava provimento ao agravo regimental e homologava o laudo arbitral, converteu-se o julgamento em diligência, por proposta do Ministro Moreira Alves, para ouvir o Ministério Público Federal sobre a constitucionalidade da Lei n. 9.307/96 e seus reflexos quanto à homologabilidade do laudo no caso concreto. Decisão unânime. Ausentes, justificadamente, os Ministros Celso de Mello e Marco Aurélio. Plenário, 10.10.96. Decisão: Adiado o julgamento pelo pedido de vista do Ministro Nelson Jobim, após o voto do Relator (Ministro Sepúlveda Pertence, Presidente), que declarava inconstitucionais, na Lei n. 9.307/96: 1) o parágrafo único do art. 6.º; 2) o art. 7.º e seus parágrafos; 3) no art. 41, as novas redações atribuídas ao art. 267, inciso VII e art. 301, inciso IX do Código de Processo Civil e o art. 42, mas dava provimento ao agravo para homologar a sentença arbitral. Ausentes, justificadamente, os Ministros Celso de Mello e Marco Aurélio. Plenário, 08.05.97. Decisão: Após o voto do Senhor Ministro Nelson Jobim, que declarava a constitucionalidade, na Lei n. 9.307/96: 1) do parágrafo único do artigo 6.º; 2) do artigo 7.º e seus parágrafos; 3) no artigo 41, das novas redações atribuídas

"EMENTA: 1. Sentença estrangeira: laudo arbitral que dirimiu conflito entre duas sociedades comerciais sobre direitos inquestionavelmente disponíveis — a existência e o montante de créditos a título de comissão por representação comercial de empresa brasileira no exterior: compromisso firmado pela requerida, que, neste processo, presta anuência ao pedido de homologação: ausência de chancela, na origem, de autoridade judiciária ou órgão público equivalente: homologação negada pelo Presidente do STF, nos termos da jurisprudência da Corte, então dominante: agravo regimental a que se dá provimento, por unanimidade, tendo em vista a edição posterior da L. 9.307, de 23.9.96, que dispõe sobre a arbitragem, para que, homologado o laudo, valha no Brasil como título executivo judicial. 2. Laudo arbitral: homologação: Lei de Arbitragem: controle incidental de constitucionalidade e o papel do STF. A constitucionalidade da primeira das inovações da Lei da Arbitragem — a possibilidade de execução específica de compromisso arbitral — não constitui, na espécie, questão prejudicial

---

ao artigo 267, inciso VII e artigo 301, inciso IX, do Código de Processo Civil; 4) do artigo 42; e, no mais, concordava com o Senhor Ministro-Relator, pediu vista dos autos o Senhor Ministro Ilmar Galvão. Plenário, 22.11.2000. Decisão: Após o voto do Senhor Ministro Sepúlveda Pertence (Relator), que declarava inconstitucionais, na Lei n. 9.307/96: 1) o parágrafo único do artigo 6.º; 2) o artigo 7.º e seus parágrafos; 3) no artigo 41, as novas redações atribuídas ao artigo 267, inciso VII e artigo 301, inciso IX do Código de Processo Civil; 4) e o artigo 42; e dava provimento ao agravo para homologar a sentença arbitral, e dos votos dos Senhores Ministros Nelson Jobim e Ilmar Galvão, que declaravam a constitucionalidade dos citados dispositivos legais e acompanhavam o Senhor Ministro-Relator, para dar provimento ao agravo e homologar a sentença arbitral, pediu vista dos autos a Senhora Ministra Ellen Gracie. Plenário, 21.3.2001. Decisão: Após o voto do Senhor Ministro Sepúlveda Pertence (Relator), que declarava inconstitucionais, na Lei n. 9.307/96: 1) o parágrafo único do artigo 6.º; 2) o artigo 7.º e seus parágrafos; 3) no artigo 41, as novas redações atribuídas ao artigo 267, inciso VII e artigo 301, inciso IX do Código de Processo Civil; 4) e o artigo 42; e dava provimento ao agravo para homologar a sentença arbitral, e dos votos dos Senhores Ministros Nelson Jobim, Ilmar Galvão, Ellen Gracie, Maurício Corrêa, Marco Aurélio e Celso de Mello, que declaravam a constitucionalidade dos citados dispositivos legais e acompanhavam o Senhor Ministro-Relator, para dar provimento ao agravo e homologar a sentença arbitral, e do voto do Senhor Ministro Sydney Sanches, acompanhando o voto do Senhor Ministro-Relator, pediu vista dos autos o Senhor Ministro Néri da Silveira. Plenário, 03.5.2001. Decisão: O Tribunal, por unanimidade, proveu o agravo para homologar a sentença arbitral, vencidos parcialmente os Senhores Ministros Sepúlveda Pertence, Sydney Sanches, Néri da Silveira e Moreira Alves, no que declaravam a inconstitucionalidade do parágrafo único do artigo 6.º; do artigo 7.º e seus parágrafos; no artigo 41, das novas redações atribuídas ao artigo 267, inciso VII, e ao artigo 301, inciso IX, do Código de Processo Civil; e do artigo 42, todos da Lei n. 9.307, de 23 de setembro de 1996. Votou o Presidente, o Senhor Ministro Marco Aurélio. Plenário, 12.12.2001".

da homologação do laudo estrangeiro; a essa interessa apenas, como premissa, a extinção, no direito interno, da homologação judicial do laudo (arts. 18 e 31), e sua consequente dispensa, na origem, como requisito de reconhecimento, no Brasil, de sentença arbitral estrangeira (art. 35). A completa assimilação, no direito interno, da decisão arbitral à decisão judicial, pela nova Lei de Arbitragem, já bastaria, a rigor, para autorizar a homologação, no Brasil, do laudo arbitral estrangeiro, independentemente de sua prévia homologação pela Justiça do país de origem. Ainda que não seja essencial à solução do caso concreto, não pode o Tribunal — dado o seu papel de 'guarda da Constituição' — se furtar a enfrentar o problema de constitucionalidade suscitado incidentemente (v. g., MS 20.505, Néri). 3. Lei de Arbitragem (L. 9.307/96): constitucionalidade, em tese, do juízo arbitral; discussão incidental da constitucionalidade de vários dos tópicos da nova lei, especialmente acerca da compatibilidade, ou não, entre a execução judicial específica para a solução de futuros conflitos da cláusula compromissória e a garantia constitucional da universalidade da jurisdição do Poder Judiciário (CF, art. 5.º, XXXV). Constitucionalidade declarada pelo plenário, considerando o Tribunal, por maioria de votos, que a manifestação de vontade da parte na cláusula compromissória, quando da celebração do contrato, e a permissão legal dada ao juiz para que substitua a vontade da parte recalcitrante em firmar o compromisso não ofendem o artigo 5.º, XXXV, da CF. Votos vencidos, em parte — incluído o do relator —, que entendiam inconstitucionais a cláusula compromissória — dada a indeterminação de seu objeto — e a possibilidade de a outra parte, havendo resistência quanto à instituição da arbitragem, recorrer ao Poder Judiciário para compelir a parte recalcitrante a firmar o compromisso, e, consequentemente, declaravam a inconstitucionalidade de dispositivos da Lei n. 9.307/96 (art. 6.º, parágrafo único; 7.º e seus parágrafos, e, no art. 41, das novas redações atribuídas ao art. 267, VII, e art. 301, inciso IX, do C. Pr. Civil; e art. 42), por violação da garantia da universalidade da jurisdição do Poder Judiciário. Constitucionalidade — aí por decisão unânime, dos dispositivos da Lei de Arbitragem que prescrevem a irrecorribilidade (art. 18) e os efeitos de decisão judiciária da sentença arbitral (art. 31)".

Vale salientar que essa "forma indiciária" de controle de constitucionalidade já não será possível no vigente ordenamento jurídico, uma vez que, se, originariamente, competia ao Supremo Tribunal Federal processar e julgar a homologação das sentenças estrangeiras e a concessão do *exequatur* às cartas rogatórias (art. 102, I, *h*, da CF de 1988), tal competência passou ao Superior Tribunal de Justiça, por força da inserção da novel alínea "i" ao inciso I do art. 105 da Constituição Federal, por meio da Emenda Constitucional n. 45 (a "Reforma do Judiciário"), permanecendo válida, porém, a observação da tendência de reconhecimento da constitucionalidade, até mesmo pelas decisões desta segunda Corte[28].

---

[28] "STJ reconhece eficácia de arbitragem (Zínia Baeta — de São Paulo)

A Segunda Turma do Superior Tribunal de Justiça (STJ) firmou um precedente importante ao permitir que um trabalhador demitido sem justa causa sacasse o Fundo de Garantia do Tempo de Serviço (FGTS), mesmo que a rescisão contratual tenha ocorrido por meio de arbitragem. O STJ entendeu que a sentença arbitral tem o mesmo valor da sentença judicial e, portanto, é um documento hábil a comprovar a rescisão do contrato de trabalho sem justa causa. O que autoriza o levantamento do saldo da conta vinculada ao FGTS.

A arbitragem é um método alternativo à Justiça na solução de conflitos. Ao optar pelo sistema, os envolvidos no problema abrem mão de discutir a questão na Justiça comum para que a controvérsia seja analisada e julgada por um árbitro especializado no tema.

A Caixa Econômica Federal (CEF) recorreu à corte de um acórdão do Tribunal Regional Federal (TRF) da 1.ª Região, que consagrou o entendimento de que a sentença arbitral tem os mesmos efeitos da sentença proferida pelos órgãos do Poder Judiciário. Segundo informações do STJ, a CEF entendeu que o árbitro decidiu matéria indisponível. Pela Lei de Arbitragem, só podem ser levadas à arbitragem questões de direito patrimonial disponível, ou seja, que podem ser negociadas ou transacionadas.

O presidente do Conselho Arbitral do Estado de São Paulo (Caesp), Cássio Ferreira Netto, diz que o trabalhador que utiliza a arbitragem ainda tem dificuldade em levantar o FGTS. De acordo com ele, em 2001 o Caesp obteve na Justiça 60 liminares em mandados de segurança que reconheciam a validade da sentença arbitral para o saque do FGTS. As liminares foram confirmadas pela primeira e segunda instância. Para o presidente da Câmara de Mediação e Arbitragem da Associação Comercial do Estado do Paraná, Mauricio Gomm, é necessário uma maior divulgação da arbitragem para evitar-se discussões dessa natureza" (*Valor Econômico*, 6-10-2004, Caderno E2).

"STJ ACEITA ARBITRAGEM DE CONTRATOS

O Superior Tribunal de Justiça (STJ) definiu um importante posicionamento a favor da aplicação da arbitragem. Os ministros da 2.ª Turma do STJ, João Octávio de Noronha, Castro Meira, Peçanha Martins e Eliana Calmon decidiram, por unanimidade, que a arbitragem é válida para contratos firmados com empresas públicas ou sociedades de economia mista. A decisão deverá repercutir em processos envolvendo as Parcerias Público-Privadas, afirmou ao *Valor* o advogado que atuou no caso, Arnoldo Wald. Segundo ele, as PPPs deverão ser firmadas por companhias estaduais ou sociedades de economia mista (empresas privadas que prestam serviços públicos). E o STJ definiu que a arbitragem é válida para esses contratos de prestação de serviços públicos. A decisão foi tomada no julgamento de um recurso da AES Uruguaiana. A empresa fez um contrato de comercialização de energia com a Companhia Estadual de Energia Elétrica (CEEE), em 1998, que continha cláusula prevendo a arbitragem para a resolução de conflitos. Por essa cláusula, as empresas se comprometeram a desistir de recorrer à Justiça para resolver eventuais desentendimentos quanto ao contrato. Em vez do Judiciário, elas buscariam árbitros, já que assim conseguiriam decisões mais rápidas, evitando atrasos em seus negócios. Outra vantagem é que as decisões seriam dadas por árbitros com conhecimento específico do

10. LEI DE ARBITRAGEM (LEI N. 9.307/96 — "LEI MARCO MACIEL")

A lei de arbitragem, tombada sob o n. 9.307, de 23 de setembro de 1996, originou-se do Projeto de Lei do Senado n. 78, de 3 de junho de 1992, apresentado pelo então Senador Marco Maciel.

Sua justificação formal foi a de "criar um foro adequado às causas envolvendo questões de direito comercial, negócios internacionais ou matérias de alta complexidade, para as quais o Poder Judiciário não está aparelhado", conforme expressamente consignado em sua exposição de motivos.

Como esse novo diploma normativo revogou ou modificou todas as disposições anteriores sobre arbitragem, ele é, hoje, a única fonte normativa geral da matéria, pelo que sua análise, ainda que superficial, é imprescindível para sua efetiva compreensão.

11. PROCEDIMENTO DA ARBITRAGEM

Sem a intenção de pormenorizar cada detalhe da Lei n. 9.307/96, acreditamos bastante válido destacar alguns aspectos importantes da atual disciplina do procedimento de arbitragem.

---

setor em que as empresas atuam. No caso, o árbitro escolhido foi a Câmara Comercial Internacional (CCI) de Paris, a mais conhecida instituição de arbitragem do mundo. O problema começou, em 2001, quando a CEEE se negou a resolver questões do contrato pela arbitragem. A empresa argumentou que, como é uma prestadora de serviço público, possuía a opção pela arbitragem e não a obrigação de levar todos os conflitos para os árbitros. A CEEE disse ainda que, como prestadora de serviço público, não poderia ficar sujeita a um 'juízo privado internacional'. Segundo a empresa, isso seria uma afronta à soberania. A tese da CEEE foi vitoriosa na 1.ª instância e no Tribunal de Justiça do Rio Grande do Sul. Ambos desobrigaram a empresa a decidir os seus problemas com a ajuda de árbitros. O TJ concedeu liminar à CEEE, determinando a suspensão de procedimento arbitral instaurado a pedido da AES Uruguaiana, sob pena de multa diária. Essas decisões desagradaram a AES, que recorreu ao STJ. Arnoldo Wald, advogado da AES, argumentou que se a decisão do TJ gaúcho prevalecer haveria grande risco à segurança jurídica das empresas. Para ele, uma empresa que concordou com a arbitragem não pode desistir ao perceber que essa forma de resolução de conflitos não atenderá mais aos seus interesses. Wald alegou também que o antigo Tribunal Federal de Recursos (que foi sucedido em 1989 pelo STJ) já havia definido que tanto a opção pela arbitragem em contrato firmado pelo Estado como a realização do procedimento arbitral em outro país e de acordo com lei estrangeira não eram ofensivos à soberania nacional. Por fim, o advogado reiterou que a escolha pela arbitragem envolve aspectos técnicos, como o conhecimento jurídico específico dos árbitros. E fez uma advertência. Segundo Wald, a partir do momento em que se optou pela arbitragem, o Judiciário só deveria se manifestar depois da conclusão do processo na CCI, caso uma das partes queira anular a sentença final dos árbitros. 'Esta decisão é a primeira do STJ a tratar dessa polêmica questão e vinha sendo aguardada com expectativa pelo meio jurídico nacional e internacional, inclusive pela Corte Internacional de Arbitragem da CCI', disse o advogado ao Valor" (*Valor Econômico*, 27-10-2005, p. A4).

No que diz respeito aos limites de atuação da arbitragem, o art. 1.º da lei preceitua que as "pessoas capazes de contratar poderão valer-se da arbitragem para dirimir litígios relativos a direitos patrimoniais disponíveis".

Vale destacar, ainda, que, por força da Lei n. 13.129, de 26 de maio de 2015, admitiu-se expressamente a utilização da arbitragem na Administração Pública, inserindo-se, no mencionado art. 1.º da Lei n. 9.307/96, dois novos incisos com a seguinte redação:

> "§ 1.º A administração pública direta e indireta poderá utilizar-se da arbitragem para dirimir conflitos relativos a direitos patrimoniais disponíveis.
>
> § 2.º A autoridade ou o órgão competente da administração pública direta para a celebração de convenção de arbitragem é a mesma para a realização de acordos ou transações."

A capacidade mencionada para contratar é a civil.

Nesse aspecto, a previsão é visivelmente combinada com a constante do art. 851 do CC/2002, referindo-se ao compromisso:

> "Art. 851. É admitido compromisso, judicial ou extrajudicial, para resolver litígios entre pessoas que podem contratar".

A limitação da utilização do instituto é quanto ao tipo de litígio, pois ele é inaplicável a dissídios que não tenham natureza patrimonial, no que é seguido pela previsão do art. 852 do CC/2002, que veda o compromisso para solução de questões de estado, de direito pessoal de família e de outras que não tenham caráter estritamente patrimonial.

Anteriormente ao conflito, as partes poderão estabelecer, para o caso de seu eventual surgimento, que seja ele resolvido por arbitragem. Tal estabelecimento se dará por meio da "cláusula compromissória", cujo conceito está expresso no art. 4.º da Lei n. 9.307/96, nos seguintes termos:

> "Art. 4.º A cláusula compromissória é a convenção através da qual as partes em um contrato comprometem-se a submeter à arbitragem os litígios que possam vir a surgir, relativamente a tal contrato".

Tal estipulação vincula as partes, em função da autonomia da vontade e do princípio geral do direito do *pacta sunt servanda*, podendo ser exigido judicialmente o cumprimento do estipulado (no caso, a submissão do conflito — outrora previsto e agora existente — ao juízo arbitral).

Surgindo realmente o conflito, os litigantes celebraram compromisso arbitral, entendido este como "a convenção através da qual as partes submetem um litígio à arbitragem de uma ou mais pessoas, podendo ser judicial ou extrajudicial" (art. 9.º).

O conteúdo desse compromisso está previsto na lei, onde constam elementos obrigatórios (art. 10) e facultativos (art. 11), o que deve ser cuidadosamente observado.

Tanto a cláusula compromissória quanto o compromisso arbitral propriamente dito se enquadram na nova previsão de compromisso, contida nos arts. 851 a 853 do novo Código Civil brasileiro.

Note-se que os árbitros, apesar de naturalmente privados, terão características semelhantes (impedimentos, suspeições etc.) às do julgador estatal, conforme se pode verificar dos arts. 13 a 18 da Lei de Arbitragem.

Os arts. 19 a 22 tratam do procedimento arbitral *stricto sensu*, o qual, como já dissemos, pode ser regulado pelas próprias partes ou, na ausência de estipulação expressa, ter sua disciplina delegada ao árbitro ou ao tribunal arbitral institucional.

Os arts. 22-A e 22-B, inseridos pela Lei n. 13.129, de 26 de maio de 2015, tratam da possibilidade de requerimento de tutelas cautelares e de urgência ao Poder Judiciário, bem como o art. 22-C, também trazido pelo referido diploma, institui a "Carta Arbitral", meio pelo qual se pode pleitear que órgão jurisdicional nacional pratique ou determine o cumprimento, na área de sua competência territorial, de ato solicitado pelo árbitro. Nestas situações, vislumbra-se uma cooperação entre o Juízo Arbitral e o Poder Judiciário estatal.

Já os arts. 23 a 33 se referem à sentença arbitral propriamente dita, que, como verificado no já transcrito art. 18, é irrecorrível no mérito, não havendo necessidade de homologação pelo Poder Judiciário, inovação legal das mais importantes para a consolidação dessa forma de solução de conflitos[29].

Saliente-se que a sentença arbitral, cujos requisitos e elementos estão previstos nos arts. 24 a 29, tem realmente a força de uma sentença judicial, sendo, por força de lei, título executivo[30] *judicial*, tendo em vista o que dispõe o inciso IV do art. 475-N do Código de Processo Civil.

Um dado que merece destaque, por demonstrar o caráter célere da arbitragem, é o fato de que a sentença arbitral tem prazo estipulado para ser

---

[29] "A sentença arbitral, em termos gerais, também não necessita de homologação pelo Poder Judiciário. Finalmente, reconheceu-se a natureza jurisdicional da arbitragem, propondo-se, assim, uma reavaliação do entendimento clássico de jurisdição. Deram ao laudo a mesma importância e vigor da sentença emanada do juiz togado, estabelecendo-se que a sentença dos árbitros tem os mesmos efeitos da sentença estatal. Em suma, ao dispensar a homologação, conferiu-se força executória à sentença arbitral, equiparando-a à sentença judicial transitada em julgado, porque o que se levou em conta foi a natureza de contrato da arbitragem, porque as partes, livremente e de comum acordo, instituem o juízo arbitral, não podendo romper o que foi pactuado" (Paulo Furtado e Uadi Lammêgo Bulos, *Lei da Arbitragem Comentada*, São Paulo: Saraiva, 1997, p. 72).

[30] Art. 31 da Lei n. 9.307/96: "A sentença arbitral produz, entre as partes e seus sucessores, os mesmos efeitos da sentença proferida pelos órgãos do Poder Judiciário e, sendo condenatória, constitui título executivo".

proferida, sob pena de nulidade (o que implicaria a perda dos honorários do árbitro, que teria, portanto, o maior interesse na prolação rápida da decisão).

Apenas a título de curiosidade, ressalte-se que a lei, no seu art. 30, traz a previsão do ajuizamento de uma espécie de "embargos declaratórios", para o caso — sempre possível — de erro material, obscuridade, dúvida, contradição ou omissão na sentença arbitral.

12. INCIDÊNCIA DA ARBITRAGEM NA LEGISLAÇÃO TRABALHISTA BRASILEIRA

Diversos dispositivos normativos fazem referência expressa à possibilidade da incidência da arbitragem no Direito do Trabalho.

A Lei de Greve (Lei n. 7.783/89), por exemplo, em seu art. 7.º, preceitua que, "Observadas as condições previstas nesta Lei, a participação em greve suspende o contrato de trabalho, devendo as relações obrigacionais durante o período ser regidas pelo acordo, convenção, *laudo arbitral* ou decisão da Justiça do Trabalho" (grifos nossos).

Já a Lei n. 10.101, de 19 de dezembro de 2000 (fruto da Medida Provisória n. 1.487/96 e suas sucessivas reedições), referente à participação dos trabalhadores nos lucros ou resultados, traz previsão expressa de uma "Arbitragem de Ofertas Finais", nos seguintes termos:

> "Art. 4.º Caso a negociação visando à participação nos lucros ou resultados da empresa resulte em impasse, as partes poderão utilizar-se dos seguintes mecanismos de solução do litígio:
>
> I — mediação;
>
> II — arbitragem de ofertas finais.
>
> § 1.º Considera-se arbitragem de ofertas finais aquela em que o árbitro deve restringir-se a optar pela proposta apresentada, em caráter definitivo, por uma das partes.
>
> § 2.º O mediador ou o árbitro será escolhido de comum acordo entre as partes.
>
> § 3.º Firmado o compromisso arbitral, não será admitida a desistência unilateral de qualquer das partes.
>
> § 4.º O laudo arbitral terá força normativa, independentemente de homologação judicial".

Da mesma forma, a Lei n. 8.630, de 25 de fevereiro de 1993, que dispõe sobre o regime jurídico da exploração dos portos organizados e das instalações portuárias (a chamada "Lei dos Portuários"), também estabelece uma comissão arbitral para resolver divergências, *in verbis*:

"Art. 23. Deve ser constituída, no âmbito do órgão de gestão de mão de obra, Comissão Paritária para solucionar litígios decorrentes da aplicação das normas a que se referem os arts. 18, 19 e 21 desta Lei.

§ 1.º Em caso de impasse, as partes devem recorrer à arbitragem de ofertas finais.

§ 2.º Firmado o compromisso arbitral, não será admitida a desistência de qualquer das partes.

§ 3.º Os árbitros devem ser escolhidos de comum acordo entre as partes e o laudo arbitral proferido para solução da pendência possui força normativa, independentemente de homologação judicial".

Não há, porém, uma lei específica da arbitragem trabalhista, o que, sob nosso prisma focal, seria o ideal, tendo em vista as peculiaridades próprias da relação jurídica laboral, notadamente o que chamamos de "alta carga de eletricidade social" do vínculo empregatício.

Logo, na ausência de dispositivos próprios, se quisermos aplicar a arbitragem aos conflitos trabalhistas, de forma ampla, somente podemos pensar hoje na Lei n. 9.307/96, uma vez que revogou expressamente todos as outras fontes normativas genéricas sobre o tema.

Aplicando-a à área trabalhista, sem qualquer dúvida, o Direito Coletivo do Trabalho é, no conjunto das relações laborais, o campo mais propício para a utilização da arbitragem.

Vale destacar, a propósito, que os consagrados mestres baianos ORLANDO GOMES e ELSON GOTTSCHALK consideravam o Poder Normativo da Justiça do Trabalho uma espécie de "arbitragem obrigatória" dos conflitos coletivos, por meio de órgãos judiciários[31].

Mas a arbitragem propriamente dita tem realmente espaço em sede de relações coletivas de trabalho, até mesmo pela expressa previsão dos §§ 1.º e 2.º do art. 114 da Constituição Federal[32].

Já o Direito Individual do Trabalho tem-se mostrado um terreno mais resistente à aceitação da arbitragem.

---

[31] Orlando Gomes e Elson Gottschalk, *Curso de Direito do Trabalho*, 3. ed., Rio de Janeiro: Forense, 1994, p. 649.

[32] "Art. 114. (...)

§ 1.º Frustrada a negociação coletiva, as partes poderão eleger árbitros.

§ 2.º Recusando-se qualquer das partes à negociação coletiva ou à arbitragem, é facultado às mesmas, de comum acordo, ajuizar dissídio coletivo de natureza econômica, podendo a Justiça do Trabalho decidir o conflito, respeitadas as disposições mínimas legais de proteção ao trabalho, bem como as convencionadas anteriormente." (*Redação dada pela Emenda Constitucional n. 45, de 2004.*)

Isso por causa do disposto no já transcrito art. 1.º da Lei n. 9.307/96, que limita o uso da arbitragem a *"litígios relativos a direitos patrimoniais disponíveis"*.

Ora, em função do princípio tradicional da irrenunciabilidade de direitos, há quem entenda que o juízo arbitral seria totalmente inaplicável às relações individuais de trabalho, o que tem encontrado respaldo em diversos setores da doutrina e jurisprudência.

E tal conclusão é reforçada pelos Vetos Presidenciais à Lei n. 13.129, de 26 de maio de 2015, que pretendia inserir, em parágrafos do art. 4.º da Lei n. 9.307/96, previsões específicas de aplicação de arbitragem a conflitos individuais de trabalho. Assim sendo, é possível se afirmar que, atualmente, a corrente que nega a aplicabilidade é francamente majoritária.

13. CONSIDERAÇÕES CRÍTICAS SOBRE A UTILIZAÇÃO DA ARBITRAGEM NA SOCIEDADE BRASILEIRA

Feitas todas essas considerações, fica a questão: se a arbitragem é tão boa assim, por que ela ainda não está totalmente disseminada na prática da sociedade brasileira?

A resposta é simples. Porque ela não é uma "panaceia".

Conferindo o *Dicionário Aurélio*, aprendemos o seu significado:

> "Panaceia. [Do gr. *panákeia*, pelo lat. *panacea*.] S. f. 1. Remédio para todos os males: 'O campo e a praia, o ar do monte e o ar do mar são... a universal panaceia para as moléstias endêmicas das grandes cidades, para as nevroses dos excitados de todas as espécies, ... para os doentes de todos os abusos do trabalho ou do prazer'. [Ramalho Ortigão, As Farpas, I, p. 249.] 2. Preparado que tem certas propriedades gerais. 3. Fig. Recurso sem nenhum valor empregado para remediar dificuldades. [Sin. (p. us.), nessas acepç.: pancresto.] 4. V. braço-de-preguiça"[33].

Definitivamente, a arbitragem *não é* o "remédio para todos os males", e nossa intenção nunca foi fazer reles proselitismo em seu favor.

A arbitragem realmente é uma das formas mais avançadas de solução de conflitos, pois incentiva a autonomia dos atores sociais, afastando a muitas vezes perniciosa intervenção estatal nas relações de direito material.

O reconhecimento, porém, da existência de dificuldades é medida de honestidade que deve ser explicitada, em função de alguns "óbices", que podem ser sintetizados em dois tópicos: o custo e a mentalidade.

---

[33] Aurélio Buarque de Holanda Ferreira, *Novo Dicionário da Língua Portuguesa*, 2. ed., Rio de Janeiro: Nova Fronteira, 1986, p. 1254.

A arbitragem, por ser uma forma privada de solução de conflitos, implica a existência de custos pelas partes[34].

A segunda dificuldade reside na cultura do cidadão brasileiro, que se vem caracterizando cada vez mais por uma "mentalidade demandista", às vezes se valendo do próprio atraso na prestação jurisdicional para obter vantagens ilícitas.

Somente com a superação de tais obstáculos, poder-se-á conseguir a criação de uma "cultura arbitral", reservando ao Poder Judiciário estatal somente as grandes e inconciliáveis questões de Direito.

[34] Dispõe o art. 27 que a "sentença arbitral decidirá sobre a responsabilidade das partes acerca das custas e despesas com a arbitragem, bem como sobre verba decorrente de litigância de má-fé, se for o caso, respeitadas as disposições da convenção de arbitragem, se houver".

Capítulo XVIII
Confusão

Sumário: 1. Conceito. 2. Espécies. 3. Efeitos e restabelecimento da obrigação.

1. CONCEITO

Trata-se de forma peculiar de extinção das obrigações.

Opera-se quando as qualidades de credor e devedor são reunidas em uma mesma pessoa, extinguindo-se, consequentemente, a relação jurídica obrigacional[1].

É o que ocorre, por exemplo, *quando um sujeito é devedor de seu tio, e, por força do falecimento deste, adquire, por sucessão, a sua herança*. Em tal hipótese, passará a ser credor de si mesmo, de forma que o débito desaparecerá por meio da confusão.

Nada impede, por outro lado, que a confusão se dê por ato *inter vivos*: *se o indivíduo subscreve um título de crédito (nota promissória, p. ex.), obrigando-se a pagar o valor descrito no documento, e a cártula, após circular, chega às suas próprias mãos, por endosso, também será extinta a obrigação.*

Nesse sentido dispõe o art. 381 do CC/2002, cuja redação é idêntica à da norma anterior correspondente:

> "Art. 381. Extingue-se a obrigação, desde que na mesma pessoa se confundam as qualidades de credor e devedor".

Finalmente, cumpre-nos advertir que a "confusão" aqui estudada não se confunde com a prevista nos arts. 1.272 a 1.274 do CC/2002, referente à aquisição da propriedade móvel de coisas líquidas que se misturam.

2. ESPÉCIES

A confusão poderá determinar a extinção total ou parcial da dívida, nos termos do art. 382 do CC/2002.

Por isso, subtipifica-se em:

a) confusão total (de toda a dívida);

---

[1] Nesse sentido, não há qualquer dúvida na jurisprudência:

"Ação de indenização. Quando as qualidades de credor e devedor se confundem na mesma pessoa ocorre a figura da confusão, sendo descabido o pedido de indenização. Recursos denegados. Decisão unânime" (TJPR, AC 10.259, Rel. Lucio Arantes, j. 5-12-1989).

b) confusão parcial (de parte da dívida).

Vale mencionar, consoante referimos acima, que pode derivar de ato *mortis causa* (sucessão hereditária), embora nada impeça que se origine de ato *inter vivos*.

A doutrina reconhece ainda a chamada *confusão imprópria*, quando se reúnem na mesma pessoa as condições de garante e de sujeito (ativo ou passivo). É o que se dá quando se reúnem as qualidades de fiador e devedor (sujeito passivo), ou de dono da coisa hipotecada e credor (sujeito ativo)[2]. Nesses casos, a confusão é imprópria, pois não extingue a obrigação primitiva, mas sim, somente, a relação obrigacional acessória.

3. EFEITOS E RESTABELECIMENTO DA OBRIGAÇÃO

O principal efeito da confusão é a extinção da obrigação.

Entretanto, vale lembrar que, se a confusão se der na pessoa do credor ou devedor *solidário*, a obrigação só será extinta até a concorrência da respectiva parte no crédito (se a solidariedade for ativa), ou na dívida (se a solidariedade for passiva), subsistindo quanto ao mais a solidariedade (art. 383 do CC/2002).

Isso quer dizer que a confusão operada em face de um desses sujeitos não se transmite aos demais, mantidas as suas respectivas quotas.

Por fim, cumpre-nos analisar a hipótese de restabelecimento da obrigação, prevista no art. 384 do CC/2002:

> "Art. 384. Cessando a confusão, para logo se restabelece, com todos os seus acessórios, a obrigação anterior".

Nesse caso, é de clareza meridiana o fato de que a obrigação não teria sido definitivamente extinta. Senão não poderia ressurgir, tal qual *Fênix*, das cinzas. Trata-se, na verdade, da ocorrência de causa que apenas suspende ou paralisa a eficácia jurídica do crédito, restabelecendo-se, posteriormente, a obrigação, com toda a sua força.

Para facilitar a compreensão da regra, vale transcrever o exemplo apresentado pelo ilustrado ÁLVARO VILLAÇA AZEVEDO:

> "Seria o caso de operar-se a confusão, de acordo com o primeiro exemplo dado, tendo em vista a sucessão provisória de *B* (ante sua morte presumida — desaparecimento em um desastre aviatório). Neste caso, durante o prazo e as condições que a lei prevê, aparecendo vivo *B*, desaparece a causa da confusão, podendo dizer-se que *A* esteve impossibilitado de pagar seu débito, porque iria fazê-lo a si próprio, por ser herdeiro de *B*, como se, nesse período, estivesse neutralizado o dever de pagar com o direito de receber"[3].

---

[2] João de Mattos Antunes Varela, *Das Obrigações em Geral*, 7. ed., Coimbra: Almedina, 1997, v. 2, p. 270.

[3] Álvaro Villaça Azevedo, *Teoria Geral das Obrigações*, 9. ed., São Paulo: Revista dos Tribunais, 2001, p. 224-5.

Capítulo XIX
Remissão

Sumário: 1. Noções introdutórias e conceituais. 2. Esclarecimentos terminológicos. 3. Requisitos da remissão da dívida. 4. Espécies de remissão. 5. Remissão a codevedor.

1. NOÇÕES INTRODUTÓRIAS E CONCEITUAIS

O estabelecimento de uma obrigação tem por destino natural o seu cumprimento, tendo em vista o interesse dos sujeitos na prestação pactuada.

Todavia, pode ocorrer de o credor não ter mais interesse no cumprimento da prestação, declarando, de forma inequívoca, a dispensa da obrigação. Em tal hipótese, o credor renuncia a um direito seu, despojando-se da exigibilidade de seu crédito.

Remissão, portanto, é o *perdão da dívida*, em que *A*, credor de *B*, declara que não pretende mais exigi-la (por meio de um documento particular, por exemplo) ou pratica ato incompatível com tal possibilidade (devolvendo o título objeto da obrigação). Juridicamente, porém, é preciso que seja aceita, tácita ou expressamente, para produzir efeitos, uma vez que ainda restará a obrigação moral de cumprimento da dívida.

Ademais, a remissão somente pode operar-se *inter partes*, não sendo esta admitida em prejuízo de terceiros, na forma do art. 385 do Código Civil de 2002[1].

Em respeito ao rigor técnico, devemos, ainda neste tópico inicial, estabelecer a diferença entre a remissão e a doação. Nesta, uma das partes (doador), por liberalidade, transfere bens do seu patrimônio para terceiro (donatário). Trata-se, pois, de um típico contrato de natureza gratuita e unilateral. Diferenciando-o da remissão, lembra SÍLVIO VENOSA, que nesta "nem sempre estará presente o intuito de liberalidade. Ademais, para a remissão é irrelevante o intuito com que é feita, o que não ocorre na doação"[2].

[1] "Art. 385. A remissão da dívida, aceita pelo devedor, extingue a obrigação, mas sem prejuízo de terceiro." Note-se, por exemplo, que a remissão de dívida, se o devedor já era insolvente, pode caracterizar fraude contra credores, na forma prevista no art. 158 do CC/2002. Maiores detalhes podem ser encontrados no tópico próprio ("2.7. Fraude contra Credores"), no Capítulo XIII ("Defeitos do Negócio Jurídico"), do volume I ("Parte Geral") desta obra.

[2] Sílvio de Salvo Venosa, *Direito Civil — Teoria Geral das Obrigações e dos Contratos*, São Paulo: Atlas, 2002, p. 325.

2. ESCLARECIMENTOS TERMINOLÓGICOS

Antes de prosseguir com a disciplina jurídica de remissão de dívidas no direito brasileiro, faz-se mister tecer alguns esclarecimentos terminológicos, por uma questão de homofonia.

O objeto do presente capítulo é a remissão, grafada com duas letras "s", significando justamente o perdão da dívida. Tem a natureza jurídica, portanto, de *modo de extinção das obrigações*.

Ela não se confunde, porém, com remição, escrita com a letra "ç", que é instituto jurídico completamente diferente.

Remição significa resgate, ou seja, liberação do domínio de outrem, que, processualmente, pode ser de bens ou da própria dívida executada.

A remição da dívida está prevista no art. 826 do CPC/2015 (equivalente ao art. 651 do CPC/1973), consistente no pagamento do total da dívida, extinguindo a execução[3].

Da mesma forma, não se confunde com a remição de bens.

Em nossa legislação, esse instituto — remição de bens — se manifestou em duas oportunidades distintas.

A primeira, prevista nos originários arts. 787 a 790 do Código de Processo Civil de 1973 (revogados pela Lei n. 11.382/2006), autorizava o cônjuge, descendente ou ascendente do devedor a remir em todos ou quaisquer bens penhorados, ou arrecadados no processo de insolvência, depositando o preço por que foram alienados ou adjudicados, de forma a evitar que o bem deixasse a propriedade da família, embora saísse da titularidade do devedor[4].

Posteriormente, o instituto volta à baila como uma remição especial de bens, feita pelo executado, na previsão dos arts. 877, § 3.º[5], e 902[6], do Código de Processo Civil de 2015, sem equivalente na codificação processual anterior.

---

3 CPC/1973: "Art. 651. Antes de adjudicados ou alienados os bens, pode o executado, a todo tempo, remir a execução, pagando ou consignando a importância atualizada da dívida, mais juros, custas e honorários advocatícios".

4 Registre-se, a propósito, que, no processo do trabalho, por força do art. 13 da Lei 5.584/70, somente era aplicável a remição da dívida, e não dos bens.

5 "§ 3.º No caso de penhora de bem hipotecado, o executado poderá remi-lo até a assinatura do auto de adjudicação, oferecendo preço igual ao da avaliação, se não tiver havido licitantes, ou ao do maior lance oferecido."

6 "Art. 902. No caso de leilão de bem hipotecado, o executado poderá remi-lo até a assinatura do auto de arrematação, oferecendo preço igual ao do maior lance oferecido.

Parágrafo único. No caso de falência ou insolvência do devedor hipotecário, o direito de remição previsto no *caput* defere-se à massa ou aos credores em concurso, não podendo o exequente recusar o preço da avaliação do imóvel."

Por fim, vale destacar que a palavra "remição" também é utilizada no âmbito das execuções penais como uma forma de resgatar ou abater tempo da pena privativa de liberdade, conforme se verifica do disposto nos arts. 126[7] a 130 da Lei n. 7.210, de 11 de julho de 1984 (Lei de Execuções Penais).

3. REQUISITOS DA REMISSÃO DA DÍVIDA

Para caracterizar a remissão da dívida, mister se faz a presença de dois requisitos simultâneos:

a) Ânimo de perdoar: o ato de perdoar é uma manifestação volitiva. Assim, em regra, deve ser expressa, somente se admitindo excepcionalmente o perdão tácito, em função de presunções legais[8]. Por se tratar de uma disposição de

---

[7] A título de ilustração, confira-se o art. 126 da LEP:

"Art. 126. O condenado que cumpre a pena em regime fechado ou semiaberto poderá remir, por trabalho ou por estudo, parte do tempo de execução da pena.

§ 1.º A contagem de tempo referida no *caput* será feita à razão de:

I — 1 (um) dia de pena a cada 12 (doze) horas de frequência escolar — atividade de ensino fundamental, médio, inclusive profissionalizante, ou superior, ou ainda de requalificação profissional — divididas, no mínimo, em 3 (três) dias;

II — 1 (um) dia de pena a cada 3 (três) dias de trabalho.

§ 2.º As atividades de estudo a que se refere o § 1.º deste artigo poderão ser desenvolvidas de forma presencial ou por metodologia de ensino a distância e deverão ser certificadas pelas autoridades educacionais competentes dos cursos frequentados.

§ 3.º Para fins de cumulação dos casos de remição, as horas diárias de trabalho e de estudo serão definidas de forma a se compatibilizarem.

§ 4.º O preso impossibilitado, por acidente, de prosseguir no trabalho ou nos estudos continuará a beneficiar-se com a remição.

§ 5.º O tempo a remir em função das horas de estudo será acrescido de 1/3 (um terço) no caso de conclusão do ensino fundamental, médio ou superior durante o cumprimento da pena, desde que certificada pelo órgão competente do sistema de educação.

§ 6.º O condenado que cumpre pena em regime aberto ou semiaberto e o que usufrui liberdade condicional poderão remir, pela frequência a curso de ensino regular ou de educação profissional, parte do tempo de execução da pena ou do período de prova, observado o disposto no inciso I do § 1.º deste artigo.

§ 7.º O disposto neste artigo aplica-se às hipóteses de prisão cautelar.

§ 8.º A remição será declarada pelo juiz da execução, ouvidos o Ministério Público e a defesa".

[8] "Direitos civil e processual civil. Compromisso de compra e venda. Entrega de título ao devedor pelo credor. Presunção relativa possível de ser elidida. Remissão da dívida. Inexistência do ânimo de perdoar. Descaracterização. Alegação de desvirtuamento do princípio do livre convencimento. Não explicitação dos motivos da insurgência. Desconsideração das provas produzidas. Inocorrência. Não conhecimento dessa parte.

direitos, exige, portanto, não somente a capacidade jurídica, mas a legitimação para dispor do referido crédito, como requisito de validade de todo e qualquer negócio jurídico.

b) Aceitação do perdão: segundo a doutrina alemã, seguida nesse ponto pelo Código de 2002 (art. 385), a remissão não prescinde da concordância do devedor, pois motivos vários, de natureza metajurídica (não desejar dever favores ao credor; respeitabilidade social em pagar suas dívidas), podem levar à recusa do perdão. Assim, ausente a anuência, pode o devedor consignar o valor devido, colocando-o à disposição do credor, não havendo que se falar em indébito. A exigibilidade da aceitação do perdão pelo devedor, todavia, a despeito de haver sido expressamente estabelecida no Novo Código Civil, sempre foi objeto de acirrados debates na doutrina. A doutrina italiana, por exemplo, negava o caráter bilateral da remissão, sustentando que seria ato de disposição patrimonial exclusivo do credor. Nesse sentido, observa ORLANDO GOMES: "Para a doutrina italiana a remissão de dívida é negócio jurídico unilateral, uma espécie particular de renúncia a um direito de crédito"[9]. Optou a nova Lei Codificada, portanto, pela teoria oposta, no sentido do reconhecimento da natureza bilateral da remissão.

Verbete n. 284 da Súmula/STF. Matéria de prova. Reexame defeso em sede especial. Enunciado n. 7 da Súmula/STJ. Advogado como testemunha. Possibilidade. Depoimento por ter presenciado o fato e não por ouvir dizer. Impedimento restrito ao processo em que assiste ou assistiu a parte. Julgamento *extra petita*. Não caracterização. Pedido existente no corpo da petição, embora não constasse da parte específica dos requerimentos. CC, arts. 945 e 1.053, CPC, arts. 125, 128, 131, 332, 334-IV, 405-parágrafo 2, e 460. Recurso desacolhido. I — A entrega de título ao devedor promissário-comprador, pelo credor promitente vendedor, firma a presunção relativa de pagamento disciplinada pelo art. 945, CC. Contudo essa presunção é possível de ser elidida, nos termos do § 1.º, do mencionado artigo. Afirmando o aresto impugnado sua ocorrência, após análise de todo o contexto probatório, impossível averiguar-se sua exatidão, pois demandaria reexame de provas, defeso em sede especial nos termos do enunciado n. 7 da súmula/STJ. II — Discutindo-se a respeito da entrega de título como forma de pagamento, insistindo o credor ter ela se efetivado tão somente em confiança, constata-se a ausência do ânimo de perdoar, descabendo, por conseguinte, cogitar de aplicação do art. 1.053 do Código Civil, referente a remissão de dívidas. III — Análise de alegação de desvirtuamento do princípio do livre convencimento do juiz impossibilitada, haja vista não ter havido explicitação dos motivos da insurgência recursal. Não conhecimento dessa parte do especial pela deficiência de fundamentação do recurso (VERBETE N. 284 da SÚMULA/STF). IV — Não se acolhe a alegação de desconsideração das provas produzidas, seja pela boa fundamentação do acórdão, seja pela impossibilidade de se reexaminá-las na via do especial" (REsp 76.153-SP (1995/0050287-9), 4.ª T., Rel. Min. Sálvio de Figueiredo Teixeira, j. 5-12-1995, *DJ*, 5-2-1996, p. 1406; *LEXSTJ*, *82*:258, jun. 1996; *REVJUR*, *223*:53; *RSTJ*, *83*:258).

[9] Orlando Gomes, *Obrigações*, 8. ed., Rio de Janeiro: Forense, 1992, p. 150.

4. ESPÉCIES DE REMISSÃO

A remissão pode ser *total* ou *parcial*.

Se o credor não é obrigado a receber parcialmente a dívida, pode, *a contrario sensu*, perdoá-la parcialmente, persistindo o *debitum* no montante não remitido. Exemplificando: *A* deve a *B* a quantia de R$ 1.000,00, mas *B* declara, sem oposição de *A*, que somente irá executar a quantia de R$ 500,00 (perdoando o restante do débito) ou, em outro exemplo mais factível, somente a dívida nominal, sem a correção monetária ou acessórios como juros moratórios.

A remissão poderá ainda ser *expressa* ou *tácita*.

A remissão expressa pode ocorrer tanto de forma escrita quanto verbal, embora a comprovação da última seja de grande dificuldade no caso concreto. Seria o caso, por exemplo, de alguém que, diante de uma plateia, declara publicamente que perdoa a dívida de alguém, comportamento que não pode ser desprezado juridicamente como se fosse mera bravata.

Na remissão expressa, recomenda-se, em verdade, a estipulação por escrito, público ou particular (carta, testamento etc.), declarando o credor que não deseja mais receber a dívida.

Hipóteses de remissão tácita são previstas, porém, nos arts. 386 e 387 do CC/2002, nos seguintes termos:

> "Art. 386. A devolução voluntária do título da obrigação, quando por escrito particular, prova desoneração do devedor e seus coobrigados, se o credor for capaz de alienar, e o devedor capaz de adquirir.
>
> Art. 387. A restituição voluntária do objeto empenhado[10] prova a renúncia do credor à garantia real, não a extinção da dívida".

Nessas situações, presume-se a remissão, ainda que não esteja verbalizada, pelos atos praticados pelo credor, valendo destacar, inclusive, em relação à primeira previsão, que esta se coaduna com a presunção de pagamento do art. 324 do CC/2002, conforme visto em tópico anterior[11].

Na ideia de devolução voluntária do título da obrigação, deve-se incluir a sua própria destruição, a ensejar a remissão tácita da dívida. Exemplificando: se *A*, credor de *B* em obrigação prevista em determinado título de crédito, simplesmente destrói o título na frente de *B*, mesmo que não diga expressamente que o está perdoando, a remissão será presumida.

Em relação à segunda previsão, é importante destacar que a remissão presumida é a da relação jurídica obrigacional acessória, com a devolução do objeto do penhor, e não da dívida principal.

---

[10] Trata-se do objeto de um contrato de penhor.

[11] Cf. o tópico 4.1. ("Do Objeto do Pagamento e Sua Prova") do Capítulo VIII ("Teoria do Pagamento — Condições Subjetivas e Objetivas").

5. REMISSÃO A CODEVEDOR

Encerrando este tópico, é preciso registrar que a remissão a codevedor, na forma do art. 388 do CC/2002, é plenamente válida, mas impõe o reequacionamento da dívida, com a dedução da parte remitida.

Com efeito, dispõe o mencionado dispositivo:

> "Art. 388. A remissão concedida a um dos codevedores extingue a dívida na parte a ele correspondente; de modo que, ainda reservando o credor a solidariedade contra os outros, já lhes não pode cobrar o débito sem dedução da parte remitida".

Isso se dá porque, de fato, ocorrerá a extinção parcial da dívida em relação a esse codevedor.

Neste particular, vale destacar que *a remissão não se confunde com a renúncia à solidariedade.*

Ou seja, a situação aqui versada não se confunde com as regras dos arts. 277 e 282 do CC/2002, já tratados em tópico anterior[12].

E para que não remanesçam dúvidas, figuremos o seguinte exemplo: *Alberto, Augusto* e *Asdrúbal* são devedores solidários de *Aníbal* da quantia de R$ 300,00. *Aníbal,* por sua vez, perdoa a dívida de *Asdrúbal.* Nesse caso, subsistirá a solidariedade em face dos demais devedores *(Alberto* e *Augusto),* que estarão obrigados ao pagamento de R$ 200,00, uma vez que deverá ser abatida a quota-parte do devedor perdoado (R$ 100,00).

---

[12] Cf. o tópico 3.4.1. ("A Solidariedade") e seus subtópicos do Capítulo VI ("Classificação Especial das Obrigações").

Capítulo XX

Transmissão das Obrigações: Cessão de Crédito, Cessão de Débito (Assunção de Dívida) e Cessão de Contrato

Sumário: 1. Introdução. 2. Cessão de crédito. 2.1. Conceito e espécies. 2.2. Institutos análogos. 2.3. Exemplificação e disciplina legal. 2.4. Notificação do devedor e responsabilidade do cedente. 3. Cessão de débito (assunção de dívida). 4. Cessão de contrato. 4.1. Cessão do contrato de trabalho.

1. INTRODUÇÃO

A obrigação, em geral, não é um vínculo pessoal imobilizado.

Poderá, pois, transferir-se, ativa (crédito) ou passivamente (débito), segundo as normas estabelecidas na legislação vigente.

Essa ideia não era comum entre os romanos, que não criaram instrumentos jurídicos eficazes para a transferência do crédito ou do débito. Para conseguir isso, tinham de recorrer a uma manobra radical: a novação (transformando em obrigação nova o conteúdo da antiga)[1]. Todavia, tal expediente, além de pouco prático, não operava exatamente uma transmissão obrigacional, visto que, consoante já vimos, na novação, extingue-se, e não simplesmente se transfere, a obrigação primitiva.

Trataremos, pois, de um fenômeno acidental, que se reveste de alta importância prática, mormente sob o prisma comercial.

A transferência de créditos, a assunção de dívidas, enfim, a circulação de títulos em geral, apontam para a importância do tema, que está intimamente ligado às relações negociais.

Afinal, a transmissibilidade das obrigações, em grande parte, faz girar as engrenagens econômicas do mundo.

Com apurada precisão, realçando a importância do tema, ANTUNES VARELA observa que

---

[1] Roberto de Ruggiero, *Instituições de Direito Civil*, Campinas: Bookseller, 1999, v. 3, p. 225.

"mesmo nos países com uma codificação autônoma do direito comercial, as leis civis continuam a tratar a matéria com grande desenvolvimento, sinal da manutenção do seu incontestável interesse prático. É, aliás, sabido que as formas clássicas da transmissão das obrigações, reguladas na lei civil, são também usadas pelos comerciantes, tal como, em contrapartida, é cada vez mais frequente o recurso, na contratação civil, das formas de transmissão ou de constituição de créditos tipicamente comerciais, como o endosso ou a emissão de cheques e letras"[2].

Nessa ordem de ideias, serão analisadas, no decorrer deste capítulo, três modalidades de transmissão:

a) a cessão de crédito;

b) a cessão de débito;

c) a cessão de contrato.

O Código Civil de 1916, talvez pela época em que fora redigido[3], período marcado pela primariedade da economia e, principalmente, pelos fortes resquícios de uma sociedade escravocrata e politicamente conservadora, não tratou satisfatoriamente da matéria.

Em verdade, cuidou, apenas, de dispensar um título próprio para a *cessão de crédito* (arts. 1.065 e s.), sem que houvesse disciplinado a cessão de débito e a cessão de contrato.

O Código Civil de 2002, melhorando a disciplina, criou um título próprio ("Da Transmissão das Obrigações"), onde tratou da *cessão de crédito* e também da *cessão de débito (assunção de dívida)*, deixando de fora da incidência de suas normas, todavia, a cessão de contrato, que merecia tratamento específico.

Vejamos, cada uma delas, a seguir.

2. CESSÃO DE CRÉDITO

2.1. Conceito e espécies

A cessão de crédito consiste em *um negócio jurídico por meio do qual o credor (cedente) transmite total ou parcialmente o seu crédito a um terceiro (cessionário), mantendo-se a relação obrigacional primitiva com o mesmo devedor (cedido).*

Em geral, é negócio jurídico oneroso, pactuado com propósito lucrativo, embora nada obste a transmissão gratuita do crédito.

---

[2] João de Mattos Varela, *Das Obrigações em Geral*, 7. ed., Coimbra: Almedina, 1997, v. 2, p. 287.

[3] Final do século XIX, mais precisamente, 1899 (sobre a história da codificação e a constitucionalização do direito civil, cf. o volume 1 desta obra, Parte Geral, Capítulo II).

Essa forma negocial de cessão é, sem dúvida, a mais importante, e a que mais de perto nos interessa. Todavia, a doutrina reconhece a existência da *cessão judicial*, realizada por meio de uma decisão do juiz (a exemplo da decisão que atribui ao herdeiro ou legatário um crédito do falecido), e da *cessão legal*, operada por força de lei (como a cessão dos acessórios da dívida — garantias, juros, cláusula penal — determinada pelo art. 287 do CC/2002)[4].

Vale destacar que é desnecessário o consentimento prévio do devedor para que ocorra a cessão, ou seja, o sujeito passivo não tem o direito de impedir a transmissão do crédito, muito embora *a sua notificação seja exigida para que o negócio produza os efeitos desejados*, conforme a seguir será demonstrado.

2.2. Institutos análogos

Diferentemente do que se dá com a novação, a obrigação não é extinta, operando-se, apenas, a transmissão da qualidade creditória a um terceiro, inexistindo, portanto, da mesma forma, o *animus novandi* necessário para caracterização desse instituto análogo.

Não há que ser confundida, também, com a sub-rogação legal, uma vez que *o sub-rogado não poderá exercer os direitos e ações do credor além dos limites do desembolso*. Tal restrição não é imposta à cessão de crédito. Se a sub-rogação, todavia, for convencional, o tratamento dado pela lei é o mesmo da cessão de crédito (art. 348 do CC/2002).

Ainda na diferenciação da cessão de crédito para a sub-rogação, é possível esquematizar:

a) enquanto uma é a cessão particular nos direitos do credor, originada de uma declaração de vontade, a outra se assenta no pagamento do crédito original;

b) cessão de crédito pode se dar a título gratuito, o que não ocorre com a sub-rogação;

c) na cessão de crédito, conserva-se o vínculo obrigacional, enquanto a sub-rogação pressupõe o seu cumprimento por parte de um terceiro, direta ou indiretamente.

2.3. Exemplificação e disciplina legal

Exemplo de cessão de crédito, de natureza onerosa, é apresentado por ANTUNES VARELA, valendo ser transcrito, em virtude de sua clareza:

---

[4] Sem equivalente no CC de 2002, a existência da cessão judicial e legal era admitida pelo art. 1.068 do CC de 1916 ("Art. 1.068. A disposição do artigo antecedente, parte primeira, não se aplica à transferência de créditos, operada por lei ou sentença").

"*A* emprestou 5000 contos a *B*, pelo prazo de três anos, tendo a dívida sido afiançada por *C*. Passado um ano, o mutuante tem inesperadamente necessidade de dinheiro. Como não pode ainda exigir a restituição da quantia mutuada, vende o crédito por 4200 contos a *D*, que não hesita em o adquirir pela confiança que deposita na solvabilidade do fiador"[5].

Se *A* não tivesse "vendido" (leia-se: cedido onerosamente), mas apenas transmitido o crédito, sem exigir contraprestação alguma, a cessão seria considerada gratuita.

Note-se, por outro lado, que o título da obrigação — no exemplo dado, o contrato de mútuo — poderia proibir a cessão do crédito.

Isso se dá porque as normas disciplinadoras da cessão são essencialmente dispositivas, podendo ser afastadas pela vontade das partes, sem que houvesse violação a princípio de ordem pública.

Todavia, essa cláusula proibitiva (*pacto de non cedendo*) só poderá ser oposta ao terceiro de boa-fé a quem se transmitiu o crédito (cessionário), se constar expressamente do instrumento da obrigação. Por óbvio, se o contrato era silente a respeito, presume-se que a cessão seria possível.

Tendo em vista todos esses aspectos, o Código Civil de 2002, consagrando regra mais abrangente, disciplinou a cessão de crédito em seu art. 286:

> "Art. 286. O credor pode ceder o seu crédito, se a isso não se opuser a natureza da obrigação, a lei, ou a convenção com o devedor; a cláusula proibitiva da cessão não poderá ser oposta ao cessionário de boa-fé, se não constar do instrumento da obrigação"[6].

Da análise dessa regra conclui-se, com facilidade, que cessão de crédito não poderá ocorrer, em três hipóteses:

---

[5] João de Mattos Varela, ob. cit., p. 294.

[6] O Projeto de Lei n. 6.960/2002 (depois renumerado para 276/2007 e posteriormente arquivado) reformula esse artigo, ao dispor que: "O credor pode ceder o seu crédito, *inclusive o compensável com dívidas fiscais e parafiscais (art. 374)*, se a isso não se opuser a natureza da obrigação, a lei, ou a convenção com o devedor; a cláusula proibitiva da cessão não poderá ser oposta ao cessionário de boa-fé, se não constar do instrumento da obrigação". Sobre a compensação tributária, preleciona Paulo Roberto Lyrio Pimenta, em sua excelente e indispensável obra *Efeitos da Decisão de Inconstitucionalidade em Direito Tributário* (São Paulo: Dialética, 2002, p. 139), que se trata "de um mecanismo que visa possibilitar a restituição do tributo indevido, sem que para isso o contribuinte tenha que se submeter aos procedimentos (administrativo ou jurisdicional) previstos para a repetição do indébito. Simultaneamente, é uma forma de extinção da obrigação tributária e da obrigação de devolver, a cargo do Fisco". Lembre-se, por fim, que dívidas parafiscais traduzem um dever jurídico de contribuir perante entidades autárquicas (contribuições sociais), a exemplo da anuidade a ser paga à OAB, ao CREA, bem como as contribuições para a seguridade social devidas, INSS, dentre outras. Nesses casos, o Fisco delega para essas entidades a capacidade tributária ativa.

a) se a natureza da obrigação for incompatível com a cessão;

b) se houver vedação legal;

c) se houver cláusula contratual proibitiva.

Sobre a terceira hipótese já falamos, de modo que nos resta estudar as duas primeiras.

Ora, por inequívocas razões, nem toda relação obrigacional admite a transmissibilidade creditória. É o caso do direito aos alimentos. O menor/alimentando não pode "negociar" com um terceiro, e ceder o crédito que tenha em face do seu pai/alimentante. Da mesma forma, não se admite a cessão de direitos da personalidade[7], como a honra, o nome, a intimidade etc.

Também não poderá ocorrer a cessão, se houver proibição legal. É o caso da regra prevista no art. 520 do CC/2002, que proíbe a cessão do direito de preferência[8] a um terceiro. Da mesma forma, o art. 1.749, III, do CC/2002 proíbe que o tutor seja cessionário de direito, contra o tutelado.

Por ter natureza negocial, a cessão pressupõe a observância dos pressupostos gerais de validade, sobretudo a capacidade e a legitimidade das partes. Quanto a esta última, lembre-se de que o art. 1.749, III, do CC/2002 nega legitimidade ao tutor para que se constitua cessionário de direito contra o menor tutelado. Vale dizer, embora capaz, pesa contra si um impedimento legal específico em virtude do encargo público que desempenha em prol do menor.

Para valer frente a terceiros, nos termos do art. 288 do CC/2002, a cessão de crédito deverá constar de *instrumento público* ou, se for celebrada por *instrumento particular*, deverá revestir-se das solenidades previstas no § 1.º do art. 654 do CC/2002, quais sejam, a indicação do lugar em que foi passado, a qualificação das partes, a data, o seu objetivo e conteúdo, sendo indispensável, em ambos os casos, o registro do ato, para que gere efeitos *erga omnes*[9]. A cessão de direitos hereditários e de créditos hipotecários, por sua vez, só admite a celebração por meio de instrumento público[10].

---

[7] Lembre-se de que a proibição é da cessão do direito em si, não obstante seja possível, em algumas espécies de direitos, a cessão contratual de uso (a exemplo do direito à imagem). O que se proíbe, pois, é que o cedente seja despojado do seu direito. Sobre o tema, cf. volume 1 desta obra, Parte Geral, item 6.4, Capítulo V.

[8] O direito de preferência ou preempção pode vir previsto em cláusula especial de um contrato de compra e venda, e "impõe ao comprador a obrigação de oferecer ao vendedor a coisa que aquele vai vender, ou dar em pagamento, para que este use de seu direito de prelação *(preferência)* na compra, tanto por tanto" (art. 513 do CC/2002) (grifamos).

[9] Cf. arts. 127, I, e 129, 9.º, da Lei de Registros Públicos (Lei n. 6.015, de 31-12-1973).

[10] CC/2002, art. 289 e art. 1.793 do CC/2002.

Transmitido o crédito, os acessórios e garantias da dívida também serão cedidos, *se não houver estipulação expressa em sentido contrário*, em virtude do princípio de que o acessório segue o principal (art. 287 do CC/2002). Havendo garantia real imobiliária (uma hipoteca, p. ex.), é indispensável a anuência do cônjuge do cedente[11], para que a cessão seja considerada válida.

2.4. Notificação do devedor e responsabilidade do cedente

Aspecto importante que merece ser ressaltado diz respeito à notificação do devedor, para que a cessão tenha eficácia jurídica em face deste último.

Conforme já explicitamos, o devedor não precisa autorizar a cessão.

Isso não quer dizer, todavia, que não deva ser notificado a respeito do ato, até para saber que, a partir daquela comunicação, não pagará mais a dívida ao credor primitivo (cedente), mas sim ao novo (cessionário).

Esse dever de informar toca, inclusive, a questão da boa-fé objetiva nos contratos. Trata-se de um dever anexo de lealdade, imposto ao cedente, como requisito indispensável para a eficácia jurídica do negócio de transmissão que realiza.

A esse respeito, precisas são as palavras de CRISTOPH FABIAN:

> "Um exemplo de dever de informar como dever à prestação encontra-se na cessão de créditos: para ser válida a cessão em relação ao devedor, ela deve ser notificada a esse (art. 1.069 do CC de 1916). Se o cedente não notificar a cessão, ele pode ser responsável por danos ao cessionário. Nesta perspectiva, a notificação é um dever anexo que assegura a realização da cessão em relação ao devedor"[12].

Por tais razões, o Código Civil de 2002 prevê em seu art. 290 que:

> "Art. 290. A cessão do crédito não tem eficácia em relação ao devedor, senão quando a este notificada; mas por notificado se tem o devedor que, em escrito público ou particular, se declarou ciente da cessão feita".

Assim, se *A* cede o seu crédito a *B*, deverá, como condição *sine qua non* para a eficácia jurídica do ato de transmissão, notificar — judicial ou extrajudicialmente — o devedor *C* para que tome ciência da cessão. Aliás, aí está outra diferença para o pagamento com sub-rogação, visto que o terceiro que paga — e se sub-roga nos direitos do credor — não está adstrito a essa regra.

Dispensa-se, outrossim, a notificação, se o devedor, por escrito público ou particular, se declarar ciente da cessão realizada.

---

[11] Essa restrição, no Novo Código Civil, só subsistirá, em nosso entendimento, se o cedente não for casado em regime de separação absoluta de bens (art. 1.647).

[12] Cristoph Fabian, *O Dever de Informar no Direito Civil*, São Paulo: Revista dos Tribunais, 2002, p. 64.

Não havendo a notificação, a cessão não gerará o efeito jurídico pretendido, e o devedor não estará obrigado a pagar ao novo credor (cessionário).

Aliás, por expressa determinação legal, fica desobrigado o devedor que, *antes de ter conhecimento da cessão*, paga ao credor primitivo (cedente)[13].

Notificado, o devedor vincula-se ao cessionário, podendo opor a este as exceções (defesas) que lhe competirem, bem como as que, *no momento em que veio a ter conhecimento da cessão*[14], tinha contra o cedente.

Essa regra, prevista no art. 294 do CC/2002, reveste-se da mais alta importância prática, e significa que o sujeito passivo da obrigação poderá defender-se, utilizando as "armas jurídicas" que apresentaria contra o cedente. Assim, se o crédito foi obtido mediante erro ou lesão, por exemplo, poderá opor essas exceções à cessão do crédito. Da mesma forma, poderá provar que já pagou, ou que a dívida fora remitida (perdoada).

Note-se, ainda, que o Novo Código Civil suprimiu a parte final do art. 1.072 do CC/1916, que proibia ao devedor opor ao cessionário de boa-fé a *simulação do cedente*. A explicação para esse fato é muito simples. Como no Código Civil de 2002 a simulação deixa de ser causa de anulação, e passa a figurar entre as hipóteses de *nulidade absoluta do negócio jurídico*, qualquer pessoa, inclusive o Ministério Público, quando lhe couber intervir, ou o próprio juiz, de ofício, pode apontar a invalidade do ato simulado.

Havendo simulação, portanto, presume-se ter havido violação a interesses superiores, de ordem pública, e, de tal forma, esse vício social poderá ser arguido pelo próprio devedor, em face do cessionário de boa-fé.

Ainda no que diz respeito à comunicação da ocorrência da cessão, parece-nos que não é imprescindível, seja para a validade, seja para a eficácia da avença, a cientificação do eventual fiador da relação jurídica obrigacional, não somente pela ausência de menção de tal circunstância nas hipóteses de extinção da fiança (art. 838 do CC/2002), mas também pelo motivo de que foi ele um garantidor do devedor, que continua sendo o mesmo, independentemente da modificação do sujeito ativo da obrigação.

---

[13] Cf. art. 292 do CC/2002. Esses artigos dispõem ainda que, se houver várias cessões do mesmo crédito, o devedor se desobriga pagando ao cessionário que lhe apresentar o título da obrigação cedida. Da mesma forma, quando o crédito constar de escritura pública, havendo mais de um credor (nada impede que a cessão seja fracionada), terá direito de preferência aquele que notificou o devedor em primeiro lugar.

[14] Essa expressão é utilizada pelo Código Civil, e, não havendo critério objetivo para defini-la, entendemos que o prazo para a apresentação das exceções (defesas) do devedor deverá ser apreciado, em cada caso concreto, pelo magistrado.

Finalmente, quanto à responsabilidade pela cessão do crédito, por força do art. 295 do CC/2002, firmou-se a regra geral de que, *na cessão a título oneroso,* o cedente ficará responsável pela *existência do crédito*, ao tempo em que lho cedeu, ainda que o contrato nada diga a respeito. Vale dizer, o cedente deverá garantir que o crédito existe, embora não responda pela solvabilidade do devedor. Trata-se, no caso, da denominada cessão *pro soluto.*

Na mesma linha, se a cessão tiver sido gratuita, somente remanesce a mesma responsabilidade (pela existência do crédito) se o cedente houver procedido de má-fé.

Por outro lado, nada impede que, no ato de transmissão do crédito, o cedente expressamente se responsabilize pela solvência do devedor. Nesse caso, além de garantir a *existência do crédito*, torna-se corresponsável pelo pagamento da dívida, até o limite do que recebeu do cessionário, ao que se acrescem juros, bem como a obrigação de ressarcimento das despesas da cessão e as que o cessionário houver feito para a cobrança da dívida. Trata-se da denominada cessão *pro solvendo*, a qual exige prévia estipulação contratual (arts. 296 e 297 do CC/2002).

Quando a transferência do crédito se dá por força de lei, estabelecia o art. 1.076 do CC/1916[15] (sem equivalente direto no CC/2002) que o credor originário não respondia pela realidade da dívida, regra esta que, por força da circunstância excepcional de tal cessão, parece-nos que deve ser não somente mantida, mas também aplicável à cessão judicial.

Vale registrar, ainda, que, uma vez penhorado um crédito, este não mais poderá ser transferido pelo credor que tiver conhecimento da penhora. No entanto, se o devedor não tiver conhecimento da penhora e pagar ao cessionário, ficará desobrigado, restando apenas ao terceiro prejudicado entender-se com o credor (art. 298 do CC/2002).

3. CESSÃO DE DÉBITO (ASSUNÇÃO DE DÍVIDA)

O Novo Código Civil, diferentemente do Código anterior, que era silente a respeito, reservou todo o Capítulo II do Título II para disciplinar a matéria (arts. 299 a 303).

A *cessão de débito* ou *assunção de dívida* consiste em um negócio jurídico por meio do qual o devedor, com o expresso consentimento do credor, trans-

[15] CC/1916: "Art. 1.076. Quando a transferência do crédito se opera por força de lei, o credor originário não responde pela realidade da dívida, nem pela solvência do devedor".

mite a um terceiro a sua obrigação. Cuida-se de uma transferência debitória, com mudança subjetiva na relação obrigacional.

Não se confunde com a novação subjetiva passiva, uma vez que a relação obrigacional permanece a mesma (lembre-se de que na novação a dívida anterior se extingue, e é substituída por uma nova).

Obviamente, como haverá alteração subjetiva na relação-base, e ao se considerar que o patrimônio do devedor é a garantia da satisfação do crédito, o credor deverá anuir expressamente, para que a cessão seja considerada válida e eficaz.

Mesmo antes do Código Civil de 2002, não admitíamos, de forma alguma, a ideia de que essa anuência pudesse ser tácita, a defluir das circunstâncias. Como a própria satisfação do seu crédito está em jogo, o credor deve consentir expressamente, sendo essa a regra geral a ser seguida.

Aliás, dirimindo qualquer dúvida a respeito, o art. 299 do CC/2002 é de intelecção cristalina[16]:

> "Art. 299. É facultado a terceiro assumir a obrigação do devedor, com o consentimento expresso do credor, ficando exonerado o devedor primitivo, salvo se aquele, ao tempo da assunção, era insolvente e o credor o ignorava.
>
> Parágrafo único. Qualquer das partes pode assinar prazo ao credor para que consinta na assunção da dívida, interpretando-se o seu silêncio como recusa".

A importância do consentimento do credor é de tal forma, que o silêncio é qualificado como recusa, contrariando, portanto, até mesmo a máxima do cotidiano de que "*quem cala, consente*".

Note-se que a lei não admite a exoneração do devedor se o terceiro, a quem se transmitiu a obrigação, era insolvente e o credor o ignorava. Não se

---

[16] Observe-se que o Projeto de Lei n. 6.960/2002 (renumerado para n. 276/2007, mas posteriormente arquivado), se aprovado, iria reestruturar esse dispositivo legal, nos seguintes termos: "Art. 299. É facultado a terceiro assumir a obrigação do devedor, podendo a assunção verificar-se: I — Por contrato com o credor, independentemente do assentimento do devedor; II — Por contrato com o devedor, com o consentimento expresso do credor. § 1.º Em qualquer das hipóteses referidas neste artigo, a assunção só exonera o devedor primitivo se houver declaração expressa do credor. Do contrário, o novo devedor responderá solidariamente com o antigo. § 2.º Mesmo havendo declaração expressa do credor, tem-se como insubsistente a exoneração do primitivo devedor sempre que o novo devedor, ao tempo da assunção, era insolvente e o credor o ignorava, salvo previsão em contrário no instrumento contratual. § 3.º Qualquer das partes pode assinar prazo ao credor para que consinta na assunção da dívida, interpretando-se o seu silêncio como recusa. § 4.º Enquanto não for ratificado pelo credor, podem as partes livremente distratar o contrato a que se refere o inciso II deste artigo". Note-se, da análise dessas normas, que o legislador priorizou o consentimento do credor, protegendo-o de cessões de débito danosas ao seu direito.

exige, no caso, a má-fé do cedente, bastando que o credor não saiba do estado de insolvência preexistente à cessão de débito, para se restabelecer a obrigação do devedor primitivo. Por isso, é de boa cautela dar ciência ao credor do estado de solvabilidade do novo devedor.

Aliás, será também restabelecida a obrigação se a substituição do devedor vier a ser invalidada, restaurando-se o débito com todas as suas garantias, excetuando-se as garantias prestadas por terceiro (uma fiança, por exemplo). Neste último caso, se o terceiro atuou de má-fé, sabendo do vício da cessão, a sua garantia subsistirá (art. 301 do CC/2002).

Para que seja reputada válida, além dos pressupostos gerais do negócio jurídico, a cessão de débito deverá observar os seguintes requisitos:

a) a presença de uma relação jurídica obrigacional juridicamente válida (o que pressupõe a existência, nos planos do negócio jurídico);

b) a substituição do devedor, mantendo-se a relação jurídica originária;

c) a anuência expressa do credor.

ANTÔNIO CHAVES, citado por SÍLVIO VENOSA, aponta como casos mais frequentes de cessão de débito os "de venda de estabelecimento comercial ou de fusão de duas ou mais pessoas jurídicas, bem como os de dissolução de sociedades, quando um ou alguns dos sócios assumem dívidas da pessoa jurídica no próprio nome"[17].

Já ORLANDO GOMES lembrava que a assunção de dívida não poderia ser confundida com a *promessa de liberação*, nem com o *reforço pessoal da obrigação*. A promessa é um negócio jurídico pelo qual alguém se obriga em face do devedor a pagar a sua dívida. Trata-se de um contrato preliminar, cujo objeto é uma obrigação de fazer (o pagamento do débito de terceiro), de modo que o devedor continua obrigado à obrigação principal. O reforço da obrigação, por sua vez, ocorre quando um terceiro ingressa na relação obrigacional, tornando-se devedor solidário, sem exonerar o devedor. É como se houvesse, apenas, um reforço patrimonial para a satisfação do crédito[18].

Quanto aos meios de substituição, a assunção de dívida poderá se dar por duas formas:

a) Por delegação — decorre de negócio pactuado entre o devedor originário e o terceiro, com a devida anuência do credor. O devedor-cedente é o delegante; o terceiro-cessionário, delegado; e o credor, o delegatário. Poderá ter efeito exclusivamente liberatório (delegação privativa), não remanescendo qualquer responsabilidade para o devedor originário (delegante), como também

[17] Sílvio de Salvo Venosa, *Direito Civil — Teoria Geral das Obrigações e Teoria Geral dos Contratos*, 2. ed., São Paulo: Atlas, 2002, p. 342.

[18] Orlando Gomes, *Obrigações*, 8. ed., Rio de Janeiro: Forense, 1992, p. 260.

poderá admitir a subsistência da responsabilidade do delegante, que responderá pelo débito em caso de inadimplência do novo devedor (delegação cumulativa ou simples).

b) Por expromissão — hipótese em que o terceiro assume a obrigação, independentemente do consentimento do devedor primitivo. Assim como na delegação, poderá ter eficácia simplesmente liberatória, ou, em situação mais rara, o terceiro poderá vincular-se solidariamente ao cumprimento da obrigação, ao lado do devedor originário (expromissão cumulativa)[19]. Neste último caso, não há propriamente sucessão no débito, havendo nítida semelhança com o *reforço pessoal de obrigação.*

Observe-se, ainda, que, por expressa dicção legal, o novo devedor não pode opor ao credor as exceções (defesas) *pessoais* que competiam ao devedor primitivo (exemplo: incapacidade, dolo, coação etc.), nos termos do art. 302 do Código Civil de 2002. Nada impede, por outro lado, que oponha defesas não pessoais (como o pagamento da dívida ou a exceção de contrato não cumprido).

Além disso, salvo assentimento expresso do devedor primitivo, consideram-se extintas, a partir da assunção da dívida, as garantias especiais por ele originariamente dadas ao credor, na forma do art. 300 do CC/2002:

> "Art. 300. Salvo assentimento expresso do devedor primitivo, consideram-se extintas, a partir da assunção da dívida, as garantias especiais por ele originariamente dadas ao credor"[20].

Por fim, cumpre-nos advertir que o adquirente de um imóvel hipotecado poderá assumir o débito garantido pelo imóvel. Em tal hipótese, se o credor hipotecário, notificado, não impugnar em trinta dias a cessão do débito, entender-se-á válido o assentimento. Trata-se de uma exceção, admitida pela própria lei, à regra geral de que o credor deve anuir sempre de forma expressa. Razões superiores, inclusive sociais — lembre-se do constitucional direito à moradia —, aconselham, no caso, a assunção do débito, podendo o cessionário (adquirente do imóvel) pagar a dívida, sub-rogando-se nos direitos do credor em relação ao cedente (devedor original), consoante já estudamos (art. 303 do CC/2002).

4. CESSÃO DE CONTRATO

A cessão de contrato ou de posição contratual é instituto jurídico conhecido da doutrina que, surpreendentemente, não mereceu a devida atenção no Código Civil de 2002.

---

19 Cf. Orlando Gomes, ob. cit., p. 269-70.

20 O Projeto de Lei n. 6.960/2002 (renumerado para n. 276/2007, mas posteriormente arquivado) altera essa regra, ao dispor que "com a assunção de dívida transmitem-se ao novo devedor todas as garantias e acessórios do débito, *com exceção das garantias especiais originariamente dadas ao credor primitivo e inseparáveis da pessoa deste*" (grifamos).

Diferentemente do que ocorre na cessão de crédito ou de débito, neste caso, o cedente *transfere a sua própria posição contratual* (compreendendo créditos e débitos) a um terceiro (cessionário), que passará a substituí-lo na relação jurídica originária.

Com absoluta propriedade, SÍLVIO VENOSA observa que

> "a cessão de crédito substitui uma das partes na obrigação apenas do lado ativo, e em um único aspecto da relação jurídica, o mesmo ocorrendo pelo lado passivo na assunção de dívida. Todavia, ao transferir uma posição contratual, há um complexo de relações que se transfere: débitos, créditos, acessórios, prestações em favor de terceiros, deveres de abstenção etc. Na transferência da posição contratual, portanto, há cessões de crédito (ou podem haver) e assunções de dívida, não como parte fulcral no negócio, mas como elemento integrante do próprio negócio"[21].

Note-se que parte respeitável da doutrina, adepta da *teoria atomística*, fragmentava a análise científica do instituto sob exame, para concluir que, em verdade, a cessão da posição contratual não seria mais do que um plexo de cessões múltiplas — de crédito e débito —, conjugadas, carecedoras de autonomia jurídica.

Não concordamos com esse entendimento.

Quando, em um determinado contrato (imagine uma promessa irretratável de compra e venda), uma das partes cede a sua posição contratual, o faz de forma integrada, não havendo, pois, a intenção de transmitir, separadamente, débitos e créditos.

Por isso, entendemos assistir razão aos adeptos da *teoria unitária*, defendida por juristas de escol (PONTES DE MIRANDA, SILVIO RODRIGUES, ANTUNES VARELA, SÍLVIO VENOSA, dentre outros), segundo a qual a cessão de contrato *opera a transferência da posição contratual como um todo*, sem que se possa identificar a fragmentação (ou atomização) dos elementos jurídicos componentes da posição contratual.

Para que seja considerada válida, a cessão de contrato deverá observar os seguintes requisitos:

a) a celebração de um negócio jurídico entre cedente e cessionário;

b) integralidade da cessão (cessão global);

c) a anuência expressa da outra parte (cedido).

Por óbvio, obrigações há, de natureza personalíssima, que não admitem cessão. Assim, se eu contrato a feitura de uma obra de arte com um artista

---

[21] Sílvio de Salvo Venosa, ob. cit., p. 346.

famoso, este não poderá ceder a sua posição contratual. Entendemos que a natureza mesma da obrigação impede, na hipótese, a cessão contratual.

Pode ocorrer, outrossim, que a obrigação não seja pactuada *intuitu personae* (personalíssima), e, ainda assim, o contrato proíba a cessão.

Entretanto, não havendo cláusula proibitiva, a cessão de posição contratual é possível, *desde que haja expresso consentimento da outra parte.*

Não havendo esse consentimento, o cedente continuará obrigado à satisfação do crédito.

Em conclusão, cumpre-nos destacar a enumeração dos principais casos de cessão de contrato no Direito brasileiro, segundo o pensamento de SILVIO RODRIGUES[22]:

a) os contratos de cessão de locação, em que o contrato-base é transferido, com a anuência do cedido, transpassando-se para o cessionário todos os direitos e obrigações deles resultantes;

b) os contratos de compromisso de venda (nesse caso, havendo a cessão sem o consentimento do promitente vendedor, haverá responsabilidade solidária entre o cedente e o cessionário[23]);

c) os contratos de empreitada;

d) os contratos de lavra e fornecimento de minérios, em que o titular da lavra, ao transmiti-la a terceiros, transfere-lhes a própria posição contratual, isto é, direitos e deveres decorrentes dos contratos de fornecimento de minérios;

e) o próprio contrato de mandato, que, costumeiramente, é transferido a terceiro, por meio do substabelecimento sem reserva de poderes.

Em relação ao contrato individual de trabalho, por envolver aspectos peculiares, procederemos, a seguir, a uma análise mais minuciosa.

4.1. Cessão do contrato de trabalho

Uma das regras básicas aplicáveis às relações trabalhistas no sistema brasileiro é o chamado princípio da *continuidade da empresa,* consistente em "considerar que a relação individual de emprego, estabelecida com a empresa, conserva sua continuidade executiva *à forfait* das mudanças de estrutura jurídica ou de domínio da própria empresa"[24].

---

[22] Silvio Rodrigues, *Direito Civil — Parte Geral das Obrigações,* 30. ed., São Paulo: Saraiva, 2002, v. 2, p. 116.

[23] Nesse sentido, também Arnoldo Wald, *Direito das Coisas,* 9. ed., São Paulo: Revista dos Tribunais, 1993, p. 230.

[24] José Augusto Rodrigues Pinto e Rodolfo Pamplona Filho, *Repertório de Conceitos Trabalhistas,* São Paulo, LTr, 2000, p. 139.

Está ele enunciado, desnecessariamente, em dois dispositivos da CLT — art. 10 do Título I, e art. 448 do Título IV[25], talvez no intuito de realçar sua importância no ordenamento nacional.

Por força dele, tem-se que, se uma empresa passar de *individual* a *coletiva* (segundo as expressões do art. 2.º da própria CLT) ou, sendo *coletiva* (pessoa jurídica), tiver alterada a forma societária, nada disso alterará a vigência dos contratos celebrados antes dessas mudanças de *estrutura jurídica*.

Do mesmo modo, passando a *titularidade* (vale dizer, *propriedade*) da empresa de um para outro empregador (sejam eles pessoas físicas ou jurídicas), essa mudança de *propriedade* não perturbará a continuidade executiva dos contratos celebrados com o titular sucedido em relação ao titular sucessor.

Concebida como uma regra destinada a sustentar o *princípio da proteção do hipossuficiente econômico*, viga mestra do Direito do Trabalho, a análise de tais preceitos, sob a ótica da teoria das obrigações, pode acabar, em determinadas circunstâncias, por construir conclusão em sentido diametralmente oposto.

De fato, a hipótese, quando diz respeito à modificação da titularidade da empresa, é de uma típica cessão de contrato, pois o adquirente assume o posto do antigo titular em todos os direitos e obrigações decorrentes dos vínculos empregatícios mantidos com este último.

Nesse sentido, a esmagadora doutrina trabalhista especializada sempre entendeu, mesmo sem previsão legal específica, que se tratava de uma modalidade de sucessão de empregadores, em que a sucessora responderia por todos os encargos trabalhistas dos empregados da empresa sucedida, que ficaria, assim, isenta de qualquer responsabilidade, salvo nos casos de fraude ou simulação.

Segundo AMAURI MASCARO NASCIMENTO, vinculando o conceito de "empresa" ao de empregador,

> "quem responde sempre é a empresa, unidade jurídico-econômica. O sucedido, portanto, ficaria isento de responsabilidade, salvo se prevista no contrato de 'traspasse' firmado entre as pessoas jurídicas sucedida e sucessora. Porém, esse assunto pertence à esfera de ambos, é decidido na justiça comum"[26].

MAURÍCIO GODINHO DELGADO, da mesma forma, entende que

> "a sucessão opera efeitos com relação ao antigo titular do empreendimento, isentando-o de qualquer responsabilidade, desde a data da transferência, pelo

---

25 "Art. 10. Qualquer alteração na estrutura jurídica da empresa não afetará os direitos adquiridos por seus empregados."

"Art. 448. A mudança na propriedade ou na estrutura jurídica da empresa não afetará os contratos de trabalho dos respectivos empregados."

26 Amauri Mascaro Nascimento, *Curso de Direito do Trabalho*, 8. ed., São Paulo: Saraiva, 1989, p. 373.

passivo trabalhista transferido. Não há, pois, responsabilidade solidária ou subsidiária do sucedido, no Direito Brasileiro, excetuadas as hipóteses de sucessão fraudulenta, a serem especificamente comprovadas (art. 9.º, CLT)"[27].

EVARISTO DE MORAES FILHO, por sua vez, em obra clássica, preleciona:

> "Não resta a menor dúvida que se trata de uma assunção de dívidas privativa, em que somente o sucessor é responsável pela totalidade das obrigações não resgatadas ou em curso, assumidas pelo sucedido em relação às pessoas de seus empregados. Há, assim, uma dupla cessão de crédito e de débito obrigatória, por força de lei, que assume as características jurídicas de uma autêntica sucessão: o sucessor subentra, para os efeitos do direito do trabalho, na universalidade que constitui a empresa ou o estabelecimento, substituindo a pessoa do antecessor, como se fosse ele próprio, continuando-o, independente do consentimento do empregado interessado (desde que não haja fraude à lei ou má-fé, é claro). A relação jurídica permanece a mesma, com inteira liberação do antecessor, que se faz substituir pelo sucessor"[28].

Por isso, o conterrâneo JOSÉ MARTINS CATHARINO, seguindo tal raciocínio, afirma peremptoriamente que

> "a sucessão é *ope legis*, de todos os créditos e débitos decorrentes da relação de emprego, que fica incólume. Assim ela é, como considerado no direito alemão, transmissão de crédito e assunção da dívida. Ou melhor, imposição de crédito e de débito, ajustável por inteiro à relação de emprego, que é de trato sucessivo, com tendência a permanecer (...) quanto à responsabilidade decorrente da sucessão, a nossa lei não a tem como solidária, de sucessor e sucedido, como no caso de grupo empresário. Ela é do primeiro, por força de lei, seja o que for que entre si convencionarem. A ação dos empregados é contra o sucessor, a quem poderá caber, em determinados casos, ação regressiva (*actio in rem verso*) contra o sucedido (o art. 455 da CLT prevê hipótese semelhante).
>
> A obrigação legal imposta ao empregador-sucessor é sua exclusivamente. Nem solidária, nem subsidiária, nem alternativa (não há pluralidade de objeto)"[29].

Embora assentada a doutrina sobre a matéria, havia um detalhe sobre o qual não se podia calar: mesmo se tratando de cessão de contrato (ou assunções de dívidas cumuladas com cessões de crédito, para aquela minoria que nega a autonomia da figura da cessão de contrato), em nenhum momento houve consentimento expresso da outra parte, a saber, o trabalhador.

---

[27] Maurício Godinho Delgado, Sujeitos do Contrato de Trabalho: O Empregador, in *Curso de Direito do Trabalho*, coord. Alice Monteiro de Barros, São Paulo: LTr, 1993, v. 1, p. 393.

[28] Evaristo de Moraes Filho, *Sucessão nas Obrigações e a Teoria da Empresa*, Rio de Janeiro: Forense, 1960, p. 249.

[29] José Martins Catharino, *Compêndio Universitário de Direito do Trabalho*, São Paulo: Ed. Jurídica e Universitária, 1972, v. 1, p. 173 e 174-5.

Assim, tal interpretação dos dispositivos legais pertinentes levava à conclusão de que, na chamada "sucessão trabalhista", era possível o desvirtuamento do instituto da cessão do contrato (e, por premissa lógica, da assunção de dívida), para autorizá-la, independentemente da manifestação de vontade do cedido (credor trabalhista), como uma exceção à regra legal.

Entendia-se tal possibilidade por motivos de ordem econômica, notadamente a inviabilidade prática, por exemplo, de se consultar todos os empregados da empresa acerca da mudança da titularidade, bem como a ideia de que a mão de obra não seria encarada como um terceiro, em relação à empresa, mas sim um dos seus elementos orgânicos[30]. Além disso, o fenômeno sociológico da despersonalização da figura do empregador, para identificá-lo somente com a organização empresarial, ajudaria a fundamentar tal afastamento da necessidade de consentimento do trabalhador.

Isso, porém, poderia ser extremamente prejudicial à parte cedida, pelo fato de que, mesmo abstraindo-se a fraude, o novo empregador poderia não ter, de fato, idoneidade econômica para manter a atividade empresarial por muito tempo.

Adotando, todavia, uma visão ideológica de preservação da identidade do cidadão trabalhador, e não se podendo refutar a possibilidade de cessão integral do contrato de emprego sem o consentimento do cedido, o ideal seria que fosse estabelecida, por causa disso, a responsabilidade civil do antigo titular, até o limite da sua atuação, em solidariedade com o novo empregador.

Tal proposta já era, há muito, incentivada pelo magistral ORLANDO GOMES, que, ainda que *de lege ferenda*, prelecionava:

> "Autores há, porém, que sustentam a permanência da responsabilidade do cedente, após a cessão. Estariam ambos ligados por uma obrigação solidária

---

[30] Nesse sentido, Evaristo de Moraes Filho (ob. cit., p. 234-5): "O corpo de empregados da empresa, seus operários e seus empregados de escritório, não são terceiros que com ela contratam, mas, ao contrário, passam a constituir um dos seus elementos orgânicos, o pessoal, tão necessário ao seu funcionamento — talvez o mais necessário — quanto os demais elementos, o capital, os meios materiais e a organização".

"Definitivamente incorporado ao estabelecimento, como elemento indispensável da sua constituição, acompanha-o o contrato de trabalho através de todas as suas vicissitudes. Pouco importam aos exercentes de uma relação de emprego as transformações subjetivas que se operem na estrutura jurídica do organismo fazendário: venda, cessão, doação, alteração, fusão, locação, usufruto ou qualquer outra modificação quanto à sua propriedade ou titularidade. O único critério válido e indispensável é que a empresa ou o estabelecimento apresentem reais e objetivas condições de sobrevivência, de continuidade no seu exercício, com todos ou alguns elementos indispensáveis para o seu funcionamento. O que importa é a manutenção do seu aviamento, isto é, a esperança de lucros futuros, seu verdadeiro objetivo organizacional."

> para com os empregados. Nenhum preceito legal estabelece, porém, esta solidariedade, de modo expresso ou sequer implícito. Ora, a solidariedade não se presume; é convencional ou legal. Se a lei não a estabeleceu, solidariedade não há. Preferem outros explicar a responsabilidade do cedente e do cessionário pela existência de obrigação alternativa para o empregado. Tal modalidade de obrigação só existe, entretanto, quando há pluralidade de objetos, e não de sujeitos. Quando muito, pois, haveria uma obrigação disjuntiva. Satisfeita por um devedor, estaria o outro exonerado. (...). Mas, ninguém se atreveu a sustentar ainda que o empregado pode dirigir-se indistintamente ao cedente ou ao cessionário para exigir de um ou outro o cumprimento das obrigações trabalhistas decorrentes da despedida injusta. Os que admitem a subsistência da responsabilidade do primitivo empregador só afirmam que se mantêm quando o cessionário (novo empregador) não pode cumprir as obrigações legais. Apenas nesta hipótese excepcional, poderá o empregado voltar-se contra seu ex-empregador. Não há, pois, obrigação disjuntiva. (...) ainda que de difícil fundamentação jurídica, não se pode negar, contudo, que o precípuo objetivo da Legislação Trabalhista de amparar o trabalhador, exige o reconhecimento da responsabilidade do primitivo empregador, em casos excepcionais. Poder-se-ia, com efeito, estabelecer a seguinte regra: toda vez que o novo empregador não puder assegurar ao empregado os direitos a que estes estão expressamente garantidos em lei, o primitivo patrão responderá subsidiariamente pelo cumprimento das obrigações correlatas a tais direitos.
>
> Esta conclusão é repelida, entretanto, pela maioria dos escritores sob o fundamento de que a responsabilidade do primitivo empregador cessa no dia em que transfere o estabelecimento, salvo, naturalmente, se houver fraude ou simulação"[31].

Nesse sentido, defendia o arguto EDILTON MEIRELES a possibilidade de responsabilização solidária, *de lege lata*, do sucedido, justamente por esse descumprimento da obrigação de consentimento do trabalhador, nos seguintes termos:

> "Não concordando com a cessão do débito, as empresas sucedidas e sucessoras passariam, a partir do trespasse, à posição de devedores solidários nos débitos constituídos até então, ressaltando-se que, somente a segunda, seria responsável pelas dívidas contraídas após a sucessão.
>
> Essa solidariedade resultaria de imposição legal pois, ao se estabelecer que a mudança da propriedade ou na estrutura jurídica da empresa não afeta os contratos de trabalho dos respectivos empregados (art. 448, CLT), quer a lei consignar, *data venia*, apenas que o sucessor deve assumir todas as obrigações decorrentes dos vínculos empregatícios mantidos até então, em proteção aos

[31] Orlando Gomes, *Direito do Trabalho, Estudos*, São Paulo: LTr, 1979, p. 121-2.

direitos dos empregados, não significando isso a isenção do sucedido pelos débitos constituídos até então. O sucedido continuaria responsável pela satisfação de seus débitos, constituídos até a data da sucessão, já que a cessão de seu débito não surte efeito em relação ao empregado, enquanto que a empresa sucessora, com o trespasse, assumiria também a posição de devedora das verbas devidas até então, por força de lei (art. 10 e 448, da CLT), já que passa a assumir a posição de empregador.

Acrescente-se, ainda, que norma contratual em sentido oposto, inserida no pacto formalizado pelas empresas sucedida e sucessora, não tem qualquer efeito em relação aos contratos mantidos com os empregados, já que contraria o disposto no art. 448 da CLT, por desrespeitar direito adquirido do trabalhador, conforme interpretação que lhe damos acima — aqui com apoio em *Evaristo de Moraes Filho* —, considerando, ainda, ser este preceito consolidado de ordem pública"[32].

Registre-se, a bem da verdade, porém, que a tese, embora atrativa, não encontrou guarida expressa nos tribunais superiores[33], merecendo, portanto, ser discutida, ainda, em processos judiciais.

---

[32] Edilton Meireles, Sucesso Trabalhista e Assunção da Dívida. Da Solidariedade Empresarial, in *Temas de Direito e Processo do Trabalho*, Belo Horizonte: Leditathi Editora do Brasil, 1997, p. 27.

[33] "Sucessão de empresas. Contrato de trabalho rescindido antes da negociação. É sabido da polêmica em torno das implicações da sucessão de empregadores de que tratam os artigos 10 e 448 da CLT, em relação ao empregado ou empregados dispensados antes da sua ocorrência. Malgrado os que dela excluem o sucessor, inspirados na literalidade dos preceitos legais — e aqui se encontram na contramão da interpretação teleológica que preside as regras de hermenêutica —, é preciso enfatizar que a sucessão no Direito do Trabalho é considerada, segundo Evaristo de Moraes Filho, modalidade de assunção na qual o sucessor subentra nas relações do sucedido, respondendo com seu patrimônio por todos os direitos trabalhistas pendentes. Por conta dessa sua marcante singularidade é que a responsabilidade do sucessor alcança indiferentemente os débitos provenientes dos contratos em vigor à época do trespasse da empresa e aqueles alusivos aos contratos resilidos anteriormente. É que, de acordo com Evaristo de Moraes Filho, 'as relações jurídicas passadas e presentes permanecem as mesmas, com todos os seus efeitos, pelo que os débitos constituídos antes da cessão, ao tempo do primitivo titular, passam para o patrimônio do novo titular' ('in' 'Sucessão nas Obrigações' e a 'Teoria da Empresa', p. 254, vol. II). Sendo assim, firma-se a certeza da legitimidade de parte da recorrente, pois é inegável o fato de ter ela sucedido ao Banco Banorte, tornando-se responsável incondicional pelos créditos devidos à recorrida, não obstante tenham sido contraídos à época em que trabalhara para o Banco Banorte. Revista conhecida, a que se nega provimento" (TST, RR 526.623, 4.ª T., Rel. Min. Antônio José de Barros Levenhagen, j. 10-4-2002, *DJ*, 26-4-2002).

"Embargos da RFFSA — Contrato de arrendamento — Sucessão — Responsabilidade solidária da sucedida. Notória a jurisprudência desta Seção Especializada no sentido de que não afronta o art. 896 da CLT decisão de Turma que, apreciando premissas concretas de

A ideia, porém, foi superada com a Lei n. 13.467/2017 (a "Reforma Trabalhista"), que inseriu, no texto da Consolidação das Leis do Trabalho, o art. 448-A, com a seguinte redação:

> Art. 448-A. Caracterizada a sucessão empresarial ou de empregadores prevista nos arts. 10 e 448 desta Consolidação, as obrigações trabalhistas, inclusive as contraídas à época em que os empregados trabalhavam para a empresa sucedida, são de responsabilidade do sucessor.
>
> Parágrafo único. A empresa sucedida responderá solidariamente com a sucessora quando ficar comprovada fraude na transferência.

O dispositivo põe, portanto, uma "pá de cal" na tese de responsabilidade patrimonial da sucedida, na cessão de contrato trabalhista, ressalvando-se, naturalmente, a eventual hipótese de fraude na transferência, em que, caracterizado o ato ilícito, configurar-se-á a solidariedade.

Passemos agora a enfrentar o tema do Inadimplemento Absoluto das Obrigações, assunto do próximo capítulo.

---

especificidade dos arestos paradigmas, conclui pelo conhecimento ou não do apelo (OJ n. 37/SBDI-1). Embargos não conhecidos. Embargos da ALL — América Logística do Brasil S/A — Sucessão — Arrendamento — Responsabilidade — Rompimento do contrato de trabalho ocorrido antes da sucessão de empresas — Rede Ferroviária Federal S/A. A regra quanto à sucessão de empregadores, no Direito do Trabalho, por se configurar modalidade de assunção de débito e crédito vinculada à lei, importa na responsabilidade do sucessor, e não do sucedido, pelos débitos provenientes dos contratos em vigor na época de sua configuração e daqueles rescindidos anteriormente. Todavia, a colenda SDI já se pronunciou no sentido de que, no específico caso da sucessão havida entre a Rede Ferroviária Federal e as empresas que prosseguiram na exploração da malha ferroviária, quando o contrato de trabalho foi desfeito antes da vigência do contrato de arrendamento de bens da RFFSA, está afastada a responsabilidade da empresa sucessora, remanescendo a responsabilidade exclusiva da RFFSA. Recurso conhecido e provido" (TST, ERR 530.144, ano 1999, Subseção I, Rel. Min. Wagner Pimenta, j. 15-4-2002, *DJ*, 26-4-2002).

"Sucessão trabalhista. Arrendamento. 1. Na hipótese de sucessão de empresas, a responsabilidade quanto a débitos e obrigações trabalhistas recai sobre o sucessor, nos termos dos artigos 10 e 448 da CLT, em face do princípio da despersonalização do empregador. 2. Apresenta-se irrelevante o vínculo estabelecido entre *sucedido* e sucessor, bem como a natureza do título que possibilitou ao titular do estabelecimento a utilização dos meios de produção nele organizados. 3. Dá-se a sucessão de empresas nos contratos de arrendamento, mediante o qual o arrendatário ocupa-se da exploração do negócio, operando-se a transferência da unidade econômico-jurídica, bem como a continuidade na prestação de serviços. 4. Decisão regional em sintonia com reiterada, notória e atual jurisprudência do Tribunal Superior do Trabalho não enseja o conhecimento do recurso de revista, em virtude da regra contida no artigo 896, § 4.º, da CLT e na Súmula n. 333. 5. Recurso de revista não conhecido" (TST, RR 63277, ano 2000, 1.ª T., Rel. Min. João Oreste Dalazen, j. 12-12-2002, *DJ*, 1.º-3-2002).

Capítulo XXI
Inadimplemento Absoluto das Obrigações

Sumário: 1. Noções introdutórias: o ciclo vital da obrigação. 2. O inadimplemento culposo da obrigação. 3. Inadimplemento fortuito da obrigação.

1. NOÇÕES INTRODUTÓRIAS: O CICLO VITAL DA OBRIGAÇÃO

Conforme já vimos durante todo o estudo da matéria, a obrigação — entendida como a relação jurídica patrimonial que vincula o credor ao devedor — é um liame economicamente funcional, por meio do qual se efetiva a circulação de bens e direitos no comércio jurídico.

De tal forma, dada a sua dinâmica essencial, a relação obrigacional obedece a um ciclo que se encerra com a sua extinção, que se dá, geralmente, por meio do pagamento.

Entretanto, pode ocorrer que a obrigação não seja cumprida, em razão de atuação culposa ou de fato não imputável ao devedor.

Se o descumprimento decorreu de desídia, negligência ou, mais gravemente, por dolo do devedor, estaremos diante de uma situação de *inadimplemento culposo no cumprimento da obrigação*, que determinará o consequente dever de indenizar a parte prejudicada.

Por outro lado, se a inexecução obrigacional derivou de fato não imputável ao devedor, enquadrável na categoria de caso fortuito ou força maior, configurar-se-á o *inadimplemento fortuito da obrigação*, sem consequências indenizatórias para qualquer das partes.

Em algumas situações, todavia, a própria lei admite que a ocorrência de evento fortuito não exclui a obrigação de indenizar. Uma delas, analisada logo abaixo, ocorre quando a própria parte assume a responsabilidade de responder pelos prejuízos, mesmo tendo havido caso fortuito ou força maior (art. 393 do CC/2002). Também em caso de mora poderá o devedor responsabilizar-se nos mesmos termos (art. 399 do CC/2002), se retardar, por sua culpa, o cumprimento da obrigação.

Obviamente, o inadimplemento não se opera com os mesmos matizes sempre, variando de acordo com a natureza da prestação descumprida.

Assim, nas *obrigações de dar, opera-se o descumprimento quando o devedor recusa a entrega, devolução ou restituição da coisa.* Nas obrigações de fazer, quando *se deixa de cumprir a atividade devida.*

Finalmente, quanto às obrigações negativas, a própria lei dispõe que "o devedor é havido por inadimplente desde o dia em que executou o ato de que se devia abster" (art. 390 do CC/2002). É o caso do sujeito que, obrigando-se a não levantar o muro, realiza a construção, tornando-se inadimplente a partir da data em que realizou a obra.

Nessa última hipótese (obrigações negativas), deve-se observar que o legislador de 2002 optou por inserir a referida norma no capítulo dedicado às disposições gerais do Título IV ("Do Inadimplemento das Obrigações"), e não no capítulo específico sobre a mora, como fazia a legislação revogada.

Feitas tais considerações, passemos ao estudo minucioso das duas espécies de inadimplemento absoluto, fazendo as necessárias observações críticas, à luz dos Códigos de 1916 e de 2002.

2. O INADIMPLEMENTO CULPOSO DA OBRIGAÇÃO

O desfecho normalmente esperado de uma obrigação dá-se por meio de seu adimplemento (cumprimento) voluntário, já estudado quando tratamos da teoria do pagamento.

Entretanto, pode ocorrer que a obrigação se frustre por culpa do devedor, que deixa de realizar a prestação pactuada, impondo-se-lhe o dever de indenizar a parte prejudicada.

Nesse sentido o art. 389 do CC/2002 dispõe, expressamente, que:

> "Art. 389. Não cumprida a obrigação, responde o devedor por perdas e danos, mais juros e atualização monetária segundo índices oficiais regularmente estabelecidos, e honorários de advogado".

Esta regra legal, se comparada com a anterior (art. 1.056 do CC/1916), encontra-se, sem dúvida, mais afinada com a nossa realidade econômica, por fazer expressa menção a índices de atualização monetária, parâmetros que eram desconhecidos pela Lei Codificada anterior. Lembre-se, nesse ponto, que o Código de Beviláqua fora elaborado em período de economia estável e rudimentar, pós-escravocrata.

De qualquer maneira, reputamos desnecessária e anacrônica a referência a "honorários de advogado" no conteúdo normativo, por se tratar de obrigação cuja exigibilidade encontra supedâneo na própria legislação processual civil. Ademais, no caso concreto, poderá não ter havido despesa com advogado a justificar o pleito indenizatório, como ocorre, com frequência, no processo trabalhista, em que é facultado o *jus postulandi* pessoal das partes, na forma do art. 791 da Consolidação das Leis do Trabalho[1].

---

[1] Na III Jornada de Direito Civil, realizada em novembro de 2004 no Superior Tribunal de Justiça, foi aprovado Enunciado 161, proposto pelo Juiz Federal Guilherme

O inadimplemento tratado pela norma do art. 389 é o denominado *absoluto*, ou seja, aquele que impossibilita o credor de receber a prestação devida (ex.: a destruição do cereal que seria entregue pelo devedor), seja de maneira total, seja parcialmente (quando há pluralidade de objetos e apenas parte deles se inviabiliza), convertendo-se a obrigação, *na falta de tutela jurídica específica*, em obrigação de indenizar[2].

Tal não se confunde com o inadimplemento *relativo*, uma vez que, nessa hipótese, a prestação, ainda possível de ser realizada, não foi cumprida no tempo, lugar e forma convencionados, havendo, por outro lado, o interesse do credor de que seja adimplida, sem prejuízo de exigir uma compensação pelo atraso causado. Esse retardamento culposo no cumprimento de uma obrigação ainda realizável caracteriza a *mora*, tema dos mais interessantes, que será estudado no próximo capítulo.

Posto isso, retornando ao estudo do inadimplemento culposo absoluto, cumpre-nos advertir que o referido art. 389 do Código Civil de 2002 é visto pela doutrina como a base legal da responsabilidade civil contratual, sendo que a responsabilidade civil extracontratual ou aquiliana repousaria em outras paragens (art. 186 do CC/2002).

Ora, quando um sujeito, guiando imprudentemente o seu veículo, choca-se contra um muro, causando danos ao proprietário desse imóvel, fica claro que também descumpriu uma obrigação anterior, embora de natureza eminentemente legal ("não causar dano a outrem").

Couto de Castro, registrando que os "honorários advocatícios, previstos nos arts. 389 e 404 do Código Civil, apenas têm cabimento quando ocorre a efetiva atuação profissional do advogado".

[2] A velha fórmula das "perdas e danos" não deve ser remédio para tudo. Aliás, a falta de concretude das normas jurídicas no Brasil, aliada ao infindável número de recursos e instrumentos protelatórios albergados pelas leis processuais brasileiras, além de incrementar o descrédito do Poder Judiciário, incentiva alguns devedores a descumprir a prestação convencionada, preferindo optar pelas perdas e danos. Esse tipo de comportamento difundiu-se entre especuladores do mercado imobiliário, que, diante da supervalorização do imóvel, que prometeram alienar ao promitente-comprador, em um compromisso irretratável e totalmente quitado, optavam por indenizar a parte adversa, cientes de que poderiam vender o imóvel por valor muito superior à indenização paga. Isso se não preferissem o litígio judicial, por confiarem na morosidade oxigenada pela lei brasileira. Essa situação só fora solucionada com a edição do Decreto-Lei n. 58, de 1937, que permitiu, para as promessas irretratáveis de compra e venda registradas, integralmente quitadas, em caso de recusa da outorga da escritura pelo promitente-vendedor, a adjudicação compulsória do bem, por meio de ação específica. A moderna legislação processual civil seguiu a mesma tendência, qual seja, não dimensionar exageradamente as perdas e danos, quando existirem meios específicos e mais satisfatórios de tutela, permitindo a execução específica mesmo no caso de a promessa não estar registrada.

Por isso se diz que, nesse caso, inexistindo um vínculo contratual anterior entre o causador do dano e a vítima, aquele deverá indenizar segundo os princípios da responsabilidade civil extracontratual ou aquiliana, previstos em nossa legislação em vigor. Afinal, o ato ilícito também gera o dever de indenizar.

Quem infringe dever jurídico *lato sensu* fica obrigado a reparar o dano causado. Esse dever passível de violação pode ter, assim, como fonte, tanto uma obrigação imposta por um dever geral do direito ou pela própria lei quanto por um negócio jurídico preexistente. O primeiro caso caracteriza a responsabilidade civil aquiliana[3], enquanto o segundo, a responsabilidade civil contratual.

E quais as diferenças básicas entre essas duas formas de responsabilização?

Três elementos diferenciadores podem ser destacados, a saber, *a necessária preexistência de uma relação jurídica* entre lesionado e lesionante; *o ônus da prova quanto à culpa*; e *a diferença quanto à capacidade*[4].

Com efeito, para caracterizar a responsabilidade civil contratual, faz-se mister que a vítima e o autor do dano já tenham se aproximado anteriormente e se vinculado para o cumprimento de uma ou mais prestações, sendo a *culpa contratual* a violação de um dever de adimplir, que constitui justamente o objeto do negócio jurídico, ao passo que, na *culpa aquiliana*, viola-se um dever necessariamente negativo, ou seja, a obrigação de não causar dano a ninguém.

Justamente por tal circunstância é que, na responsabilidade civil aquiliana, a culpa deve ser sempre provada pela vítima, enquanto, na responsabilidade contratual, ela é, de regra, presumida[5], invertendo-se o ônus da prova, cabendo à vítima comprovar, apenas, que a obrigação não foi cumprida, restando ao devedor o *onus probandi*, por exemplo, de que não agiu com culpa ou que ocorreu alguma hipótese excludente do elo de causalidade.

---

[3] "Onde se realiza a maior revolução nos conceitos jus-romanísticos em termos de responsabilidade civil é com a Lex Aquilia, de data incerta, mas que se prende aos tempos da República (Leonardo Colombo, Culpa Aquiliana, p. 107). Tão grande revolução que a ela se prende a denominação de aquiliana para designar-se a responsabilidade extracontratual em oposição à contratual. Foi um marco tão acentuado, que a ela se atribui a origem do elemento 'culpa', como fundamental na reparação do dano" (Caio Mário da Silva Pereira, *Responsabilidade Civil*, 9. ed., Rio de Janeiro: Forense, 2001, p. 3).

[4] Sérgio Cavalieri Filho, *Programa de Responsabilidade Civil*, 2. ed., 3. tir., São Paulo: Malheiros, 2000, p. 197-9.

[5] Como regra especial, registre-se a previsão do art. 392 do CC/2002, pela qual nos "contratos benéficos, responde por simples culpa o contratante, a quem o contrato aproveite, e por dolo aquele a quem não favoreça; nos contratos onerosos, responde cada uma das partes por culpa, salvo as exceções previstas em lei".

Como observa SÉRGIO CAVALIERI FILHO,

> "essa presunção de culpa não resulta do simples fato de estarmos em sede de responsabilidade contratual. O que é decisivo é o tipo de obrigação assumida no contrato. Se o contratante assumiu a obrigação de alcançar um determinado resultado e não conseguiu, haverá culpa presumida, ou, em alguns casos, até responsabilidade objetiva; se a obrigação assumida no contrato foi de meio, a responsabilidade, embora contratual, será fundada na culpa provada"[6].

Por fim, vale destacar que, em termos de capacidade, o menor púbere só se vincula contratualmente quando assistido por seu representante legal — e, excepcionalmente, se maliciosamente declarou-se maior (art. 180 do CC/2002) —, somente devendo ser responsabilizado nesses casos, ao contrário da responsabilidade civil aquiliana, em que o prejuízo deve ser reparado, pelo menos na previsão do art. 156 do Código Civil de 1916, sem correspondente no novel diploma civil. O Novo Código Civil, por sua vez, sem distinguir púberes de impúberes, dispõe que o "incapaz será responsabilizado pelos prejuízos que a sua atuação ilícita causar, se as pessoas por ele responsáveis não tiverem obrigação de fazê-lo ou não dispuserem de meios suficientes".

De qualquer forma, considerando-se que o contrato é a mais difundida fonte das obrigações, cuidaremos de enfocar, com mais prioridade, neste e nos próximos capítulos, as implicações e os efeitos jurídicos do inadimplemento que tenha por base um negócio jurídico, deixando a análise mais pormenorizada da matéria atinente à responsabilidade delitual para o nosso tomo dedicado à Responsabilidade Civil.

3. INADIMPLEMENTO FORTUITO DA OBRIGAÇÃO

O descumprimento da obrigação também pode decorrer de fato não imputável ao devedor.

Diz-se, nesse caso, ter havido inadimplemento fortuito da obrigação, ou seja, não resultante de atuação dolosa ou culposa do devedor, que, por isso, não estará obrigado a indenizar.

Fatos da natureza ou atos de terceiro poderão prejudicar o pagamento, sem a participação do devedor, que estaria diante de um *caso fortuito* ou *de força maior*. Imagine que o sujeito se obrigou a prestar um serviço, e, no dia convencionado, é vítima de um sequestro. Não poderá, em tal hipótese, em virtude de evento não imputável à sua vontade, cumprir a obrigação avençada.

Mas, nesse ponto de nosso raciocínio, uma pergunta se impõe: afinal de contas, estando essa espécie de inadimplemento diretamente ligada à ideia de "evento fortuito", o que se entende por *caso fortuito ou de força maior?*

---

[6] Sérgio Cavalieri Filho, ob. cit., p. 198.

A doutrina não é unânime a respeito dessa intrigante questão.

Segundo MARIA HELENA DINIZ,

"na força maior conhece-se o motivo ou a causa que dá origem ao acontecimento, pois se trata de um fato da natureza, como, p. ex., um raio que provoca um incêndio, inundação que danifica produtos ou intercepta as vias de comunicação, impedindo a entrega da mercadoria prometida, ou um terremoto que ocasiona grandes prejuízos etc.". Já "no caso fortuito, o acidente que acarreta o dano advém de causa desconhecida, como o cabo elétrico aéreo que se rompe e cai sobre fios telefônicos, causando incêndio, explosão de caldeira de usina, e provocando morte"[7].

SILVIO RODRIGUES lembra que

"a sinonímia entre as expressões caso fortuito e força maior, por muitos sustentada, tem sido por outros repelida, estabelecendo, os vários escritores que participam desta última posição, critério variado para distinguir uma da outra. Dentre as distinções conhecidas, Agostinho Alvim dá notícia de uma que a doutrina moderna vem estabelecendo e que apresenta, efetivamente, real interesse teórico. Segundo a referida concepção, o caso fortuito constitui um impedimento relacionado com a pessoa do devedor ou com a sua empresa, enquanto a força maior advém de um acontecimento externo"[8].

Para demonstrar que os doutrinadores, de fato, não adotam critério único para a definição dos termos caso fortuito e força maior, vale conferir o pensamento do ilustrado ÁLVARO VILLAÇA AZEVEDO:

"Pelo que acabamos de perceber, caso fortuito é o acontecimento provindo da natureza, sem qualquer intervenção da vontade humana...". A força maior, por sua vez, "é o fato do terceiro, ou do credor; é a atuação humana, não do devedor, que impossibilita o cumprimento obrigacional"[9].

Sem pretender pôr fim à controvérsia, visto que seria inadmissível a pretensão, entendemos que a característica básica da força maior é a sua *inevitabilidade, mesmo sendo a sua causa conhecida (um terremoto ou uma erupção vulcânica, por exemplo)*; ao passo que o caso fortuito, por sua vez, tem a sua nota distintiva na *sua imprevisibilidade*, segundo os parâmetros do homem médio. Nesta última hipótese, portanto, a ocorrência repentina e até então desconhecida do evento atinge a parte incauta, impossibilitando o cumprimento de uma obrigação (um atropelamento, um roubo).

---

[7] Maria Helena Diniz, *Curso de Direito Civil Brasileiro — Teoria Geral das Obrigações*, 35. ed., São Paulo: Saraiva, 2020, v. 2, p. 403.

[8] Silvio Rodrigues, *Direito Civil — Parte Geral das Obrigações*, 30. ed., São Paulo: Saraiva, 2002, v. 2, p. 239.

[9] Villaça Azevedo, *Teoria Geral das Obrigações*, 9. ed., São Paulo: Revista dos Tribunais, p. 270.

Não concordamos, ainda, com aqueles que, seguindo o pensamento do culto ARNOLDO MEDEIROS DA FONSECA[10], visualizam diferença entre "ausência de culpa" e "caso fortuito", por entender que a primeira é gênero, no qual estaria compreendido o segundo. Melhor é a conclusão de SÍLVIO VENOSA, no sentido de não existir *interesse prático na distinção dos conceitos, inclusive pelo fato de o Código Civil não tê-lo feito (art. 393 do CC/2002)*[11].

Advertimos, outrossim, que as situações da vida real podem tornar muito difícil a diferenciação entre caso fortuito ou força maior, razão por que, a despeito de nos posicionarmos acerca do tema, diferenciando os institutos, não consideramos grave erro a identificação dos conceitos no caso concreto.

Ademais, para o direito obrigacional, quer tenha havido caso fortuito, quer tenha havido força maior, a consequência, em regra, é a mesma: *extingue-se a obrigação, sem qualquer consequência para as partes.*

Aliás, tanto o Código de 1916 como o de 2002, em regras específicas, condensaram o significado das expressões em conceito único, consoante se depreende da análise dos arts. 393 e 1.058, respectivamente.

Leia-se a regra prevista no Novo Código:

> "Art. 393. O devedor não responde pelos prejuízos resultantes de caso fortuito ou força maior, se expressamente não se houver por eles responsabilizado.
>
> Parágrafo único. *O caso fortuito ou de força maior verifica-se no fato necessário, cujos efeitos não era possível evitar ou impedir*" (grifos nossos).

Note-se, pela análise da primeira parte do dispositivo, que o devedor, à luz do princípio da autonomia da vontade, pode expressamente se responsabilizar pelo cumprimento da obrigação, mesmo em se configurando o evento fortuito.

Assim, se uma determinada empresa celebra um contrato de locação de gerador com um dono de boate, nada impede que se responsabilize pela entrega da máquina, no dia convencionado, mesmo na hipótese de suceder um fato imprevisto ou inevitável que, naturalmente, a eximiria da obrigação (um incêndio que consumiu todos os seus equipamentos). Nesse caso, assumirá o dever de indenizar o contratante, se o gerador que seria locado houver sido destruído pelo fogo, antes da efetiva entrega. Essa assunção do risco, no entanto, para ser reputada eficaz, deverá constar de cláusula expressa do contrato.

---

10 Cf. *Caso Fortuito e Teoria da Imprevisão,* 3. ed., Rio de Janeiro: Forense, 1958.

11 Sílvio Venosa, *Direito Civil — Teoria Geral das Obrigações e Teoria Geral dos Contratos,* 2. ed., São Paulo: Atlas, 2002, p. 254. No mesmo sentido, reconhecendo que o caso fortuito/força maior e a ausência de culpa são definições que se identificam, Orlando Gomes, citando Barassi, pontifica: "o conceito de caso fortuito resulta, assim, de determinação negativa. Caso, segundo BARASSI, é conceito antitético de culpa" (Orlando Gomes, *Obrigações,* 8. ed., Rio de Janeiro: Forense, 1992, p. 179).

Esta matéria, ligada à ocorrência de eventos que destroem ou deterioram a coisa, prejudicando o descumprimento obrigacional, interessa à chamada *teoria dos riscos*. Por "risco", expressão tão difundida no meio jurídico, entenda-se *o perigo a que se sujeita uma coisa de perecer ou deteriorar, por caso fortuito ou de força maior*.

Por tudo isso, podemos concluir que apenas o *inadimplemento absoluto com fundamento na culpa do devedor* impõe o dever de indenizar (pagar as perdas e danos), gerando, por conseguinte, para o devedor inadimplente, a responsabilidade civil por seu comportamento ilícito.

No próximo capítulo, trataremos do *inadimplemento relativo da obrigação*, ou seja, estudaremos detidamente a denominada *teoria da mora*.

Capítulo XXII
Inadimplemento Relativo das Obrigações — A Mora

Sumário: 1. Introdução. 2. Mora do devedor (*solvendi* ou *debendi*). 3. Mora do credor (*accipiendi* ou *credendi*). 4. Purgação e cessação da mora.

1. INTRODUÇÃO

Consoante vimos no capítulo anterior, o inadimplemento é considerado *absoluto* quando impossibilita, total ou parcialmente, o credor de receber a prestação devida, quer decorra de culpa do devedor (inadimplemento culposo), quer derive de evento não imputável à sua vontade (inadimplemento fortuito).

O inadimplemento *relativo*, por sua vez, ocorre quando a prestação, ainda passível de ser realizada, não foi cumprida no tempo, lugar e forma convencionados, remanescendo o interesse do credor de que seja adimplida, sem prejuízo de exigir uma compensação pelo atraso causado.

Este retardamento culposo no cumprimento de uma obrigação ainda realizável caracteriza a *mora*, que tanto poderá ser do credor (*mora accipiendi* ou *credendi*), como também, com mais frequência, do devedor (*mora solvendi* ou *debendi*).

A difundida ideia de associar a mora ao descumprimento *tempestivo* da prestação pactuada não significa que a sua configuração só se dê quando o devedor retarda a solução do débito. Conforme vimos, se o credor obsta injustificadamente o pagamento — e lembre-se de que pagar também é um direito do devedor —, recusando-se a receber a coisa ou a quantia devida no lugar e forma convencionados, também aí haverá a mora.

Tendo em vista essas noções, o Código Civil brasileiro de 1916 dispunha que:

> "Art. 955. Considera-se em mora o devedor que não efetuar o pagamento, e o credor que o não quiser receber no tempo, lugar e forma convencionados".

O Novo Código Civil, aprimorando a redação legal, inseriu, na parte final da correspondente regra, referência ao fato de que também incorrerá em mora o credor se se recusar a receber a prestação no tempo, lugar e forma que *a lei ou a convenção estabelecer*:

"Art. 394. Considera-se em mora o devedor que não efetuar o pagamento e o credor que não quiser recebê-lo no tempo, lugar e forma que a lei ou a convenção estabelecer".

Andou bem o legislador ao realizar esta pequena, mas importante, observação.

Isso porque tanto a lei como a convenção — categoria abrangente do contrato — podem estabelecer os critérios ou requisitos para que o devedor pague validamente, não podendo o credor afastar-se deles, sob pena de incorrer em mora.

Atente-se, outrossim, para a precisa observação do mestre CAIO MÁRIO DA SILVA PEREIRA, o qual, identificando no comportamento moroso um ato humano, observa que

> "não é, também, toda a retardação no solver ou no receber que induz mora. Algo mais é exigido na sua caracterização. Na mora *solvendi*, como na *accipiendi*, há de estar presente um fato humano, intencional ou não intencional, gerador da demora na execução. Isto exclui do conceito de mora o fato inimputável, o fato das coisas, o acontecimento atuante no sentido de obstar a prestação, o fortuito e a força maior, impedientes do cumprimento"[1].

Nesse sentido, dispõe o art. 396 do CC/2002 que, "não havendo fato ou omissão imputável ao devedor, não incorre este em mora".

Assim, se a equipe contratada para animar uma festinha de aniversário de criança convencionou chegar às 18:00h, mas, em razão de um congestionamento imprevisto, somente compareceu às 19:30h, sem que se possa acusá-la de negligência ou imprudência por este atraso, e sendo a prestação ainda de interesse do credor, este não poderá pretender uma compensação pelo atraso, considerando-se que o retardamento se deu por evento fortuito, não imputável ao devedor.

Entretanto, se a equipe somente compareceu às 03:00h, da madrugada, já não havendo nenhum convidado, e sendo a prestação inútil, considerar-se-á a obrigação extinta, se, de fato, restar comprovado que os contratados não concorreram culposamente para o evento.

2. MORA DO DEVEDOR (*SOLVENDI* OU *DEBENDI*)

Sem dúvida, esta é a mais frequente espécie de mora.

Ocorre quando o devedor *retarda culposamente* o cumprimento da obrigação. Na hipótese mais comum, o sujeito se obriga a pagar a quantia de R$ 100,00, no dia 15, e, chegado o vencimento, simplesmente não paga.

---

[1] Caio Mário da Silva Pereira, *Instituições de Direito Civil*, 19. ed., Rio de Janeiro: Forense, 2002, v. 2, p. 196.

Interessante notar que, se a obrigação for negativa (não fazer), e o indivíduo realizar a prestação que se comprometeu a não efetivar, não se poderá dizer ter havido mora, mas sim inadimplemento absoluto. Por isso, consoante já anotamos, fez bem o legislador de 2002, ao deslocar a regra do art. 390 do CC/2002[2] para o capítulo dedicado às disposições gerais do Título IV (Do Inadimplemento das Obrigações), retirando-a do capítulo específico sobre a mora, como fazia a legislação revogada. É o caso do sujeito que, obrigando-se a não levantar o muro, realiza a construção, incorrendo em inadimplência absoluta, e não simplesmente em mora, a partir da data em que realizou a obra.

Posto isso, com base no ensinamento de CLÓVIS BEVILÁQUA[3], podemos apontar os seguintes requisitos da mora do devedor:

a) **a existência de dívida líquida e certa** — somente as obrigações certas quanto ao seu conteúdo e individualizadas quanto ao seu objeto podem viabilizar a ocorrência da mora. Ninguém retarda culposamente o cumprimento de uma prestação incerta, ilíquida ou indeterminada. Se sou devedor de R$ 100,00 ou de determinado serviço de carpintaria, incorro em mora ao não realizar qualquer das prestações especificadas;

b) **o vencimento (exigibilidade) da dívida** — se a obrigação venceu, tornou-se exigível, e, por conseguinte, o retardamento culposo no seu cumprimento poderá caracterizar a mora. Lembre-se de que o não cumprimento das obrigações com termo de vencimento certo (dia 23 de junho, por exemplo) constitui de pleno direito em mora o devedor. Trata-se da chamada mora *ex re*. Aplica-se, aqui, a regra *dies interpellat pro homine*[4]. Não havendo termo

---

[2] "Art. 390. Nas obrigações negativas o devedor é havido por inadimplente desde o dia em que executou o ato de que se devia abster."

[3] Clóvis Beviláqua, *Direito das Obrigações,* Campinas: RED Livros, 2000, p. 152.

[4] Sobre o tema, confiram-se os seguintes acórdãos:

"Linha telefônica. Cancelamento da assinatura por falta de pagamento das contas. Interpelação prévia. Desnecessidade. Havendo prazo certo para o cumprimento da obrigação, a mora opera-se de pleno direito, independentemente de qualquer ato ou iniciativa do credor, por aplicação da regra 'dies interpellat pro homine'. Recurso especial não conhecido" (4.ª T., REsp 17.798/SP (1992/0002153-0), Rel. Min. Barros Monteiro, j. 8-6-1993, *DJ*, 4-10-1993, p. 20556).

"Civil. Correção. Juros. Incidência. Início. Precedentes. Provimento parcial. Em face da regra *dies interpellat pro homine* (*mora ex more*), sediada no art. 960, 1.ª parte, CC, os juros moratórios incidem a partir do momento em que ao obrigado cumpria adimplir a dívida 'positiva e líquida', representada pelos títulos exequendos, aplicando-se a mesma sistemática em relação à correção monetária, inclusive por força do § 1.º do art. 1.º da lei 6.899/81" (4.ª T., REsp 26.825/ES (1992/0022024-0), rel. Min. Sálvio de Figueiredo Teixeira, j. 28-9-1992, *DJ*, 26-10-1992, p. 19021).

"Contrato de prestação de serviços. Código de Defesa do Consumidor. Instalação de sistema telefônico comunitário. Descumprimento do prazo contratado. *Mora ex re.*

definido[5], o credor deverá interpelar o devedor judicial ou extrajudicialmente, para constituí-lo em mora. Cuida-se, neste caso, da mora *ex persona*[6]. Finalmente, cumpre-nos anotar, seguindo a trilha de pensamento do brilhante ARRUDA ALVIM, que "a citação inicial válida produz os seguintes efeitos: a) completa a formação do processo, agora em relação ao réu, pois o mesmo já existia entre o autor e o juiz, como relação bilateral (art. 263, CPC, primeira frase); ou, então, triangulariza a relação processual; b) e, especificamente, produz os efeitos discriminados no art. 219 do CPC, quais sejam, previne a competência, induz litispendência, faz litigiosa a coisa, *constitui o devedor em mora* e interrompe a prescrição"[7]. Assim, não tendo a obrigação vencimento certo, e mesmo sem prévia interpelação judicial ou extrajudicial, a citação do devedor em uma ação condenatória que tenha por objeto o cumprimento da prestação

---

Aplicação do princípio 'dies interpellat pro homine'. Dispensa de notificação. A mora, no caso concreto, independe de notificação, nos termos do art. 960 do CC. Cláusula penal punitiva. O incumprimento contratual atrai a incidência da cláusula penal nos limites da contratação. Ausência de alegação de prejuízo. Apelação parcialmente provida" (TJRS, 9.ª Câm. Civ., Ap. Civ. 70000425058, Rel. Des. Rejane Maria Dias de Castro, j. 22-12-1999).

"Embargos infringentes. Contrato particular de compra e venda de direito de uso de linha telefônica com adesão ao telecondomínio. Atraso na instalação do terminal. 'Mora ex re'. Previsto prazo contratual para adimplemento de obrigação de fazer — instalar linha telefônica em condomínio — a mora decorre do simples vencimento daquele termo — 'mora ex re' — em razão do princípio 'dies interpellat pro homine', consagrado na primeira parte do art. 960 do CCB, independente de qualquer cientificação formal do inadimplente. Embargos infringentes rejeitados. Unânime" (TJRS, 9.º Gr. de Câm. Cív., EI 70000040592, Rel. Des. Fernando Braf Henning Junior, j. 17-12-1999).

"Embargos do devedor. Endosso em favor de familiar. Tal circunstância, por si só, não autoriza se presuma a má-fé entre endossante e endossatário. Se num negócio se avençaram vencimentos, emitidas cambiais consignadas nas mesmas datas, desnecessária interpelação judicial para incorrer o devedor em mora. Vige o princípio 'dies interpellat pro homine', mormente se o devedor já resgatara, parcialmente, um dos títulos, com isso demonstrando a ciência de sua exigibilidade, no tempo. Alegação de falta de terra, a título de sobra, o que não foi consignado na avença. Falta de fundamento probatório. Recurso desprovido. Sentença confirmada" (TARS, 4.ª Câm. Civ., Ap. Civ. 183028422, Rel. Des. Decio Antonio Erpen, j. 4-8-1983).

[5] Em algumas situações, mesmo havendo termo ou prazo certo, a lei ou até mesmo o contrato podem exigir a interpelação judicial para constituir o devedor em mora. Nesse ponto, vale lembrar o enunciado da Súmula 76, STJ — "A falta de registro do compromisso de compra e venda de imóvel não dispensa a prévia interpelação para constituir o devedor em mora".

[6] No Novo Código Civil: "Art. 397. O inadimplemento da obrigação, positiva e líquida, no seu termo, constitui de pleno direito em mora o devedor. Parágrafo único. Não havendo termo, a mora se constitui mediante interpelação judicial ou extrajudicial".

[7] J. M. Arruda Alvim, *Manual de Direito Processual Civil — Processo de Conhecimento,* 7. ed., São Paulo: Revista dos Tribunais, 2001, v. 2, p. 266. Os dispositivos mencionados referem-se ao Código de Processo Civil de 1973.

constitui, de pleno direito, o devedor em mora. Nesta última hipótese, se houver autorização legal ou contratual, e não se tendo operado o inadimplemento absoluto, o devedor poderá purgar a mora no prazo fixado pela lei, pelo contrato ou pelo próprio juiz da causa. Nos contratos de locação, por exemplo, poderá o locatário, desde que não tenha usado dessa faculdade nos vinte e quatro meses imediatamente anteriores à propositura da ação de despejo, requerer a purgação ou emenda da mora, que será efetuada por meio de depósito no prazo de 10 (dez) dias, contado da intimação, que poderá ser dirigida ao locatário ou diretamente ao patrono deste, por carta ou publicação no órgão oficial, a requerimento do locador (art. 62, III e parágrafo único, da Lei n. 8.245, de 18-10-1991)[8];

c) **a culpa do devedor** — já vimos linhas acima não haver mora sem a concorrência da atuação culposa do devedor. Veremos que este raciocínio não se aplica bem à hipótese de mora do credor. Mesmo se afirmando que o retardamento já firma uma presunção *juris tantum* de culpa, o fato é que, sem esta, o credor não poderá pretender responsabilizar o devedor (art. 396 do CC/2002)[9].

Complementando este rol, concordamos com ORLANDO GOMES[10] no sentido de que a mora somente se caracterizará se houver viabilidade do cumprimento tardio da obrigação[11]. Vale dizer, se a prestação em atraso não interessar mais ao credor, este poderá considerar resolvida a obrigação, hipótese em que restará caracterizado o seu inadimplemento absoluto[12].

---

[8] A esse respeito, lembra Sílvio de Salvo Venosa, em excelente monografia sobre o assunto, que "por outro lado, não podendo o locatário purgar a mora, não pode também o fiador ou qualquer terceiro, sob pena de ocorrer fraude à lei (JTACSP 89/395)" (*Lei do Inquilinato Comentada*, 5. ed., São Paulo: Atlas, 2001, p. 279). Sobre a Lei do Inquilinato, recomendamos também a clássica obra do Professor e Desembargador Sylvio Capanema de Souza: *A Nova Lei do Inquilinato Comentada*, Rio de Janeiro: Forense, 1992.

[9] "Agravo de instrumento. Busca e Apreensão. Depósito. É possível arredar a 'mora solvendi' se demonstrado, com fundamentos relevantes, que o credor fiduciário está cobrando encargos ilegais. Permanecendo o devedor fiduciante como depositário judicial do bem, a garantia do credor fica reforçada. Agravo provido" (TJRS, 13.ª Câm. Civ., AgI 598381267, Rel. Des. Marcio Borges Fortes, j. 5-11-1998).

[10] Orlando Gomes, *Obrigações*, 8. ed., Rio de Janeiro: Forense, 1992, p. 203-4.

[11] "Consignação em pagamento — Mora do devedor. A mora do devedor não lhe retira o direito de saldar seu débito, devendo o credor receber, desde que o pagamento se faça com os encargos decorrentes do atraso e a prestação ainda lhe seja útil. A recusa injustificada de receber configura 'mora accipiendi', autorizando a consignatória" (3.ª T., REsp 39.862/SP, Rel. Min. Eduardo Ribeiro, j. 30-11-1993, *DJ*, 7-2-1994, p. 1182).

[12] Na III Jornada de Direito Civil, realizada em novembro de 2004 no Superior Tribunal de Justiça, foi aprovado Enunciado 162, registrando que a "inutilidade da prestação, que autoriza a recusa da prestação por parte do credor, deverá ser aferida objetivamente, consoante o princípio da boa-fé e a manutenção do sinalagma e não de acordo com o mero interesse subjetivo do credor".

É por isso que o parágrafo único do art. 395 do CC/2002 prevê que "se a prestação, devido à mora, se tornar inútil ao credor, este poderá enjeitá-la, e exigir a satisfação das perdas e danos". Trata-se, repita-se, de inadimplemento absoluto, em virtude do qual o credor deverá ser cabalmente indenizado, fazendo jus a receber o que efetivamente perdeu (dano emergente) e o que razoavelmente deixou de lucrar (lucros cessantes).

Ressalte-se que, nas obrigações provenientes de ato ilícito, considera-se o devedor em mora desde que o praticou, na forma do art. 398, CC/2002.

Feitas tais considerações, devemos, nesse ponto, analisar quais são os efeitos jurídicos decorrentes da mora do devedor.

O primeiro deles é a sua responsabilidade civil pelo prejuízo causado ao credor em decorrência do descumprimento culposo da obrigação. Esta compensação, se não for apurada em procedimento autônomo, poderá vir expressa, previamente, no próprio título da obrigação, por meio de uma cláusula penal moratória, tema que será tratado adiante.

Nesse sentido, o art. 395, *caput*, do CC/2002 é claro ao dispor que "responde o devedor pelos prejuízos a que sua mora der causa, mais juros, atualização dos valores monetários segundo índices oficiais regularmente estabelecidos, e honorários de advogado". Os juros moratórios aqui referidos não devem ser confundidos com os compensatórios. Estes remuneram o credor pela disponibilização do capital ao devedor, ao passo que aqueles traduzem a compensação devida por força do atraso no cumprimento da obrigação, e são contados desde a citação (art. 405 do CC/2002)[13].

O segundo efeito digno de nota diz respeito à responsabilidade pelo risco de destruição da coisa devida, durante o período em que há a *mora do devedor*. Trata-se da chamada *perpetuatio obligationis*, situação jurídica peculiar referida no art. 399 do CC/2002:

> "Art. 399. O devedor em mora responde pela impossibilidade da prestação, embora essa impossibilidade resulte de caso fortuito ou de força maior, se estes ocorrerem durante o atraso; salvo se provar isenção de culpa, ou que o dano sobreviria ainda quando a obrigação fosse oportunamente desempenhada".

A regra nos indica que, em caráter excepcional, o devedor poderá ser responsabilizado pela impossibilidade da prestação, ainda que decorrente de caso fortuito ou de força maior. Imagine o comodatário que recebeu um puro san-

---

[13] Destaque-se que, no processo trabalhista, por inexistir um ato solene de citação, tem-se a data do ajuizamento da reclamação laboral como termo inicial para a contagem dos juros moratórios. Nesse sentido, dispõe o art. 883 da Consolidação das Leis do Trabalho: "Art. 883. Não pagando o executado, nem garantindo a execução, seguir-se-á penhora dos bens, tantos quantos bastem ao pagamento da importância da condenação, acrescida de custas e juros de mora, sendo estes, em qualquer caso, devidos a partir da data em que for ajuizada a reclamação inicial" (*redação dada pela Lei n. 2.244, de 23-6-1954*).

gue, a título de empréstimo gratuito por quinze dias, e, findo o prazo, atrasa a devolução do animal. Perecendo o mesmo em decorrência de uma enchente (evento fortuito) que inundou completamente o pasto onde estava, o devedor poderá ser responsabilizado com fundamento na referida norma legal.

Entretanto, *se provar isenção de culpa* — não na ocorrência do evento, obviamente, que poderá ser fortuito! — mas no retardamento da prestação (imagine que o *credor* não pôde receber o animal, no dia convencionado, sem que o devedor houvesse concorrido para isso)[14], ou se *provar que o dano sobreviria mesmo que a prestação fosse oportunamente desempenhada*, como na hipótese de a enchente também haver invadido os pastos do credor, de maneira que afogaria o animal ainda que já estivesse sob a guarda do seu proprietário, cessará, nesses dois casos, a obrigação de indenizar.

3. MORA DO CREDOR (*ACCIPIENDI* OU *CREDENDI*)

Embora menos comum do que a mora do devedor, nada impede que o próprio sujeito ativo da relação obrigacional, recusando-se a receber a prestação no tempo, lugar e forma convencionados, incorra em mora.

Trata-se da mora do credor.

Muito se discutiu a respeito de sua natureza e características, tendo surgido respeitáveis vozes que afirmaram tratar-se de mora objetiva, ou seja, independente da atuação culposa do sujeito da relação obrigacional.

SILVIO RODRIGUES, por exemplo, afirma que "a mora do credor não requer o aditamento da noção de culpa para se caracterizar"[15].

CROME, citado por RUGGIERO, adotando posição mais radical, combatia o entendimento tradicional, argumentando que como o credor não era obrigado a nada, e não existia um direito do devedor a se eximir da obrigação, não se poderia conceber uma demora imputável a quem só tem direito a receber[16].

Salientando a falta de uniformidade da doutrina a respeito do tema, CAIO MÁRIO, com a sua habitual erudição, observa:

---

[14] A esse respeito, demonstrando que o devedor poderá provar não haver atuado culposamente para o atraso, visando ilidir a sua responsabilidade civil, anotam Nelson Nery Junior e Rosa Maria de Andrade Nery: "Em suma, este artigo, quando trata da isenção de culpa do devedor para liberá-lo da responsabilidade pela perpetuação da obrigação, na verdade se dirige a permitir a quebra da provisória presunção de culpa, ensejadora da presumida mora" (*Novo Código Civil e Legislação Extravagante Anotados*, São Paulo: Revista dos Tribunais, 2002, p. 175).

[15] Silvio Rodrigues, *Direito Civil — Parte Geral das Obrigações*, 30. ed., São Paulo: Saraiva, 2002, v. 2, p. 246.

[16] Roberto de Ruggiero, *Instituições de Direito Civil*, Campinas: Bookseller, 1999, v. 3, p. 181.

"Um ponto existe, que é o centro de competição dos juristas. Enquanto uns mantêm posição extremada, entendendo que não há *mora accipiendi* na falta de culpa do credor, outros vão ao campo oposto, e sustentam que ela se caracteriza ainda quando o retardo ocorra por motivo de força maior"[17].

Em nosso entendimento, a mora do credor prescinde, de fato, da aferição de culpa.

Desde que não queira receber a coisa injustificadamente, isto é, no tempo, lugar e forma que a lei ou a convenção estabelecer, sem razão plausível, o credor estará em mora, não sendo necessário que o devedor demonstre a sua atuação dolosa ou culposa.

Pode ocorrer, entretanto, que o credor esteja transitoriamente impedido de receber, por fato plenamente justificável, situação esta que, obviamente, não caracterizaria a sua mora. Esta somente se configura quando o devedor faz uma *oferta real*, e não simplesmente uma promessa, nos estritos termos da obrigação pactuada, e o credor, sem motivo justo ou aparente, recusa-se a receber.

Aí não importa se atuou com dolo ou culpa: recusando-se, está em mora.

Frequentemente, diante da recusa do credor, o devedor, pretendendo exonerar-se da obrigação, utiliza-se da consignação em pagamento, cujo procedimento vem regulado pelos arts. 539 a 549 do CPC/2015 (equivalentes aos arts. 890 a 900 do CPC/1973), que é uma forma especial de extinção de obrigações[18].

---

[17] Caio Mário da Silva Pereira, ob. cit., p. 199.

[18] Confira-se, a propósito, o Capítulo X ("Consignação em Pagamento") do presente volume, bem como as seguintes manifestações jurisprudenciais:

"Civil e Processual Civil. Locação. Acordo homologado em juízo. Coisa julgada. Alteração posterior unilateral. Impossibilidade. 1 — O acordo firmado entre locatário e locador, homologado em juízo, não pode ser alterado posteriormente, de modo unilateral, pelo proprietário do imóvel, sob pena de violação ao art. 1.030, do Código Civil (coisa julgada). 2 — Constatada a recusa do locador em receber os aluguéis do modo como vinha fazendo durante cinco anos, em decorrência daquele comportamento inusitado, fica caracterizada a sua *mora accipiendi*, rendendo ensejo à procedência de ação consignatória ajuizada pelo locatário. Sentença restabelecida. 3 — Recurso especial conhecido e provido" (6.ª T., REsp 229.764/RJ (1999/0081934-9), Rel. Min. Fernando Gonçalves, j. 27-4-2000, *DJ*, 29-5-2000, p. 202).

"Consignação. A recusa injustificada de receber caracteriza a *mora accipiendi*, não havendo falar em mora do devedor. A isso se equipara o fechamento das agências da instituição financeira em virtude de haver sido decretada sua liquidação" (3.ª T., REsp 110.293/MG (1996/0064132-3), Rel. Min. Eduardo Ribeiro, j. 7-6-1999, *DJ*, 30-8-1999, p. 68).

"Aluguéis — Consignatória — Despejo. Não é lícito ao locador recusar o recebimento dos aluguéis estabelecidos a fundamento de que se sujeitavam a correção não prevista. Assim agindo, incorreu em *mora accipiendi*, a excluir a *mora solvendi*" (3.ª T., REsp 6.433/RJ (1990/0012378-0), Rel. Min. Eduardo Ribeiro, j. 13-3-1991, *DJ*, 8-4-1991, p. 3885).

Não se deve confundir, outrossim, a *mora accipiendi* com situações em que a ausência da colaboração necessária do credor produz a desoneração definitiva do devedor, porque este se obrigou, por exemplo, a oferecer a prestação em determinado momento (prazo fixo), sendo o próprio credor (por fato a ele imputável) que não a recebeu. A prestação não é, em si mesma, impossível, mas não poderá mais beneficiar aquele credor. É o caso do sujeito que se inscreve num cruzeiro, paga a inscrição, mas falta à partida do barco (porque resolveu não ir ou por qualquer outra razão)[19]. Neste caso, tendo pago a inscrição, era o sujeito credor da prestação, mas, por ato unicamente imputável a si, não permitiu a realização do objeto da obrigação, o que desonera, definitivamente, o devedor, sem o obrigar às perdas e danos.

Quanto aos efeitos da mora do credor, o art. 400 do CC/2002 dispõe o seguinte:

> "Art. 400. A mora do credor subtrai o devedor isento de dolo à responsabilidade pela conservação da coisa, obriga o credor a ressarcir as despesas empregadas em conservá-la, e sujeita-o a recebê-la pela estimação mais favorável ao devedor, se o seu valor oscilar entre o dia estabelecido para o pagamento e o da sua efetivação".

Nos termos deste dispositivo legal, a *mora accipiendi* produz os seguintes efeitos jurídicos:

a) **subtrai do devedor o ônus pela guarda da coisa, ressalvada a hipótese de ter agido com dolo** — neste caso, se o devedor, por exemplo, apresentou-se para devolver o touro reprodutor de propriedade do credor, e estando este em mora de receber, poderá providenciar o seu depósito judicial, à custa do credor moroso. Caso permaneça com o animal e realize despesas, poderá cobrá-las posteriormente. O que a lei proíbe, à luz do superior princípio ético da boa-fé, é que o devedor atue dolosamente, abandonando o animal na estrada ou deixando de alimentá-lo. Em tais casos, a sua responsabilidade persiste;

b) **obriga o credor a ressarcir o devedor pelas despesas de conservação da coisa** — conforme vimos acima, estando o credor em mora, correm por sua conta as despesas ordinárias e extraordinárias, de natureza necessária, empreendidas pelo devedor, que fará jus ao devido ressarcimento, monetariamente corrigido;

"Consignatória. Havendo recusa em receber, configura-se a *mora accipiendi*, a qual exclui a *mora solvendi*, e tratando-se de locação imobiliária em que se enseja a purgação da mora, uma vez ajuizado o pedido de despejo, não se justifica que o locatário haja que se ficar inerte, aguardando a propositura da demanda que visa a rescindir a locação" (TJRS, Ap. Civ. 24.941, Rel. Min. Eduardo Ribeiro, j. 29-9-1998).

[19] João de Mattos Varela. *Das Obrigações em Geral*, 7. ed., Coimbra: Almedina, 1997, v. 3, p. 163.

c) sujeita o credor a receber a coisa pela estimação mais favorável ao devedor, se houver oscilação entre o dia estabelecido para o pagamento (vencimento) e o dia de sua efetivação — assim, se o devedor se obrigou a transferir, em virtude de uma compra e venda, no dia 15, um touro reprodutor pelo preço de R$ 10.000,00, e o credor retardou injustificadamente o recebimento da coisa, somente efetivado no dia 25, quando a cotação do animal atingiu o preço de R$ 12.000,00, deverá o referido credor moroso arcar com a diferença, pagando o valor maior. Se a oscilação for para menor, todavia, deverá pagar o preço convencionado.

4. PURGAÇÃO E CESSAÇÃO DA MORA

A purgação ou emenda da mora consiste no ato jurídico por meio do qual a parte neutraliza os efeitos do seu retardamento, ofertando a prestação devida (*mora solvendi*) ou aceitando-a no tempo, lugar e forma estabelecidos pela lei ou pelo título da obrigação (*mora accipiendi*).

Por parte do devedor, a purgação da mora efetiva-se com a sua oferta real, devendo abranger a prestação mais a importância dos prejuízos decorrentes do atraso (juros de mora, cláusula penal, despesas realizadas para a cobrança da dívida etc.). Tratando-se de prestação pecuniária deverá ser corrigida monetariamente, caso seja necessário (art. 401, I, do CC/2002).

Por parte do credor, a emenda se dá oferecendo-se este a receber o pagamento, e sujeitando-se aos efeitos da mora até a mesma data. Esses efeitos foram vistos acima, ao analisarmos o art. 400 do CC/2002. Não esqueça que o credor deverá indenizar o devedor por todos os prejuízos que este experimentou por força de seu atraso (art. 401, II, do CC/2002).

Vale mencionar também que a eficácia da purgação da mora é para o futuro (*ex nunc*), de forma que os efeitos jurídicos até então produzidos deverão ser observados (os juros devidos pelo atraso, até o dia da emenda, por exemplo).

Importa ainda diferenciarmos a purgação da cessação da mora.

A primeira, como visto, traduz uma atuação reparadora do sujeito moroso, neutralizando os efeitos de seu retardamento. A segunda, por sua vez, é mais abrangente, e decorre da própria extinção da obrigação. É o que se dá, por exemplo, quando se opera a novação ou a remissão de dívida. A sua eficácia é retroativa (*ex tunc*).

Em nosso entendimento, a purgação da mora deverá vir prevista em lei[20] ou no contrato, eis que implica restrição à liberdade negocial e ao direito do

---

[20] No curso do capítulo, já referimos algumas leis que admitem a emenda ou purgação da mora, merecendo a nossa referência as seguintes normas legais: art. 3.º, § 1.º, do

credor, devendo ocorrer até o momento da contestação da lide, na falta de dispositivo legal expresso em contrário.

Vale registrar, porém, o entendimento da Súmula 173 do STF, na parte de purgação, explicitando a possibilidade de purgar a mora, sem extinguir obrigação principal, ao afirmar que "em caso de obstáculo judicial admite-se a purga da mora, pelo locatário, além do prazo legal"[21].

Finalmente, é bom que se diga que o Novo Código Civil, contornando uma impropriedade do Código anterior, suprimiu o inc. III do revogado art. 959 da lei anterior, o qual fazia referência à purgação da mora de ambos os contraentes, quando houvesse renúncia recíproca por parte dos sujeitos da relação jurídica obrigacional[22].

Certa a conclusão de SÍLVIO VENOSA no sentido de que, neste caso, "estando ambos em mora, elas se anulam, já que as partes colocam-se em estado idêntico e uma nada pode imputar à outra". É como se os efeitos da mora simultânea de uma parte e de outra se eliminassem reciprocamente, não havendo que se cogitar de renúncia[23].

Decreto-Lei n. 911/69 (alienação fiduciária), art. 62, III e parágrafo único, da Lei n. 8.245, de 18 de outubro de 1991 (locação), art. 14 do Decreto-Lei n. 58/37 (promessa irretratável de compra e venda) etc.

[21] Sobre purgação da mora, confiram-se, ainda, no Supremo Tribunal Federal, as Súmulas 122 ("O enfiteuta pode purgar a mora enquanto não decretado o comisso por sentença") e 123 ("Sendo a locação regida pelo Decreto n. 24.150, de 20-4-1934, o locatário não tem direito à purgação da mora prevista na Lei n. 1.300, de 28-12-1950").

[22] "Locação. Despejo e consignação em pagamento conexas. *Mora solvendi* e *mora accipiendi*: impossibilidade de sua coexistência. A mora do locatário decorre do não pagamento dos aluguéis no prazo contratual (art. 960 CC). O fato impeditivo da 'mora debitoris', pela 'mora creditoris' anterior, é ônus probatório do inquilino, tanto na ação consignatória (CPC, art. 333, I), quanto na ação de despejo por falta de pagamento (CPC, art. 333, II). O depósito dos aluguéis atrasados, em ação consignatória ajuizada depois de proposto o despejo por falta de pagamento, não é substitutivo da purga por mora na ação despejatória; nem elide o ônus probatório do inquilino quanto à alegada recusa injusta ao recebimento dos aluguéis, negada pelo locador. Consignatória julgada procedente, e improcedente o despejo. Recurso provido" (TARS, 3.ª Câm. Civ., Ap. Civ. 187011648, Rel. Des. Elvio Schuch Pinto, j. 25-3-1987).

[23] Sílvio de Salvo Venosa, *Direito Civil — Teoria Geral das Obrigações e Teoria Geral dos Contratos*, São Paulo: Atlas, 2002, p. 247.

Capítulo XXIII
Perdas e Danos

Sumário: 1. Consequências do inadimplemento culposo da obrigação. 2. Perdas e danos. 3. O dever de mitigar o próprio prejuízo (*duty to mitigate the loss*). 4. Juros. 4.1. Conceito e espécies. 4.2. Juros no processo do trabalho. 4.3. Juros e atividade bancária.

1. CONSEQUÊNCIAS DO INADIMPLEMENTO CULPOSO DA OBRIGAÇÃO

Com muita propriedade, ÁLVARO VILLAÇA AZEVEDO pontifica que "a expressão perdas e danos, que não se apresenta com a felicidade de exprimir o seu exato conceito, nada mais significa do que os prejuízos, os danos, causados ante o descumprimento obrigacional"[1].

De fato, aprendemos que a obrigação, vista sob um prisma dinâmico, encontra o seu termo no pagamento, com a consequente satisfação do credor.

Nada impede, outrossim, possa quedar-se descumprida.

Se o descumprimento derivar de atuação culposa do devedor, causadora de prejuízo material ou moral, será obrigado a compensar civilmente o credor, indenizando-o.

Pagar "perdas e danos", afinal de contas, significa isso: *indenizar aquele que experimentou um prejuízo, uma lesão em seu patrimônio material ou moral, por força do comportamento ilícito do transgressor da norma.*

Veremos futuramente que, no campo da responsabilidade aquiliana ou extracontratual, é muito comum o agente infrator ser compelido a indenizar a vítima, ainda que não haja atuado culposamente, segundo os princípios da responsabilidade civil objetiva, que também foram albergados pelo Código de 2002, mormente para os agentes empreendedores de atividade de risco (art. 927, parágrafo único, do CC/2002).

De qualquer forma, ressalvadas hipóteses especialíssimas como as decorrentes das relações de consumo[2], as perdas e danos em geral, devidas em razão

---

[1] Álvaro Villaça Azevedo, *Teoria Geral das Obrigações*, 9. ed., São Paulo: Revista dos Tribunais, 2001, p. 239.

[2] Cf. Lei n. 8.078/90 (arts. 12 e s., arts. 18 e s.).

de *inadimplemento contratual*, exigem, além da prova do dano, o reconhecimento da culpa do devedor[3].

Em verdade, essa investigação de culpa não apresenta grandes dificuldades, uma vez que, se havia um negócio jurídico anterior vinculando as partes, o descumprimento negocial de uma delas firma implícita presunção de culpa.

Por tudo isso, deixando de lado, por ora, aspectos mais delicados de responsabilidade civil, fixemos a premissa de que as *perdas e danos traduzem o prejuízo material ou moral, causado por uma parte à outra, em razão do descumprimento da obrigação.*

Acrescente-se ainda o fato de que também o inadimplemento relativo (mora), que se caracteriza quando a prestação, posto realizável, não é cumprida no tempo, lugar e forma devidos, também autoriza o pagamento das perdas e danos, correspondentes ao prejuízo derivado do retardamento imputável ao credor ou ao devedor.

Registre-se que não se pode confundir a expressão "pagamento de perdas e danos" com "pagamento do equivalente", pois a primeira se refere a todo tipo de prejuízo material ou moral decorrente do descumprimento e a concepção de "prestação equivalente" diz respeito à devolução de valores pagos ou adiantados, evitando-se o enriquecimento indevido de um dos sujeitos da relação obrigacional. Se, no primeiro caso, abstraídas as hipóteses de responsabilidade civil objetiva, há de se verificar quem agiu com o elemento culpa para se exigirem as perdas e danos, na segunda situação a busca da restituição das coisas ao *status quo ante* impõe a devolução de valores pagos, ainda que o descumprimento da obrigação tenha sido fortuito.

Consoante já vimos, as consequências da mora são previstas em regras específicas, nos termos dos arts. 394 a 401 do CC/2002, não sendo demais lembrar que a indenização devida, neste caso, deverá ser menor do que se se tratasse de total e absoluto descumprimento da obrigação[4], hipótese em que o ressarcimento deverá ser cabal.

2. PERDAS E DANOS

O Código Civil de 2002, em seu art. 389, ao tratar das disposições gerais relativas ao inadimplemento das obrigações, fixa regra genérica, já estudada linhas atrás:

[3] Nesse sentido, Maria Helena Diniz: "*A responsabilidade contratual funda-se na culpa, entendida em sentido amplo*" (*Curso de Direito Civil Brasileiro — Teoria Geral das Obrigações*, 35. ed., São Paulo: Saraiva, 2020, v. 2, p. 419).

[4] Em geral, havendo inadimplemento relativo, a parte morosa compensa a outra pagando os juros da mora, não havendo óbice de que as partes pactuem ainda uma cláusula penal moratória, estudada alhures.

"Art. 389. Não cumprida a obrigação, responde o devedor por *perdas e danos*, mais juros e atualização monetária segundo índices oficiais regularmente estabelecidos, e honorários de advogado" (grifos nossos).

Esta regra, que deve ser lida em sintonia com a norma prevista no art. 393 do CC/2002 — que exige a atuação culposa do devedor para que possa ser responsabilizado —, não explica o que se entende por "perdas e danos".

Nós já sabemos que essa expressão traduz *o prejuízo ou dano material ou moral, causado por uma parte à outra, em razão do descumprimento da obrigação.*

A legislação codificada, a despeito de não defini-la com precisão, até por não ser função precípua do legislador fazê-lo, preferiu simplesmente traçar os seus contornos, delimitando o seu alcance, e deixando para a doutrina a difícil missão de apresentar uma conceituação teórica a seu respeito, consoante se depreende da leitura do seu art. 402 do CC/2002: "Salvo as exceções expressamente previstas em lei, as perdas e danos devidas ao credor abrangem, além do que ele efetivamente perdeu, o que razoavelmente deixou de lucrar".

Em outras palavras, as perdas e danos devidas ao credor deverão compreender o *dano emergente* (o que efetivamente perdeu) e o *lucro cessante* (o que razoavelmente deixou de lucrar).

Com referência ao *dano emergente*, o culto AGOSTINHO ALVIM pondera ser "possível estabelecer, com precisão, o desfalque do nosso patrimônio, sem que as indagações se perturbem por penetrar no terreno hipotético. Mas, com relação ao lucro cessante, o mesmo já não se dá". E a respeito do *lucro cessante*, assevera, com brilhantismo:

> "Finalmente, e com o intuito de assinalar, com a possível precisão, o significado do termo razoavelmente, empregado no art. 1.059 do Código, diremos que ele não significa que se pagará aquilo que for razoável (ideia quantitativa) e sim que se pagará se se puder, razoavelmente, admitir que houve lucro cessante (ideia que se prende à existência mesma de prejuízo). Ele contém uma restrição, que serve para nortear o juiz acerca da prova do prejuízo em sua existência, e não em sua quantidade. Mesmo porque, admitida a existência do prejuízo (lucro cessante), a indenização não se pautará pelo razoável, e sim pelo provado"[5].

Imagine que uma indústria de veículos haja celebrado um contrato de compra e venda com um fornecedor de pastilhas de freios, que se comprometera a entregar-lhe um lote de dez mil peças até o dia 10. O pagamento efetivou-se no ato da celebração do contrato. No dia fixado, o fornecedor, sem justificativa razoável, comunicou ao adquirente que não mais produziria as referidas peças. Dessa forma, abriu-se ao credor a possibilidade de resolver o negócio, podendo exigir as *perdas e danos*, que compreenderiam *o dano efetivo*

[5] Agostinho Alvim, *Da Inexecução das Obrigações e suas Consequências*, 2. ed., São Paulo: Saraiva, 1955, p. 206.

causado pelo descumprimento obrigacional (as suas máquinas ficaram paradas, tendo a receita mensal diminuído consideravelmente), e, bem assim, *o que razoavelmente deixou de lucrar* (se as pastilhas de freio houvessem chegado a tempo, os carros teriam sido concluídos, e as vendas aos consumidores efetivadas, como era de se esperar).

Outro exemplo, agora extraído do campo de estudo da responsabilidade extracontratual, também nos servirá.

Um indivíduo, guiando imprudentemente o seu veículo, abalroa um táxi que estava corretamente estacionado. Em tal hipótese, o causador do dano, por sua atuação ilícita, será obrigado a indenizar a vítima, pagando-lhe as *perdas e danos*, que compreenderão, conforme já vimos, o *dano emergente* (correspondente ao efetivo prejuízo material do veículo — carroceria danificada, espelhos laterais quebrados, danos à pintura etc.), e, bem assim, os *lucros cessantes* (referentes aos valores a que faria jus o taxista durante todo o tempo em que o seu veículo ficou parado, em conserto na oficina).

Claro está que o dano emergente e os lucros cessantes devem ser devidamente comprovados na ação indenizatória ajuizada contra o agente causador do dano, sendo de bom alvitre exortar os magistrados a impedirem que vítimas menos escrupulosas, incentivadoras da famigerada "indústria da indenização", tenham êxito em pleitos absurdos, sem base real, formulados com o nítido escopo, não de buscar ressarcimento, mas de obterem lucro abusivo e escorchante.

Nesse sentido, firmou entendimento a 1.ª Turma do Superior Tribunal de Justiça, em sede de Recurso Especial, j. 23-5-1994, *RSTJ* 63/251, em acórdão da lavra do ilustre Min. Demócrito Reinaldo:

> "Para viabilizar a procedência da ação de ressarcimento de prejuízos, a prova da existência do dano efetivamente configurado é pressuposto essencial e indispensável. Ainda mesmo que se comprove a violação de um dever jurídico, e que tenha existido culpa ou dolo por parte do infrator, nenhuma indenização será devida, desde que, dela, não tenha decorrido prejuízo. A satisfação pela via judicial, de prejuízo inexistente, implicaria, em relação à parte adversa, em enriquecimento sem causa. O pressuposto da reparação civil está, não só na configuração da conduta 'contra jus', mas, também, na prova efetiva do ônus, já que se não repõe dano hipotético".

Além disso, seguindo esta linha de raciocínio, não é demais lembrar que, segundo o nosso direito positivo, mesmo a inexecução obrigacional resultando de dolo do devedor, a compensação devida só deverá incluir os danos emergentes e os lucros cessantes *diretos e imediatos*, ou seja, só se deverá indenizar o prejuízo que decorra diretamente da conduta ilícita (infracional) do devedor (art. 403 do CC/2002[6]), excluídos os danos remotos.

[6] Este artigo tem a seguinte redação: "Art. 403. Ainda que a inexecução resulte de dolo do devedor, as perdas e danos só incluem os prejuízos efetivos e os lucros cessantes por

“Trata-se”, segundo preleção do Desembargador CARLOS ROBERTO GONÇALVES, “de aplicação da teoria dos danos diretos e imediatos, formulada a propósito da relação de causalidade, que deve existir, para que se caracterize a responsabilidade do devedor. Assim, o devedor responde tão só pelos danos que se prendem a seu ato por um vínculo de necessidade, não pelos resultantes de causas estranhas ou remotas”[7].

Assim, descumprido um determinado contrato, não se deve admitir como indenizável o dano emocional causado na esposa do credor que, confiando no êxito do negócio que o seu marido pactuou com o devedor, já fazia planos de viajar para a Europa. A sua dor moral traduz muito mais uma decepção, um reflexo remoto da lesão aos termos do negócio, que não é resultado direto do inadimplemento obrigacional.

Atente-se para o fato, todavia, de que há uma especial categoria de danos, denominados *danos em ricochete*, que, a despeito de não serem suportados pelos próprios sujeitos da relação jurídica principal, atingem pessoas próximas, e são perfeitamente indenizáveis, por derivarem diretamente da atuação ilícita do infrator.

Manifestando-se a respeito do assunto, CAIO MÁRIO preleciona: “A tese do dano reflexo, embora se caracterize como a repercussão do dano direto e imediato, é reparável, ‘o que multiplica’, dizem Malaurie e Aynès, ‘os credores por indenização’”. E, em outro trecho de sua excelente obra, exemplifica: “A situação aqui examinada é a de uma pessoa que sofre o ‘reflexo’ de um dano causado a outra pessoa. Pode ocorrer, por exemplo, quando uma pessoa, que presta alimentos a outra pessoa, vem a perecer em consequência de um fato que atingiu o alimentante, privando o alimentando do benefício”[8]. Este último é diretamente atingido por um dano reflexo ou em ricochete, visto que a vítima imediata é o próprio alimentante morto.

Vale mencionar ainda que todo e qualquer dano, para ser considerado indenizável, deverá conjugar os seguintes requisitos:

a) efetividade ou certeza — uma vez que a lesão ao bem jurídico, material ou moral, não poderá ser, simplesmente, hipotética. O dano poderá ter até repercussões futuras, a exemplo do sujeito que perdeu um braço em virtude de acidente, mas nunca poderá ser incerto ou abstrato;

---

efeito dela direto e imediato, sem prejuízo do disposto na lei processual”. A referência à lei processual significa que a condenação no ônus da sucumbência (custas processuais, honorários de advogado) tem tratamento autônomo, na legislação adjetiva.

[7] Carlos Roberto Gonçalves, *Direito das Obrigações — Parte Geral*, 17. ed. São Paulo: Saraiva, 2020, p. 419.

[8] Caio Mário da Silva Pereira, *Responsabilidade Civil*, 9. ed., Rio de Janeiro: Forense, 2000, p. 43.

b) subsistência — no sentido de que se já foi reparado, não há o que indenizar;

c) lesão a um interesse juridicamente tutelado, de natureza material ou moral — obviamente que o dano deverá caracterizar violação a um interesse tutelado por uma norma jurídica, quer seja material (um automóvel, uma casa), quer seja moral (a honra, a imagem).

Finalmente, posto não seja este o momento adequado para desenvolvermos o tema, que será tratado em nosso volume dedicado à responsabilidade civil, teceremos breves considerações acerca do dano moral.

Ora, se as *perdas e danos* significam o prejuízo indenizável experimentado por um sujeito de direito, forçoso convir que esta lesão poderá não ter somente natureza patrimonial.

Muito discutiu a doutrina a respeito da reparabilidade do dano moral, questão jurídica das mais apaixonantes.

LAFAYETTE, para citar um grande vulto do Direito Civil nacional, sufragava tese contrária ao ressarcimento do dano moral, por considerar a ideia extravagante. Na mesma linha era o pensamento de JORGE AMERICANO, que ressalvava apenas as situações previstas em lei.

Interessante, aliás, a constatação do erudito AGOSTINHO ALVIM, no sentido de que os juristas defensores do dano moral eram homens de espírito mais pragmático, menos adstritos a ideias conservadoras, e de formação menos burocrática:

> "Os próprios juízes, que mais ardorosamente propugnam pela indenização do dano moral, não são os de carreira, que formaram a sua mentalidade de juiz passo a passo, e sim os que ingressaram na magistratura mais tarde, tendo amadurecido as suas convicções jurídicas fora dela: Pedro Lessa, Espínola, Orozimbo Nonato, Philadelpho de Azevedo"[9].

Talvez em virtude da resistência dos setores mais conservadores do pensamento jurídico nacional, somente aplainada por homens de mentalidade mais liberal, a doutrina e a jurisprudência pátria tanto se digladiaram, não encontrando termo as discussões a respeito da matéria.

Nesse diapasão, cumpre conceituarmos o dano moral como sendo aquele representativo de uma lesão a bens e interesses jurídicos imateriais, pecuniariamente inestimáveis, a exemplo da honra, da imagem, da saúde, da integridade psicológica etc.[10].

---

[9] Agostinho Alvim, ob. cit., p. 242.

[10] Lembre-se de que o dano moral não traduz um mero aborrecimento. Esta defesa, aliás, é frequentemente invocada pelos réus, que tentam, de toda forma, minimizar os efeitos danosos de sua atuação ilícita, aduzindo ter havido mero "aborrecimento". Os juízes, nesse particular, devem redobrar a cautela ao apreciarem esta alegação, sob pena

Consiste, em outras palavras, no prejuízo ou lesão de direitos, cujo conteúdo não é pecuniário, nem comercialmente redutível a dinheiro, como é o caso dos direitos da personalidade, a saber, o direito à vida, à integridade física (direito ao corpo, vivo ou morto, e à voz), à integridade psíquica (liberdade, pensamento, criações intelectuais, privacidade e segredo) e à integridade moral (honra, imagem e identidade)"[11], havendo quem entenda, como o culto PAULO LUIZ NETTO LÔBO, que "não há outras hipóteses de danos morais além das violações aos direitos da personalidade"[12].

Para CARLOS ALBERTO BITTAR, qualificam-se

> "como morais os danos em razão da esfera da subjetividade, ou do plano valorativo da pessoa na sociedade, em que repercute o fato violador, havendo-se, portanto, como tais aqueles que atingem os aspectos mais íntimos da personalidade humana (o da intimidade e da consideração pessoal), ou o da própria valoração da pessoa no meio em que vive e atua (o da reputação ou da consideração social)"[13].

---

de coroarem injustiça, prejudicando a vítima. Lembramos, em nosso magistério na Faculdade de Direito da Universidade Federal da Bahia, que casal de excelentes alunos foi confundido com ladrões de fichas de cerveja em uma badalada boate de Salvador, e, segundo afirmou o advogado da ré, em audiência, tudo não teria passado de mero "dissabor ou aborrecimento". Ora, uma afirmação deste gênero, descabida, senão inusitada, nega os mais basilares princípios de direito. Afinal de contas, se uma calúnia não configurar dano moral, nada mais o será.

[11] Rodolfo Pamplona Filho, *O Dano moral na Relação de Emprego*, 3. ed., São Paulo: LTr, 2002, p. 40. Para uma visão genérica sobre os direitos da personalidade, confira-se o capítulo próprio de Pablo Stolze Gagliano e Rodolfo Pamplona Filho, *Novo Curso de Direito Civil*, 21. ed., São Paulo: Saraiva, 2019, v. 1.

[12] "A rica casuística que tem desembocado nos tribunais permite o reenvio de todos os casos de danos morais aos tipos de direitos da personalidade. (...) A referência frequente à 'dor' moral ou psicológica não é adequada e deixa o julgador sem parâmetros seguros de verificação da ocorrência de dano moral. A dor é uma consequência, não é o direito violado. O que concerne à esfera psíquica ou íntima da pessoa, seus sentimentos, sua consciência, suas afeições, sua dor, correspondem à dos aspectos essenciais da honra, da reputação, da integridade psíquica ou de outros direitos da personalidade.

O dano moral remete à violação do dever de abstenção a direito absoluto de natureza não patrimonial. Direito absoluto significa aquele que é oponível a todos, gerando pretensão à obrigação passiva universal. E direitos absolutos de natureza não patrimonial, no âmbito civil, para fins dos danos morais, são exclusivamente os direitos da personalidade. Fora dos direitos da personalidade são apenas cogitáveis os danos materiais" (Paulo Luiz Netto Lôbo, *Danos Morais e Direitos da Personalidade*, in Eduardo de Oliveira Leite (coordenador), *Grandes Temas da Atualidade — Dano Moral — Aspectos Constitucionais, Civis, Penais e Trabalhistas*, Rio de Janeiro: Forense, 2002, p. 364-5).

[13] Carlos Alberto Bittar, *Reparação Civil por Danos Morais*, São Paulo: Revista dos Tribunais, 1993, p. 41.

Se, em um primeiro momento, a tese da irreparabilidade, que contava com o apoio de juristas de escol, predominou, com a evolução do pensamento jurídico nacional, e o desenvolvimento paulatino da teoria dos direitos da personalidade, a doutrina contrária, inspirada por princípios éticos e de equidade, passou a vigorar.

Assim, com certa relutância dos setores mais retrógrados do cenário jurídico brasileiro, os tribunais, sob forte influência da jurisprudência francesa, passaram a admitir a reparabilidade do dano moral, *desde que houvesse reflexos patrimoniais.*

Mas, ainda assim, não havia pacífico entendimento no sentido de se reconhecer a autonomia do dano moral em face do dano material.

Pondo fim a tal controvérsia, a Constituição Federal de 1988 consagrou a teoria mais adequada, admitindo expressamente a reparabilidade do dano moral, sem que o houvesse atrelado inseparavelmente ao dano patrimonial.

Conferiu-lhe, pois, juridicidade em nível supralegal, e, além disso, autonomia, consoante se depreende dos termos do seu art. 5.º, V ("é assegurado o direito de resposta, proporcional ao agravo, além da indenização por dano material, moral, ou à imagem") e X ("são invioláveis a intimidade, a vida privada, a honra e a imagem das pessoas, assegurado o direito a indenização pelo dano material ou moral decorrente de sua violação").

O Superior Tribunal de Justiça, por seu turno, seguindo a vereda aberta pelo constituinte, foi mais além, firmando entendimento no sentido de que, a despeito de serem juridicamente autônomas, as indenizações por danos materiais e morais, oriundas do mesmo fato, poderiam ser cumuladas, *ex vi* do disposto em sua Súmula 37.

Concordamos, no entanto, com o ilustrado YUSSEF SAID CAHALI, que, manifestando-se a respeito do assunto, preleciona:

> "Impende considerar que a Constituição de 1988 apenas elevou à condição de garantia dos direitos individuais a reparabilidade dos danos morais, pois esta já estava latente na sistemática legal anterior; não sendo aceitável, assim, pretender-se que a reparação dos danos dessa natureza somente seria devida se verificados posteriormente à referida Constituição"[14].

De fato, o Código Civil de 1916, ainda que de forma tímida e nebulosa, consagrava regras passíveis de interpretação favorável ao ressarcimento do dano moral (arts. 1.537, 1.538, 1.543, 1.547, 1.548, 1.549, 1.550), e, sobretudo, em sua regra geral de responsabilidade civil aquiliana (art. 159), não excluía expressamente o prejuízo de ordem moral.

---

[14] Yussef Said Cahali, *Dano Moral,* 2. ed., São Paulo: Revista dos Tribunais, 2000, p. 53.

Nesse sentido, ARRUDA ALVIM, em excelente conferência proferida por ocasião do II Congresso de Responsabilidade Civil nos Transportes Terrestres de Passageiros, pontificou:

> "Recordo aqui o artigo 159 do Código Civil, onde está dito: 'Aquele que, por ação ou omissão voluntária, negligência, ou imprudência, *violar direito* ou causar prejuízo a outrem, fica obrigado a indenizar'. Nessa frase, por causa das expressões 'violar direito' ou 'causar prejuízo', muitos enxergam essa autonomia que poderia ter dado base a uma mais expressiva jurisprudência com vistas a indenizar autonomamente o dano moral. Isto porque quando prescreveu o legislador que aquele que causou prejuízo deve indenizar, tais expressões seriam referentes aos danos materiais, mas quando disse 'violar direito', estas poderiam significar a ressarcibilidade do dano moral e dizer respeito ao direito à intimidade, à liberdade, à honra, isto é, tudo isto já estaria previsto no Código Civil"[15].

Mesmo assim, a doutrina e a jurisprudência de então não cediam muito espaço ao reconhecimento do dano de natureza extrapatrimonial, e somente com o advento da mencionada Magna Carta de 1988 a legislação tomou outro rumo, cumprindo-nos ressaltar, nesse ponto, a referência feita ao Código de Defesa do Consumidor — Lei n. 8.078/90 — aos danos patrimoniais *e morais*, individuais, coletivos e difusos, que venham a ser causados ao consumidor (art. 6.º, VI, do CDC).

O Código Civil de 2002, por sua vez, afinado com o espírito constitucional, reconheceu expressamente a reparabilidade dos danos material e moral, ao dispor:

> "Art. 186. Aquele que, por ação ou omissão voluntária, negligência ou imprudência, violar direito e causar dano a outrem, *ainda que exclusivamente moral*, comete ato ilícito" (grifos nossos).

A respeito do tema, ressaltando os pontos mais relevantes do Livro de Obrigações do Novo Código, MIGUEL REALE destaca o "novo enfoque dado à matéria de responsabilidade civil, não só pela amplitude dispensada ao conceito de dano, para abranger o dano moral, mas também por se procurar situar, com o devido equilíbrio, o problema da responsabilidade civil objetiva"[16].

Finalmente, a título de informação histórica, registre-se que o antigo Projeto de Lei n. 6.960/2002 renumerado para n. 276/2007, mas posteriormente arquivado pretendia inserir um segundo parágrafo no art. 944, com a seguinte redação: "§ 2.º A reparação do dano moral deve constituir-se em compensação ao lesado e adequado desestímulo ao lesante".

---

[15] Arruda Alvim, *Dano Moral e a sua Cobertura Securitária,* proferida no II Congresso de Responsabilidade Civil nos Transportes Terrestres de Passageiros, 1997.

[16] Miguel Reale, *O Projeto do Novo Código Civil,* 2. ed., São Paulo: Saraiva, 1999, p. 74.

Esse dispositivo, digno de encômios, se aplicado com a devida cautela, autorizaria o juiz, seguindo posicionamento já assentado em Tribunais da Europa, a impor indenizações por dano moral com caráter educativo e sancionador, especialmente se o agente causador do dano é reincidente.

Aliás, há muito já defendíamos, em salas de aula e em conferências, a compensação punitiva por dano moral, se o infrator atuasse no mercado de consumo ou, conforme dito acima, se já houvesse transgredido o ordenamento jurídico anteriormente.

Aguardemos, portanto, o posicionamento do legislador.

Por fim, vale destacar que, de acordo com o *caput* do art. 404 do CC/2002, as "perdas e danos, nas obrigações de pagamento em dinheiro, serão pagas com atualização monetária segundo índices oficiais regularmente estabelecidos, abrangendo juros, custas e honorários de advogado, sem prejuízo da pena convencional".

Sobre a correção monetária, já tecemos considerações em momento anterior[17]. Em relação às custas e honorários advocatícios, a matéria, por ser de ordem processual, extrapola os limites do presente curso.

E quanto aos juros?

É o que abordaremos no tópico 4 deste capítulo.

Mas antes façamos algumas considerações sobre a teoria do dever de mitigar o prejuízo.

Vamos a ela!

3. O DEVER DE MITIGAR O PRÓPRIO PREJUÍZO (*DUTY TO MITIGATE THE LOSS*)

O grande civilista EMILIO BETTI, em sua clássica obra *Teoria Geral da Obrigações*, observa haver uma **exigência cooperativa** entre os protagonistas da relação obrigacional[18]:

> "É breve a vida do homem: os limites, entre o berço e o túmulo, não são tão distantes como podem parecer ao indivíduo, em sua presunção. E, entre esses limites, quantos são os riscos que lhe tornam precária a existência, quantas as coisas de que necessita! Algumas, ele obtém com o trabalho; outras, fornece-lhe a atividade solidária de outrem, que atinge o cume mais alto na *caritas*, como a caracteriza São Paulo, na Epístola I (cap. 13) aos Coríntios.

[17] Confira-se o item 2.1.3 — "Obrigações de Dar Dinheiro (Obrigações Pecuniárias)" do Capítulo V — "Classificação Básica das Obrigações".

[18] Pablo Stolze Gagliano, Editorial 13: *Duty to Mitigate the Loss*, publicado no Facebook em 16 de fevereiro de 2012. Fonte: <https://www.facebook.com/pablostolze/posts/258991024176880/>. Acesso em: 11 out. 2019.

Mas, sempre, no eterno círculo da relações sociais, para obter bens e serviços ou para se defender dos riscos inevitáveis, necessita o homem da colaboração alheia (...) Na exigência de cooperação entre consociados está, portanto, a chave com que o jurista deve procurar entender o instituto da obrigação, considerando-o na sua função socioeconômica"[19].

Sobre a perspectiva de BETTI, JOSÉ EDUARDO FIGUEIREDO DE ANDRADE MARTINS escreve em sua obra:

"Emilio Betti já trazia a lume casos que considerava patológicos de cooperação. Em sua obra *Teoria Generale delle Obbligazioni* discute não ser um problema isolado das obrigações, mas um fenômeno que se alastra por todas as relações sociais"[20].

Nesse contexto, para evitar uma indesejável "crise cooperativa" entre os sujeitos ativo e passivo da obrigação (credor e devedor), determinados institutos atuam.

E, sem dúvida, um desses institutos é o *duty to mitigate the loss* (o dever de mitigar o próprio prejuízo).

Atribui-se à Professora VÉRA MARIA JACOB DE FRADERA o pioneirismo do estudo do *duty* na relação obrigacional, no Brasil[21].

Conceitualmente, o *duty to mitigate* é fácil de ser compreendido: *como decorrência do princípio da boa-fé objetiva, deve o titular de um direito (credor), sempre que possível, atuar para minimizar o âmbito de extensão do próprio dano, mitigando, assim, a gravidade da situação experimentada pelo devedor*[22].

O Enunciado 169 da III Jornada de Direito Civil ampara o instituto ao prever que "o princípio da boa-fé objetiva deve levar o credor a evitar o agravamento do próprio prejuízo".

Um exemplo didático é dado por PABLO STOLZE[23]:

"Imagine que FREDIE BACANA conduz o seu carro no estacionamento da Faculdade. Em uma manobra brusca e negligente, colide com o carro de SALOMÉ VIENA. Esta última, vítima do dano e titular do direito à indenização, exige que FREDIE chame um guincho. Muito bem. Enquanto FREDIE se

---

[19] Emilio Betti, *Teoria Geral das Obrigações*, Campinas: Bookseller, 2006, p. 25.

[20] José Eduardo Figueiredo de Andrade Martins, *"Duty to Mitigate the Loss" no Direito Civil Brasileiro*, São Paulo: Verbatim, 2015, p. 90.

[21] Véra Maria Jacob de Fradera, Pode o Credor ser Instado a Diminuir o Próprio Prejuízo?, *Revista Trimestral de Direito Civil*, Rio de Janeiro: Padma, v. 19, 2004.

[22] Pablo Stolze Gagliano, Editorial 13: *Duty to Mitigate the Loss*, publicado no Facebook em 16 de fevereiro de 2012. Fonte: <https://www.facebook.com/pablostolze/posts/258991024176880/>. Acesso em: 11 out. 2019.

[23] Pablo Stolze Gagliano, Editorial 13; *Duty to Mitigate the Loss*, fevereiro de 2012, citado.

dirigia à secretaria da Faculdade para fazer a ligação, SALOMÉ — credora do direito à indenização — verificou que uma pequenina chama surgiu no motor do carro. Poderia, perfeitamente, de posse do seu extintor, apagá-la, minimizando a extensão do dano. Mas assim não agiu. Em afronta ao princípio da boa-fé e ao dever de mitigar, pensou: 'quero mais é que o carro exploda, para que eu receba um novo'.

Neste caso, se ficar demonstrado que o credor poderia ter atuado para minimizar o dano evitável ('avoid his avoidable damages'), não fará jus a um carro novo. Apenas receberá, por aplicação do *duty to mitigate*, o valor correspondente à colisão inicial".

E complementa:

"Observe, amigo leitor, a multiplicidade de situações reais em que este instituto poderá ser aplicado, a exemplo da hipótese em que o credor, beneficiado por uma medida judicial de tutela específica, podendo fornecer ao Juízo elementos concretos para a sua efetivação, prefere 'rolar a multa diária', para, ao final do processo, perceber uma vultosa quantia. Se ficar demonstrado que poderia ter atuado para efetivar a medida de imediato, e não o fez, deve o juiz reduzir o valor devido, com fulcro no aludido dever de mitigar".

Não há, no Código Civil, dispositivo que expressamente regule o *duty*, embora o Professor DANIEL NOVAIS DIAS, grande estudioso do tema, sustente a aplicabilidade do próprio art. 403:

"Segundo o artigo 403, mesmo quando a inexecução resulte de dolo do devedor, ele somente responde pelos prejuízos efetivos e pelos lucros cessantes 'por efeito dela direto e imediato', donde se extrai que o devedor inadimplente não responde pelo dano que o credor poderia ter evitado. O dano evitável é, por outras palavras, efeito indireto e mediato da inexecução do devedor. Essa ausência de lacuna implica a desnecessidade e mesmo a incorreção dos referidos recursos ao abuso do direito ou à boa-fé para solucionar o problema de responsabilidade pelo dano evitável"[24].

Na jurisprudência do Superior Tribunal de Justiça, alguns julgados merecem destaque:

"DIREITO CIVIL. CONTRATOS. BOA-FÉ OBJETIVA. *STANDARD* ÉTICO-JURÍDICO.

OBSERVÂNCIA PELAS PARTES CONTRATANTES. DEVERES ANEXOS. *DUTY TO MITIGATE THE LOSS*. DEVER DE MITIGAR O PRÓPRIO PREJUÍZO. INÉRCIA DO CREDOR. AGRAVAMENTO DO DANO. INADIMPLEMENTO CONTRATUAL. RECURSO IMPROVIDO.

[24] Daniel Novais Dias, A Irreparabilidade do Dano Evitável no Direito Civil Brasileiro, *Consultor Jurídico*, 26 de fevereiro de 2018. Disponível em: <https://www.conjur.com.br/2018-fev-26/direito-civil-atual-irreparabilidade-dano-evitavel-direito-civil-brasileiro>. Acesso em: 11 out. 2019.

1. Boa-fé objetiva. *Standard* ético-jurídico. Observância pelos contratantes em todas as fases. Condutas pautadas pela probidade, cooperação e lealdade.

2. Relações obrigacionais. Atuação das partes. Preservação dos direitos dos contratantes na consecução dos fins. Impossibilidade de violação aos preceitos éticos insertos no ordenamento jurídico.

3. Preceito decorrente da boa-fé objetiva. *Duty to mitigate the loss*: o dever de mitigar o próprio prejuízo. Os contratantes devem tomar as medidas necessárias e possíveis para que o dano não seja agravado. A parte a que a perda aproveita não pode permanecer deliberadamente inerte diante do dano. Agravamento do prejuízo, em razão da inércia do credor. Infringência aos deveres de cooperação e lealdade.

4. Lição da doutrinadora Véra Maria Jacob de Fradera. Descuido com o dever de mitigar o prejuízo sofrido. O fato de ter deixado o devedor na posse do imóvel por quase 7 (sete) anos, sem que este cumprisse com o seu dever contratual (pagamento das prestações relativas ao contrato de compra e venda), evidencia a ausência de zelo com o patrimônio do credor, com o consequente agravamento significativo das perdas, uma vez que a realização mais célere dos atos de defesa possessória diminuiriam a extensão do dano.

5. Violação ao princípio da boa-fé objetiva. Caracterização de inadimplemento contratual a justificar a penalidade imposta pela Corte originária (exclusão de um ano de ressarcimento).

6. Recurso improvido" (REsp 758.518/PR, Rel. Min. Vasco Della Giustina (DESEMBARGADOR CONVOCADO DO TJ/RS), Terceira Turma, julgado em 17-6-2010, *REPDJe*, 1.º-7-2010, *Dje*, 28-6-2010).

"RESPONSABILIDADE CIVIL. SENTENÇA PUBLICADA ERRONEAMENTE. CONDENAÇÃO DO ESTADO A MULTA POR LITIGÂNCIA DE MÁ-FÉ. INFORMAÇÃO EQUIVOCADA.

AÇÃO INDENIZATÓRIA AJUIZADA EM FACE DA SERVENTUÁRIA. LEGITIMIDADE PASSIVA. DANO MORAL. PROCURADOR DO ESTADO. INEXISTÊNCIA. MERO DISSABOR. APLICAÇÃO, ADEMAIS, DO PRINCÍPIO DO *DUTY TO MITIGATE THE LOSS*. BOA-FÉ OBJETIVA. DEVER DE MITIGAR O PRÓPRIO DANO.

(...)

3. A publicação de certidão equivocada de ter sido o Estado condenado a multa por litigância de má-fé gera, quando muito, mero aborrecimento ao Procurador que atuou no feito, mesmo porque é situação absolutamente corriqueira no âmbito forense incorreções na comunicação de atos processuais, notadamente em razão do volume de processos que tramitam no Judiciário. Ademais, não é exatamente um fato excepcional que, verdadeiramente, o Estado tem sido amiúde condenado por demandas temerárias ou por recalcitrância injustificada, circunstância que, na consciência coletiva dos partícipes do cenário forense, torna desconexa a causa de aplicação da multa a uma concreta conduta maliciosa do Procurador.

4. Não fosse por isso, é incontroverso nos autos que o recorrente, depois da publicação equivocada, manejou embargos contra a sentença sem nada mencionar quanto ao erro, não fez também nenhuma menção na apelação que se seguiu e não requereu administrativamente a correção da publicação. Assim, aplica-se magistério de doutrina de vanguarda e a jurisprudência que têm reconhecido como decorrência da boa-fé objetiva o princípio do *Duty to mitigate the loss*, um dever de mitigar o próprio dano, segundo o qual a parte que invoca violações a um dever legal ou contratual deve proceder a medidas possíveis e razoáveis para limitar seu prejuízo. É consectário direto dos deveres conexos à boa-fé o encargo de que a parte a quem a perda aproveita não se mantenha inerte diante da possibilidade de agravamento desnecessário do próprio dano, na esperança de se ressarcir posteriormente com uma ação indenizatória, comportamento esse que afronta, a toda evidência, os deveres de cooperação e de eticidade.

5. Recurso especial não provido" (REsp 1.325.862/PR, Rel. Min. Luis Felipe Salomão, Quarta Turma, julgado em 5-9-2013, *DJe* 10-12-2013).

"RECURSO ESPECIAL. AÇÃO DE COBRANÇA. CONTRATO DE CARTÃO DE CRÉDITO.

APLICAÇÃO DO PRINCÍPIO *DUTY TO MITIGATE THE LOSS*. INVIABILIDADE NO CASO CONCRETO. JUROS REMUNERATÓRIOS. AUSÊNCIA DE CONTRATO NOS AUTOS.

DISTRIBUIÇÃO DINÂMICA DO ÔNUS DA PROVA. TAXA MÉDIA DE MERCADO.

RECURSO PROVIDO.

1. O princípio *duty to mitigate the loss* conduz à ideia de dever, fundado na boa-fé objetiva, de mitigação pelo credor de seus próprios prejuízos, buscando, diante do inadimplemento do devedor, adotar medidas razoáveis, considerando as circunstâncias concretas, para diminuir suas perdas. Sob o aspecto do abuso de direito, o credor que se comporta de maneira excessiva e violando deveres anexos aos contratos (v.g., lealdade, confiança ou cooperação), agravando, com isso, a situação do devedor, é que deve ser instado a mitigar suas próprias perdas. É claro que não se pode exigir que o credor se prejudique na tentativa de mitigação da perda ou que atue contrariamente à sua atividade empresarial, porquanto aí não haverá razoabilidade. 2. O ajuizamento de ação de cobrança muito próximo ao implemento do prazo prescricional, mas ainda dentro do lapso legalmente previsto, não pode ser considerado, por si só, como fundamento para a aplicação do *duty to mitigate the loss*. Para tanto, é necessário que, além do exercício tardio do direito de ação, o credor tenha violado, comprovadamente, alguns dos deveres anexos ao contrato, promovendo condutas ou omitindo-se diante de determinadas circunstâncias, ou levando o devedor à legítima expectativa de que a dívida não mais seria cobrada ou cobrada a menor.

3. A razão utilizada pelas instâncias ordinárias para aplicar ao caso o postulado do *duty to mitigate the loss* está fundada tão somente na inércia da instituição financeira, a qual deixou para ajuizar a ação de cobrança quando já estava próximo de vencer o prazo prescricional e, com isso, acabou obtendo crédito mais vantajoso diante da acumulação dos encargos ao longo do tempo.

4. Não há nos autos nenhum outro elemento que demonstre haver a instituição financeira, no caso em exame, criado no devedor expectativa de que não cobraria a dívida ou que a cobraria a menor, ou mesmo de haver violado seu dever de informação. Não há, outrossim, elemento nos autos no qual se possa identificar qualquer conduta do devedor no sentido de negociar sua dívida e de ter sido impedido de fazê-lo pela ora recorrente, ou ainda qualquer outra circunstância que pudesse levar à conclusão de quebra da confiança ou dos deveres anexos aos negócios jurídicos por nenhuma das partes contratantes, tais como a lealdade, a cooperação, a probidade, entre outros.

5. Desse modo, entende-se não adequada a aplicação ao caso concreto do *duty to mitigate the loss.*

6. 'Não juntados aos autos os contratos, deve o agravante suportar o ônus da prova, afastando-se as tarifas contratadas e limitando os juros remuneratórios à taxa média de mercado' (AgRg no REsp 1.578.048/PR, Rel. Min. Marco Aurélio Bellizze, Terceira Turma, julgado em 18/08/2016, *DJe* de 26/08/2016).

7. Recurso especial provido" (REsp 1.201.672/MS, Rel. Min. Lázaro Guimarães (Desembargador convocado do TRF 5.ª Região), Quarta Turma, julgado em 21-11-2017, *Dje,* 27-11-2017).

Trata-se, portanto, de tema que vem ganhando força e espaço no cenário nacional, e cuja recepção teve o importante papel de chamar a atenção da comunidade jurídica para uma problemática até então pouco estudada[25].

Falemos agora, como prometido, sobre o tema dos juros.

4. JUROS

4.1. Conceito e espécies

A doutrina não diverge muito quanto à conceituação dos juros.

ARNOLDO WALD, especialista em Direito Bancário, define os juros como "o rendimento do capital, preço do seu uso, preço locativo ou aluguel do dinheiro, prêmio pelo risco corrido decorrente do empréstimo, cabendo aos

[25] Daniel Novais Dias, *A Corresponsabilidade do Lesado no Direito Civil:* Da Fundamentação da Irreparabilidade do Dano Evitável, tese de doutorado apresentada à Universidade de São Paulo em 2016, gentilmente cedida pelo autor.

economistas o estudo de sua incidência, da taxa normal em determinada situação e de suas repercussões na vida do país"[26].

Trata-se, pois, sob o prisma eminentemente jurídico, de um *fruto civil correspondente à remuneração devida ao credor em virtude da utilização do seu capital.*

Em linhas gerais, os juros fixados, legais (determinados por lei) ou convencionais (fixados pelas próprias partes), subdividem-se em:

a) compensatórios;

b) moratórios.

Os primeiros objetivam remunerar o credor pelo simples fato de haver desfalcado o seu patrimônio, concedendo o numerário solicitado pelo devedor. Os segundos, por sua vez, traduzem uma indenização devida ao credor por força do retardamento culposo no cumprimento da obrigação.

Assim, celebrado um contrato de empréstimo a juros (mútuo feneratício), o devedor pagará ao credor os juros compensatórios devidos pela utilização do capital (ex.: se tomou 10, devolverá 12).

O Código Civil brasileiro não estabelece, para esta modalidade compensatória de juros, qualquer limitação específica.

Seguindo tal diretriz, o Superior Tribunal de Justiça (STJ) aprovou a Súmula de n. 382, que define que a estipulação de juros remuneratórios superiores a 12% ao ano, por si só, não caracteriza abuso, entendendo-se que é necessário analisar cada caso concreto[27].

Se, entretanto, no dia do vencimento, atrasar o cumprimento da prestação, pagará os juros de mora, que são contabilizados dia a dia, sendo devidos independentemente da comprovação do prejuízo.

O citado Professor ARNOLDO WALD lembra, ainda, que

> "os juros compensatórios são geralmente convencionais, por dependerem de acordo prévio das partes sobre a operação econômica e as condições em que a mesma deveria ser realizada, mas podem decorrer de lei ou de decisão jurisprudencial (Súmula 164), enquanto que os juros moratórios podem ser legais ou convencionais conforme decorram da própria lei ou da convenção"[28].

Quanto aos juros moratórios, o Código Civil de 1916, em seu art. 1.062, preceituava que, *não tendo sido convencionados, a taxa seria de 6% ao ano.* O percentual, aliás, seria o mesmo, *se os referidos juros fossem devidos por força de lei*, ou *se as partes os convencionassem sem taxa estipulada* (art. 1.063).

---

[26] Arnoldo Wald, *Obrigações e Contratos*, 12. ed., São Paulo: Revista dos Tribunais, 1995, p. 131.

[27] O literal teor da Súmula é: "A estipulação de juros remuneratórios superiores a 12% ao ano, por si só, não indica abusividade".

[28] Arnoldo Wald, *Obrigações e Contratos*, cit., p. 132.

O Decreto-Lei n. 22.626, de 1933 (Lei da Usura), por sua vez, em seu art. 1.º, vedou que qualquer espécie de juros fosse estipulada com taxa superior ao dobro da taxa legal, perfazendo, assim, um teto máximo de 12% ao ano.

Nessa linha, a Constituição Federal de 1988 dispunha, expressamente, em seu art. 192, § 3.º, que "as taxas de juros reais, nelas incluídas comissões e quaisquer outras remunerações direta ou indiretamente referidas à concessão de crédito, *não poderão ser superiores a doze por cento ao ano*; a cobrança acima deste limite será conceituada como crime de usura, punido, em todas as suas modalidades, nos termos que a lei determinar", sendo esta, genericamente, a previsão aplicável a todas as formas de obrigações[29].

Todavia, com a aprovação da Emenda Constitucional n. 40, de 29-5-2003, todos os parágrafos foram revogados, passando o *caput* a figurar com a seguinte redação:

> "Art. 192. O sistema financeiro nacional, estruturado de forma a promover o desenvolvimento equilibrado do País e a servir aos interesses da coletividade, em todas as partes que o compõem, abrangendo as cooperativas de crédito, será regulado por leis complementares que disporão, inclusive, sobre a participação do capital estrangeiro nas instituições que o integram".

Com essa dicção, imprimiu-se mais flexibilidade ao mercado financeiro e autonomia ao Banco Central.

Na prática, as coisas pouco mudarão, pois a atividade bancária continuará a ser regida por normas administrativas, até que se cuide de implementar as referidas leis complementares, e, lamentavelmente, a insegurança quanto à taxa de juros continuará a nos perseguir.

Quanto aos juros legais moratórios, o Código Civil estabeleceu que:

> "Art. 406. Quando os juros moratórios não forem convencionados, ou o forem sem taxa estipulada, ou quando provierem de determinação da lei, serão fixados segundo a taxa que estiver em vigor para a mora do pagamento de impostos devidos à Fazenda Nacional".

Tal dispositivo revela a opção do legislador civil por juros flutuantes, uma vez que não estabelece o percentual máximo para a fixação de juros, empregando, como base, a taxa que estiver em vigor para a mora dos impostos devidos à Fazenda Nacional, o que importa reconhecer.

Essa confusa redação dá azo ao debate doutrinário e jurisprudencial sobre qual a taxa aplicável, a saber, a Taxa SELIC — utilizada pela Fazenda Pública para o cálculo de tributos federais — ou a prevista no art. 161, § 1.º, do Código Tributário Nacional.

---

[29] Sobre os juros bancários, confira-se, a seguir, o item 4.3 ("Juros e Atividade Bancária").

Explicando tal dissenso, doutrinam GUSTAVO TEPEDINO, HELOISA HELENA BARBOZA e MARIA CELINA BODIN DE MORAES em lição que merece fiel transcrição:

> "Em estudo minucioso sobre o tema, Leonardo Mattietto (RTDC, p. 89 e ss.) explica que a taxa SELIC (Sistema Especial de Liquidação e Custódia), surgida como índice de remuneração de títulos da dívida federal, corresponde à média ajustada dos financiamentos diários, com lastro em títulos federais, fixada pelo Comitê de Política Monetária (COPOM) do Banco Central do Brasil. A sua adoção, para o cálculo de juros moratórios devidos à Fazenda Nacional, foi disposta pela Lei n. 8.981, de 20 de janeiro de 1995 (art. 84), complementada pela Lei n. 9.065, de 20 de junho de 1995 (art. 13), determinando serem os juros 'equivalentes à taxa referencial do Sistema Especial de Liquidação e Custódia — SELIC, para títulos federais, acumuladas mensalmente'.
>
> Em decorrência dessas leis, calculam-se os acréscimos devidos em razão da mora, nos tributos devidos à Fazenda Nacional, do seguinte modo: soma-se a taxa SELIC desde a do mês seguinte ao do vencimento do tributo até a do mês anterior ao do pagamento, e acrescenta-se a esta soma 1% referente ao pagamento.
>
> Destinado à utilização subsidiária, somente 'se a lei não dispuser de modo diverso', o art. 161, § 1.º, do CTN deixaria de ser aplicável em razão do art. 84 da Lei 8.981/95, a despeito da controvérsia ainda não dissipada quanto à constitucionalidade da utilização da SELIC.
>
> Leonardo Mattietto aponta a divergência do STJ, sendo a 1.ª Turma favorável à aplicação dessa taxa, enquanto a 2.ª Turma mostra-se contrária, nos seguintes termos: 'A Taxa SELIC para fins tributários é, a um tempo, inconstitucional e ilegal. Como não há pronunciamento de mérito da Corte Especial deste egrégio Tribunal que, em decisão relativamente recente, não conheceu da arguição de inconstitucionalidade correspectiva (cf. Incidente de Inconstitucionalidade no REsp 215.881), permanecendo a mácula também na esfera infraconstitucional, nada está a empecer seja essa indigitada Taxa proscrita do sistema e substituída pelos juros previstos no Código Tributário (art. 161, § 1.º, do CTN). A utilização da Taxa SELIC como remuneração de títulos é perfeitamente legal, pois toca ao BACEN e ao Tesouro Nacional ditar as regras sobre os títulos públicos e sua remuneração. Nesse ponto, nada há de ilegal ou inconstitucional. A balda exsurgiu quando se transplantou a Taxa SELIC, sem lei, para o terreno tributário. A Taxa SELIC ora tem a conotação de juros moratórios, ora de remuneratórios, a par de neutralizar os efeitos da inflação, constituindo-se em correção monetária por vias oblíquas. Tanto a correção monetária como os juros, em matéria tributária, devem ser estipulados em lei, sem olvidar que os juros remuneratórios visam a remunerar o próprio capital ou o valor principal. A Taxa SELIC cria a anômala figura de tributo rentável. Os títulos podem gerar renda; os tributos, *per se*, não' (STJ, REsp

291.257, 2.ª T., Rel. Min. Eliana Calmon, Rel. para o acórdão Min. Franciulli Netto, j. 23-4-2002, *DJ*, 17-6-2002)"[30].

Assim sendo, temos que tal taxa não se confunde com os juros, por ter ela natureza jurídica completamente diversa, levando-se em conta que compreende, a um só tempo, juros moratórios (que são os unicamente tratados no art. 406 do CC/2002), juros compensatórios ou remuneratórios, e indisfarçável conotação de correção monetária, além das denunciadas constitucionalidade e legalidade duvidosas.

Nessa seara, consideramos que atenta contra a concepção de segurança jurídica a realização de um negócio jurídico em que o devedor não fica sabendo na data da avença quanto vai pagar a título de juros, pelo menos no que diz respeito a um percentual máximo, pois não terá o dom da profecia para saber o que ocorrerá no mercado de capitais, em períodos subsequentes ao da realização do negócio...

Por isso, a comissão de juristas que se reuniram no STJ para firmar enunciados sobre o novo Código Civil manifestou-se contrariamente à utilização da Taxa Selic como a taxa aplicável à regra do art. 406 do CC/2002, aduzindo, dentre outros argumentos, que essa taxa não permite o seu prévio conhecimento, sendo, portanto, insegura[31].

Em conclusão, na ausência de pactuação de juros moratórios em relações civis, há de se continuar aplicando o percentual de 1%, a teor do art. 161, § 1.º, do Código Tributário Nacional (Lei n. 5.172, de 25-10-1966), isto é, 1% ao mês ou 12% ao ano[32].

---

[30] Gustavo Tepedino, Heloisa Helena Barboza e Maria Celina Bodin de Moraes (coordenadores), *Código Civil interpretado conforme a Constituição da República*, Rio de Janeiro: Renovar, 2004, p. 737-8. Sobre o tema, confira-se, ainda, o excelente texto do Min. Franciulli Netto sobre a ilegalidade da Taxa Selic para fins tributários, trabalho publicado na *Revista Dialética de Direito Tributário*, São Paulo: Dialética, 2000, p. 7 a 30; *Revista Tributária e de Finanças Públicas*, São Paulo: Revista dos Tribunais, 2000, ano 8, n. 33, 59 a 89; *Jurisprudência do Superior Tribunal de Justiça*, Brasília: Brasília Jurídica, 2000, ano 2, n. 14, p. 15 a 48; e *Revista de Direito Renovar*, Rio de Janeiro: Renovar, janeiro/abril 2002, n. 22.

[31] Enunciado n. 20 da Jornada de Direito Civil do Conselho da Justiça Federal, realizada de 11 a 13-9-2002, sob a orientação geral do Min. Milton Luiz Pereira e a orientação científica do Min. Ruy Rosado de Aguiar. Disponível em: <www.cjf.gov.br/revista/enunciados/enunciados.asp>.

[32] Cf. a respeito excelente artigo de Pio Giovani Dresch, Os juros legais no novo Código Civil e a inaplicabilidade de Taxa Selic, *Cidadania e Justiça*, Rio de Janeiro: AMB, 2.º semestre de 2002, p. 153 e s. Sobre o tema, recomendamos ao nosso estimado leitor que acompanhe, no STJ, o julgamento do REsp 1.081.149/RS, que tem por objeto a controvérsia em torno do art. 406 do CC.

Registre-se, todavia, que, como medida de equidade, abstraída a discussão da constitucionalidade e legalidade da Taxa SELIC — discussão essa que extrapola os limites da proposta desta obra —, se os débitos dos contribuintes com a Fazenda devem ser corrigidos pela Taxa SELIC, o mesmo deve ocorrer para a Fazenda, ou seja, a correção pela taxa também se aplicaria às devoluções efetuadas pelo Fisco aos contribuintes.

Vale destacar, como outrora já afirmado, que, na forma do art. 405 do CC/2002, os juros de mora devem, em regra, ser contados desde a citação inicial[33]. No caso de mora caracterizada antes da vigência do novo Código Civil, incidem as regras anteriores desde a citação até o término da sua *vacatio legis*, e, a partir daí, o limite do art. 406[34].

4.2. Juros no processo do trabalho

No processo judicial de solução de conflitos trabalhistas, a regra geral incidente, desde os primórdios da Justiça do Trabalho, era a constante no Código Civil de 1916, ou seja, juros simples de 6% ao ano, sobre o capital corrigido (ante a consagração posterior da figura da correção monetária).

A partir de 27 de fevereiro de 1987, a matéria passou a ser regida por norma própria, a saber, o Decreto-Lei n. 2.322/87 que, mesmo antes da vigência da Constituição Federal de 1988, dobrou a taxa, trazendo-a, portanto, até o limite da Lei de Usura (12% ao ano), mas admitindo a sua capitalização mensal (1% ao mês), o que fez gerar acentuado acréscimo de valor da parcela ao correr do tempo.

Tal regra foi mantida até o advento da Lei n. 8.177, de 1.º-3-1991, que não mais autorizou os juros capitalizados, limitando-os, de forma simples, a 1% ao mês, sendo esta a taxa praticada até a presente data.

Registre-se, porém, que, com o advento da Medida Provisória n. 2.180-35, que trata de débitos resultantes de condenação ou acordo não cumprido, foi acrescentado à Lei n. 9.494/97 (que disciplina a aplicação da tutela anteci-

---

33 Na III Jornada de Direito Civil, realizada em novembro de 2004 no Superior Tribunal de Justiça, foi aprovado Enunciado 163, registrando que a "regra do art. 405 do novo Código Civil aplica-se somente à responsabilidade contratual e não aos juros moratórios na responsabilidade extracontratual, em face do disposto no art. 398 do novo CC, não afastando, pois, o disposto na súmula 54 do STJ". A mencionada súmula estabelece que "os juros moratórios fluem a partir do evento danoso, em caso de responsabilidade extracontratual".

34 Nesse sentido é o Enunciado 164 da III Jornada de Direito Civil, proposto pelo Juiz Federal Rafael Castegnaro Trevisan: "Tendo a mora do devedor início ainda na vigência do Código Civil de 1916, são devidos juros de mora de 6% ao ano até 10 de janeiro de 2003; a partir de 11 de janeiro de 2003 (data de entrada em vigor do novo Código Civil), passa a incidir o art. 406 do Código Civil de 2002".

pada contra a Fazenda Pública, altera a Lei n. 7.347, de 24-7-1985, e dá outras providências) o art. 1.º-F, que limita a 6% ao ano os juros de mora nas condenações impostas à Fazenda Pública para pagamento de verbas remuneratórias devidas a servidores e empregados públicos.

Tal norma legal, inclusive, acompanhando a regra do art. 883 da CLT, manteve o termo inicial da contagem dos juros com o ajuizamento da reclamação trabalhista, e não, como na regra geral civil, da citação, que aperfeiçoa a relação jurídica processual[35].

4.3. Juros e atividade bancária

Falar sobre a aplicação de juros na atividade bancária é adentrar em um terreno explosivo.

De fato, fizemos questão de mostrar como é a disciplina genérica do instituto, bem como as peculiaridades encontradas em uma relação jurídica especial, como a trabalhista, em que o próprio ordenamento reconhece a desigualdade dos sujeitos e busca tutelá-los de forma mais efetiva, reconhecendo que, mesmo ali, ainda é observada, no final das contas, a regra geral.

Isso tudo para mostrar que *há algo de errado no reino da Dinamarca* quando se fala da disciplina dos juros bancários no Brasil.

Tal jocosa afirmação se dá pela circunstância de que, lamentavelmente, o Supremo Tribunal Federal, ao editar a Súmula 596, firmou entendimento no sentido de que "as disposições do Decreto-Lei n. 22.626 não se aplicam às taxas de juros e aos outros encargos cobrados nas operações realizadas por instituições públicas ou privadas, que integram o Sistema Financeiro Nacional".

---

[35] Lei n. 8.177/91:

"Art. 39. Os débitos trabalhistas de qualquer natureza, quando não satisfeitos pelo empregador nas épocas próprias assim definidas em lei, acordo ou convenção coletiva, sentença normativa ou cláusula contratual sofrerão juros de mora equivalentes à TRD acumulada no período compreendido entre a data de vencimento da obrigação e o seu efetivo pagamento.

§ 1.º Aos débitos trabalhistas constantes de condenação pela Justiça do Trabalho ou decorrentes dos acordos feitos em reclamatória trabalhista, quando não cumpridos nas condições homologadas ou constantes do termo de conciliação, serão acrescidos, nos juros de mora previstos no *caput* juros de um por cento ao mês, contados do ajuizamento da reclamatória e aplicados *pro rata die*, ainda que não explicitados na sentença ou no termo de conciliação.

§ 2.º Na hipótese de a data de vencimento das obrigações de que trata este artigo ser anterior a 1.º de fevereiro de 1991, os juros de mora serão calculados pela composição entre a variação acumulada do BTN Fiscal no período compreendido entre a data de vencimento da obrigação e 31 de janeiro de 1991, e a TRD acumulada entre 1.º de fevereiro de 1991 e seu efetivo pagamento".

Em nosso entendimento, sob o argumento de que *a atividade financeira é essencialmente instável, e que a imobilização da taxa de juros prejudicaria o desenvolvimento do País,* inúmeros abusos são cometidos, em detrimento sempre da parte mais fraca, o correntista, o depositante, o poupador.

Com clareza meridiana, GABRIEL WEDY assevera:

> "O Decreto-Lei n. 22.626/33 está em pleno vigor, e é aplicado por juízes, desembargadores e até ministros, que têm perfeita convicção na sua vigência. O posicionamento contrário a este entendimento funda-se no fato de o mesmo Decreto-Lei ter sido revogado pela Lei n. 4.595/64, que autorizava o Conselho Monetário Nacional a limitar a taxa de juros. De fato, o Conselho Monetário Nacional pode limitar a taxa de juros, mas não liberar a sua cobrança em percentuais superiores aos permitidos pela Lei de Usura, que fixa os mesmos em 12% ao ano. Se assim não fosse, haveria a oficialização da agiotagem, que é punida pela Lei n. 1.521/51, a chamada Lei de Economia Popular, que, em seu art. 4.º, pune os agiotas com detenção de seis meses a dois anos, e multa. Entendemos que esta lei está em pleno vigor, pois não foi revogada por nenhuma outra. A situação econômica e social do Brasil exige a sua aplicação"[36].

Nesse contexto jurídico tão conturbado, a Constituição Federal de 1988, talvez tentando pôr fim à discussão, dispunha, expressamente, em seu art. 192, § 3.º, que

> "as taxas de juros reais, nelas incluídas comissões e quaisquer outras remunerações direta ou indiretamente referidas à concessão de crédito, *não poderão ser superiores a doze por cento ao ano*; a cobrança acima deste limite será conceituada como crime de usura, punido, em todas as suas modalidades, nos termos que a lei determinar".

Infelizmente, o objetivo do constituinte não foi alcançado, e essa questão parece ter sido enterrada com a edição da Emenda n. 40, de 2003, já mencionada.

Antes da emenda, uma interpretação mais atenta da norma indicaria que, a partir de sua vigência, os juros reais praticados no Brasil não poderiam ser superiores a 12% ao ano, solução justa, que se harmonizava com as disposições constantes na Lei de Usura.

O Supremo Tribunal Federal, entretanto, chamado a se pronunciar a respeito, decidiu, após longas discussões, em sessão que adentrou a madrugada, que a norma constitucional prevista no art. 192, § 3.º, da CF, *não seria autoaplicável,* razão por que haveria a necessidade de se editar lei complementar que concretizasse o referido comando normativo[37].

E, mais uma vez, os bancos e as instituições financeiras não se sujeitariam ao império da lei, para que contivessem a prática abusiva de juros no Brasil.

---

[36] Gabriel Wedy, *O Limite Constitucional dos Juros Reais,* 4. ed., Porto Alegre: Síntese, 1997, p. 99.

[37] Trata-se da ADIn n. 4 — DF.

Mas o entendimento do Excelso Pretório, com o qual discordamos firmemente, encontrou resistência no seio de seus próprios integrantes. Nesse sentido, leia-se trecho do voto vencido do ilustre Min. ILMAR GALVÃO:

> "Senhor Presidente, com a devida vênia, fiel à orientação que adotei nesta Corte, e tendo em vista, ainda, que a Constituição estabelece a taxa de juros, taxa real, voto no sentido de julgar procedente a ação para o fim de, neste caso, fixar os juros em 12% ao ano, claro, excluída a taxa da inflação"[38].

Aliás, a interpretação do dispositivo constitucional nos levava a crer que a edição de norma legal infraconstitucional só seria necessária para a *definição do crime de usura*, referido na última parte do mencionado dispositivo, e não para a contenção do limite máximo da taxa de juros aplicada.

Não concordamos, nesse ponto, com o ilustre ARNOLDO WALD, quando afirma *não ser possível* "estabelecer, numa Constituição, uma regulamentação em matéria tipicamente conjuntural", de maneira que a Carta Magna deveria limitar-se a "fixar apenas os princípios gerais sobre a matéria, ou seja, a existência do Banco Central e do Conselho Monetário Nacional"[39].

Tal argumento, por demais simplista, tem servido como escudo para inúmeros abusos cometidos no mercado financeiro, mormente em se considerando o caráter rarefeito da legislação bancária, que é quase inexistente[40].

Discordamos também do respeitável Professor, quando afirma que meras "razões sociais e de caráter emocional têm levado determinados tribunais e juízes, alguns deles inspirados no direito alternativo, a julgar, normal ou sistematicamente, contra os bancos, esquecendo que a solidez dos mesmos constitui um dos pressupostos do desenvolvimento nacional"[41].

Ninguém discute que a solidez dos bancos importa para o equilíbrio da economia nacional.

Entretanto, este desenvolvimento, além de precisar ser equilibrado, deve vir calcado em valores sociais indisponíveis, que respeitem os princípios da isonomia e da dignidade da pessoa humana.

---

[38] Citado por Gabriel Wedy, ob. cit., p. 36.

[39] Arnoldo Wald, A Patologia do Direito Bancário: Causas e Soluções — Uma Primeira Visão Panorâmica, *Revista de Direito Bancário, do Mercado de Capitais e da Arbitragem,* São Paulo: Revista dos Tribunais, n. 7, jan./mar. 2000, ano 3, p. 45.

[40] Conforme dissemos, rareia a legislação bancária no País. Basicamente, temos duas leis — a Lei de Reforma Bancária (4.591/64) e a Lei de Mercado de Capitais (4.728/65) —, de forma que a regulação da atividade financeira é feita, em grande parte, por meio de resoluções do Banco Central do Brasil, o que culmina por conferir excessiva liberdade aos bancos e às instituições financeiras.

[41] Arnoldo Wald, *Revista,* cit., p. 43.

Outra não era, aliás, a intenção do constituinte originário, ao dispor, na primitiva redação do art. 192, que o "sistema financeiro nacional, estruturado de forma *a promover o desenvolvimento equilibrado do País e a servir aos interesses da coletividade*, será regulado em lei complementar, e disporá sobre:" (grifos nossos)[42].

E não é isso que vemos na vida real.

Temos, sim, uma política de juros arbitrária, a exigência absurda de taxas bancárias (que integram o nosso extrato e nunca sabemos o que significam!), a imposição de cláusulas contratuais abusivas nos financiamentos, a pífia remuneração dos depósitos, e o cliente bancário — que é, afinal de contas, um consumidor — torna-se cada vez mais carente de uma disciplina normativa que compense, ao menos em nível jurídico, a sua hipossuficiência econômica.

Por isso, os (bons) juízes brasileiros, não por arroubos de emoção, mero sentimentalismo, ou afinidade com o direito alternativo, mas sim imbuídos dos mais nobres sentimentos de justiça, têm invocado o Código de Defesa do Consumidor — Lei n. 8.078/90 — para *fazer a justiça no caso concreto*, julgando, *se tiverem que fazê-lo*, contra o mais forte, em favor do mais fraco.

Se a legislação civil contemporânea — incluindo-se o Código de Defesa do Consumidor e o Novo Código Civil — não reconhecessem a desigualdade das partes pactuantes em um contrato bancário, ignorando o princípio da boa-fé e a função social do contrato, não poderia atingir o objetivo máximo de qualquer ordenamento jurídico, que é a pacificação justa dos litígios sociais.

E, infelizmente, a despeito de toda a importância política e social da legislação de defesa do consumidor (Lei Ordinária n. 8.078/90), o que sempre vimos foi a hercúlea tentativa de se impedir a aplicação do CDC à atividade bancária, sob o argumento de que o art. 192 da CF, ao dispor sobre o Sistema Financeiro Nacional, teria exigido que apenas uma *lei complementar* estruturasse o referido Sistema[43].

---

[42] Esta concepção, do ponto de vista formal, pouco mudou com a Emenda Constitucional n. 40, pois o *caput*, como já visto, passou a ter a seguinte redação: "Art. 192. O sistema financeiro nacional, estruturado de forma a promover o desenvolvimento equilibrado do País e a servir aos interesses da coletividade, em todas as partes que o compõem, abrangendo as cooperativas de crédito, será regulado por leis complementares que disporão, inclusive, sobre a participação do capital estrangeiro nas instituições que o integram".

[43] Tramita no Supremo Tribunal Federal uma ação direta de inconstitucionalidade (ADIN n. 2.591), proposta pela Confederação Nacional do Sistema Financeiro — CONSIF (entidade sindical de grau superior que congrega a FENACREFI — Federação Interestadual de Crédito, Financiamento e Investimento, a FENADISTRI — Federação Nacional das Empresas Distribuidoras de Títulos e Valores Mobiliários, a FENASEG — Federação Nacional das Empresas de Seguros Privados e Capitalização, e a FENABAN — Federação Nacional dos Bancos), que pretende, fundamentalmente, obter a declaração de inconstitucionalidade do § 2.º do art. 3.º da Lei n. 8.078/90 (CDC):

Este argumento é inteiramente insustentável.

Nesse sentido, NEWTON DE LUCCA assevera:

"Também o Prof. José Souto Maior Borges — que escreveu todo um volume sobre essa questão (ainda que aplicada ao Direito Tributário) — foi incisivo ao afirmar que não existe essa superioridade formal entre leis complementares e leis ordinárias, posto que cada uma atua em campos jurídicos distintos, não existindo interpenetração de competências legislativas". E conclui: "Assim, veem demais aqueles que, por saberem da hierarquia superior da lei complementar sobre a lei ordinária, inferem que a sua coexistência seja impossível, implicando a sobrevivência da primeira em detrimento da segunda"[44].

Aliás, o Código de Defesa do Consumidor não pretende "estruturar o Sistema Financeiro Nacional", mas, apenas, colocar sob a égide de suas normas, assim como o fez em face dos comerciantes, industriais e qualquer outro fornecedor, o banqueiro. Afinal de contas, por que apenas esta classe estaria de fora?

Em conclusão, transcrevemos trechos da palestra proferida por PABLO STOLZE GAGLIANO, por ocasião do III Fórum Brasil de Direito, intitulada *"Legislação Bancária, Código de Defesa do Consumidor e Princípio da Dignidade da Pessoa Humana"*, em que observamos a indiscutível incidência do CDC à atividade bancária:

"O CDC não pretende substituir lei complementar alguma, nem, muito menos, *estruturar* o SFN! O que fez, em boa hora, aliás, foi reconhecer como serviço de consumo a atividade dos bancos e instituições financeiras, cuja *definição e alcance* são reservados à lei complementar. O fato de o CDC haver considerado a atividade bancária como serviço de consumo não significa dizer que reestruturou normativamente o SFN. Apenas impôs limites a essa atividade — justos limites diante dos abusos que sempre se cometeram —,

---

"Art. 3.º, § 2.º, do CDC. Serviço é qualquer atividade fornecida no mercado de consumo, mediante remuneração, *inclusive as de natureza bancária, de crédito e securitária*, salvo as decorrentes de relações de caráter trabalhista" (grifado).

Com isso, os bancos e instituições financeiras em geral objetivam que todos os dispositivos do Código de Defesa do Consumidor — *possibilidade de revisão dos contratos, sistema de nulidades de cláusulas abusivas, inversão do ônus da prova em benefício do consumidor, responsabilidade civil objetiva pelo fato ou vício do produto ou serviço, teoria da imprevisão (onerosidade excessiva), proteção contra a publicidade enganosa* (apenas para citar alguns dispositivos) — não mais sejam aplicados em suas atividades (cadernetas de poupança, depósitos bancários, contratos de financiamento e mútuo, cartões de crédito etc.).

[44] Newton De Lucca, *A Aplicação do Código de Defesa do Consumidor e Atividade Bancária.* Trechos extraídos do texto básico da palestra proferida em Salvador, no dia 30 de Julho de 1998, no painel sobre o Código de Defesa do Consumidor, por ocasião da "Semana de Altos Estudos Jurídicos", promovida pela Escola Nacional da Magistratura e pelo Tribunal de Justiça do Estado da Bahia (disponível no site jurídico do Conselho da Justiça Federal).

assim como fez para todo e qualquer serviço prestado no mercado de consumo (construção, transporte, educação, saúde, lazer etc.). E por que, afinal, os bancos estariam de fora?"[45].

Toda essa discussão, porém, passou a ter sentido muito mais histórico com a edição da já mencionada Emenda n. 40, que alterou profundamente o art. 192 da Constituição Federal.

E como se não bastasse tal modificação constitucional, o STJ afirmou o que tantos tinham medo: cartões de crédito são equiparados a instituições financeiras e, portanto, podem cobrar os juros astronômicos que os bancos exigem[46].

Entretanto, ainda assim, dúvida não há, à luz dos argumentos apresentados, de que a atividade bancária é de consumo, subsumindo-se às regras do Código de Defesa do Consumidor, tese esta, inclusive, hoje albergada pelo Superior Tribunal de Justiça, mediante a sua Súmula 297 ("O Código de Defesa do Consumidor é aplicável às instituições financeiras"), editada em 12-5-2004 e publicada no *Diário da Justiça* de 9-9-2004.

---

[45] Pablo Stolze Gagliano, *"Legislação Bancária, Código de Defesa do Consumidor e Princípio da Dignidade da Pessoa Humana"*, palestra proferida no III Fórum Brasil de Direito, realizada no Centro de Convenções de Salvador — Bahia, em 5 de abril de 2002.

[46] É somente esse o sentido que se pode extrair da Súmula 283, que preceitua que as "empresas administradoras de cartão de crédito são instituições financeiras e, por isso, os juros remuneratórios por elas cobrados não sofrem as limitações da Lei de Usura".

Capítulo XXIV
Prisão Civil

Sumário: 1. Introdução. 2. Breve histórico da prisão civil. 3. Conceito e o tratamento da prisão civil no Direito brasileiro. 3.1. Da prisão civil decorrente de inadimplemento de obrigação alimentar. 3.2. Da prisão civil decorrente da condição de depositário infiel. 3.2.1. Da caracterização da condição de depositário infiel. 3.2.2. A saga da prisão civil do depositário infiel — da previsão constitucional à ilicitude. 3.2.3. Da consequência jurídica da caracterização como depositário infiel, ante a impossibilidade de decretação da prisão civil. 3.2.4. Breves considerações críticas sobre a prisão civil do devedor na alienação fiduciária.

1. INTRODUÇÃO

Reputamos relevante, mormente para imprimir aspecto prático e atual à nossa obra, abrir um capítulo próprio dedicado à prisão civil[1], entendida como meio coercitivo de pagamento.

Em outras palavras, diante do inadimplemento do devedor, poderá o credor lançar mão de uma medida de força, restritiva da liberdade humana, para coagir o sujeito passivo a cumprir a obrigação pactuada?

É essa pergunta que pretendemos responder — e aprofundar — no presente capítulo.

2. BREVE HISTÓRICO DA PRISÃO CIVIL

No vetusto Código de Hammurabi, *se uma pessoa tivesse contra a outra um crédito de trigo ou de prata e se o credor tomasse, em garantia desse crédito, uma pessoa, e se esta pessoa executada morresse, de morte natural, na casa do mesmo credor, essa causa não motivava qualquer reclamação.*

Em Roma, a Lei das XII Tábuas era severa, albergando, nesse particular, em suas normas, humilhação (castigo moral), privação da vida e da liberdade:

> "IV — Aquele que confessa dívida perante o magistrado ou é condenado, terá 30 dias para pagar; V — Esgotados os 30 dias e não tendo pago, que seja agarrado e levado à presença do magistrado; VI — Se não paga e ninguém

[1] A respeito do tema, recomendamos a excelente obra do nosso estimado Professor Álvaro Villaça Azevedo, *Prisão Civil por Dívida*, 2. ed., São Paulo: Revista dos Tribunais, 2000, que serviu como indispensável subsídio para o desenvolvimento original deste capítulo.

se apresenta como fiador, que o devedor seja levado pelo seu credor e amarrado pelo pescoço e pés com cadeias com peso até o máximo de 15 libras; ou menos, se assim o quiser o credor; VII — O devedor preso viverá à sua custa, se quiser; se não quiser, o credor que o mantém preso dar-lhe-á por dia uma libra de pão ou mais, a seu critério; VIII — Se não há conciliação, que o devedor fique preso por 60 dias; durante os quais será conduzido em 3 dias de feira ao *comitium*, onde se proclamará, em altas vozes, o valor da dívida; IX — Se são muitos os credores, é permitido, depois do terceiro dia de feira, dividir o corpo do devedor em tantos pedaços quantos sejam os credores; não importando cortar mais ou menos; se os credores preferirem, poderão vender o devedor a um estrangeiro, além do Tibre".

Com o surgimento da *Lex Poetelia Papiria* em 326 a.C., o não pagamento do débito passou a ensejar não mais a execução pessoal, mas sim do patrimônio do devedor, sendo tal fato considerado, historicamente, como uma das grandes conquistas do mundo civilizado.

3. CONCEITO E O TRATAMENTO DA PRISÃO CIVIL NO DIREITO BRASILEIRO

A prisão civil, segundo ÁLVARO VILLAÇA, "é o ato de constrangimento pessoal, autorizado por lei, mediante segregação celular, do devedor, para forçar o cumprimento de um determinado dever ou de uma determinada obrigação"[2].

Trata-se, portanto, de uma *medida de força, restritiva da liberdade humana, que, sem conotação de castigo, serve como meio coercitivo para forçar o cumprimento de determinada obrigação.*

Nem todas as Constituições brasileiras trataram do tema, e, desde 1967, firmou-se em nível constitucional a regra de que a prisão civil somente seria admitida em caráter excepcional, nas taxativas hipóteses *do inadimplemento de obrigação alimentar e do depositário infiel.*

A Magna Carta de 1988, por sua vez, em seu art. 5.º, LXVII, manteve a mesma diretriz, ao dispor que:

> "Art. 5.º Todos são iguais perante a lei, sem distinção de qualquer natureza, garantindo-se aos brasileiros e aos estrangeiros residentes no País a inviolabilidade do direito à vida, *à liberdade*, à igualdade, à segurança e à propriedade, nos termos seguintes:
>
> (...)
>
> LXVII — Não haverá prisão civil por dívida, salvo a do *responsável pelo inadimplemento voluntário e inescusável de obrigação alimentícia e a do depositário infiel*" (grifos nossos).

[2] Álvaro Villaça Azevedo, ob. cit., p. 3.

Na interpretação original do texto constitucional, somente, portanto, nessas duas únicas hipóteses, a constrição da liberdade humana, observada fielmente a legislação em vigor, poderia ser admitida como meio coercitivo de pagamento[3].

A matéria, porém, sofreu posteriormente uma reviravolta, com o afastamento da prisão do depositário infiel, por meio da Súmula Vinculante 25 ("É ilícita a prisão civil de depositário infiel, qualquer que seja a modalidade do depósito"), publicada no *Diário Oficial da União* de 23-12-2009.

Mas como isso se deu?

E como se dá, efetivamente, a prisão civil no ordenamento jurídico brasileiro?

Em uma construção lógica, trataremos, primeiramente, no próximo subtópico, da prisão do devedor de alimentos, hipótese reconhecidamente constitucional, para, somente após, nos subtópicos seguintes, tratar da "saga da prisão do depositário infiel" no sistema normativo nacional, tanto no que diz respeito ao depositário judicial, quanto o decorrente de um vínculo contratual, inclusive na tormentosa relação com o contrato de alienação fiduciária.

Vamos ao tema.

3.1. Da prisão civil decorrente de inadimplemento de obrigação alimentar

A prisão civil decorrente de inadimplemento voluntário e inescusável de obrigação alimentar, em face da importância do interesse em tela (subsistência do alimentando), é, em nosso entendimento, medida das mais salutares, pois a experiência nos mostra que boa parte dos réus só cumpre a sua obrigação quando ameaçada pela ordem de prisão.

Analisando o procedimento de execução de prestação alimentícia previsto no art. 733 do Código de Processo Civil de 1973, o ilustrado BARBOSA MOREIRA pontifica:

> "A imposição da medida coercitiva pressupõe que o devedor, citado, deixe escoar o prazo de três dias sem pagar, nem provar que já o fez, ou que está impossibilitado de fazê-lo (art. 733, *caput*). Omisso o executado em efetuar

---

[3] Nesse sentido, vale registrar, a título de curiosidade histórica, que a Súmula 280 do STJ ("O art. 35 do Decreto-Lei n. 7.661/1945, que estabelece a prisão administrativa, foi revogado pelos incisos LXI e LXVII do art. 5.º da Constituição Federal de 1988") já concluía pela inexistência, no ordenamento jurídico brasileiro, da prisão administrativa para os casos de descumprimento pelo falido dos deveres a ele impostos pelo art. 34 do Decreto-Lei n. 7.661/45 (a antiga Lei de Falências), sendo esse o entendimento firmado também pelo Supremo Tribunal Federal, que já não admitia esse tipo de prisão diante do estabelecido pelos incisos LXI e LXVII do art. 5.º da Constituição Federal.

o pagamento, ou em oferecer escusa que pareça justa ao órgão judicial, este, sem necessidade de requerimento do credor, decretará a prisão do devedor, por tempo não inferior a um nem superior a três meses (art. 733, § 1.º, derrogado aqui o art. 19, *caput*, *fine*, da Lei n. 5.478). Como não se trata de punição, mas de providência destinada a atuar no âmbito do executado, a fim de que realize a prestação, é natural que, se ele pagar o que deve, determine o juiz a suspensão da prisão (art. 733, § 3.º), que já tenha começado a ser cumprida, quer no caso contrário"[4].

No Código de Processo Civil de 2015, a matéria passou a ser disciplinada pelos arts. 528 a 533, bem como nos arts. 911 a 913, que preceituam, *in verbis*:

"CAPÍTULO IV

DO CUMPRIMENTO DE SENTENÇA QUE RECONHEÇA A EXIGIBILIDADE DE OBRIGAÇÃO DE PRESTAR ALIMENTOS

Art. 528. No cumprimento de sentença que condene ao pagamento de prestação alimentícia ou de decisão interlocutória que fixe alimentos, o juiz, a requerimento do exequente, mandará intimar o executado pessoalmente para, em 3 (três) dias, pagar o débito, provar que o fez ou justificar a impossibilidade de efetuá-lo.

§ 1.º Caso o executado, no prazo referido no *caput*, não efetue o pagamento, não prove que o efetuou ou não apresente justificativa da impossibilidade de efetuá-lo, o juiz mandará protestar o pronunciamento judicial, aplicando-se, no que couber, o disposto no art. 517.

§ 2.º Somente a comprovação de fato que gere a impossibilidade absoluta de pagar justificará o inadimplemento.

§ 3.º Se o executado não pagar ou se a justificativa apresentada não for aceita, o juiz, além de mandar protestar o pronunciamento judicial na forma do § 1.º, decretar-lhe-á a prisão pelo prazo de 1 (um) a 3 (três) meses.

§ 4.º A prisão será cumprida em regime fechado, devendo o preso ficar separado dos presos comuns.

§ 5.º O cumprimento da pena não exime o executado do pagamento das prestações vencidas e vincendas.

§ 6.º Paga a prestação alimentícia, o juiz suspenderá o cumprimento da ordem de prisão.

§ 7.º O débito alimentar que autoriza a prisão civil do alimentante é o que compreende até as 3 (três) prestações anteriores ao ajuizamento da execução e as que se vencerem no curso do processo.

§ 8.º O exequente pode optar por promover o cumprimento da sentença ou decisão desde logo, nos termos do disposto neste Livro, Título II, Capí-

[4] José Carlos Barbosa Moreira, *O Novo Processo Civil Brasileiro*, 19. ed., Rio de Janeiro: Forense, 1997, p. 261.

tulo III, caso em que não será admissível a prisão do executado, e, recaindo a penhora em dinheiro, a concessão de efeito suspensivo à impugnação não obsta a que o exequente levante mensalmente a importância da prestação.

§ 9.º Além das opções previstas no art. 516, parágrafo único, o exequente pode promover o cumprimento da sentença ou decisão que condena ao pagamento de prestação alimentícia no juízo de seu domicílio.

Art. 529. Quando o executado for funcionário público, militar, diretor ou gerente de empresa ou empregado sujeito à legislação do trabalho, o exequente poderá requerer o desconto em folha de pagamento da importância da prestação alimentícia.

§ 1.º Ao proferir a decisão, o juiz oficiará à autoridade, à empresa ou ao empregador, determinando, sob pena de crime de desobediência, o desconto a partir da primeira remuneração posterior do executado, a contar do protocolo do ofício.

§ 2.º O ofício conterá o nome e o número de inscrição no Cadastro de Pessoas Físicas do exequente e do executado, a importância a ser descontada mensalmente, o tempo de sua duração e a conta na qual deve ser feito o depósito.

§ 3.º Sem prejuízo do pagamento dos alimentos vincendos, o débito objeto de execução pode ser descontado dos rendimentos ou rendas do executado, de forma parcelada, nos termos do *caput* deste artigo, contanto que, somado à parcela devida, não ultrapasse cinquenta por cento de seus ganhos líquidos.

Art. 530. Não cumprida a obrigação, observar-se-á o disposto nos arts. 831 e seguintes.

Art. 531. O disposto neste Capítulo aplica-se aos alimentos definitivos ou provisórios.

§ 1.º A execução dos alimentos provisórios, bem como a dos alimentos fixados em sentença ainda não transitada em julgado, se processa em autos apartados.

§ 2.º O cumprimento definitivo da obrigação de prestar alimentos será processado nos mesmos autos em que tenha sido proferida a sentença.

Art. 532. Verificada a conduta procrastinatória do executado, o juiz deverá, se for o caso, dar ciência ao Ministério Público dos indícios da prática do crime de abandono material.

Art. 533. Quando a indenização por ato ilícito incluir prestação de alimentos, caberá ao executado, a requerimento do exequente, constituir capital cuja renda assegure o pagamento do valor mensal da pensão.

§ 1.º O capital a que se refere o *caput*, representado por imóveis ou por direitos reais sobre imóveis suscetíveis de alienação, títulos da dívida pública ou aplicações financeiras em banco oficial, será inalienável e impenhorável enquanto durar a obrigação do executado, além de constituir-se em patrimônio de afetação.

§ 2.º O juiz poderá substituir a constituição do capital pela inclusão do exequente em folha de pagamento de pessoa jurídica de notória capacidade econômica ou, a requerimento do executado, por fiança bancária ou garantia real, em valor a ser arbitrado de imediato pelo juiz.

§ 3.º Se sobrevier modificação nas condições econômicas, poderá a parte requerer, conforme as circunstâncias, redução ou aumento da prestação.

§ 4.º A prestação alimentícia poderá ser fixada tomando por base o salário-mínimo.

§ 5.º Finda a obrigação de prestar alimentos, o juiz mandará liberar o capital, cessar o desconto em folha ou cancelar as garantias prestadas.

(...)

CAPÍTULO VI

DA EXECUÇÃO DE ALIMENTOS

Art. 911. Na execução fundada em título executivo extrajudicial que contenha obrigação alimentar, o juiz mandará citar o executado para, em 3 (três) dias, efetuar o pagamento das parcelas anteriores ao início da execução e das que se vencerem no seu curso, provar que o fez ou justificar a impossibilidade de fazê-lo.

Parágrafo único. Aplicam-se, no que couber, os §§ 2.º a 7.º do art. 528.

Art. 912. Quando o executado for funcionário público, militar, diretor ou gerente de empresa, bem como empregado sujeito à legislação do trabalho, o exequente poderá requerer o desconto em folha de pagamento de pessoal da importância da prestação alimentícia.

§ 1.º Ao despachar a inicial, o juiz oficiará à autoridade, à empresa ou ao empregador, determinando, sob pena de crime de desobediência, o desconto a partir da primeira remuneração posterior do executado, a contar do protocolo do ofício.

§ 2.º O ofício conterá os nomes e o número de inscrição no Cadastro de Pessoas Físicas do exequente e do executado, a importância a ser descontada mensalmente, a conta na qual deve ser feito o depósito e, se for o caso, o tempo de sua duração.

Art. 913. Não requerida a execução nos termos deste Capítulo, observar-se-á o disposto no art. 824 e seguintes, com a ressalva de que, recaindo a penhora em dinheiro, a concessão de efeito suspensivo aos embargos à execução não obsta a que o exequente levante mensalmente a importância da prestação".

Entendemos, ainda quanto à prisão civil aplicada à cobrança de débito alimentar, que a regra consolidada pela jurisprudência[5] no sentido de que a

[5] Superior Tribunal de Justiça, Súmula 309 ("O débito alimentar que autoriza a prisão civil do alimentante é o que compreende as três prestações anteriores à citação e as que vencerem no curso do processo").

Nesse sentido, confiram-se as seguintes decisões do STJ:

"*Habeas corpus*. Alimentos. Se o credor por alimentos tarda em executá-los, a prisão civil só pode ser decretada se as prestações dos últimos três meses deixarem de ser

medida só poderá ser ordenada em face das três últimas parcelas em atraso, aplicando-se o procedimento comum de execução por quantia certa para as demais parcelas vencidas, não tem razão de ser.

---

pagas. Situação diferente, no entanto, é a das prestações que vencem após o início da execução. Nesse caso, o pagamento das três últimas prestações não livra o devedor da prisão civil. A não ser assim, a duração do processo faria por beneficiá-lo, que seria maior ou menor, conforme os obstáculos e incidentes criados. Recurso ordinário provido em parte" (STJ, 3.ª T., RHC 12731/MS (2002/0049389-9), Rel. Min. Ari Pargendler, j. 28-5-2002, *DJ*, 17-6-2002, p. 253).

"Execução. Alimentos. Débito atual. Caráter alimentar. Prisão civil do alimentante mantida. Tratando-se de dívida atual, correspondente às três últimas prestações anteriores ao ajuizamento da execução, acrescidas de mais duas vincendas, admissível é a prisão civil do devedor (art. 733 do CPC). *Habeas corpus* denegado" (STJ, 4.ª T., HC 17785/RS (2001/0093583-9), Rel. Min. Barros Monteiro, j. 11-12-2001, *DJ*, 20-5-2002, p. 141).

"Processual civil. Execução de alimentos. Cobrança das três últimas prestações. Rito do art. 733 do CPC. Débito anterior. Adequação aos lindes do art. 732 da lei instrumental. I. A execução de alimentos, com a possibilidade de aplicação da pena de prisão por dívida alimentar, tem como pressuposto a atualidade do débito (art. 733 do CPC). II. A determinação do juízo para adequação da inicial, quanto à cobrança das prestações inadimplidas a mais de três meses ao rito do art. 732 do CPC, encontra respaldo na lei e na jurisprudência desta Corte. III. Recurso conhecido e desprovido" (STJ, 4.ª T., REsp 402.518/SP (2001/0132015-5), Rel. Min. Aldir Passarinho Junior, j. 21-3-2002, *DJ*, 29-4-2002, p. 256).

"Recurso de *habeas corpus*. Prisão civil. Alimentos. 1. Enfrentada e decidida fundamentadamente a questão da prisão civil pelo Tribunal *a quo*, não há falar em nulidade do Acórdão denegatório da ordem. 2. O *habeas corpus* não é via adequada para o exame aprofundado de provas e a verificação das justificativas fáticas, apresentadas em relação à inadimplência do devedor dos alimentos. 3. A jurisprudência da 2.ª Seção firmou-se no sentido de que o devedor de alimentos, para livrar-se da prisão civil, deve pagar as três últimas prestações vencidas à data do mandado de citação e as vincendas durante o processo. 4. Recurso ordinário desprovido" (STJ, 3.ª T., RO-HC 11.840/RS (2001/0113023-7), Rel. Min. Carlos Alberto Menezes Direito, j. 2-10-2001, *DJ*, 4-2-2002, p. 342).

"Prisão civil. Devedor de alimentos. Execução na forma do artigo 733 do Código de Processo Civil. Alegações que remetem a fatos dependentes de ampla investigação probatória incompatível com o rito do *habeas corpus*. Na execução de alimentos, prevista pelo artigo 733 do Código de Processo Civil, ilegítima se afigura a prisão civil do devedor fundada no inadimplemento de prestações pretéritas, assim consideradas as anteriores às três últimas prestações vencidas antes do ajuizamento da execução. Alegações de fatos controvertidos, dependentes de investigação probatória, não se prestam à concessão do *habeas corpus*. A exoneração ou diminuição do valor fixado judicialmente a título de alimentos tem sede processual própria e distinta da via do *habeas corpus*. Recurso provido em parte, apenas para restringir o fundamento da prisão ao não pagamento das diferenças verificadas nas três prestações anteriores ao ajuizamento da execução e as vencidas no curso desta" (STJ, 4.ª T., RO-HC 11717/SP (2001/0096011-0), Rel. Min. Cesar Asfor Rocha, j. 20-9-2001, *DJ*, 19-11-2001, p. 274).

Afinal, por que apenas para as três últimas?

O juiz, atuando com a devida cautela, poderia, no caso concreto, decretar a prisão civil em face de mais de três prestações em atraso, respeitado, é claro, o limite máximo da prescrição da pretensão condenatória da dívida alimentar, uma vez que o recurso à execução por quantia certa (cite-se, para pagar em 24 horas, sob pena de penhora...) é, na prática, moroso e sujeito a manobras processuais, não se justificando o limite das três parcelas em atraso, o qual é prejudicial ao imediato interesse alimentar do alimentando, hipossuficiente na relação jurídica.

Não foi esse, porém, o entendimento do Superior Tribunal de Justiça, que, no particular, editou a Súmula 309, que preceituava, em sua redação original: "O débito alimentar que autoriza a prisão civil do alimentante é o que compreende as três prestações anteriores à citação e as que vencerem no curso do processo".

Como bem observava MARIA BERENICE DIAS, comentando o referido preceito jurisprudencial:

> "De forma absolutamente equivocada, estabelece (*a súmula*) que o período de abrangência da execução corresponde somente às prestações vencidas antes da citação do devedor, e não às impagas antes da propositura da ação. Tal assertiva se afasta dos próprios antecedentes indicados como parâmetro para a sua edição, que não sufragam o mesmo entendimento".

E em outro trecho:

> "A mudança, frise-se, se faz urgente, sob pena de incentivar que o devedor se esquive da citação, esconda-se do Oficial de Justiça e, de todas as formas, busque retardar o início da execução, pois, enquanto não for citado, não se sujeita a ser preso"[6] (grifo nosso).

Posteriormente, esta súmula seria modificada para considerar como *termo a quo*, não a data da citação, mas a do ajuizamento da execução:

> "O débito alimentar que autoriza a prisão civil do alimentante é o que compreende as três prestações anteriores ao ajuizamento da execução e as que se vencerem no curso do processo".

Só quem milita no foro vê a eficácia prática e social da prisão civil aplicada ao inadimplemento inescusável do débito alimentar.

Talvez por isso, haja quem tente enquadrar determinados créditos, como, por exemplo, a dívida trabalhista, que tem natureza alimentar, como uma dí-

[6] Maria Berenice Dias, Súmula 309: um equívoco que urge ser corrigido!, *Jornal Síntese*, ano 9, n. 100, p. 1-2, jun. 2005.

vida de alimentos, a ensejar a prisão civil[7]. Tal tese, porém, não encontrou forte guarida em nossos tribunais, o que consideramos razoável, tendo em vista que, em regra, não se deve aplicar analogicamente um preceito restritivo de liberdade individual.

Acerca do regime de cumprimento da prisão civil de alimentos, parece-nos relevante defender a possibilidade de — em determinadas situações, como pode ocorrer com o idoso — o devedor cumprir a prisão civil em regime semiaberto ou aberto, possibilitando, por exemplo, o exercício de uma atividade profissional[8].

Finalmente, merece especial referência o tratamento jurídico da prisão civil no período da pandemia da Covid-19.

Nesse ponto, lembremo-nos do art. 15 da Lei n. 14.010 de 2020, que instituiu o Regime Jurídico Emergencial e Transitório de Direito Privado:

> "Art. 15. Até 30 de outubro de 2020, a prisão civil por dívida alimen-tícia, prevista no art. 528, § 3º e se-guintes da Lei nº 13.105, de 16 de março de 2015 (Código de Processo Civil), deverá ser cumprida exclusiva-mente sob a modalidade domiciliar, sem prejuízo da exigibilidade das respectivas obrigações".

Sobre o tema, escreveram PABLO STOLZE GAGLIANO e CARLOS ELIAS DE OLIVEIRA[9]:

---

[7] Sobre o tema, confira-se Manoel Carlos Toledo Filho e Jorge Luiz Souto Maior. Da prisão civil por dívida trabalhista de natureza alimentar, *Jus Navigandi*, Teresina, ano 7, n. 90, out. 2003. Disponível em: <http://jus2.uol.com.br/doutrina/texto.asp?id=4337>. Acessado em: 15 de julho de 2010.

[8] Este entendimento já fora aplicado pelo Tribunal de Justiça do Rio Grande do Sul: "EXECUÇÃO DE ALIMENTOS. PRISÃO CIVIL. CABIMENTO. CUMPRIMENTO EM REGIME ABERTO. 1. Sendo a dívida alimentar líquida, certa e exigível, e restando indemonstrada a impossibilidade absoluta de pagar os alimentos devidos, é cabível a prisão civil. 2. A prisão civil do devedor de alimentos não constitui medida de exceção, senão providência idônea e prevista na lei para a ação de execução de alimentos que tramita sob a forma procedimental do art. 733 do CPC. 3. A prisão civil decorrente de dívida alimentar deve ser cumprida em regime aberto, podendo o devedor sair para exercer sua atividade laboral, independentemente do estabelecimento carcerário onde se encontrar recolhido. Recomendação da Circular n. 21/93 da Corregedoria Geral da Justiça. 4. O devedor deve se recolher à prisão, sendo-lhe facultado sair durante o dia para exercer o seu labor, caso esteja trabalhando, ainda que sem relação formal de emprego. Recurso parcialmente provido" (rel. Sérgio Fernando de Vasconcellos Chaves, j. em 3-4-2012, 7.ª Câm. Cív.). Na mesma linha, defende um regime prisional diferenciado para o *menor emancipado*, quando este for devedor de alimentos, OTÁVIO ALMEIDA MATOS DE OLIVEIRA PINTO (*A prisão civil do menor emancipado devedor de alimentos*: dilema entre direitos fundamentais. Pará de Minas: Ed. VirtualBooks, 2013).

[9] GAGLIANO, Pablo Stolze; OLIVEIRA, Carlos Eduardo Elias de. Comentários à Lei da Pandemia (Lei n. 14.010, de 10 de junho de 2020 – RJET). Análise detalhada das ques-

"O descumprimento voluntário e inescusável da obrigação legal de pagamento de alimentos enseja a prisão civil do devedor.

Trata-se da única forma de prisão civil admitida em nosso sistema (art. 5.º, LXVII, CF) e de grande utilidade prática e social.

Registre-se, de plano, que somente o descumprimento dessa modalidade de alimentos autoriza a medida extrema, não sendo aplicável a alimentos voluntários ou indenizatórios (derivados do Direito Obrigacional).

Nesse contexto, vale lembrar, antes mesmo do CPC-15, o enunciado 309 da Súmula do STJ, no sentido de que 'o débito alimentar que autoriza a prisão civil do alimentante é o que compreende as três prestações anteriores ao ajuizamento da execução e as que se vencerem no curso do processo'.

E, de acordo com o § 3.º do art. 528 do CPC-15, se o executado não pagar ou se a justificativa apresentada não for aceita, o juiz, além de mandar protestar o pronunciamento judicial na forma do § 1.º, decretar-lhe-á a prisão pelo prazo de 1 (um) a 3 (três) meses.

Ora, conforme a nova norma da Lei do RJET, enquanto vigente o regime jurídico emergencial, o cumprimento da prisão civil dar-se-á exclusivamente por meio da custódia domiciliar.

Trata-se de previsão que vai ao encontro de entendimento firmado pelo Superior Tribunal de Justiça, por meio de decisão da lavra do eminente Min. Paulo de Tarso Sanseverino que, a pedido da Defensoria Pública da União, estendeu, em *habeas corpus* (HC 568.021), a todos os presos por dívida alimentar do País, os efeitos de liminar até então com eficácia restrita apenas ao Estado do Ceará[10].

Em nosso sentir, a previsão legal justifica-se, diante do perigo de contágio da grave doença viral, na perspectiva do princípio maior da dignidade da pessoa humana, sem que haja prejuízo à exigibilidade da obrigação inadimplida".

3.2. Da prisão civil decorrente da condição de depositário infiel

Além da hipótese de prisão civil por inadimplemento inescusável do débito alimentar, a Constituição Federal admitiu ainda a medida coercitiva no caso do depositário infiel.

Tal modalidade de prisão foi considerada ilícita no ordenamento jurídico brasileiro, independentemente da modalidade de depósito, conforme Súmula Vinculante 25, de dezembro de 2009, do Supremo Tribunal Federal.

---

tões de Direito Civil e Direito Processual Civil. *Revista Jus Navigandi*, ISSN 1518-4862, Teresina, ano 25, n. 6190, 12 jun. 2020. Disponível em: <https://jus.com.br/artigos/46412>. Acesso em: 18 ago. 2020.

[10] Disponível em: <http://www.stj.jus.br/sites/portalp/Paginas/Comunicacao/Noticias/STJ-estende-liminar-e-concede-prisao-domiciliar-a-todos-os-presos-por-divida-alimenticia-no-pais.aspx>. Publicado em 27 de março de 2020. Acesso em: 18 ago. 2020.

A questão, porém, merece profunda análise, tanto do ponto de vista histórico, quanto pela possibilidade de uma eventual revisão do posicionamento pelo próprio Supremo Tribunal Federal.

Antes, porém, compreendamos a caracterização da hipótese fática.

3.2.1. Da caracterização da condição de depositário infiel

A já transcrita previsão do art. 5.º, LXVII, da Constituição Federal de 1988, se refere também à condição de depositário infiel.

Mas em que consiste tal condição?

O depositário infiel é aquele que recebe a incumbência judicial ou contratual de zelar por um bem, mas não cumpre sua obrigação e deixa de entregá-lo em juízo, de devolvê-lo ao proprietário quando requisitado, ou não apresenta o seu equivalente em dinheiro na impossibilidade de cumprir as referidas determinações.

Tecnicamente, apenas duas situações distintas podem ensejar a caracterização de tal figura[11].

A primeira diz respeito ao contrato de depósito.

Trata-se de um negócio jurídico pelo qual uma das partes — o depositário — recebe bem móvel alheio para guardá-lo, com a precípua obrigação de devolver, quando o depositante o reclamar (art. 627 do CC/2002).

A ação que tinha por fim exigir a restituição da coisa depositada denominava-se *ação de depósito*, cujo rito, de natureza especial, vinha previsto nos arts. 901 a 906 do Código de Processo Civil de 1973, regras que não foram reproduzidas no CPC/2015.

O credor poderia, portanto, na própria petição inicial, requerer a restituição da coisa depositada ou do seu equivalente em dinheiro, em cinco dias.

No sistema anterior a consequência deste descumprimento era grave.

Isso porque, enquanto ainda aplicável a prisão civil, cumprindo a sua obrigação, a ordem coercitiva deveria ser imediatamente sustada, colocando-se o réu em liberdade.

Além da hipótese do depósito convencional (fundada em contrato), há a figura do depositário judicial.

Neste caso, trata-se de situação em que o juiz nomeia alguém como depositário, durante o curso de determinado procedimento, sendo a hipótese mais corriqueira a da penhora de bens, com a manutenção da sua guarda pelo executado[12].

---

[11] Trataremos o tópico referente à caracterização da condição de depositário infiel na alienação fiduciária em subtópico autônomo.

[12] "HC. Depósito. Valor. Bens furtados. A origem do depósito, liame que liga a recorrente ao decreto prisional, foi a quebra de um compromisso por ela assumido

Se o depositário judicial alienasse a coisa, e, intimado para devolvê-la, descumprisse a ordem, poderia ter a sua prisão decretada no bojo do próprio processo, independentemente de ação específica de depósito, na forma da antiga Súmula 619 do Supremo Tribunal Federal, já revogada.

É importantíssimo destacar, porém, que, em função da consequência jurídica do descumprimento dos seus misteres, era considerado imprescindível que a designação do *munus* de depositário fosse feita expressamente, não se admitindo presunções ou indícios de cientificação[13].

---

perante o juiz de desempenhar o *munus* de ser depositária de bens penhorados. Tais bens foram furtados, mas o fato não foi comunicado ao Juiz. Quanto à impossibilidade de apresentação dos bens dados para depósito, há diferentes posições em face da atitude assumida pelo depositário. Se houver dolo ou culpa no dever de guarda ou de vigilância, responderá o depositário ao juízo da execução. Diferentemente, se não se houver com culpa, não poderá ser constrangido com ameaça de prisão. A depositária negligenciou do seu dever, não comunicando ao juiz das execuções o destino dos bens. É claro que deve responder por eles, efetuando o depósito do respectivo valor sem, entretanto, passar pelo constrangimento de uma permanência na prisão. Na hipótese, não se há de cogitar de punição com respaldo no Pacto de São José da Costa Rica, legislação referente aos depósitos oriundos de vínculo contratual, não se estendendo à legislação dos depositários judiciais. A Turma deu parcial provimento ao recurso, para reformar o acórdão e conceder a ordem de *habeas corpus*, sem prejuízo de efetuar a paciente o depósito do valor dos bens" (STJ, RHC 15.756-SP, Rel. Min. Eliana Calmon, j. 4-5-2004).

[13] É esse o entendimento da Súmula 304 do STJ ("É ilegal a decretação da prisão civil daquele que não assume expressamente o encargo de depositário judicial").

Nesse sentido, confiram-se, ainda, os seguintes acórdãos do colendo Tribunal Superior do Trabalho:

"*Habeas corpus*. Nomeação compulsória do depositário. Ausência de assinatura no auto de depósito. Ilegalidade do ato. A prisão civil, embora constitua medida privativa de liberdade de locomoção física do depositário infiel, não assume conotação apenatória, mas tão somente dissuasiva, para não incentivar o devedor ao descumprimento de sua obrigação, compelindo-o a satisfazer eficazmente a execução. O depositário de bens penhorados é, por imperativo de ordem legal, responsável pela sua guarda e conservação, tendo o dever de restituí-los, de pronto, sempre que determinado pelo juízo da execução. Tal responsabilidade, contudo, pressupõe a ausência de recusa do encargo, pois, do contrário, se afigura inexistente o depósito, já que não há no ordenamento jurídico obrigatoriedade à aceitação desse ônus pelo devedor. Pelo que se verifica dos autos, além de a nomeação ter sido compulsória, não houve assinatura no respectivo auto, evidenciando dupla ilegalidade no ato impugnado" (TST, SDI-II, HC 19747-2002-000-00-00, Rel. Min. Antônio José de Barros Levenhagen, j. 21-5-2002, *DJ*, 21-6-2002).

"*Habeas corpus* — Depositário infiel. Não estando o devedor obrigado a aceitar o encargo de depositário dos bens penhorados pela legislação pertinente à matéria, evidentemente, lhe é facultado recusar o encargo. Como consequência, o ato unilateral do juízo de execução somente é eficiente se for aceito pelo devedor do encargo de depositário, condição "sine qua non" à eficácia do ato de nomeação. Tem-se, portan-

Nessa linha de raciocínio, foi aprovada a Súmula 319 do Superior Tribunal de Justiça, com o seguinte enunciado: "O encargo de depositário de bens penhorados pode ser expressamente recusado". Os precedentes principais são o HC 34.229-SP, julgado pela Terceira Turma, e o REsp 505.942-RS, da Primeira Turma. Na ementa deste acórdão, a relatora do processo, Ministra Denise Arruda, assinala que a indicação compulsória de administrador, nos termos do art. 719 do Código de Processo Civil de 1973, não é possível porque deve ser indicada pessoa que aceite tal incumbência.

Por isso, é óbvio que a condição de depositário pressupõe a possibilidade jurídica de responsabilidade pela guarda dos bens depositados[14].

3.2.2. A saga da prisão civil do depositário infiel — da previsão constitucional à ilicitude

Não obstante o Brasil fosse signatário do Pacto de San José da Costa Rica, incorporado formalmente ao nosso Direito Positivo pelo Dec. Executivo n. 678/92, o qual restringiu a prisão civil apenas à hipótese de dívida decorrente de prisão alimentar, o Supremo Tribunal Federal, originalmente, havia firmado posição no sentido da admissibilidade da prisão para o depositário infiel.

Nesse sentido, estabeleceu o Min. MAURÍCIO CORREA no julgamento do HC 75.512-7/SP:

> "Os compromissos assumidos pelo Brasil em tratado internacional de que seja parte (§ 2.º, do art. 5.º, da Constituição) não minimizam o conceito de soberania do Estado-Povo na elaboração de sua Constituição: Por esta razão, o Pacto de San José da Costa Rica (ninguém deve ser detido por dívida: este princípio não limita os mandados de autoridade judiciária competente expedidos em virtude de inadimplemento de obrigação alimentar) deve ser interpretado com as limitações impostas pelo art. 5.º, LXVII, da Constituição".

---

to, que a ameaça de prisão civil em decorrência da qualificação do paciente como depositário infiel configura constrangimento ilegal, nos termos do artigo 5.º, incisos II e XXXVIII, da Constituição Federal, uma vez que não aperfeiçoado o depósito, em face da ilegalidade da nomeação" (TST, SDI-II, RO-HC 796709-2001, Rel. Juiz Convocado Aloysio Corrêa da Veiga, j. 28-5-2002, *DJ*, 14-6-2002).

"Recurso ordinário em *habeas corpus*. Auto de depósito não assinado pelo paciente. Necessidade de aceitação do encargo de depositário. A investidura no encargo de depositário, por ser ato de vontade, depende da aceitação do nomeado, que deve, ademais, assinar termo de compromisso, sem o que não é admissível a restrição de seu direito de liberdade. Recurso ordinário a que se dá provimento" (TST, SDI-II, RO-HC 694231-2000, Rel. Min. Gelson de Azevedo, j. 12-6-2001, *DJ*, 10-8-2001).

[14] Súmula 305 do STJ: "É descabida a prisão civil do depositário quando, decretada a falência da empresa, sobrevém a arrecadação do bem pelo síndico".

Todavia, anos depois, mudaria o Supremo Tribunal Federal o seu posicionamento sobre a matéria.

De fato, no julgamento do HC 92.566/SP, de relatoria do ministro Marco Aurélio, declarou-se expressamente revogada a Súmula 619 daquela Corte, que autorizava a decretação da prisão civil do depositário judicial no próprio processo em que se constituiu o encargo, independentemente do prévio ajuizamento da ação de depósito.

O entendimento do STF passou a basear-se na tese de que os tratados internacionais sobre direitos humanos ratificados pelo Brasil — como a Convenção Americana de Direitos Humanos (Pacto de San José da Costa Rica), que proíbe a prisão por dívida, salvo a de pensão alimentícia — são "supralegais", hierarquicamente superiores às normas infraconstitucionais (que não estão previstas na Constituição Federal).

Note-se que a hipótese reconhecida não foi de aplicação das novas regras constitucionais contidas no § 3.º do art. 5.º da Constituição Federal, que estabeleceu que os tratados sobre direitos humanos terão *status* constitucional desde que passem pelo processo de aprovação, no Congresso, das emendas constitucionais.

Assim, a prisão do depositário infiel não foi *especificamente* considerada inconstitucional, pois sua previsão segue na Constituição (que é considerada, pelo STF, superior aos tratados), *mas foi considerada ilícita, pela ausência de norma legal válida a lhe respaldar.*

No final das contas, em termos pragmáticos, a decisão terminou com a prisão do depositário infiel no Brasil, pois as leis que disciplinam esse tipo de medida coercitiva estão hierarquicamente inferiores aos tratados internacionais de direitos humanos.

Reafirme-se, porém, mais uma vez, que não se reconheceu a atribuição de força constitucional a todo tratado de direitos humanos — abstraída a mencionada previsão do art. 5.º, § 3.º, da CF —, mas, sim, que a lei ordinária não pode sobrepor-se ao disposto em um tratado sobre direitos humanos ao qual o Brasil aderiu, motivo pelo qual a decretação da prisão civil do depositário infiel, inclusive a do depositário judicial, constituiria ato arbitrário, sem qualquer suporte em nosso ordenamento positivo, porque absolutamente incompatível inclusive com o sistema de direitos e garantias consagrado na Constituição da República.

Assim, na Sessão Plenária do dia 16-12-2009 (*DOU* de 23-12-2009, p. 1), o STF editou a Súmula Vinculante 25, nos seguintes termos:

> "É ilícita a prisão civil de depositário infiel, qualquer que seja a modalidade do depósito".

Na mesma linha, o Superior Tribunal de Justiça editou a Súmula 419:

"Descabe a prisão civil do depositário judicial infiel".

É este o quadro hoje existente no vigente ordenamento jurídico brasileiro.

Mas, considerada ilegal a prisão civil do depositário infiel, qual seria a adequada consequência jurídica do enquadramento fático em tal previsão jurídica?

É o tema do próximo subtópico.

3.2.3. *Da consequência jurídica da caracterização como depositário infiel, ante a impossibilidade de decretação da prisão civil*

A pergunta que não quer calar é: com o reconhecimento da ilicitude da prisão civil do depositário infiel, o que se deve fazer quando ocorrer a situação fática que o caracteriza?

Seria uma conduta sem sanção?

Sinceramente, assim não acreditamos.

A ilicitude da conduta deve ser rechaçada com a exigência judicial da obrigação correspondente, mediante a tutela específica da obrigação de fazer.

Isto tudo sem prejuízo do enquadramento da conduta em tipo penal próprio, seja de apropriação indébita, seja de disposição de coisa alheia como própria (nos termos do art. 55 da Lei n. 10.931, de 2 de agosto de 2004, c/c o art. 171, § 2.º, I, do Código Penal), cabendo a devida *notitia criminis* à autoridade competente.

Simples, não?

O registro é apenas para ressalvar que a extinção da prisão do depositário infiel no Brasil não é o fim do respeito à autoridade judiciária, no que se refere ao depósito judicial, ou a inviabilidade fática do contrato de depósito, mas, sim, um louvável avanço da jurisprudência nacional, na tutela jurídica dos direitos humanos.

E isso obviamente também se reflete em outro tormentoso tema, qual seja, o da prisão civil do devedor na alienação fiduciária, objeto do próximo e derradeiro subtópico deste capítulo.

3.2.4. *Breves considerações críticas sobre a prisão civil do devedor na alienação fiduciária*

Poder-se-ia questionar qual seria o sentido de tecer considerações acerca da prisão civil do devedor na alienação fiduciária, diante do posicionamento do Supremo Tribunal Federal sobre o tema específico da ilicitude da prisão civil do depositário infiel.

É que a tese jurídica que sustentou a validade jurídica da prisão civil de tal devedor era composta de tantos malabarismos intelectuais, que a tentação de fazer a sua crítica é irresistível.

De fato, a alienação fiduciária em garantia, nas palavras de ARNOLDO WALD, "é todo negócio jurídico em que uma das partes (fiduciante) aliena a propriedade de uma coisa móvel ao financiador (fiduciário), até que se extinga o contrato pelo pagamento ou pela inexecução"[15].

Assim, se o indivíduo pretende comprar um carro e não dispõe de todo o valor para pagamento à vista, poderá convencionar a obtenção de um financiamento, junto a uma instituição financeira, que pagará ao fabricante ou revendedor do bem, passando a deter a sua propriedade fiduciária, em caráter resolúvel, até que o devedor cumpra a sua obrigação, pagando-lhe o valor financiado.

Acrescente-se, apenas, que desde a edição da Lei n. 9.514, de 20 de novembro de 1997, já se admite a alienação fiduciária de bens imóveis.

A alienação fiduciária de bens móveis, por sua vez, foi introduzida no Brasil pela Lei n. 4.728, de 14-7-1965 (Lei de Mercado de Capitais), posteriormente alterada pelo Decreto-Lei n. 911, de 1.º-10-1969. Posteriormente, aprovou-se a Lei n. 10.931, de 2004, que alterou também alguns aspectos da matéria.

Conforme vimos acima, trata-se de negócio jurídico bilateral, no qual se pretende a transferência da propriedade de uma coisa ao credor, com a finalidade de garantir um pagamento. Vale dizer, o devedor (fiduciante) permanece como possuidor direto, ao passo que o credor (fiduciário) detém a posse indireta e a propriedade resolúvel da coisa, até o adimplemento da dívida. Essas são, segundo a doutrina tradicional, as diretrizes básicas do instituto.

Como a Lei n. 4.728/65 não admitia expressamente a prisão civil, as instituições financeiras, objetivando maiores garantias para o seu crédito, passaram a exigir do governo mudanças no sistema legislativo de então, o que foi feito pelo Decreto-Lei n. 911/69, que, alterando a Lei de Mercado de Capitais, passou a admitir a medida coercitiva, nos seguintes termos:

> "Art. 4.º Se o bem alienado fiduciariamente *não for encontrado ou não se achar na posse do devedor*, o credor poderá requerer a conversão do pedido de busca e apreensão, nos mesmos autos, em ação de depósito, na forma prevista no Capítulo II, do Título I, do Livro IV, do CPC"[16] (grifos nossos).

Dessa forma, não sendo o bem encontrado, a ação de busca e apreensão — prevista pelo Decreto-Lei n. 911/69, e que tem por base o *contrato de aliena-*

---

[15] Arnoldo Wald, *Obrigações e Contratos*, 12. ed., São Paulo: Revista dos Tribunais, 1995, p. 270.

[16] Atual redação do dispositivo: "Art. 4.º Se o bem alienado fiduciariamente não for encontrado ou não se achar na posse do devedor, fica facultado ao credor requerer, nos mesmos autos, a conversão do pedido de busca e apreensão em ação executiva, na forma prevista no Capítulo II do Livro II da Lei n. 5.869, de 11 de janeiro de 1973 — Código de Processo Civil. (*Redação dada pela Lei n. 13.043, de 2014*)".

ção fiduciária — converter-se-ia em ação de depósito — a qual tem por fundamento um *contrato de depósito* — apenas para permitir a prisão civil do devedor.

Argumentavam, os defensores da lei, que a alienação fiduciária compreenderia também uma prestação típica de depósito, imposta ao devedor, que deve guardar e conservar aquilo que não lhe pertence.

Cuidou-se de equiparar, ainda que formalmente, o devedor (fiduciante) ao depositário, com o escopo de viabilizar a sua prisão civil, em caso de descumprimento da sua obrigação.

A prisão civil seria da pessoa física ou natural, podendo recair no representante da pessoa jurídica, segundo farta jurisprudência.

A melhor doutrina, junto a qual nos filiamos, criticou esse entendimento, uma vez que *o devedor não seria um mero depositário*. Afinal, ele utiliza a coisa como verdadeiro proprietário, não tendo, simplesmente, obrigação de conservá-la e restituí-la. Ademais, o depositário não pode, senão quando expressamente autorizado, usar a coisa, nos termos do art. 640 do CC/2002, o que não é exigido do devedor/fiduciante, que a comprou exatamente para dela gozar e fruir.

A despeito desses lógicos argumentos, forte corrente de pensamento orientou-se no sentido de admitir a prisão civil na alienação fiduciária, o que, para nós, sempre foi um absurdo, até por uma concepção histórica.

O art. 5.º, LXVII, da CF, ao permitir a prisão civil apenas nas hipóteses de inadimplemento alimentar e depósito infiel, excluiu a expressão "na forma da lei", constante da antiga Carta Constitucional[17].

Essa a razão, afirmaram alguns, de não se permitir ao legislador ordinário a ampliação dos casos de prisão civil, estendendo-a à alienação fiduciária (que não caracteriza um depósito em sentido estrito).

Aliás, quando a Carta Magna autorizou a prisão civil para o caso de depositário infiel, firmou regra restritiva de direito fundamental (liberdade), a qual não admite interpretação ampliativa para atingir outros tipos de contrato, senão o de depósito, em sua acepção técnica.

Nesse ponto, vale transcrever a posição de EDUARDO TALAMINI a respeito do assunto: "se a Constituição estipulou duas hipóteses taxativas e exaustivas em que cabe a prisão civil, não é possível que a legislação infraconstitucional — manipulando os conceitos tradicionais para além daquele núcleo mínimo — altere o alcance dessas exceções, ampliando-o"[18].

---

[17] Adriana Álvares da Costa de Paula Alves, Alienação Fiduciária. Prisão Civil do Devedor. Admissibilidade, *Revista de Direito Privado*, v. 1, São Paulo: Revista dos Tribunais, jan./mar. 2000, p. 175.

[18] Idem, p. 176.

O culto Ministro MARCO AURÉLIO DE MELLO, por sua vez, discordando da posição outrora favorável à prisão, asseverou, com sabedoria peculiar, que

> "as exceções estão contempladas em preceito exaustivo que se segue à primeira oração — 'não haverá prisão por dívida civil'. Correm conta de duas situações que se mostram, sob o ângulo de uma Carta liberal, socialmente aceitáveis. De um lado, homenageou-se o cumprimento de obrigação alimentícia e, de outro, o direito de propriedade, inibindo-se a prática de atos danosos justamente por aquele que tenha assumido a obrigação de preservar o bem devolvendo-o assim que o queria o proprietário. Cumpre indagar: mostra-se consentânea com a garantia constitucional norma que empreste o procedimento próprio à ação de depósito, com a viabilidade de perda da liberdade, à execução de contratos outros que não o de depósito?" (HC 73.044-2/SP).

Outro argumento para justificar a inadmissibilidade da medida extrema — que acabou prevalecendo na jurisprudência recente do Supremo Tribunal Federal — pode ser encontrado no pensamento de IRINEU JORGE FAVA, pois, na sua visão, embora *constitucional* a prisão do infiel depositário (em norma não autoaplicável), incorporado o Tratado de San José em nosso Direito Positivo, como norma geral (lei ordinária), ter-se-ia revogado o art. 1.287 do CC (prisão civil no contrato de depósito), que tem a mesma natureza genérica. Assim, embora não atingisse diretamente a norma especial da alienação fiduciária (DL n. 911/69), esvaziou-a, uma vez que o referido diploma teria feito remissão à fonte cominatória derrogada (CC e CPC)[19].

E ainda com fulcro no pensamento de ÁLVARO VILLAÇA, as seguintes indagações podem ser feitas: como considerar o credor/fiduciário verdadeiro proprietário, se não pode ficar com a coisa (art. 66, § 6.º, Lei n. 4.728/65), devendo levá-la a leilão, ou, ainda, se não suporta o risco da sua perda, podendo executar o contrato? Sim, porque se a coisa se incendiar ou for roubada, por exemplo, mesmo assim, o banco poderá executar o contrato. Onde ficaria a milenar regra de que a coisa perece para o dono (*res perit domino suo*)? Afinal, como um mero depositário (devedor) experimentaria a perda de coisa que não lhe pertence? Para executar sua garantia, o fiduciário-credor é proprietário; para sofrer a perda do bem fiduciado, sem culpa do devedor fiduciante, é este quem sofre a referida perda[20]!

Por tudo isso, sempre reputamos inaceitável a admissibilidade da prisão civil do devedor/fiduciante, em caso de o bem não ser encontrado, o que é, agora,

---

19 Irineu Jorge Fava, Depositário Infiel. Prisão Civil, *Revista de Direito Privado*, v. 1, São Paulo: Revista dos Tribunais, jan./mar. 2000.

20 Álvaro Villaça Azevedo, ob. cit., p. 124.

reforçado pelo banimento de tal modalidade de forma de cumprimento forçado de obrigações, a teor da jurisprudência vinculante do Supremo Tribunal Federal.

Confundir o contrato de depósito, que tem significado próprio e específico, com o contrato de alienação fiduciária é, *data venia*, uma providência forçada e juridicamente descabida.

Não se quer, com isso, deixar de responsabilizar o devedor inadimplente, que faz desaparecer o objeto da garantia fiduciária. Mil vezes não. Apenas entendemos violar os princípios da igualdade (em face dos credores em geral) e da dignidade da pessoa humana (em face do próprio devedor), reconhecer ao credor o direito de segregar um homem para o cumprimento de uma dívida, fora das hipóteses constitucionalmente estabelecidas.

Aliás, a privação da liberdade é medida cada vez menos adotada, até mesmo no campo criminal.

Vejamos, pois, este último argumento.

Não encontrada a coisa, após o deferimento liminar da busca e apreensão, poderá se configurar, ao menos em tese, a prática do crime de disposição de coisa alheia como própria (nos termos do art. 55 da Lei n. 10.931, de 2 de agosto de 2004, c/c o art. 171, § 2.º, I, do Código Penal).

Mesmo se tratando de ilícito penal — axiologicamente mais grave do que o civil —, o réu poderá, se atender aos pressupostos da lei, invocar o benefício da suspensão condicional do processo (art. 89 da Lei n. 9.099/95) ou, na hipótese de o processo ser instaurado, solicitar a aplicação de pena alternativa (Lei n. 9.714/98), uma vez que a infração, cometida sem violência, não é superior a quatro anos. E em ambas as situações não será levado à prisão...

Ora, meio coercitivo de pagamento ou não, a prisão civil representa inegavelmente constrição da liberdade humana, medida cada vez menos utilizada pelo moderno Direito Penal, como visto.

Estaria o Direito Civil, então, em rota de colisão com essa nova mentalidade jurídica?

Assim, outros meios de tutela do crédito, portanto, deverão ser buscados e fortalecidos, desde que não traduzam violação aos direitos e garantias fundamentais previstos em nossa Constituição Federal.

Por todo o exposto, bem andou o nosso Supremo Tribunal Federal.

Capítulo XXV
Cláusula Penal

Sumário: 1. Conceito e espécies. 2. Cláusula penal compensatória e cláusula penal moratória no direito positivo brasileiro. 3. A nulidade da obrigação principal e a cláusula penal. 4. Cláusula penal e institutos jurídicos semelhantes.

1. CONCEITO E ESPÉCIES

A cláusula penal é um pacto acessório, pelo qual as partes de determinado negócio jurídico fixam, previamente, a indenização devida em caso de descumprimento culposo da obrigação principal, de alguma cláusula do contrato ou em caso mora.

Em outras palavras, a cláusula penal, também denominada *pena convencional,* tem a precípua função de pré-liquidar danos, em caráter antecipado, para o caso de inadimplemento culposo, absoluto ou relativo, da obrigação.

Segundo CLÓVIS BEVILÁQUA,

> "não se confunde esta pena convencional com as repressões impostas pelo direito criminal, as quais cabe somente ao poder público aplicar em nossos dias. A pena convencional é puramente econômica, devendo consistir no pagamento de uma soma, ou execução de outra prestação que pode ser objeto de obrigações"[1].

Basicamente, podemos atribuir duas finalidades essenciais à cláusula penal: a *função de pré-liquidação de danos e a função intimidatória.*

A primeira decorre de sua própria estipulação: a pena convencional pretende indenizar previamente a parte prejudicada pelo inadimplemento obrigacional. A segunda função, não menos importante, atua muito mais no âmbito psicológico do devedor, influindo para que ele não deixe de solver o débito, no tempo e na forma estipulados.

Exemplo muito comum de aplicação do instituto extraímos dos contratos de locação. Atrasando o pagamento, o locatário estará adstrito ao pagamento da pena convencional.

Frequentemente, os formandos em Direito, na iminência da inesquecível solenidade de colação de grau, alugam a beca para o evento; no contrato de

---

[1] Clóvis Beviláqua, *Theoria Geral do Direito Civil,* Campinas: RED Livros, 2000, p. 104.

locação é muito usual a estipulação da cláusula penal para o caso de não devolverem a roupa em perfeito estado de conservação.

A despeito de não conceituar a cláusula penal, o Código Civil de 2002, seguindo a diretriz da Lei de 1916, dispõe, apenas, em seu art. 408, que "incorre de pleno direito o devedor na cláusula penal, desde que, culposamente, deixe de cumprir a obrigação ou se constitua em mora"[2].

O art. 409, por sua vez, complementa a regra anterior, estabelecendo que "a cláusula penal, estipulada conjuntamente com a obrigação, ou em ato posterior, pode referir-se à *inexecução completa da obrigação, à de alguma cláusula especial ou simplesmente à mora*" (grifos nossos).

Da análise dessas normas, podemos identificar as seguintes espécies de cláusula penal:

a) cláusula penal compensatória (estipulada para o caso de descumprimento da obrigação principal);

b) cláusula penal moratória (estipulada para o caso de haver infringência de qualquer das cláusulas do contrato, ou inadimplemento relativo — mora).

Analisemos, a seguir, essas duas espécies.

---

2 "Ação de rescisão de contrato preliminar de permuta de bens imóveis, cumulada com cobrança de pena convencional — Pré-contrato por instrumento particular — Forma não definida em lei — Outorga uxória concedida — Testemunha instrumentária única — Admissibilidade — Limites da cláusula penal — Perdas e danos abrangendo todos os prejuízos, inclusive, a comissão de corretagem — Honorários advocatícios — Nulidade da sentença inconfigurada. 1. A lei não exige para os chamados contratos preliminares ou pré-contratos, forma especial, mesmo que prometam para o futuro, a outorga de escritura definitiva de transmissão de bens imóveis de valor superior à taxa legal. Assim, o contrato preliminar de permuta de imóveis, como no caso desta espécie, celebrado e firmado pelas partes, por escrito particular, juntamente com uma testemunha instrumentária, por não defeso em lei não apresenta vício de forma e gera para os contraentes, direitos e obrigações recíprocos (CC, arts. 82, *in fine*, 129 e 131, *caput*). 2. Comprovado, como ficara, na espécie, que o réu (primeiro apelante) obtivera da esposa, por telefone, a anuência desta para a efetivação da permuta, tem-se por concedida a outorga uxória — exigência esta de resto, controvertida na doutrina e na jurisprudência para casos assemelhados de compromisso de compra e venda de imóveis — por configurar simples obrigação de fazer, cujo inadimplemento acarreta apenas responsabilidade por perdas e danos (*RF* 123/399, 178/229, *RT* 124/560, etc.). 3. O valor da cláusula penal apenas não pode exceder o da obrigação principal e vencido o prazo da obrigação, ou constituído em mora o devedor, incorre este, de pleno direito, na pena convencional (CC, arts. 920 e 921). 4. A cláusula penal, nos termos da doutrina e jurisprudência, representa o valor das perdas e danos fixado antecipadamente, e assim, no caso em exame, abrange a totalidade dos prejuízos do autor (segundo apelante), inclusive, portanto, a quantia por este paga a terceiro, a título de comissão de corretagem do negócio (CC, art. 927). 5. Os honorários de 10% sobre o valor da condenação, na espécie estão bem dosados na forma prevista pelo art. 20, p. 3, al. c do CPC. 6. Não se configura a nulidade da sentença que julga o feito com base estritamente nos fatos provados e na legislação aplicável à espécie. Recursos improvidos" (TJPR, AC 7.052, Rel. Silvia Wolff, j. 15-8-2000).

2. CLÁUSULA PENAL COMPENSATÓRIA E CLÁUSULA PENAL MORATÓRIA NO DIREITO POSITIVO BRASILEIRO

A cláusula penal compensatória, como vimos, é estipulada para o caso de haver descumprimento culposo da própria obrigação.

Quando se estipular a cláusula penal para o caso de descumprimento da obrigação, o credor poderá, a seu critério, nos termos do art. 410 do CC/2002, exigi-la, a título das perdas e danos sofridos, no valor pactuado, ou, se for possível faticamente e do seu interesse, executar o contrato, forçando o cumprimento da obrigação principal, por meio da imposição de multa cominatória, se a natureza da prestação pactuada o permitir.

Note-se que é uma situação distinta da obrigação facultativa (também denominada *obrigação com faculdade alternativa* ou *obrigação com faculdade de substituição*), pois, nesta última, a faculdade de escolha é do devedor, enquanto, na cláusula penal, para o caso de total inadimplemento da obrigação, a faculdade de escolha é do credor.

O que não pode é cumulativamente exigir a cláusula e pleitear indenização.

Revendo, inclusive, ponto já defendido em sala de aula, acreditamos que o credor também não tem a opção de ajuizamento de ação autônoma, de cunho indenizatório (para apuração do dano e fixação do seu correspondente valor), uma vez que isso seria incompatível com a própria natureza da estipulação de uma cláusula penal, que é a pré-tarifação das perdas e danos, não havendo, além disso, interesse de agir na propositura dessa ação.

Nesse sentido é o posicionamento de CLÓVIS BEVILÁQUA, para quem, escolhida a pena, "desaparece a obrigação originária, e com ela o direito de pedir perdas e danos, já que se acham pré-fixados na pena. Se o credor escolher o cumprimento da obrigação, e não puder obtê-la, a pena funcionará como compensatória das perdas e danos"[3].

Atente-se, portanto, para o fato de que, *se o prejuízo do credor exceder ao previsto na cláusula penal, não poderá ele exigir outra indenização, em regra.* Uma das novidades, entretanto, do Código Civil brasileiro de 2002 é a admissão da possibilidade de exigência de indenização suplementar, se isso houver sido convencionado. Neste caso, a pena prevista valerá como mínimo da indenização, cabendo ao credor demonstrar o prejuízo excedente (art. 416, parágrafo único, do CC/2002).

Assim, se a pena convencional é de R$ 1.000,00, mas o meu prejuízo foi de R$ 1.500,00, só poderei exigir maior valor se houver previsão contratual nesse sentido. A norma legal pretendeu, em tal hipótese, imprimir maior seriedade e segurança à estipulação da pena convencional.

Essa estipulação da possibilidade de indenização suplementar, embora não prevista no Código Civil de 1916, já ocorria em nosso sistema, notadamente

---

[3] Clóvis Beviláqua, *Código Civil comentado*, 10. ed., Rio de Janeiro: Francisco Alves, 1955, v. 4, p. 70.

nos contratos de grandes corporações, que, por tratarem de quantias vultosas (muitas vezes em diferentes parâmetros monetários), pactuavam, a título de pena convencional, apenas o *quantum minimum* da indenização, para eventual discussão judicial ou por arbitragem.

Vale lembrar ainda que a pena convencional prevista no contrato não poderá, por expressa disposição legal (art. 412 do CC/2002), exceder o valor da obrigação principal, sob pena de invalidade[4].

---

[4] "Comercial e processual — Revisional de contrato — *Leasing* — Veículo auto motor — Apreensão e venda do bem — Saldo devedor — Onerosidade — Prestações vincendas — Valor residual garantido — Juros — Multa — Correção monetária — Taxa referencial — Comissão de permanência — Código de Defesa do Consumidor. I — Tendo o bem sido reintegrado na posse da arrendante e vendido extrajudicialmente, só poderá ser exigido dos arrendatários o pagamento das parcelas vencidas até o momento da entrega, com os encargos pactuados no contrato de *leasing*, porém com isenção do valor residual garantido, que também deverá ser abatido das prestações pagas, já que afastada a prerrogativa de compra do veículo. II — Se a correção monetária foi pactuada pela TR, não poderá a credora embutir no cálculo essa verba cumulada com comissão de permanência, que nem sequer está prevista em contrato sob essa denominação. III — A cláusula que prevê a cobrança de multa em 9% ao mês sobre cada parcela vencida é leonina, extrapolando os limites do artigo 920 do Código Civil, devendo prevalecer somente a cláusula penal de 10% incidente sobre o total do débito. IV — Precedentes do STJ (Súmulas 07; 05 E 30. RESP'S 213.850/RS; 154.921/SP E 93.231/RJ)" (3.ª T., REsp 211.570/PR (1999/0037506-8), Rel. Min. Waldemar Zveiter, j. 10-4-2000, *DJ*, 12-6-2000, p. 107).

"Direito civil. Compromisso de compra e venda. Inadimplemento. Pedidos de 'rescisão' contratual, reintegração na posse e perdas e danos. Redução destas aos prejuízos efetivamente sofridos e ao aluguel pela ocupação. Cláusula penal. Inteligência dos arts. 920 e 924, CC. Recursos não conhecidos. I — Não se justifica que o direito, que deve realizar o justo, albergue pretensão que, além da resolução contratual e da reintegração na posse, ainda postula a perda da integralidade das quantias pagas, quando o inadimplemento decorreu apenas das duas últimas prestações. II — A pena convencional prevista no art. 920, cc, não se limita ao percentual da 'lei de usura', sendo lícito ao juiz, porém, autorizado pela norma do art. 924 do mesmo diploma, reduzi-la a patamar justo, evitando que referida multa venha a constituir fonte de enriquecimento indevido" (STJ, 4.ª T., REsp 10.620/SP (1991/0008429-8), Rel. Min. Sálvio de Figueiredo Teixeira, j. 25-2-1992, *DJ*, 20-4-1992, p. 5256, *Lex*-STJ, v. 37, set. 1992, p. 135; *REVJMG*, v. 118, p. 297; *RePro*, v. 66, p. 216; *RSTJ*, v. 34, p. 318; *RT*, v. 685, p. 194).

"Processual civil — Ação monitória — Embargos do réu — Multa contratual — Exato tamanho da devolução recursal — A cláusula penal, independentemente do código de defesa do consumidor, pode ser estipulada pelos contraentes, no contexto e minúcias do contrato, e há de se restringir a um percentual sobre o valor da inexecução completa ou parcial da obrigação. Assim, desmedida a estipulação dessa multa em percentual mensal que em certo espaço de tempo malferirá, inclusive, o artigo 920, do Código Civil, num manifesto enriquecimento sem causa em favor da parte a quem ela aproveita" (TJRS, AC 106.507, Rel. Eduardo de Moraes Oliveira, j. 4-10-2000).

Se determinado contrato tem o valor de R$ 1.000,00 (correspondente à expressão pecuniária da prestação principal), não se poderá, obviamente, sob pena de violação ao princípio que veda o enriquecimento sem causa, estipular cláusula penal compensatória no valor de R$ 1.200,00. Como vimos, se o credor, diante do inadimplemento absoluto do devedor, entender que o seu prejuízo ultrapassa a expectativa anteriormente pactuada (R$ 1.000,00), só poderá exigir o restante (R$ 200,00) se houver expressa disposição convencional nesse sentido, valendo a pena como mínimo da indenização. Ressalte-se que, sem tal previsão autorizativa, sofrerá o credor o prejuízo pelo excedente.

O que não se admite, pois, é que em determinado contrato se estabeleça, previamente, cláusula penal cujo valor exceda a expressão econômica da prestação principal. Caso isso ocorra, poderá o juiz reduzir equitativamente a pena convencional, *ex vi* do disposto no art. 413 do CC/2002:

> "Art. 413. A penalidade deve ser reduzida equitativamente pelo juiz se a obrigação principal tiver sido cumprida em parte, ou se o montante da penalidade for manifestamente excessivo, tendo-se em vista a natureza e a finalidade do negócio"[5].

"Juros. Cláusula penal. Limitação. A elevação dos juros em contratos bancários, em razão do seu inadimplemento, pode ter a feição de cláusula penal. Caso de aplicação do limite imposto pelo art. 920 do Código Civil. Recurso não conhecido" (3.ª T., REsp 10.035/PR (1991/0006928-0), Rel. Min. Cláudio Santos, j. 11-11-1991, *DJ*, 16-12-1991, p. 18354, *RSTJ*, v. 34, p. 311).

[5] "RECURSO ESPECIAL. AÇÃO DE COBRANÇA DE MULTA POR RESCISÃO ANTECIPADA DE CONTRATO DE PRESTAÇÃO DE SERVIÇOS. CLÁUSULA PENAL COMPENSATÓRIA. CUMPRIMENTO PARCIAL DA OBRIGAÇÃO. REDUÇÃO JUDICIAL EQUITATIVA. 1. A cláusula penal constitui elemento oriundo de convenção entre os contratantes, mas sua fixação não fica ao total e ilimitado alvedrio destes, já que o ordenamento jurídico prevê normas imperativas e cogentes, que possuem o escopo de preservar o equilíbrio econômico financeiro da avença, afastando o excesso configurador de enriquecimento sem causa de qualquer uma das partes. É o que se depreende dos artigos 412 e 413 do Código Civil de 2002 (artigos 920 e 924 do codex revogado). 2. Nessa perspectiva, a multa contratual deve ser proporcional ao dano sofrido pela parte cuja expectativa fora frustrada, não podendo traduzir valores ou penas exorbitantes ao descumprimento do contrato. Caso contrário, poder-se-ia consagrar situação incoerente, em que o inadimplemento parcial da obrigação se revelasse mais vantajoso que sua satisfação integral. 3. Outrossim, a redução judicial da cláusula penal, imposta pelo artigo 413 do Código Civil nos casos de cumprimento parcial da obrigação principal ou de evidente excesso do valor fixado, deve observar o critério da equidade, não significando redução proporcional. Isso porque a equidade é cláusula geral que visa a um modelo ideal de justiça, com aplicação excepcional nas hipóteses legalmente previstas. Tal instituto tem diversas funções, dentre elas a equidade corretiva, que visa ao equilíbrio das prestações. Daí a opção do legislador de utilizá-la como parâmetro para o balanceamento judicial da pena convencional. 4. No presente caso, a cláusula penal compensatória foi fixada em R$

Tendo em vista esse permissivo legal, concluímos que a redução do valor da pena convencional poderá se dar em duas hipóteses:

a) se a obrigação já houver sido cumprida em parte pelo devedor — que, nesse caso, teria direito ao abatimento proporcional à parcela da prestação já adimplida[6];

1.000.000,00 (um milhão de reais), havendo, no contrato, regras distintas quanto aos ganhos financeiros de cada parte. Para a Rede TV, "toda e qualquer receita ou proveito obtido com a cessão, exibição ou reexibição dos programas" apresentados pelo artista, que cedera seus direitos autorais e conexos, bem como os de imagem e som de voz, existindo, outrossim, cláusula de exclusividade em televisão e internet, impedindo-o de exercer seu ofício em outras emissoras. O cantor Latino, nos termos do contrato, fazia jus à remuneração total máxima de R$ 480.000,00 (quatrocentos e oitenta mil reais). 5. Consoante notório, os proveitos obtidos pelos artistas — especialmente aqueles cujas imagens aparecem na televisão — não se resumem às remunerações expressamente previstas nos contratos celebrados com as emissoras. É que o direito de imagem e conexos desses profissionais costumam ser valiosos, conferindo aos empregadores grandes lucros com sua exibição, realização de merchandising de variados bens de consumo, comercialização de intervalos publicitários, entre outros. 6. Daí se extrai a justificativa para que a indenização arbitrada para o caso de rompimento imotivado do presente contrato tenha sido de expressiva monta. É que as eventuais perdas e danos da emissora também foram utilizadas como parâmetro caso o artista rescindisse a avença. Desse modo, a assessoria jurídica da ré com certeza avaliou o fato de que a limitação da cláusula penal à obrigação remuneratória não cobriria os custos arcados, nem tampouco os ganhos eventualmente perdidos com a rescisão antecipada. 7. Nesse passo, caso limitada a cláusula penal à obrigação remuneratória atribuída ao artista, o princípio da equivalência entre as partes não seria observado, pois o valor da multa teria limites diversos a depender do transgressor do termo de vigência contratual. Para o cantor, o valor máximo de R$ 480.000,00 (quatrocentos e oitenta mil reais), em razão da remuneração anual prevista, e, para a emissora, a quantia de R$ 1.000.000,00 (um milhão de reais) poderia ser considerada insuficiente diante dos prejuízos experimentados. 8. A redução da aludida multa para R$ 500.000,00 (quinhentos mil reais), pelas instâncias ordinárias, em razão do cumprimento parcial do prazo estabelecido no contrato, observou o critério da equidade, coadunando-se com o propósito inserto na cláusula penal compensatória: prévia liquidação das perdas e danos experimentados pela parte prejudicada pela rescisão antecipada e imotivada do pacto firmado, observadas as peculiaridades das obrigações aventadas. 9. Recurso especial não provido" (STJ, REsp 1466177/SP, Rel. Min. LUIS FELIPE SALOMÃO, QUARTA TURMA, j. 20-6-2017, *DJe* 1.º-8-2017).

[6] "Civil — Cláusula penal — Cumprimento parcial da obrigação. I — A jurisprudência, acolhendo lição doutrinária, na exegese do art. 924 do Código Civil, delineia entendimento no sentido de que, cumprida em parte a obrigação, em caso de inexecução da restante, não pode receber a pena total, porque isso importaria em locupletar-se à custa alheia, recebendo ao mesmo tempo, parte da coisa e o total da indenização na qual está incluída justamente aquela já recebida, sendo certo que a cláusula penal corresponde aos prejuízos pelo inadimplemento integral da obrigação. II — Recurso conhecido e parcialmente provido" (3.ª T., REsp 39.466/RJ (1993/0027812-6), Rel. Min. Waldemar Zveiter, j. 30-9-1993, *DJ*, 7-2-1994, p. 1180, *RSTJ*, v. 58, p. 405).

b) se houver manifesto excesso da penalidade, tendo-se em vista a natureza e finalidade do negócio.

Quanto a essas hipóteses de redução judicial, concordamos com respeitável parcela da doutrina no sentido de que a utilização do verbo "dever" impõe ao juiz a redução da pena convencional, sob pena de uma das partes restar excessivamente onerada. Até porque não haveria sentido a cobrança de uma cláusula penal que extrapolasse o valor máximo do contrato.

Se a cláusula penal for instituída para o caso de inadimplemento relativo da obrigação (mora) ou infringência de determinada cláusula contratual, objetivou-se, com isso, apenas a *pré-liquidação de danos* decorrentes do atraso culposo no cumprimento da obrigação ou do descumprimento de determinada cláusula estipulada, de forma que, por óbvio, seu valor pecuniário deverá ser menor do que aquele que seria devido se se tratasse de cláusula compensatória por *inexecução total da obrigação.*

Nesses casos, tratando-se de cláusula penal moratória, o Código Civil admite que o credor cumulativamente exija a *satisfação da pena cominada, juntamente com o cumprimento da obrigação principal* (art. 411 do CC/2002):

> "Art. 411. Quando se estipular a cláusula penal para o caso de mora, ou em segurança especial de outra cláusula determinada, terá o credor o arbítrio de exigir a satisfação da pena cominada, juntamente com o desempenho da obrigação principal".

Manifestando-se a respeito, o sábio SILVIO RODRIGUES pontifica que

> "se a disposição contratual tiver o propósito de desencorajar a mora, ou de assegurar o cumprimento de uma cláusula da avença, portanto cláusula moratória, permite a lei que se ajunte o pedido de multa ao da prestação principal"[7].

Lembre-se, nesse ponto, que o Código de Defesa do Consumidor limita a 2% a pena convencional dos contratos de consumo no Brasil (art. 52, § 1.º, do CDC).

A propósito, vale ainda salientar o entendimento da Segunda Seção do Superior Tribunal de Justiça, fixado em recurso repetitivo, segundo o qual a "cláusula penal moratória tem a finalidade de indenizar pelo adimplemento tardio da obrigação, e, em regra, estabelecida em valor equivalente ao locativo, afasta-se sua cumulação com lucros cessantes" (tema 970)[8], como se dá, por exemplo, no atraso para a entrega de apartamento.

---

[7] Silvio Rodrigues, *Direito Civil — Parte Geral das Obrigações,* 30. ed., São Paulo: Saraiva, 2002, v. 2, p. 271.

[8] REsp 1.635.428, REsp 1.498.484, REsp 1.614.721, REsp 1.631.485.

No processo do trabalho, em que a busca por soluções autocompositivas é erigida a princípio, devendo o magistrado propugnar pela conciliação das partes, a cláusula penal moratória é amplamente utilizada, com menção expressa na Consolidação das Leis do Trabalho da possibilidade de cumulação com a obrigação principal estabelecida[9].

Destaque-se, ainda, que a Lei n. 13.786, de 27 de dezembro de 2018 (conhecida como a "Lei do Distrato"), alterou a Lei n. 4.591, de 16 de dezembro de 1964 (Lei sobre Condomínio em Edificações e sobre Incorporações Imobiliárias), para estabelecer, por meio do seu art. 67-A, II, que, no caso de desfazimento de contrato celebrado exclusivamente com o incorporador, mediante distrato ou resolução por inadimplemento absoluto de obrigação do adquirente, este fará jus à restituição das quantias que houver pago diretamente ao incorporador, devidamente atualizadas, mas com a dedução da pena convencional, estabelecendo-se um limite legal de 25% da quantia paga (além de autorizar a dedução da integralidade da comissão de corretagem, no inciso I)[10].

Por fim, cumpre-nos mencionar que, levando-se em conta que a cláusula penal traduz a liquidação antecipada de danos, realizada pelas próprias partes contratantes, uma vez ocorrido o descumprimento obrigacional, não precisará o credor provar o prejuízo, uma vez que este será presumido (art. 416 do CC/2002). Ressalvamos, apenas, a hipótese de o próprio contrato haver admitido a *indenização suplementar* (art. 416, parágrafo único), consoante vimos anteriormente, caso em que o credor deverá provar o prejuízo que excedeu o valor da pena convencional.

Caso a obrigação seja indivisível, a exemplo daquela que tem por objeto a entrega de um animal, descumprindo a avença qualquer dos coobrigados, todos incorrerão na pena convencional, embora somente o culpado esteja

---

[9] "Art. 846. Aberta a audiência, o juiz ou presidente proporá a conciliação.

§ 1.º Se houver acordo lavrar-se-á termo, assinado pelo presidente e demais litigantes, consignando-se o prazo e demais condições para seu cumprimento.

§ 2.º Entre as condições a que se refere o parágrafo anterior, poderá ser estabelecida a de ficar a parte que não cumprir o acordo obrigada a satisfazer integralmente o pedido ou pagar uma indenização convencionada, sem prejuízo do cumprimento do acordo" (grifos nossos).

[10] Registre-se que, conforme o § 5.º do mencionado art. 67-A, "quando a incorporação estiver submetida ao regime do patrimônio de afetação, de que tratam os arts. 31-A a 31-F desta Lei, o incorporador restituirá os valores pagos pelo adquirente, deduzidos os valores descritos neste artigo e atualizados com base no índice contratualmente estabelecido para a correção monetária das parcelas do preço do imóvel, no prazo máximo de 30 (trinta) dias após o habite-se ou documento equivalente expedido pelo órgão público municipal competente, admitindo-se, nessa hipótese, que a pena referida no inciso II do *caput* deste artigo seja estabelecida até o limite de 50% (cinquenta por cento) da quantia paga".

obrigado a pagá-la integralmente. Isso quer dizer que os outros devedores, que não hajam atuado com culpa, responderão na respectiva proporção de suas quotas, assistindo-lhes direito de regresso contra aquele que deu causa à aplicação da pena (art. 414 do CC/2002).

Por outro lado, sendo divisível a obrigação, como ocorre frequentemente nas de natureza pecuniária, só incorrerá na pena o devedor ou o herdeiro do devedor (se a obrigação foi transmitida *mortis causa*) que a infringir, e proporcionalmente à sua parte na obrigação (art. 415 do CC/2002).

Lembre-se, ainda, de que, se a obrigação for solidária, pelas perdas e danos só responderá o culpado, nos termos do art. 279 do CC/2002.

Por fim, merece algumas considerações a possibilidade da denominada "inversão da cláusula penal".

Com efeito, estabeleceu o Superior Tribunal de Justiça, por meio da sua Segunda Seção, em recurso repetitivo, que no "contrato de adesão firmado entre o comprador e a construtora/incorporadora, havendo previsão de cláusula penal apenas para o inadimplemento do adquirente, deverá ela ser considerada para a fixação da indenização pelo inadimplemento do vendedor. As obrigações heterogêneas (obrigações de fazer e de dar) serão convertidas em dinheiro, por arbitramento judicial" (tema 971)[11].

Essa tese, ao permitir que a cláusula penal direcionada a uma das partes possa atuar em favor da outra, não traz, em nosso sentir, propriamente, uma inversão, mas, sim, tão somente, a fixação de um parâmetro quantitativo para que a parte não beneficiada originalmente pela cláusula possa dele se valer.

3. A NULIDADE DA OBRIGAÇÃO PRINCIPAL E A CLÁUSULA PENAL

O Código Civil de 1916 continha dispositivo no sentido de que a nulidade da obrigação principal importaria na da cláusula penal correspondente[12].

A nova Lei Codificada, por sua vez, suprimiu a referência a essa regra legal, talvez por considerá-la desnecessária.

Ora, se a obrigação principal por qualquer motivo é declarada nula ou simplesmente anulada, obviamente que a pena convencional, pacto acessório que é, restará prejudicada, até mesmo por aplicação da regra da parte geral — concebida para os bens, mas aplicáveis às obrigações — de que acessório é aquele cuja existência supõe a do principal[13].

---

[11] REsp 1.635.428, REsp 1.498.484, REsp 1.614.721, REsp 1.631.485.

[12] CC/1916: "Art. 922. A nulidade da obrigação importa a da cláusula penal".

[13] CC/2002, art. 92: "Principal é o bem que existe sobre si, abstrata ou concretamente; acessório, aquele cuja existência supõe a do principal".

Por isso, a despeito da omissão legal, entendemos, por princípio, subsistir a regra, que fora defendida por CLÓVIS BEVILÁQUA nos seguintes termos:

> "Se a obrigação principal for ilícita, contrária aos bons costumes ou se tornar impossível por fato do credor, não subsistirá, e com ela, desaparecerá a pena, envolvida na mesma nulidade. Nem é justificável o Código Civil argentino, quando considera eficaz a pena convencional assecuratória de obrigações inexigíveis juridicamente, sempre que não sejam propriamente reprovadas por lei (art. 666), porque a natureza da prestação acessória se deve ressentir da ineficácia e da inconsistência daquela de que depende a sua existência. Se a obrigação principal é insubsistente, pelas razões indicadas, insubsistente deve ser a cláusula penal acessória (Cód. Civil, art. 922)"[14].

4. CLÁUSULA PENAL E INSTITUTOS JURÍDICOS SEMELHANTES

Costuma a doutrina diferenciar a cláusula penal de institutos jurídicos análogos.

Cuidaremos das distinções que reputamos mais importantes.

Não se confunde, por exemplo, com as arras penitenciais — tema adiante desenvolvido —, uma vez que estas, além de serem pagas antecipadamente, garantem ao contraente o direito de se arrepender — desfazendo, portanto, o negócio —, não obstante as arras dadas. Diferentemente, a cláusula penal, além de não ser paga antecipadamente, somente será devida em caso de inadimplemento culposo da obrigação, tendo nítido caráter indenizatório. Ademais, a pena convencional não garante direito de arrependimento algum.

Na mesma linha, não se há que identificar o instituto sob análise com as obrigações alternativas. Nessas, como já vimos, existe um vínculo obrigacional com objeto múltiplo, cabendo a escolha ao credor ou ao devedor. A cláusula penal, por sua vez, além de não ser necessariamente alternativa à prestação principal, somente será devida quando esta for descumprida, a título indenizatório[15].

Difere, também, da chamada *astreinte* (multa diária para compelir o cumprimento de uma obrigação de fazer)[16], por se tratar esta última de cominação

---

[14] Clóvis Beviláqua, ob. cit., p. 107-8.

[15] Nesse sentido, Sílvio Venosa, *Direito Civil — Teoria Geral das Obrigações e Teoria Geral dos Contratos,* 2. ed., São Paulo: Atlas, 2002, p. 174.

[16] Sobre o tema, confiram-se os tópicos 2.2.1 ("Descumprimento Culposo das Obrigações de Fazer: a sua Tutela Jurídica") e 2.3.1 ("Descumprimento Culposo das

não decorrente da manifestação da vontade das partes, mas sim da atuação do Estado-Juiz para efetiva tutela da obrigação pactuada[17].

Obrigações de Não Fazer: a sua Tutela Jurídica") do Capítulo V ("Classificação Básica das Obrigações").

[17] Nesse sentido, confiram-se os seguintes acórdãos:

"Multa. Cláusula penal. Multa compensatória. Limitação do art. 920 do Código Civil. Precedente da Corte. 1. Há diferença nítida entre a cláusula penal, pouco importando seja a multa nela prevista moratória ou compensatória, e a multa cominatória, própria para garantir o processo por meio do qual pretende a parte a execução de uma obrigação de fazer ou não fazer. E a diferença é, exatamente, a incidência das regras jurídicas específicas para cada qual. Se o juiz condena a parte ré ao pagamento de multa prevista na cláusula penal avençada pelas partes, está presente a limitação contida no art. 920 do Código Civil. Se, ao contrário, cuida-se de multa cominatória em obrigação de fazer ou não fazer, decorrente de título judicial, para garantir a efetividade do processo, ou seja, o cumprimento da obrigação, está presente o art. 644 do Código de Processo Civil, com o que não há teto para o valor da cominação. 2. Recurso especial conhecido e provido" (3.ª T., REsp 196.262/RJ (1998/0087490-9), Rel. Min. Carlos Alberto Menezes Direito, j. 6-12-1999, *DJ*, 11-9-2000, p. 250).

"Civil. Cláusula penal. A cláusula penal não se confunde com as 'astreintes' e está sujeita à limitação prevista no artigo 920 do Código Civil. Recurso especial conhecido e provido" (3.ª T., REsp 191.959/SC (1998/0076286-81, Rel. Min. Ari Pargendler, j. 16-12-1999, *DJ*, 19-6-2000, p. 142).

Capítulo XXVI
Arras Confirmatórias e Arras Penitenciais

Sumário: 1. Disciplina normativa das arras no Código Civil de 1916 e no de 2002. 2. Conceito de arras. 3. Modalidades de arras ou sinal. 3.1. Arras confirmatórias. 3.2. Arras penitenciais. 4. Arras e cláusula penal.

1. DISCIPLINA NORMATIVA DAS ARRAS NO CÓDIGO CIVIL DE 1916 E NO DE 2002

Para que não pairem dúvidas quanto à exata compreensão da matéria, é bom que se diga que o Código Civil de 1916 tratou das arras no Capítulo 3, Título IV, do Livro III, ao disciplinar as disposições gerais dos contratos (arts. 1.094 a 1.097).

Diferentemente, o Código Civil de 2002 optou por antecipar o tratamento do tema, regulando as arras ao final do seu Título III, antes de iniciar as disposições gerais sobre os contratos (arts. 417 a 420).

De fato, conforme veremos abaixo, trata-se de matéria diretamente ligada à teoria geral das obrigações e dos contratos, sendo conveniente, em respeito inclusive à ordem do novo Código, analisá-la neste momento, sem prejuízo de revisarmos o assunto no volume específico[1].

2. CONCEITO DE ARRAS

Traçando a evolução histórica e a variação etimológica do assunto, CAIO MÁRIO DA SILVA PEREIRA, com peculiar erudição, nos lembra que

> "a palavra *arra*, que nos veio diretamente do latim *arrha*, pode ser pesquisada retrospectivamente no grego *arrâbon*, no hebraico *arravon*, no persa *rabab*, no egípcio *aerb*, com sentido de penhor, garantia. É a mesma ideia que subsistiu através dos tempos. Sua riqueza de acepções demonstra, bem como a utilização do conceito em vários setores, técnicos e profanos, evidencia a sua utilização frequente. Em vernáculo mesmo, significou de um lado o penhor, a quantia dada em garantia de um ajuste, como também a quantia ou os bens prometidos pelo noivo para sustento da esposa se ela

[1] Cf. volume 4 ("Contratos") desta obra.

lhe sobrevivesse, sentido em que a emprega Alexandre Herculano, num evidente paralelismo com o dote"[2].

Em tradicional e respeitável definição, CLÓVIS BEVILÁQUA conceitua as arras ou sinal como sendo "tudo quanto uma das partes contratantes entrega à outra, como penhor da firmeza da obrigação contraída"[3]. Claro está que a palavra "penhor", empregada nesta definição, não traduz o direito real de garantia estudado no Livro das Coisas, mas nos transmite uma ideia genérica de garantia, de segurança.

Trata-se, portanto, de uma disposição convencional pela qual uma das partes entrega determinado bem à outra — em geral, dinheiro —, em garantia da obrigação pactuada. Poderá ou não, a depender da espécie das arras dadas, conferir às partes o direito de arrependimento, conforme veremos abaixo.

3. MODALIDADES DE ARRAS OU SINAL

As arras ou sinal podem apresentar-se em duas modalidades distintas, com diversas finalidades, a saber, as *arras confirmatórias* e as *arras penitenciais*.

Conheçamos as duas separadamente.

3.1. Arras confirmatórias

Em um primeiro sentido, as arras significam princípio de pagamento; é o sinal dado por uma das partes à outra, marcando o início da execução do negócio.

Trata-se das **arras confirmatórias**, que vinham expressamente referidas no art. 1.094 do Código Civil de 1916: "O sinal, ou arras, dado por um dos contraentes, firma presunção de acordo final, e torna obrigatório o contrato".

Neste caso, as arras simplesmente confirmam a avença, não assistindo às partes direito de arrependimento algum. Caso deixem de cumprir a sua obrigação, serão consideradas inadimplentes, sujeitando-se ao pagamento das perdas e danos.

Assim, nas vendas a prazo, é muito comum que o vendedor exija o pagamento de um sinal, cuja natureza é, indiscutivelmente, de arras confirmatórias, significando princípio de pagamento. Prestadas as arras, as partes não poderão voltar atrás.

O Código Civil de 2002, aprimorando o tratamento da matéria, cuida de disciplinar o destino das arras confirmatórias após a conclusão do negócio, nos termos do seu art. 417:

[2] Caio Mário da Silva Pereira, *Instituições de Direito Civil*, 10. ed., Rio de Janeiro: Forense, 2001, v. 3, p. 57.

[3] Clóvis Beviláqua, *Theoria Geral do Direito Civil*, Campinas: RED Livros, 2000, p. 239.

> "Art. 417. Se, por ocasião da conclusão do contrato, uma parte der à outra, a título de arras, dinheiro ou outro bem móvel, deverão as arras, em caso de execução, ser restituídas ou computadas na prestação devida, se do mesmo gênero da principal".

Da leitura da norma, conclui-se, facilmente, que as arras confirmatórias não admitem direito de arrependimento. Pelo contrário, como no sistema anterior, firmam princípio de pagamento. Se, entretanto, for da mesma natureza da prestação principal (o que ocorre comumente quando as arras consistem em dinheiro), serão computadas no valor devido, para efeito de amortizar a dívida. Por outro lado, tendo natureza diversa (joias, por exemplo), deverão ser restituídas, ao final da execução do negócio.

E o que aconteceria se, não obstante as arras dadas, o contrato não fosse cumprido?

Neste caso, responde-nos o art. 418 do CC/2002, *se a parte que deu as arras não executar o contrato, poderá a outra tê-lo por desfeito, retendo as arras dadas; se, entretanto, a inexecução obrigacional for de quem recebeu as arras, poderá quem as deu haver o contrato por desfeito, e exigir a sua devolução mais o equivalente, com atualização monetária, segundo os índices oficiais, juros e honorários de advogado.*

O novo dispositivo legal é mais bem redigido que o anterior, uma vez que supera o inconveniente técnico do Código revogado de somente se referir à parte *que deu as arras*, nos termos do seu art. 1.097[4].

Além de só trazer previsão sobre "quem deu as arras", e não "quem as recebeu", a lei anterior não admitia expressamente que a parte inocente pudesse reclamar perdas e danos, se o seu prejuízo fosse maior do que o valor das arras dadas.

Criticando esse dispositivo, SILVIO RODRIGUES demonstra a única forma razoável de se interpretar o referido artigo de lei:

> "a) se o contratante inadimplente deu arras, pode a outra parte guardá-las, a título de indenização, ou pleitear a reparação integral do prejuízo. Neste último caso, as arras devem ser imputadas na indenização;
>
> b) se inadimplente for o contratante que recebeu o sinal, pode o outro ou reclamar indenização pelo prejuízo que provar ter sofrido, ou pleitear apenas a devolução em dobro das arras"[5].

---

[4] Art. 1.097 do CC/1916: "Se o que deu arras der causa a se impossibilitar a prestação, ou a se rescindir o contrato, perdê-las-á em benefício do outro".

[5] Silvio Rodrigues, *Direito Civil — Dos Contratos e das Declarações Unilaterais de Vontade,* 25. ed., São Paulo: Saraiva, 1997, v. 3, p. 92.

O Novo Código, como visto, superou a impropriedade técnica da regra anterior, ao reconhecer, em seu art. 418, o direito de ambos os contraentes à retenção das arras, sem prejuízo de indenização suplementar, se o montante do prejuízo superar o valor econômico das referidas arras.

Nesse sentido, o art. 419 do CC/2002, sem correspondente na lei revogada:

> "Art. 419. A parte inocente pode pedir indenização suplementar, se provar maior prejuízo, valendo as arras como taxa mínima. Pode, também, a parte inocente exigir a execução do contrato, com as perdas e danos, valendo as arras como o mínimo da indenização".

Exemplificando a hipótese normativa, podemos citar o contrato celebrado entre uma sociedade empresária e uma importadora, para a aquisição de um maquinário fabricado no exterior. A sociedade efetiva o negócio, pagando o sinal (arras confirmatórias). Posteriormente, sem justificativa plausível, deixa de solver o restante do débito, desistindo de adquirir o bem. Nesse caso, não lhe assistindo direito de arrependimento, e em face do prejuízo causado ao outro contratante, perderá as arras dadas, que valerão como taxa mínima, se houver prova de prejuízo maior.

Tudo que até aqui falamos diz respeito às *arras confirmatórias.*

No próximo tópico, discorreremos sobre a outra modalidade de arras, a saber, as *arras penitenciais.*

3.2. Arras penitenciais

Um contrato civil, quando celebrado, é feito para ser cumprido, não havendo espaço, ordinariamente, para alegações de arrependimento.

Entretanto, como situação excepcional, poderão as partes pactuar o *direito de arrependimento*, caso em que estaremos diante das denominadas *arras penitenciais.*

O Novo Código Civil, melhorando consideravelmente o tratamento legal da matéria, dispõe, em seu art. 420[6] que:

> "Art. 420. Se no contrato for estipulado o *direito de arrependimento* para qualquer das partes, as arras ou sinal terão função unicamente indenizatória. Neste caso, quem as deu perdê-las-á em benefício da outra parte; e quem as recebeu devolvê-las-á, mais o equivalente. Em ambos os casos não haverá direito a indenização suplementar" (grifos nossos).

Dessa forma, se for exercido o direito de arrependimento (ou seja, o direito de desistir do negócio jurídico firmado), a quantia ou valor entregue a

[6] Art. 1.095 do CC/1916: "Podem, porém, as partes estipular o direito de se arrepender, não obstante as arras dadas. Em caso tal, se o arrependido for o que as deu, perdê-las-á em proveito do outro; se o que as recebeu, restituí-las-á em dobro".

título de arras será perdido ou restituído em dobro, por quem as deu ou as recebeu, respectivamente, a título indenizatório. Exemplificando: em determinado negócio jurídico, a parte compradora presta arras penitenciais (R$ 1.000,00). Posteriormente, respeitado o prazo previsto no contrato, arrepende-se, perdendo em proveito da outra parte as arras dadas. Se, no entanto, foi o vendedor quem se arrependeu, deverá restituí-las em dobro, ou seja, devolver o valor recebido (R$ 1.000,00), acrescido de mais R$ 1.000,00, a título de ressarcimento devido à parte que não desfez o negócio.

Vale destacar o fato de o legislador ter utilizado a palavra "equivalente" nos artigos referentes às arras. Isso tem importância justamente pelo fato de que as arras não precisam, necessariamente, ser prestadas em dinheiro. Assim, se o arrependido for quem recebeu as arras, deve restituí-las ao outro contratante, somado com o equivalente, que poderá ser ou não da mesma natureza das arras. Ou seja, se as arras forem, como no exemplo mencionado, de R$ 1.000,00, o arrependido devolveria o mencionado valor em dobro. Se for um bem também avaliado em R$ 1.000,00, devolvê-lo-á, acrescido da importância correspondente. E mais: a norma não restringe a possibilidade de, sendo as arras prestadas em valor, poder a parte devolvê-las acrescidas, por exemplo, de um bem que valha a mesma importância no mercado.

Note-se que a perda das arras penitenciais, e, bem assim, a sua restituição em dobro, atuam no ânimo das partes, com escopo intimidatório, para que, preferencialmente, não desistam da avença.

Finalmente, cumpre-nos observar ainda que o art. 420 do CC/2002 *proibiu, no caso das arras penitenciais, a indenização suplementar,* além daquela correspondente à perda das arras.

Esse entendimento, aliás, já havia sido sufragado pelo excelso Supremo Tribunal Federal para as promessas irretratáveis de compra e venda, consoante assentado na sua Súmula 412:

> "No compromisso de compra e venda com cláusula de arrependimento, a devolução do sinal, por quem o deu, ou a sua restituição em dobro, por quem a recebeu, exclui indenização a maior, a título de perdas e danos, salvo os juros moratórios e os encargos do processo".

Em síntese, podemos diferenciar as arras confirmatórias das arras penitenciais da seguinte forma:

a) embora ambas sejam pagas antecipadamente, sua finalidade é distinta, uma vez que as primeiras apenas confirmam a avença, enquanto as segundas garantem o direito de arrependimento;

b) na primeira modalidade de arras, como não há direito de arrependimento, a inadimplência gerará direito à indenização, funcionando as arras para tal finalidade, guardadas as suas peculiaridades (cômputo na indenização devida por quem as deu ou devolução em dobro por quem as recebeu, no lugar de pleitear indenização); na segunda modalidade, como assegura o direito de arrependimento, não há que falar em indenização complementar, uma vez que se arrepender foi uma faculdade assegurada no contrato, com a perda (por quem as deu) ou devolução em dobro (por quem as recebeu) das arras;

c) as arras devem ser sempre expressas (não se admitindo arras tácitas). Todavia, como o direito de arrependimento, em contratos civis não consumeristas, é situação excepcional, todo o pagamento a título de arras será considerado, *a priori*, na modalidade confirmatória. As arras penitenciais, para serem assim consideradas, devem sempre estar expressas como tais no contrato.

4. ARRAS E CLÁUSULA PENAL

Embora já tenhamos feito referência ao tema, reputamos interessante diferenciarmos, mais uma vez, as arras da cláusula penal, escoimando qualquer dúvida porventura remanescente.

A diferença para as arras confirmatórias é de intelecção imediata, dispensando maiores considerações, uma vez que firmam o início de execução do negócio, ao passo que a cláusula penal ou pena convencional pré-liquidam danos.

A distinção com as arras penitenciais, por sua vez, merecem maior atenção.

As arras penitenciais, além de serem pagas antecipadamente, garantem ao contraente o direito de se arrepender; ao passo que a cláusula penal, além de não ser paga previamente, somente será devida em caso de inadimplemento culposo da obrigação, tendo apenas caráter indenizatório, sem viabilizar arrependimento algum.

Ademais, vale registrar que a cláusula penal, quando fixada, impede, salvo previsão contratual específica, o pagamento de indenização suplementar a título de perdas e danos. Já as arras somente impedem indenização suplementar na modalidade penitencial, como visto acima.

Além de tudo isso, somente a cláusula penal poderá sofrer redução judicial, quando exceder o valor da prestação principal ou já tiver havido cumprimento parcial da obrigação[7].

[7] Em sentido contrário, na III Jornada de Direito Civil, realizada em novembro de 2004 no Superior Tribunal de Justiça, foi aprovado Enunciado 165, afirmando que, em "caso de penalidade, aplica-se a regra do art. 413 ao sinal, sejam as arras confirmatórias ou penitenciais".

Capítulo XXVII
Atos Unilaterais

Sumário: 1. Noções introdutórias. 2. Promessa de recompensa. 2.1. Pressupostos de validade. 2.2. Possibilidade de revogação. 2.3. Concorrência de interessados. 2.4. Concursos com promessa pública de recompensa. 3. Gestão de negócios. 3.1. Obrigações do gestor e do dono do negócio.

1. NOÇÕES INTRODUTÓRIAS

No campo dos atos jurídicos negociais como fontes de obrigações, ao lado dos contratos, encontram-se as declarações unilaterais de vontade.

Entendidas estas como manifestações volitivas unilaterais, constituem exceção à regra geral do concurso de vontades para o estabelecimento de obrigações.

Por isso mesmo, embora reconhecidas como fontes de obrigações, têm seu rol limitado às previsões legais, o que não quer dizer que se adstringem à disciplina específica do Código Civil brasileiro.

De fato, sob o título VII, "Dos Atos Unilaterais", disciplina o CC/2002 a promessa de recompensa, a gestão de negócios, o pagamento indevido e o enriquecimento sem causa[1]. No título seguinte, concernente aos títulos de crédito, trata do título ao portador, do título à ordem e do título nominativo, também espécies de declaração unilateral de vontade. Anote-se, por fim, que a própria constituição de fundação[2], já estudada, pode ser considerada decorrência de um ato unilateral de vontade.

No presente capítulo, trataremos basicamente das duas mais comuns formas de atos unilaterais: a promessa de recompensa e a gestão de negócios.

Vamos a elas.

2. PROMESSA DE RECOMPENSA

Prevista expressamente nos arts. 854 a 860 do CC/2002, entende-se tal instituto como a obrigação instituída pelo anúncio público de promessa de

[1] Por sua maior relevância (teórica e prática), o pagamento indevido e o enriquecimento sem causa serão objeto de Capítulo próprio neste tomo (Capítulo XXVIII — "Enriquecimento sem causa e Pagamento Indevido").

[2] Sobre o tema, confira-se o tópico 7.2.3 ("As Fundações") do volume 1 ("Parte Geral") desta obra.

gratificação ao preenchimento de condição ou desempenho de serviço, conceito extraído do disposto no art. 854 do CC/2002.

Assim, se *A*, dono do cachorro *Scooby*, declara publicamente que recompensará com R$ 10.000,00 quem encontrar o seu animal de estimação perdido, *B*, realizando tal proeza, passará a ter o direito subjetivo de exigir a prestação.

Tal direito nasce, inclusive, mesmo que o serviço seja realizado ou a condição satisfeita sem o interesse direto ou declarado pela recompensa, na forma do art. 855 do CC/2002.

Na precisa observação de CARLOS ROBERTO GONÇALVES, se "o seu valor não tiver sido estipulado pelo promitente, e não houver acordo entre as partes, será ele fixado pelo juiz"[3].

2.1. Pressupostos de validade

Como negócio jurídico que é, embora unilateral, a promessa de recompensa deve atender aos pressupostos de validade dos negócios jurídicos em geral.

Para que uma promessa de recompensa se torne obrigatória, faz-se mister a concorrência de quatro requisitos:

a) Publicidade da Recompensa: se a intenção unilateral de gratificar quem realizar tal tarefa se limitar ao âmbito da intimidade do indivíduo, não há que se falar em enquadramento na previsão legal. Tal requisito traduz a *forma adequada* para a validade do negócio jurídico. Ressalte-se, porém, que a ideia de *anúncio público* não se resume a editais em jornais ou publicação assemelhada, podendo se dar, por exemplo, pela afirmação, em alto e bom som, da promessa de gratificação de *A*, em um auditório lotado, para quem encontrar o mencionado cãozinho perdido;

b) Objeto Lícito, Possível e Determinado (ou Determinável): como requisito de validade do negócio jurídico em geral, não se admitiria, por exemplo, que *A* prometesse gratificar quem matasse a pessoa que roubou seu cãozinho de estimação (objeto ilícito); quem atravessasse a nado o Oceano Atlântico, debaixo d'água, sem equipamento próprio (objeto impossível); ou trouxesse uma coisa em que está pensando (objeto indeterminável juridicamente);

c) Promessa Emanada de Sujeito Capaz: não pode obrigar a promessa feita por menor absolutamente incapaz ou por quem, por causa de patologia ou mesmo causa transitória, não tiver condições de exprimir a vontade. Exemplificando: se alguém, completamente embriagado ou sem discernimento pelo

[3] Carlos Roberto Gonçalves, *Direito das Obrigações — Parte Especial (Coleção Sinopses Jurídicas)*, 21. ed., São Paulo: Saraiva, 2019, v. 6, t. 1 (Contratos), p. 207.

uso de drogas, promete gratificação a quem prestar determinado serviço, tal declaração de vontade não pode ser considerada válida;

d) Manifestação de Vontade Livre e de Boa-fé: é inválida, por exemplo, a promessa de recompensa emanada de quem foi coagido a emiti-la, ou se a manifestação fora obtida dolosamente.

2.2. Possibilidade de revogação

Manifestada a declaração unilateral de vontade, na forma de promessa de recompensa, pode ser revogada, mas somente se o promitente o fizer pela mesma via em que a declarou.

Assim, se *A* prometeu recompensar alguém, por meio de jornal de grande circulação, pela tarefa de encontrar seu animal de estimação, somente mediante nova publicação, na mesma fonte, poderá se desobrigar.

Tal afirmação deve ser temperada com a questão da boa-fé, pois, se o serviço já tiver sido realizado ou a condição já tiver sido preenchida por terceiro, informado o fato ao promitente, parece-nos que a revogação não mais será possível.

Tanto isso é lógico que, se o candidato de boa-fé houver feito despesas para tentar atender à condição ou realizar o serviço, terá direito ao reembolso, na forma do parágrafo único do art. 856 do CC/2002 (sem equivalente direto no CC/1916).

Cumpre-nos advertir, outrossim, que, por expressa regra legal (art. 856, *caput*, do CC/2002), se o promitente "houver assinado prazo à execução da tarefa, entender-se-á que renuncia o arbítrio de retirar, durante ele, a oferta".

2.3. Concorrência de interessados

Se houver concorrência de interessados, é preciso verificar se houve sucessividade ou concomitância.

Caso o ato tenha sido praticado por mais de um indivíduo, terá direito à recompensa aquele que primeiro o praticou (art. 857 do CC/2002).

Se a hipótese, porém, for de concomitância, será necessário verificar se a coisa prometida é divisível: caso seja (como, por exemplo, na promessa de pagamento de gratificação pecuniária), dividir-se-á a coisa prometida em partes iguais entre os concorrentes; sendo indivisível, conferir-se-á por sorteio, estabelecendo a parte final do art. 858 do CC/2002, sem equivalente direto no CC/1916, que "o que obtiver a coisa dará ao outro o valor do quinhão".

2.4. Concursos com promessa pública de recompensa

É muito comum, como forma de estímulo à produção cultural (artística, literária ou científica), a realização de concursos públicos com promessas de recompensa.

Nesses casos, é também condição essencial de validade, na forma do art. 859, *caput*, do CC/2002, a estipulação de um prazo (no qual, pela regra geral, não se poderá admitir revogação).

Em casos como tais, deverá ser nomeada uma pessoa como julgador para avaliar os trabalhos inscritos, obrigando sua decisão aos interessados, sendo que, na falta de designação de tal pessoa na declaração pública (p. ex.: no edital de convocação de interessados), entender-se que o promitente se reservou essa função (art. 859, § 2.º, do CC/2002).

Na hipótese de empate — e não havendo regra específica na declaração de vontade, — devem ser observadas as regras estabelecidas para a concorrência de interessados (arts. 857 e 858 do CC/2002).

Destaque-se, por fim, que as obras premiadas em tais concursos somente pertencerão ao promitente, se assim for estipulado na publicação da promessa (art. 860 do CC/2002).

3. GESTÃO DE NEGÓCIOS

O Código Civil de 2002 incluiu, no Título destinado aos atos unilaterais, a gestão de negócios (arts. 861 a 875), alterando a diretriz da codificação anterior, que incluía o instituto na relação dos contratos nominados.

Conceitualmente, aproveitando a regra positivada do art. 861 do CC/2002, *entende-se por gestão de negócios a atuação de um indivíduo, sem autorização do interessado, na administração de negócio alheio, segundo o interesse e a vontade presumível de seu dono, assumindo a responsabilidade civil perante este e as pessoas com que tratar.*

Tal responsabilidade é tamanha que, na forma do art. 862 do CC/2002, se a gestão foi iniciada contra a vontade expressa ou presumível do interessado, responderá o gestor até pelos casos fortuitos, não provando que teriam sobrevindo de qualquer maneira. Nesse caso, conforme prevê o art. 863 do CC/2002, se os prejuízos da gestão excederem o seu proveito, poderá o dono do negócio exigir que o gestor restitua as coisas ao estado anterior, ou o indenize da diferença. Isso tudo demonstra o alto risco ínsito na atividade do gestor.

A gestão de negócios se dá, por exemplo, quando alguém desaparece sem dar notícias e um terceiro (gestor) fica administrando seus bens, sem determinação específica nesse sentido, antes de ser instituída a curadoria de tal massa patrimonial, no processo de declaração de ausência[4].

---

4 Sobre o tema, confira-se o tópico 7.2.1 ("Ausência") do primeiro tomo ("Parte Geral") desta obra.

Trata-se, portanto, de instituto muito semelhante ao mandato tácito, mas "deste se distingue pela inexistência de prévia avença, por ser sempre gratuito e depender de ratificação (aprovação, pelo dono do negócio, do comportamento do gestor). Esta, pode ser expressa ou tácita (quando, ciente da gestão e podendo desautorizá-la, silencia)", como observa CARLOS ROBERTO GONÇALVES[5]. Talvez por isso mesmo, a "*ratificação pura e simples do dono do negócio retroage ao dia do começo da gestão, e produz todos os efeitos do mandato*", conforme preceitua o art. 873 do CC/2002.

Além de trazer regras gerais disciplinadoras de gestão de negócios, a legislação codificada também traz duas hipóteses que devem ser consideradas, a título meramente exemplificativo, de tal instituto, no caso da pessoa que presta alimentos no lugar de alguém obrigado e que estava ausente, bem como de despesas funerárias feitas por terceiro (arts. 871 e 872 do CC/2002)[6].

3.1. Obrigações do gestor e do dono do negócio

Embora a gestão de negócios tenha sido estabelecida unilateralmente por ato do gestor, o fato é que gera obrigações não somente para este, mas também para o dono do negócio.

Em relação ao gestor, até mesmo pela semelhança entre os institutos, as obrigações são equivalentes às do mandatário, destacando a Codificação Civil os seguintes deveres:

a) assim que possível, *comunicar ao dono do negócio a gestão que assumiu*, aguardando-lhe a resposta, se da espera não resultar perigo (art. 864 do CC/2002);

b) *velar pela gestão do negócio*, enquanto o dono ou seus herdeiros (se o titular do negócio falecer) não tomarem providências (art. 865 do CC/2002);

c) *responder pelos prejuízos causados por qualquer culpa na gestão do negócio* (art. 866 do CC/2002);

d) *responder pelos prejuízos causados por seus eventuais substitutos*, sem prejuízo das ações que a ele, ou ao dono do negócio, possam caber (art. 867 do CC/2002). A hipótese é aplicável, inclusive, para quando houver

---

[5] Ob. cit., p. 177.

[6] "Art. 871. Quando alguém, na ausência do indivíduo obrigado a alimentos, por ele os prestar a quem se devem, poder-lhes-á reaver do devedor a importância, ainda que este não ratifique o ato.

Art. 872. Nas despesas do enterro, proporcionadas aos usos locais e à condição do falecido, feitas por terceiro, podem ser cobradas da pessoa que teria a obrigação de alimentar a que veio a falecer, ainda mesmo que esta não tenha deixado bens.

Parágrafo único. Cessa o disposto neste artigo e no antecedente, em se provando que o gestor fez essas despesas com o simples intento de bem-fazer."

mais um gestor, sendo solidária a responsabilidade civil, na forma do parágrafo único do mesmo artigo. Lembre-se de que a solidariedade não se presume nunca, resultando da lei ou da vontade das próprias partes;

e) *responder pelo caso fortuito quando fizer operações arriscadas, ainda que o dono costumasse fazê-las, ou quando preterir interesse deste em proveito de interesses seus* (art. 868 do CC/2002) — tal dever demonstra, consoante já observamos, o alto risco que envolve a atividade do gestor, que deverá atuar com redobrada cautela na condução da atividade negocial alheia.

Se o negócio for considerado utilmente administrado, terá o seu dono, por sua vez, as seguintes obrigações:

a) *indenizar o gestor das despesas necessárias e úteis que tiver feito, bem como dos prejuízos que houver sofrido* (arts. 868, parágrafo único, e 869 do CC/2002);

b) *cumprir as obrigações contraídas em seu nome*, o que é a regra geral do *negócio utilmente administrado*, mas também exigível quando a gestão se proponha a acudir prejuízos iminentes, ou redunde em proveito do dono do negócio ou da coisa (art. 870 do CC/2002). Nesses casos, porém, a indenização devida ao gestor não excederá em importância às vantagens obtidas com a gestão.

Caso a gestão não tenha sido aprovada, reger-se-á como se iniciada contra a vontade manifesta ou presumida do interessado, ressalvada a hipótese de ser uma gestão necessária para acudir a prejuízos iminentes, ou de redundar em proveito do dono do negócio ou da coisa, consoante já explicitado anteriormente.

Registre-se, finalmente, que, na forma do art. 875 do CC/2002, se "os negócios alheios forem conexos ao do gestor, de tal arte que se não possam gerir separadamente, haver-se-á o gestor por sócio daquele cujos interesses agenciar de envolta com os seus", mas, nesse caso, aquele em cujo benefício interveio o gestor só é obrigado na razão das vantagens que lograr.

Trata-se de dispositivo que, na prática, é de complexa aplicação.

No caso, a atividade do gestor, por qualquer razão, encontra-se vinculada à do terceiro, cujo negócio será administrado. Por força desse dispositivo de lei, considerar-se-á o gestor *sócio desse terceiro*, cabendo ao magistrado a difícil missão de traçar, em caso de eventual litígio, os limites da atividade de cada um. A intenção do legislador foi boa, embora a concretização do comando normativo, não temos dúvida, nem sempre redunde em fácil solução da lide.

Capítulo XXVIII
Enriquecimento sem Causa e Pagamento Indevido

Sumário: 1. Noções introdutórias. 2. Enriquecimento sem causa. 3. Pagamento indevido. 3.1. Espécies de pagamento indevido. 3.2. Pagamento indevido e boa-fé. 3.3. Ação de *in rem verso*.

1. NOÇÕES INTRODUTÓRIAS

Como dito no capítulo anterior, o Código Civil brasileiro de 2002 elencou, no Título VII ("Dos Atos Unilaterais") do Livro das Obrigações, a promessa de recompensa, a gestão de negócios, o pagamento indevido e o enriquecimento sem causa.

Trata-se de uma lamentável mixórdia de institutos diferentes, somente explicável pelo caráter unilateral da sua iniciativa, mas que poderiam muito bem ser tratados em títulos próprios.

Enquanto a promessa de recompensa e a gestão de negócios são manifestações unilaterais de vontade que geram obrigações perante terceiros, o enriquecimento sem causa é um gênero, do qual o pagamento indevido é apenas uma espécie.

Por isso, invertendo a ordem codificada, analisaremos as regras genéricas do enriquecimento sem causa para, vencida tal etapa, compreendermos o que se entende por pagamento indevido.

2. ENRIQUECIMENTO SEM CAUSA

Em primeiro lugar, é preciso estabelecer o significado jurídico da expressão "enriquecimento sem causa".

Discorrendo sobre o tema ainda sob a égide do Código de 1916, CAIO MÁRIO DA SILVA PEREIRA afirma que "muito embora a literatura jurídica nacional reclame a sistematização do instituto do enriquecimento sem causa, que alguns confundem com a ideia de ilícito, mas sem razão, porque a dispensa, verdade é que todas as hipóteses previstas pelos construtores da teoria estão disciplinadas no nosso Direito em ligação com a instituição que mais se lhe avizinha"[1].

---

[1] Caio Mário da Silva Pereira, *Instituições de Direito Civil, 2.* ed., Rio de Janeiro: Forense, 1993, v. 2, p. 206.

No sistema brasileiro, o enriquecimento ilícito traduz a situação em que uma das partes de determinada relação jurídica experimenta injustificado benefício, em detrimento da outra, que se empobrece, inexistindo causa jurídica para tanto. É o que ocorre, por exemplo, quando uma pessoa, de boa-fé, beneficia ou constrói em terreno alheio, ou, bem assim, quando paga uma dívida por engano. Nesses casos, o proprietário do solo e o recebedor da quantia enriqueceram-se ilicitamente às custas de terceiro.

Tal concepção foi albergada pelo Novo Código Civil brasileiro, que estabeleceu expressamente:

> "Art. 884. Aquele que, sem justa causa, se enriquecer à custa de outrem, será obrigado a restituir o indevidamente auferido, feita a atualização dos valores monetários.
>
> Parágrafo único. Se o enriquecimento tiver por objeto coisa determinada, quem a recebeu é obrigado a restituí-la, e, se a coisa não mais subsistir, a restituição se fará pelo valor do bem na época em que foi exigido".

O princípio que veda o enriquecimento sem causa inspira-se, desde o Direito Romano, em regras de equidade, aplicando-se às ações (*condictiones*) pelas quais

> "devia aquele que se locupletasse com a coisa alheia restituí-la a seu dono — 'iure naturae aequum est neminem cum alterius detrimento et injuria fieri locupletiorem'. Todas as hipóteses conhecidas eram envolvidas na epígrafe ampla das 'condictiones sine causa', denominação que permitiu aos juristas modernos generalizar, dizendo: quando alguém recebia indevidamente alguma coisa, ou quando cessava a razão justificativa de tê-la recebido ou quando a aquisição provinha de furto ou de um motivo imoral, não tinha o direito de retê-la, por lhe faltar uma causa. Esta, porém, não era elementar na 'obligatio', que se contraía independentemente de seu conceito, porém necessária a que o adquirente conservasse a propriedade ou a posse da coisa recebida"[2].

Ressalte-se, inclusive, que o instituto se aplica não só quando não tenha havido causa que justificasse o enriquecimento, mas também se esta deixou de existir, conforme expressamente previsto pelo art. 885 do CC/2002 (sem equivalente no CC/1916). Imagine-se, por exemplo, a hipótese do sujeito que, durante anos, auferiu determinada renda proveniente de usufruto constituído em seu favor. Findo o direito real de usufruto — que, como se sabe, é essencialmente temporário —, não poderá continuar se beneficiando com a renda, considerando que a causa que justificava a percepção deixou de existir.

---

[2] Caio Mário da Silva Pereira, ob. cit., p. 203.

Em qualquer hipótese, segundo a jurisprudência pátria, a restituição deve ser integral, inclusive com a correção monetária do valor injustificadamente percebido[3].

3. PAGAMENTO INDEVIDO

No campo das relações obrigacionais, com fulcro na ideia de que não é possível enriquecer-se sem uma causa lícita, todo pagamento feito, sem que seja, ainda, devido, deverá ser restituído.

É justamente a concepção de pagamento indevido que está estampada no art. 876 do CC/2002:

> "Art. 876. Todo aquele que recebeu o que lhe não era devido fica obrigado a restituir; obrigação que incumbe àquele que recebe dívida condicional antes de cumprida a condição".

Sobre a dívida condicional, é preciso lembrar que a aposição de condição suspensiva subordina não apenas a sua eficácia jurídica (exigibilidade), mas, principalmente, os direitos e obrigações decorrentes do negócio. Quer dizer, se um sujeito celebra um contrato de compra e venda com outro, subordinando-o a uma condição suspensiva, enquanto esta se não verificar, não se terá adquirido o direito a que ele visa (art. 125 do CC/2002). O contrato gerará, pois, uma obrigação de dar condicionada, o que não ocorre quando se tratar de termo, pois o devedor pode, em regra, renunciá-lo, pagando o débito antecipadamente.

Por força do art. 877 do CC/2002, quem voluntariamente pagou o indevido deve provar não somente ter realizado o pagamento, mas também que o fez por erro[4], pois a ausência de tal comprovação leva a se presumir que se trata de uma liberalidade[5].

---

[3] "Civil. Repetição de indébito. Correção monetária. Termo inicial. Definição. Pagamento indevido (art. 964 do Código Civil). I. Em caso de restituição de quantia indevidamente paga, a correção monetária do débito deve retroagir à data do recebimento pelo réu do valor, evitando-se o enriquecimento sem causa. II. Recurso conhecido e provido" (4.ª T., REsp 100749/BA (1996/0043204-0), Rel. Min. Aldir Passarinho Junior, j. 29-2-2000, *DJ*, 22-5-2000).

[4] "Processo Civil — Ação de Repetição de Indébito — Fundação educacional do Distrito Federal — Professor — Processo administrativo disciplinar — Demissão — Verbas salariais recebidas indevidamente — Sentença — Provas documentais não conclusivas — Improcedência do pedido — Apelação — Improvimento. Nenhum privilégio tem a fundação pública no que diz respeito ao ônus e à produção de prova. Alegando a autora da ação pagamento indevido, induvidosamente é seu o ônus de provar, primeiro, o pagamento e, segundo, ser ele indevido" (TJPR, Ap. Cív. 134198, Rel. Lécio Resende, j. 26-6-1990).

[5] "A jurisprudência tem dispensado a prova do erro e deferido a restituição ao *solvens* quando se trata de pagamento de impostos, contentando-se com a prova de sua

Vale destacar, porém, que se o pagamento indevido tiver consistido no desempenho de obrigação de fazer ou de não fazer (dever de abstenção), não haverá mais, em princípio, como restituir as coisas ao estado anterior[6], pelo que, não sendo mais possível, *"aquele que recebeu a prestação fica na obrigação de indenizar o que a cumpriu, na medida do lucro obtido"*, consoante previsto no art. 881 do CC/2002.

3.1. Espécies de pagamento indevido

Duas espécies são reconhecidas pela doutrina e jurisprudência:

a) Pagamento Objetivamente Indevido: quando há erro quanto à existência ou extensão da obrigação. É o caso, v. g., do pagamento realizado enquanto pendente condição suspensiva (débito inexistente) ou quando paga quantia superior à efetivamente devida (débito inferior ao pagamento realizado). Destaque-se, a propósito, que o parágrafo único do art. 42 do Código de Defesa do Consumidor estabelece que a cobrança extrajudicial de dívida de consumo[7] sem justa causa é pagamento indevido, devendo ser repetido o indébito,

---

ilegalidade ou inconstitucionalidade. Também tem proclamado que a correção monetária é devida a partir do indevido pagamento e não apenas a contar do ajuizamento da ação de repetição de indébito. Entretanto, o Código Tributário Nacional estabelece que os juros só são devidos desde o trânsito em julgado da sentença (art. 167, parágrafo único)" (Carlos Roberto Gonçalves, *Direito das Obrigações — Parte Especial (Coleção Sinopses Jurídicas)*, 21. ed., São Paulo: Saraiva, 2019, v. 6, t. 1 (Contratos), p. 213).

Ainda sobre o erro, o STJ o tem equiparado, por vezes, à dúvida, como se vê do seguinte acórdão:

"Promessa de venda e compra. Unidades residenciais em edifícios de apartamento terminadas e entregues aos respectivos adquirentes. Reajustamento das prestações após junho/89. Pretensão de aplicar-se o índice da construção civil. Art. 1.º da Lei n. 7.774, de 8.6.89. Pagamento indevido. Prova do erro. Dúvida ou incerteza à época sobre o emprego do indexador pertinente. Art. 965 do Código Civil. 1. Estando a obra finda, entregues os apartamentos aos respectivos adquirentes, inadmissível o reajuste das prestações mediante a adoção do índice setorial da construção civil, por inaplicável à espécie o art. 1.º da Lei n. 7.774, de 8.6.89. Precedentes do STJ. 2. Repetição de indébito acolhida, não só em face do enriquecimento sem causa do credor, mas também diante da incerteza ocorrente à época acerca do fator de atualização efetivamente aplicável ao caso. Dúvida que se equipara ao erro. Recurso especial não conhecido" (STJ, 4.ª T., REsp 59292/SP (1995/0002595-7), Rel. Min. Barros Monteiro, j. 10-8-1999, *DJ*, 25-10-1999, p. 84; *RSTJ*, v. 128, p. 315).

[6] *Vide* Tópicos 2.2.1 ("Descumprimento Culposo das Obrigações de Fazer: a sua Tutela Jurídica") e 2.3.1 ("Descumprimento Culposo das Obrigações de Não Fazer: a sua Tutela Jurídica") do Capítulo V ("Classificação Básica das Obrigações").

[7] Quanto à cobrança judicial sem justa causa de dívida, cf. art. 940 do CC/2002.

"por valor igual ao dobro do que pagou em excesso, acrescido de correção monetária e juros legais, salvo hipótese de engano justificável"[8].

b) Pagamento Subjetivamente Indevido: quando realizado por alguém que não é devedor ou feito a alguém que não é credor. Embora o brocardo de "quem paga mal, paga duas vezes" seja válido, isso não afasta o direito do pagador de reaver a prestação adimplida indevidamente.

3.2. Pagamento indevido e boa-fé

O enriquecimento sem causa e, em especial, o pagamento indevido, são temas jurídicos que tocam de perto a ideia de boa-fé subjetiva.

Note-se que, mesmo tendo recebido o pagamento de forma indevida, o suposto credor da prestação adimplida não estará necessariamente de má-fé, pois as circunstâncias podem levá-lo a imaginar que o valor era efetivamente devido. Ex: *A* deve a *B* a importância de R$ 1.000,00, devendo pagá-la, com juros compensatórios e correção, trinta dias após a assinatura do contrato. Recebendo, na data aprazada, R$ 1.200,00, *B* entende que a diferença se deu por conta dos acréscimos legais, e não por erro de *A* quanto à quantificação do saldo (erro esse que, obviamente, deve ser provado em juízo[9]).

Aos frutos, acessões, benfeitorias e deteriorações sobrevindas à coisa dada em pagamento indevido, aplicam-se as regras codificadas sobre o possuidor de boa-fé ou má-fé (art. 878 do CC/2002).

A boa-fé é tão importante no caso concreto que, tratando-se de terceiros, pode o titular original do bem não mais reavê-lo, resolvendo-se a questão em

---

[8] "Fornecimento de energia elétrica. Atraso no pagamento da conta. Aviso de débito. Repetição do indébito. Dano moral. 1 — Se houve atraso no pagamento da conta de luz, legítimo o procedimento da companhia de eletricidade expedindo aviso ao consumidor, comunicando a existência do débito. 2 — Se o consumidor paga a conta de luz com atraso e depois, por negligência, paga-a novamente, e o valor que pagou é compensado em conta futura, inviável seja-lhe devolvido em dobro o que pagou, eis que houve compensação. E cobrança indevida, mas de boa-fé, não enseja devolução em dobro. 3 — Simples aborrecimentos, em situações corriqueiras do dia a dia, que todos estão sujeitos, que não causa dor íntima, com padecimento psicológico intenso, não enseja reparação a título de danos morais, sobretudo porque o direito, como meio de 'realização de convivência ordenada', não pode servir para tornar insuportável a vida em sociedade. 4 — Apelo da ré provido. Recurso adesivo prejudicado" (TJRS, Ap. Cív. 126957, Rel. Jair Soares, j. 31-8-2000).

[9] "Comercial — Pagamento indevido não comprovado — Encargos pagos em face de ajuste. I — Não ocorrendo prova de que o pagamento que se pretende repetição foi efetivado por erro, a hipótese do art. 965 do Código Civil não ocorre, eis que os encargos foram quitados em face de ajuste. II — Recurso não conhecido" (3.ª T., REsp 40383/RJ (1993/0030857-2), Rel. Min. Waldemar Zveiter, 28-2-1994, *DJ*, 28-3-1994, p. 6319).

perdas e danos, conforme se extrai de regra própria instituída pelo Código Civil de 2002 (art. 879 do CC/2002):

> "Art. 879. Se aquele que indevidamente recebeu um imóvel o tiver alienado em boa-fé, por título oneroso, responde somente pela quantia recebida; mas, se agiu de má-fé, além do valor do imóvel, responde por perdas e danos.
>
> Parágrafo único. Se o imóvel foi alienado por título gratuito, ou se, alienado por título oneroso, o terceiro adquirente agiu de má-fé, cabe ao que pagou por erro o direito de reivindicação".

Da análise desta regra legal, extraem-se as seguintes consequências:

a) se o bem, indevidamente recebido, fora transferido a um terceiro, de boa-fé, e a título oneroso, o alienante ficará obrigado a entregar ao legítimo proprietário a quantia recebida;

b) se o bem, indevidamente recebido, fora transferido a um terceiro, de má-fé, e a título oneroso, o alienante ficará obrigado a entregar ao legítimo proprietário a quantia recebida, além de pagar perdas e danos;

c) se o bem fora transferido ao terceiro, a título oneroso, estando este último de má-fé, caberá ao que pagou por erro o direito à reivindicação;

d) se o bem fora transferido ao terceiro, a título gratuito, caberá ao que pagou por erro o direito à reivindicação.

Ainda em respeito ao princípio da boa-fé, "fica isento de restituir pagamento indevido aquele que, recebendo-o como parte de dívida verdadeira, inutilizou o título, deixou prescrever a pretensão ou abriu mão das garantias que asseguravam seu direito; mas aquele que pagou dispõe de ação regressiva contra o verdadeiro devedor e seu fiador" (art. 880 do CC/2002).

Por fim, em reconhecimento ao instituto da obrigação natural — embora sem mencionar a expressão —, e em atenção às obrigações ilícitas, dispõem os arts. 882 e 883 do CC/2002:

> "Art. 882. Não se pode repetir o que se pagou para solver dívida prescrita, ou cumprir obrigação judicialmente inexigível.
>
> Art. 883. Não terá direito à repetição aquele que deu alguma coisa para obter fim ilícito, imoral, ou proibido por lei.
>
> Parágrafo único. No caso deste artigo, o que se deu reverterá em favor de estabelecimento local de beneficência, a critério do juiz".

Quanto às obrigações naturais, já desenvolvemos pormenorizadamente o tema no Capítulo VII desta obra, cabendo-nos, apenas, neste momento, tecer breve consideração acerca da regra insculpida no art. 883, referente às obrigações ilícitas.

Ora, por óbvias razões, se alguém paga para que se cometa ato ilícito, imoral, ou proibido por lei (imagine a recompensa paga a um matador, p. ex.), não poderia o direito albergar tal comportamento, admitindo a validade do pedido de restituição ou repetição do indébito. Nestes casos, sem prejuízo da eventual responsabilização criminal, aquele que pagou, bem como o recebedor, perderão a prestação em prol de entidade de beneficência, a critério do juiz. Trata-se de norma indiscutivelmente justa, digna de elogios.

3.3. Ação de *in rem verso*

A ação, que objetiva evitar ou desfazer o enriquecimento sem causa, denomina-se *actio in rem verso.*

Para o seu cabimento, cinco requisitos simultâneos devem se conjugar:

a) Enriquecimento do réu: a ideia de enriquecimento envolve não somente o aspecto pecuniário de acréscimo patrimonial, mas também qualquer outra vantagem, como, por exemplo, a omissão de despesas. Ex.: a exploração do trabalho escravo[10] traz enriquecimento (indevido) ao explorador, não somente pelo resultado do labor, mas também pelo que deixou de pagar a título de retribuição.

b) Empobrecimento do autor: é a outra face da moeda, em relação ao requisito anterior. Pode ser tanto a diminuição efetiva do patrimônio, quanto o que razoavelmente se deixou de ganhar.

c) Relação de causalidade: deverá haver um nexo de causalidade entre os dois fatos de empobrecimento e enriquecimento[11]. Caso, no encontro de contas, verifique-se discrepância de valores entre o que se ganhou e o que se perdeu, a indenização deve se restringir ao limite de tal correspondência, sob pena de se causar novo enriquecimento indevido.

d) Inexistência de causa jurídica para o enriquecimento: a inexistência de causa a justificar o pagamento é o requisito mais importante dessa ação, uma vez que, nos negócios jurídicos em geral, a existência de lucros ou prejuízos faz "parte do jogo". O que não pode haver, porém, é um lucro ou prejuízo sem justificação em uma fonte específica de obrigações, válida

---

[10] Sobre o tema, confira-se a excelente dissertação de Jairo Lins de Albuquerque Sento-Sé, *Trabalho Escravo no Brasil*, São Paulo: LTr, 2000.

[11] "Civil. Repetição de indébito. Cheque compensado antes do prazo. Devolução posterior. Erro do banco. Negativa de devolução do gasto. Enriquecimento indevido do correntista. Locupletamento ilícito. Arts. 964 e 965 do Código Civil. Recurso provido. I — Aquele que indevidamente recebe um pagamento, sem justa causa, tem o dever de restituir, não tolerando o ordenamento positivo o locupletamento indevido de alguém em detrimento de outrem. II — O banco que creditou na conta-corrente do seu cliente o valor de cheque depositado antes do termo final para compensação pode perseguir a devolução daquela quantia se verificar que o título de crédito estava viciado" (4.ª T., REsp 67731/SC (1995/0028904-0), Rel. Min. Sálvio de Figueiredo Teixeira, j. 29-10-1997, *DJ*, 9-12-1997, p. 64708).

e atual[12]. Mesmo que um pagamento aparentemente injusto seja determinado por decisão judicial, não há que se falar em tal tipo de ação, pois há causa jurídica a determiná-lo, devendo a parte interessada, querendo, se insurgir pelo meio próprio (recurso ou ação rescisória, a depender se já houve trânsito em julgado).

e) Inexistência de ação específica: não caberá, todavia, a denominada ação *actio in rem verso* (cuja principal espécie é a ação de repetição do indébito, concebida para o pagamento indevido), se a lei conferir ao lesado outros meios para se ressarcir do prejuízo sofrido (art. 886 do CC/2002). Como bem observa o Professor e Desembargador CARLOS ROBERTO GONÇALVES:

> "Embora, por exemplo, o locador alegue o enriquecimento sem causa, à sua custa, do locatário que não vem pagando regularmente os aluguéis, resta-lhe ajuizar a ação de despejo por falta de pagamento, ou a ação de cobrança dos aluguéis, não podendo ajuizar a de *in rem verso*. Se deixou prescrever a pretensão específica, também não poderá socorrer-se desta última. Caso contrário, as demais ações seriam absorvidas por ela"[13].

Observe-se, finalmente, que a ação de repetição de indébito é a principal modalidade de *actio in rem verso,* embora não esgote essa categoria.

---

[12] "Energia elétrica. Aumentos determinados pelas portarias 038/86 e 045/86, do DNAEE. Ilegalidade. Violação aos Decretos-Leis 2.283/86 e 2.284/86. Repetição de indébito. Artigo 964 do Código Civil. Devolução dos valores pagos no período de congelamento. Recurso parcialmente provido. '1. Cristalizada a jurisprudência no sentido de considerar ilegal a cobrança de tarifa de energia elétrica com o aumento determinado pelas portarias 038/86 e 045/86, do DNAEE, por violar norma hierarquicamente superior, de congelamento dos preços, imposto pelo plano de estabilização econômica.' '2. A ação de repetição do pagamento indevido respalda-se no artigo 964 do Código Civil, segundo o qual aquele que recebeu o que lhe não é devido, fica obrigado a restituir. Provado que o pagamento se fez sem obrigação preexistente, 'sine causa', tem-se por provado o erro, pois, a mera 'falta de causa para o pagamento, cria para o 'accipiens' a obrigação de restituir (CLÓVIS BEVILÁQUA)'. 3. A declaração de ilegalidade do reajuste das tarifas não contamina os aumentos futuros que incidam sobre aquele (REsp 90.352-SC, RELATOR MINISTRO PÁDUA RIBEIRO)" (TJDF, Ap. Cív. 15636, Rel. Arivaldo Stela Alves, j. 6-10-2000).

"Repetição do indébito. Contrato inicial de compra e venda de imóvel. Preço. Valor. Redução no contrato definitivo. Devolução em dobro ao comprador. 1. Se o valor do preço do imóvel, estipulado no contrato inicial de compra e venda, quando celebrado o contrato definitivo, com a participação do agente financeiro, é alterado e reduzido pela vendedora para menor, a diferença a maior, paga pelos adquirentes, deve ser restituída a esses. 2. Cobrança excessiva, mas de boa-fé, não enseja pagamento em dobro do valor cobrado (Súmula 159 do STF). 3. Embargos não providos" (TJDF, EI, 122889, Rel. Jair Soares, j. 10-4-2000).

[13] Carlos Roberto Gonçalves, *Direito das Obrigações — Parte Especial (Coleção Sinopses Jurídicas)*, 21. ed., São Paulo: Saraiva, 2019, v. 6, t. 1 (Contratos), p. 219.

Todas as vezes que se identificar um enriquecimento sem causa, mesmo na hipótese de não ter havido propriamente pagamento indevido, é cabível a ação de *in rem verso*, que, em geral, contém pretensão indenizatória e se submete às normas legais do procedimento ordinário do Código de Processo Civil.

Tal é o que ocorre, por exemplo, quando o credor perde o direito de executar o cheque por força da prescrição, e, nos termos do art. 61 da Lei n. 7.357/85, promove ação de *in rem verso* contra o emitente ou outros obrigados da cártula, que se locupletaram com o não pagamento do cheque[14].

Portanto, concorrendo os requisitos supra elencados, e em face da inexistência de outro meio específico de tutela, a ação de enriquecimento ilícito (*in rem verso*) será sempre uma alternativa à parte prejudicada pelo espúrio enriquecimento da outra[15].

---

[14] Nesse sentido, Dylson Doria, *Curso de Direito Comercial*, 6. ed., São Paulo: Saraiva, 1994, v. 2, p. 102.

[15] Segundo o art. 206, § 3.º, IV, do Código Civil, prescreve em três anos a pretensão de ressarcimento de enriquecimento sem causa. Em nosso sentir, trata-se de prazo por demais exíguo, a ser repensado pelo legislador, que deveria optar pelo prazo máximo de dez anos. Dessa última forma, afigura-se-nos mais justo.

Capítulo XXIX
Preferências e Privilégios Creditórios

Sumário: 1. Noções introdutórias. 2. Esclarecimentos terminológicos. 3. Concurso de credores. 4. Categorias das preferências no Código Civil brasileiro. 5. Ordem preferencial no Direito brasileiro.

1. NOÇÕES INTRODUTÓRIAS

Na máxima doutrinária, inspirada na legislação francesa, *o patrimônio do devedor é a garantia comum de seus credores*[1].

Todavia, nem sempre os ativos do devedor conseguem suportar todo o seu passivo, sendo necessária a declaração judicial de sua condição de insolvente[2], procedimento dos mais tormentosos na prática judiciária brasileira.

Nesse processo, regulado pelos arts. 748 a 786-A do Código de Processo Civil de 1973 (sem equivalente no Código de Processo Civil de 2015), a declaração de insolvência produz o vencimento antecipado das suas dívidas; a arrecadação de todos os seus bens suscetíveis de penhora, quer os atuais, quer os adquiridos no curso do processo; e a execução por concurso universal dos seus credores (art. 751, I, II e III, do CPC/1973).

Como já se parte do pressuposto de que as dívidas excedem à importância dos bens do devedor, é certo que alguém cairá em prejuízo, com o inadimplemento definitivo de obrigações que tinha em relação ao insolvente.

Nesse juízo universal, a "discussão entre os credores pode versar quer sobre a preferência entre eles disputada, quer sobre a nulidade, simulação, fraude, ou falsidade das dívidas e contratos" (art. 956 do CC/2002).

E que preferência é essa?

É o tema do presente capítulo.

---

[1] Como afirmado no primeiro capítulo deste tomo, o Código de Napoleão, de 1804, consagrou expressamente tal regra, prevendo, em seu art. 2.093, dentre outras disposições, que *os bens do devedor são a garantia comum de seus credores* ("*les biens du débiteur sont le gage commun de ses creanciers*"), regra fundamental não somente para aquele direito positivado, mas para toda a construção teórica moderna do Direito das Obrigações, inclusive o brasileiro.

[2] Assim dispõe o art. 955 do CC/2002: "Art. 955. Procede-se à declaração de insolvência toda vez que as dívidas excedam à importância dos bens do devedor".

2. ESCLARECIMENTOS TERMINOLÓGICOS

Antes de enfrentar as preferências e privilégios creditórios, é preciso fazer alguns esclarecimentos de cunho terminológico.

A expressão "garantia", como ação ou efeito de garantir, tem, do ponto de vista jurídico, a concepção de reforço ou proteção, de caráter pessoal ou real, de que se vale o credor, acessoriamente, para aumentar a possibilidade de cumprimento do negócio jurídico principal[3].

Trata-se, portanto, de direito do credor, decorrente de um negócio jurídico acessório, como ocorre, por exemplo, nos contratos de fiança (garantia pessoal ou fidejussória) e nos direitos reais de garantia (hipoteca, penhor e anticrese).

Já a noção de "privilégio" envolve a ideia de um benefício especial ou prerrogativa concedida a alguém (ou a alguma relação jurídica), como uma exceção em relação às demais pessoas (ou relações jurídicas).

Por fim, a ideia de "preferência" traz, consigo, a convicção de que algo deve ser feito ou considerado antes de outro, pelo que, com ÁLVARO VILLAÇA AZEVEDO, conceituamos preferência creditícia como "o direito, conferido ao credor preferencial, de ordenar seu crédito, de acordo com a categoria deste, estabelecida na lei ou no contrato"[4].

E como se dá essa categorização?

Justamente isso é o que veremos no próximo tópico.

3. CONCURSO DE CREDORES

Havendo declaração de insolvência, todas as dívidas considerar-se-ão vencidas, pelo que devem ser reunidas, juntamente com todo o patrimônio do devedor, para que seja verificado o que deve ser quitado em primeiro lugar.

Não havendo título legal à preferência, terão os credores igual direito sobre os bens do devedor comum (art. 957 do CC/2002).

Caso haja alguma garantia ou privilégio, deve o crédito correspondente ser pago em primeiro lugar, após o que se passará ao crédito comum.

Quando concorrerem aos mesmos bens, e por título igual, dois ou mais credores da mesma classe especialmente privilegiados, haverá entre eles rateio proporcional ao valor dos respectivos créditos, se o produto não bastar para o pagamento integral de todos (art. 962 do CC/2002).

---

[3] Cf. Maria Helena Diniz, *Dicionário Jurídico*, São Paulo: Saraiva, 1998, v. 2, p. 643.

[4] Álvaro Villaça Azevedo, *Teoria Geral das Obrigações*, São Paulo: Revista dos Tribunais, 2001, p. 316.

A ideia, obviamente, é aplicável também aos créditos *comuns*, sem preferência ou garantia, também chamados de *quirografários*, aos quais deve ser procedido, da mesma forma, o rateio proporcional.

Utilizemos um exemplo para ilustrar melhor a hipótese.

A tem um patrimônio total de R$ 100.000,00 e dívidas iguais de R$ 50.000,00 com *B*, *C* e *D*, totalizando um passivo de R$ 150.000,00. Imaginando que *B* tenha um crédito privilegiado, ao contrário de *C* e *D*, credores quirografários, far-se-á o pagamento primeiramente de *B* (R$ 50.000,00) e, depois, com o saldo encontrado (R$ 50.000,00), proceder-se-á ao rateio proporcional aos créditos de *C* e *D*. No caso, como tem ambos o mesmo valor, receberá cada um a importância de R$ 25.000,00.

Esses privilégios outorgados, porém, podem ser de várias ordens, o que veremos no próximo tópico.

4. CATEGORIAS DAS PREFERÊNCIAS NO CÓDIGO CIVIL BRASILEIRO

Há uma série de garantias e privilégios estabelecidos na legislação codificada civil[5].

Em primeiro lugar, é preciso se lembrar dos direitos reais de garantia, por força dos quais, pelo direito de sequela, a coisa fica vinculada ao cumprimento da obrigação[6].

Destaque-se, ainda, que a previsão do art. 959 do CC/2002 estabelece duas hipóteses de sub-rogação real, em que as garantias ou privilégios persistem, no preço do seguro ou da indenização, se a coisa se danificar ou for desapropriada. Observe-se, porém, que se o segurador ou o que tiver de indenizar pagarem o devido, sem oposição dos credores privilegiados, restarão desobrigados[7].

No campo dos créditos de natureza pessoal, os privilégios podem ser de duas ordens: *especial* ou *geral*.

---

[5] Art. 958 do CC/2002: "Art. 958. Os títulos legais de preferência são os privilégios e os direitos reais".

[6] Art. 1.419 do CC/2002: "Art. 1.419. Nas dívidas garantidas por penhor, anticrese ou hipoteca, o bem dado em garantia fica sujeito, por vínculo real, ao cumprimento da obrigação".

[7] "Art. 959. Conservam seus respectivos direitos os credores, hipotecários ou privilegiados: I — sobre o preço do seguro da coisa gravada com hipoteca ou privilégio, ou sobre a indenização devida, havendo responsável pela perda ou danificação da coisa; II — sobre o valor da indenização, se a coisa obrigada a hipoteca ou privilégio for desapropriada. Art. 960. Nos casos a que se refere o artigo antecedente, o devedor do seguro, ou da indenização, exonera-se pagando sem oposição dos credores hipotecários ou privilegiados."

Como estabelecido no art. 963 do CC/2002, o "*privilégio especial só compreende os bens sujeitos, por expressa disposição de lei, ao pagamento do crédito que ele favorece; e o geral, todos os bens não sujeitos a crédito real nem a privilégio especial*".

Assim, o critério para estabelecimento legal de um privilégio especial é a relação com um bem específico, objeto de uma relação jurídica anterior, que justificaria a proteção em grau superior.

Por isso, dispõe o art. 964 do CC/2002 ter privilégio especial:

> "I — sobre a coisa arrecadada e liquidada, o credor de custas e despesas judiciais feitas com a arrecadação e liquidação;
>
> II — sobre a coisa salvada, o credor por despesas de salvamento;
>
> III — sobre a coisa beneficiada, o credor por benfeitorias necessárias ou úteis;
>
> IV — sobre os prédios rústicos ou urbanos, fábricas, oficinas, ou quaisquer outras construções, o credor de materiais, dinheiro, ou serviços para a sua edificação, reconstrução, ou melhoramento;
>
> V — sobre os frutos agrícolas, o credor por sementes, instrumentos e serviços à cultura, ou à colheita;
>
> VI — sobre as alfaias e utensílios de uso doméstico, nos prédios rústicos ou urbanos, o credor de aluguéis, quanto às prestações do ano corrente e do anterior;
>
> VII — sobre os exemplares da obra existente na massa do editor, o autor dela, ou seus legítimos representantes, pelo crédito fundado contra aquele no contrato da edição;
>
> VIII — sobre o produto da colheita, para a qual houver concorrido com o seu trabalho, e precipuamente a quaisquer outros créditos, ainda que reais, o trabalhador agrícola, quanto à dívida dos seus salários";
>
> IX — sobre os produtos do abate, o credor por animais". (*inciso inserido pela Lei n. 13.176, de 21-10-2015*)

O privilégio geral somente tem preferência em relação ao crédito quirografário, não tendo um bem específico sobre o qual se relaciona a preferência.

Fazendo a enumeração legal dos créditos com privilégio geral, estabelece o art. 965 do CC/2002:

> "Art. 965. Goza de privilégio geral, na ordem seguinte, sobre os bens do devedor:
>
> I — o crédito por despesa de seu funeral, feito segundo a condição do morto e o costume do lugar;
>
> II — o crédito por custas judiciais, ou por despesas com a arrecadação e liquidação da massa;
>
> III — o crédito por despesas com o luto do cônjuge sobrevivo e dos filhos do devedor falecido, se foram moderadas;

IV — o crédito por despesas com a doença de que faleceu o devedor, no semestre anterior à sua morte;

V — o crédito pelos gastos necessários à mantença do devedor falecido e sua família, no trimestre anterior ao falecimento;

VI — o crédito pelos impostos devidos à Fazenda Pública, no ano corrente e no anterior;

VII — o crédito pelos salários dos empregados do serviço doméstico do devedor, nos seus derradeiros 6 (seis) meses de vida;

VIII — os demais créditos de privilégio geral".

Essa enumeração não é taxativa, podendo outras normas legais — como, por exemplo, a Lei n. 11.101/2005 (Lei de Falências), em seu art. 83 — estabelecer outras hipóteses de privilégios especiais e gerais, como veremos adiante.

5. ORDEM PREFERENCIAL NO DIREITO BRASILEIRO

Na forma do art. 961 do CC/2002, o "crédito real prefere ao pessoal de qualquer espécie; o crédito pessoal privilegiado, ao simples; e o privilégio especial, ao geral".

Em linguagem direta, temos, portanto, a seguinte ordem de preferência no Código Civil brasileiro:

a) crédito real;

b) crédito pessoal privilegiado especial;

c) crédito pessoal privilegiado geral;

d) crédito pessoal simples (quirografário).

Todavia, a ordem de preferência, no Direito brasileiro, não se encerra aí.

De fato, poderá o devedor ter ainda, no seu passivo, dívidas de natureza jurídica distintas das concebidas pelo Diploma Civil, como, por exemplo, débitos de natureza trabalhista (salários e indenizações) ou tributária (impostos, taxas e contribuições fiscais ou parafiscais), sendo tais créditos ainda mais preferenciais que os mencionados.

Com efeito, estabelece o art. 186 do Código Tributário Nacional:

"Art. 186. O crédito tributário prefere a qualquer outro, seja qual for sua natureza ou o tempo de sua constituição, ressalvados os créditos decorrentes da legislação do trabalho ou do acidente de trabalho.

Parágrafo único. Na falência:

I — o crédito tributário não prefere aos créditos extraconcursais ou às importâncias passíveis de restituição, nos termos da lei falimentar, nem aos créditos com garantia real, no limite do valor do bem gravado;

II — a lei poderá estabelecer limites e condições para a preferência dos créditos decorrentes da legislação do trabalho; e

III — a multa tributária prefere apenas aos créditos subordinados".

Da mesma forma, estabelece o art. 449 da Consolidação das Leis do Trabalho:

"Art. 449. Os direitos oriundos da existência do contrato de trabalho subsistirão em caso de falência, concordata ou dissolução da empresa.

§ 1.º Na falência, constituirão créditos privilegiados a totalidade dos salários devidos ao empregado e a totalidade das indenizações a que tiver direito.

§ 2.º Havendo concordata na falência, será facultado aos contratantes tornar sem efeito a rescisão do contrato de trabalho e consequente indenização, desde que o empregador pague, no mínimo, a metade dos salários que seriam devidos aos empregados durante o interregno".

E, por fim, visando a complementação de pesquisa, sugerimos, já no âmbito do Direito Empresarial, a leitura dos arts. 83 e 84, da Lei de Falências e de Recuperação de Empresas (Lei n. 11.101, de 9-2-2005), com as alterações da Lei n. 14.112, de 24 de dezembro de 2020, os quais disciplinam a classificação de créditos e ordem para pagamento.

No preciso ensinamento de FÁBIO ULHOA COELHO:

"Essa classificação dos credores da falida resultante de diversos dispositivos (da Lei de Falências e de outros diplomas) é ordem dirigida ao administrador judicial. Quer dizer, ao realizar os pagamentos, após atender às dívidas da massa e cumprir as restituições em dinheiro, deve observar as preferências dessa ordem, pagando primeiro os credores trabalhistas e equiparados; depois, se sobrar dinheiro, os titulares de garantia real; em seguida, havendo mais recursos, os fiscais, e assim por diante"[8].

---

[8] Fábio Ulhoa Coelho, *Comentários à Nova Lei de Falências e de Recuperação de Empresas (Lei n. 11.101, de 9-2-2005)*, São Paulo: Saraiva, 2005, p. 214-5.

Referências

AGUIAR FILHO, Oliveiros Guanais de. *Fiança Criminal — Real Alcance. Revista Jurídica dos Formandos em Direito da UFBA*, v. 1, ano 1, Salvador: Ed. Ciência Jurídica, 1996.

ALVES, Adriana Álvares da Costa de Paula. Alienação Fiduciária. Prisão Civil do Devedor. Admissibilidade. *Revista de Direito Privado*, v. 1, São Paulo: Revista dos Tribunais, jan./mar. 2000.

ALVIM, Agostinho. *Da Inexecução das Obrigações e Suas Consequências*. 2. ed. São Paulo: Saraiva, 1955.

ALVIM, J. M. Arruda. Confronto entre Situação de Direito Real e de Direito Obrigacional. Prevalência da Primeira, Prévia e Legitimamente Constituída — Salvo Lei Expressa em Contrário. Parecer publicado na *Revista de Direito Privado*, v. 1, São Paulo: Revista dos Tribunais, jan./mar. 2000.

_______. *Dano Moral e a sua Cobertura Securitária*. II Congresso de Responsabilidade Civil nos Transportes Terrestres de Passageiros.

_______. *Manual de Direito Processual Civil — Processo de Conhecimento* — 7. ed. São Paulo: Revista dos Tribunais, 2001. v. 2.

AULETE, Caldas. *Dicionário Contemporâneo da Língua Portuguesa*. Rio de Janeiro: Delta, 1958. v. 3 e 5.

AZEVEDO, Álvaro Villaça. *Prisão Civil por Dívida*. 2. ed. São Paulo: Revista dos Tribunais, 2000.

_______. *Teoria Geral das Obrigações*. São Paulo: Revista dos Tribunais, 2001.

BATALHA, Wilson de Souza Campos. *Tratado de Direito Judiciário do Trabalho*. São Paulo: LTr, 1995. v. 2.

Bermudes, Sérgio. *A Reforma do Código de Processo Civil*. 2. ed. São Paulo: Saraiva, 1996.

BETTI, Emilio. *Teoria Geral das Obrigações*. Campinas: Bookseller, 2006.

BEVILÁQUA, Clóvis. *Código Civil Comentado*. 10. ed. Rio de Janeiro: Francisco Alves, 1955. v. 4.

_______. *Direito das Obrigações*. Campinas: RED Livros, 2000.

_______. *Theoria Geral do Direito Civil*. Campinas: RED Livros, 2000.

BITTAR, Carlos Alberto. *Reparação Civil por Danos Morais*. São Paulo: Revista dos Tribunais, 1993.

CARREIRO, Luciano Dórea Martinez. *A Responsabilidade dos Sócios Cotistas em Execuções de Títulos Judiciais Trabalhistas: Reflexo da Crise de Identidade das Pessoas Jurídicas.* Monografia (Especialização em Processo). Faculdade de Direito. Salvador: Universidade de Salvador — UNIFACS, 2000.

CARREIRO, Luciano Dórea Martinez e PAMPLONA FILHO, Rodolfo. Repensando a exegese do art. 455 da CLT. *Revista Ciência Jurídica do Trabalho*, ano I, n. 1, Belo Horizonte: Nova Alvorada Ed./Ed. Ciência Jurídica, jan. 1998, p. 17-31.

CARRION, Valentin. *Comentários à Consolidação das Leis do Trabalho.* 21. ed. São Paulo: Saraiva, 1996.

CATHARINO, José Martins. *Compêndio Universitário de Direito do Trabalho.* São Paulo: Ed. Jurídica e Universitária, 1972. v. 1.

CAVALIERI FILHO, Sérgio. *Programa de Responsabilidade Civil.* 2. ed. 3. tir. São Paulo: Malheiros, 2000.

CINTRA, Antonio Carlos de Araújo; GRINOVER, Ada Pellegrini e DINAMARCO, Cândido R. *Teoria Geral do Processo.* 9. ed. 2. tir. São Paulo: Malheiros, 1993.

COELHO, Fábio Ulhoa. *Comentários à Nova Lei de Falências e de Recuperação de Empresas (Lei n. 11.101, de 9-2-2005).* São Paulo: Saraiva, 2005.

COVELLO, Sérgio Carlos. *A Obrigação Natural — Elementos para uma possível teoria.* São Paulo: LEUD, 1996.

CRETELLA JR., José. *Curso de Direito Romano.* 20. ed. Rio de Janeiro: Forense, 1997.

DELGADO, Maurício Godinho. Sujeitos do Contrato de Trabalho: O Empregador. In: *Curso de Direito do Trabalho*, coord. Alice Monteiro de Barros, São Paulo: LTr, 1993, v. 1.

DE LUCCA, Newton. *A Aplicação do Código de Defesa do Consumidor e Atividade Bancária.* Palestra proferida em Salvador, no dia 30 de julho de 1998, no painel sobre o Código de Defesa do Consumidor, por ocasião da "Semana de Altos Estudos Jurídicos", promovida pela Escola Nacional da Magistratura e pelo Tribunal de Justiça do Estado da Bahia (disponível no *site* jurídico do Conselho da Justiça Federal).

DIAS, Daniel Novais. *A Corresponsabilidade do Lesado no Direito Civil:* Da Fundamentação da Irreparabilidade do Dano Evitável. Tese (Doutorado) — Universidade de São Paulo, São Paulo, 2016.

DIAS, Daniel Novais. A Irreparabilidade do Dano Evitável no Direito Civil Brasileiro. *Consultor Jurídico*, 26 de fevereiro de 2018. Disponível em: <https://www.conjur.com.br/2018-fev-26/direito-civil-atual-irreparabilidade-dano-evitavel-direito-civil-brasileiro>. Acesso em: 11 out. 2019.

DIAS, José de Aguiar. *Da Responsabilidade Civil.* 9. ed. Rio de Janeiro: Forense, 1994. v. 2.

DIAS, Maria Berenice. Súmula 309: um equívoco que urge ser corrigido! *Jornal Síntese*, ano 9, n. 100, p. 1-2, jun. 2005.

DIAS, Sérgio Novais. *Responsabilidade Civil do Advogado pela Perda de uma Chance.* São Paulo: LTr, 1999.

DIDIER JR., Fredie. Tutela Específica do Adimplemento Contratual. *Revista Jurídica dos Formandos em Direito da UFBA — 2001.2*, Salvador: s/ed., 2001, também acessível na *Revista Eletrônica do Curso de Direito da UNIFACS*, no *site* www.unifacs.br/revistajuridica, edição de jul. 2002, seção "Corpo Docente".

DINAMARCO, Cândido Rangel. *A Reforma do Código de Processo Civil.* 4. ed. São Paulo: Malheiros, 1997.

DINIZ, Maria Helena. *Código Civil Anotado.* 6. ed. São Paulo: Saraiva, 2000.

_______. *Curso de Direito Civil Brasileiro — Teoria Geral das Obrigações.* 35. ed. São Paulo: Saraiva, 2020. v. 2.

_______. *Dicionário Jurídico.* São Paulo: Saraiva, 1998. 4. v.

DORIA, Dylson. *Curso de Direito Comercial.* 6. ed. São Paulo: Saraiva, 1994. v. 2.

DRESCH, Pio Giovani. Os juros legais no novo Código Civil e a inaplicabilidade da Taxa Selic. *Cidadania e Justiça.* Rio de Janeiro: AMB, 2.º semestre de 2002, p. 153 e s.

DUGUIT, Leon. *Las Transformaciones Generales del Derecho Privado.* Madrid: Ed. Posada, 1931.

FABIAN, Cristoph. *O Dever de Informar no Direito Civil.* São Paulo: Revista dos Tribunais, 2002.

FAVA, Irineu Jorge. Depositário Infiel. Prisão Civil. *Revista de Direito Privado*, v. 1, São Paulo: Revista dos Tribunais, jan./mar. 2000.

FERREIRA, Aurélio Buarque de Holanda. *Novo Dicionário da Língua Portuguesa.* 2. ed. Rio de Janeiro: Nova Fronteira, 1986.

FIGUEIRA JÚNIOR, Joel Dias. *Arbitragem, Jurisdição e Execução.* 2. ed. São Paulo: Revista dos Tribunais, 1999.

FONSECA, Arnoldo Medeiros da. *Caso Fortuito e Teoria da Imprevisão.* 3. ed. Rio de Janeiro: Forense, 1958.

FRADERA, Véra Maria Jacob de. Pode o Credor ser Instado a Diminuir o Próprio Prejuízo?. *Revista Trimestral de Direito Civil*, Rio de Janeiro: Padma, v. 19, 2004.

FRANCO FILHO, Georgenor de Sousa. *A Nova Lei de Arbitragem e as Relações de Trabalho.* São Paulo: LTr, 1997.

FREITAS, Augusto Teixeira de. *Código Civil — Esboço.* Comentário ao art. 868. Brasília: MJ — Departamento de Imprensa Nacional e UNB, 1983 (edição conjunta). v. 1.

FURTADO, Paulo. *Execução.* 2. ed. São Paulo: Saraiva, 1991.

FURTADO, Paulo e BULOS, Uadi Lammêgo. *Lei da Arbitragem Comentada.* São Paulo: Saraiva, 1997.

GAGLIANO, Pablo Stolze. *Legislação Bancária, Código de Defesa do Consumidor e Princípio da Dignidade da Pessoa Humana.* Palestra proferida no III Fórum Brasil de Direito, realizada no Centro de Convenções de Salvador — Bahia, em 5 de abril de 2002.

_______. Lei n. 9.099/95 — Os Juizados Especiais Criminais e as Novas Medidas Despenalizadoras. *Revista Jurídica dos Formandos em Direito da UFBA*, v. 1, ano 1, Salvador: Ed. Ciência Jurídica, 1996.

_______. Editorial 13: *Duty to Mitigate the Loss*, publicado no Facebook em 16 de fevereiro de 2012. Disponível em: <https://www.facebook.com/pablostolze/posts/258991024176880/>. Acesso em: 11 out. 2019.

GAGLIANO, Pablo Stolze; OLIVEIRA, Carlos Eduardo Elias de. Comentários à Lei da Pandemia (Lei n. 14.010, de 10 de junho de 2020 – RJET). Análise detalhada das questões de Direito Civil e Direito Processual Civil. *Revista Jus Navigandi*, ISSN 1518-4862, Teresina, ano 25, n. 6190, 12 jun. 2020. Disponível em: <https://jus.com.br/artigos/46412>. Acesso em: 18 ago. 2020.

GAGLIANO, Pablo Stolze; PAMPLONA FILHO, Rodolfo. *Novo Curso de Direito Civil — Parte Geral.* 22. ed. São Paulo: Saraiva, 2020. v. 1.

_______. *Novo Curso de Direito Civil — Contratos.* 3. ed. São Paulo: Saraiva, 2020. v. 4.

GIGLIO, Wagner D. *Direito Processual do Trabalho.* 8. ed. São Paulo: LTr, 1993.

GOMES, Orlando. *Direito das Obrigações.* 15. ed. Rio de Janeiro: Forense, 2000.

_______. *Direito do Trabalho. Estudos.* São Paulo: LTr, 1979.

_______. *Introdução ao Direito Civil.* 10. ed. Rio de Janeiro: Forense, 1993.

GOMES, Orlando e GOTTSCHALK, Elson. *Curso de Direito do Trabalho.* 3. ed. Rio de Janeiro: Forense, 1994.

GONÇALVES, Carlos Roberto. *Direito Civil Brasileiro — Teoria geral das Obrigações.* São Paulo: Saraiva, 2004; 17. ed. 2020. v. 2.

______. *Direito das Obrigações — Parte Geral.* São Paulo: Saraiva, 2002; 18. ed. 2019 (Sinopses Jurídicas, v. 5).

______. *Direito das Obrigações — Parte Especial.* São Paulo: Saraiva, 2002; 21. ed. 2019 (Sinopses Jurídicas, v. 6, t. 1 — Contratos).

LEITE, Eduardo de Oliveira (Coord.). *Grandes Temas da Atualidade — Dano Moral — Aspectos Constitucionais, Civis, Penais e Trabalhistas.* Rio de Janeiro: Forense, 2002.

LÔBO, Paulo Luiz Netto. *Direito das Obrigações.* São Paulo: Brasília Jurídica, 1999.

LOPES, Miguel Maria de Serpa. *Curso de Direito Civil.* Rio de Janeiro: Freitas Bastos, 1966. v. 2.

MARCATO, Antonio Carlos. *Ação de Consignação em Pagamento.* 5. ed. São Paulo: Malheiros, 1996.

______. *Procedimentos Especiais.* 9. ed. São Paulo: Malheiros, 2001.

MARINONI, Luiz Guilherme. *Tutela Específica.* São Paulo: Revista dos Tribunais, 2000.

MARTINS, José Eduardo Figueiredo de Andrade. "*Duty to Mitigate the Loss*" no *Direito Civil Brasileiro.* São Paulo: Verbatim, 2015.

MEIRELES, Edilton. Sucesso Trabalhista e Assunção da Dívida. Da Solidariedade Empresarial. In: *Temas de Direito e Processo do Trabalho.* Belo Horizonte: Leditathi Editora do Brasil, 1997.

MONTEIRO, Washington de Barros. *Curso de Direito Civil — Direito das Obrigações,* 30. ed. São Paulo: Saraiva, 1999. v. 4.

MORAES FILHO, Evaristo. *Sucessão nas Obrigações e a Teoria da Empresa.* Rio de Janeiro: Forense, 1960.

MOREIRA, José Carlos Barbosa. *O Novo Processo Civil Brasileiro.* 19. ed. Rio de Janeiro: Forense, 1997.

NASCIMENTO, Amauri Mascaro. *Curso de Direito do Trabalho.* 8. ed. São Paulo: Saraiva, 1989.

NERY JR., Nelson; NERY, Rosa Maria de Andrade. *Novo Código Civil e Legislação Extravagante Anotados.* São Paulo: Revista dos Tribunais, 2002.

PAMPLONA FILHO, Rodolfo. A Equidade no Direito do Trabalho. *Forum* (Revista do IAB — Instituto dos Advogados da Bahia), Edição Especial do 1.º Centenário de Fundação, Salvador-BA, Nova Alvorada Ed., 1997, p. 132-60. Revista *Trabalho & Doutrina,* n. 17, jun. 98, São Paulo: Saraiva, p. 112-26.

Consultoria Trabalhista, Informativo Semanal n. 15, COAD, ano XXXIII, 18-4-1999, p. 131-9.

_______. A Nova Disciplina da Consignação em Pagamento e a Relação de Emprego. *Revista Ciência Jurídica do Trabalho*, ano I, n. 3, mar./1998, Nova Alvorada Ed./Ed. Ciência Jurídica, Belo Horizonte/MG, p. 33-51.

_______. *O Dano Moral na Relação de Emprego*. 3. ed. São Paulo: LTr, 2002.

_______. *Questões Controvertidas de Direito do Trabalho*. Belo Horizonte, Ed. Ciência Jurídica, 1999.

_______. Rápidas Considerações sobre a Antecipação da Tutela como Instrumento para a Efetividade do Processo Trabalhista. *Vistos etc. — Revista da Associação dos Magistrados da Justiça do Trabalho da 5.ª Região*, ano I, n. 1, Belo Horizonte: Nova Alvorada Ed./Ed. Ciência Jurídica, 1999, p. 36-48.

PASSOS, J. J. Calmon de. *Inovações no Código de Processo Civil*. 2. ed. Rio de Janeiro: Forense, 1995.

PEREIRA, Caio Mário da Silva. *Instituições de Direito Civil*. 19. ed. Rio de Janeiro: Forense, 2001. v. 2.

_______. *Instituições de Direito Civil*. 10. ed. Rio de Janeiro: Forense, 2001. v. 3.

_______. *Responsabilidade Civil*. 9. ed. Rio de Janeiro: Forense, 2000.

PIMENTA, Paulo Roberto Lyrio. *Efeitos da Decisão de Inconstitucionalidade em Direito Tributário*. São Paulo: Dialética, 2002.

PINTO, José Augusto Rodrigues. *A Modernização do CPC e o Processo do Trabalho*. São Paulo: LTr, 1996.

_______. *Direito Sindical e Coletivo do Trabalho*. São Paulo: LTr, 1998.

PINTO, José Augusto Rodrigues e PAMPLONA FILHO, Rodolfo. *Repertório de Conceitos Trabalhistas*. São Paulo: LTr, 2000.

PINTO, Otávio Almeida Matos de Oliveira. *A prisão civil do menor emancipado devedor de alimentos*: dilema entre direitos fundamentais. Pará de Minas: Ed. VirtualBooks, 2013.

PINTO, Raul Moreira. Ação de Consignação em Pagamento — Aplicabilidade dos Novos Dispositivos da Lei n. 8.951/94 no Processo do Trabalho. Revista *Trabalho & Processo*, v. 7, São Paulo: Saraiva, dez. 1995.

POTHIER, Robert Joseph. *Tratado das Obrigações*. Campinas: Servanda, 2002.

PRATA, Ana. *A Tutela Constitucional da Autonomia Privada*. Coimbra: Almedina, 1982.

REALE, Miguel. O Dano Moral no Direito Brasileiro. In: *Temas de Direito Positivo*. São Paulo: Revista dos Tribunais, 1992.

_______. *O Projeto do Novo Código Civil*. 2. ed. São Paulo: Saraiva, 1999.

RIPERT, Georges. *A Regra Moral nas Obrigações Civis*. Trad. da 3.ª ed. francesa. Campinas: Bookseller, 2000.

ROBORTELLA, Luiz Carlos Amorim. Mediação e Arbitragem. Solução Extrajudicial dos Conflitos do Trabalho. Revista *Trabalho & Doutrina*, n. 14, São Paulo: Saraiva, set. 1997.

RODRIGUES, Silvio. *Direito Civil — Dos Contratos e Das Declarações Unilaterais de Vontade*. 25. ed. São Paulo: Saraiva, 1997. v. 3.

_______. *Direito Civil — Parte Geral das Obrigações*. 30. ed. São Paulo: Saraiva, 2002. v. 2.

RUGGIERO, Roberto de. *Instituições de Direito Civil*. Campinas: Bookseller, 1999. v. 3.

SENTO-SÉ, Jairo Lins de Albuquerque. *Trabalho Escravo no Brasil*. São Paulo: LTr, 2000.

SILVA, Lilian Fernandes da. Arbitragem — a Lei n. 9.307/96, *Revista da Escola Paulista de Magistratura*, ano 2, n. 4, 1998.

SIMÃO, José Fernando. A teoria dualista do vínculo obrigacional e sua aplicação ao Direito Civil brasileiro. Disponível em: <www.esmp.sp.gov.br>. Acesso em: 11 de agosto de 2017.

SOUZA, Neri Tadeu Camara. Responsabilidade Civil do Médico. *Jornal Síntese*. Porto Alegre: Síntese, mar. 2002.

SOUZA, Sylvio Capanema de. *A Nova Lei do Inquilinato Comentada*. Rio de Janeiro: Forense, 1992.

TARTUCE, Flávio. *A Teoria do Adimplemento Substancial na Doutrina e na Jurisprudência*. Disponível em: <https://flaviotartuce.jusbrasil.com.br/artigos/180182132/a-teoria-do-adimplemento-substancial-na-doutrina-e-na-jurisprudencia>. Acesso em: 3 out. 2019.

TEIXEIRA FILHO, Manoel Antonio. *As Alterações no CPC e suas Repercussões no Processo do Trabalho*. 4. ed., São Paulo: LTr, 1996.

_______. *Execução no Processo do Trabalho*. 4. ed. São Paulo: LTr, 1994.

_______. *Liquidação da Sentença no Processo do Trabalho*. 4. ed. São Paulo: LTr, 1994.

TEPEDINO, Gustavo (Coord.). *A Parte Geral do Novo Código Civil — Estudos na Perspectiva Civil-Constitucional*. Rio de Janeiro: Renovar, 2002.

_______. *Problemas de Direito Civil-Constitucional.* Rio de Janeiro: Renovar, 2000.

_______. *Temas de Direito Civil.* 2. ed. Rio de Janeiro: Renovar, 2001.

TEPEDINO, Gustavo; BARBOZA, Heloisa Helena e MORAES, Maria Celina Bodin de (Coord.). *Código Civil Interpretado conforme a Constituição da República.* Rio de Janeiro: Renovar, 2004.

THEODORO JÚNIOR, Humberto. *Curso de Direito Processual Civil.* 11. ed. Rio de Janeiro: Forense, 1993. v. 2.

_______. *Curso de Direito Processual Civil — Procedimentos Especiais.* 8. ed. Rio de Janeiro: Forense, 1993. v. 3.

TOLEDO FILHO, Manoel Carlos e MAIOR, Jorge Luiz Souto. Da prisão civil por dívida trabalhista de natureza alimentar. *Jus Navigandi,* Teresina, ano 7, n. 90, out. 2003. Disponível em: http://jus2.uol.com.br/doutrina/texto.asp?id=4337. Acessado em: 15 de julho de 2010.

VARELA, João de Matos Antunes. *Das Obrigações em Geral.* 9. ed. Coimbra: Almedina, 1996. v. 1.

_______. *Das Obrigações em Geral.* 7. ed. Porto — Portugal: Almedina, 1997. v. 2.

VENOSA, Sílvio de Salvo. *Direito Civil — Teoria Geral das Obrigações e dos Contratos.* São Paulo: Atlas, 2002.

_______. *Direito Civil — Teoria Geral das Obrigações e Teoria Geral dos Contratos.* 5. ed. São Paulo: Atlas, 2005.

_______. *Lei do Inquilinato Comentada.* 5. ed. São Paulo: Atlas, 2001.

WALD, Arnoldo. A Patologia do Direito Bancário: Causas e Soluções — Uma Primeira Visão Panorâmica. *Revista de Direito Bancário, do Mercado de Capitais e da Arbitragem,* n. 7, ano 3, São Paulo: Revista dos Tribunais, jan./mar. 2000.

_______. *Curso de Direito Civil Brasileiro — Obrigações e Contratos.* 12. ed. São Paulo: Revista dos Tribunais, 1995. v. 2.

_______. *Direito das Coisas.* 9. ed. São Paulo: Revista dos Tribunais, 1993.

_______. *O Novo Direito Monetário — Os Planos Econômicos, os Contratos, o FGTS e a Justiça.* 2. ed. São Paulo: Malheiros, 2002.

_______. *Obrigações e Contratos.* 12. ed. São Paulo: Revista dos Tribunais, 1995.

WEDY, Gabriel. *O Limite Constitucional dos Juros Reais.* 4. ed. Porto Alegre: Síntese, 1997.